JN314607

Truth In History 26

邪馬台国

古代日本誕生の謎

藤井勝彦 著

新紀元社

はじめに

2008年、竹中直人さん、吉永小百合さん主演の映画『まぼろしの邪馬台国』が公開されました。長崎県島原出身の邪馬台国研究家・宮崎康平さんが昭和42年に著した同名の書を映画化したものです。島原鉄道の常務の座を退いてから、和子夫人とともに「魏志倭人伝」に記された記述をもとに、そこに記された倭の国々を巡り歩き、邪馬台国を郷土の島原市を含む諫早湾周辺に比定。それに至るまでの調査記録を克明に記した書を世に送り出すという実話を、そのまま映像化したものです。竹中直人さん演じる宮崎康平は、盲目の研究者で、吉永小百合さん演じる和子夫人が、目となり杖となってこれを支えながらともに邪馬台国の研究にいそしむ姿が、諫早湾の景勝とともに映し出されています。同名の書は、実際に、発売されるや一躍大ベストセラーになり、日本全国に邪馬台国ブームを巻き起こしていくのです。

映画のラストシーンにもあるように、宮崎さんは自著に記した邪馬台国＝諫早湾周辺説を実証しようと、卑弥呼の墓と思しき地の発掘作業を開始していきます。しかし、その願いも空しく、成果をあげることもなく発掘中に亡くなってしまうのです。無念なこと、このうえなかったに違いありません。

過労が祟って失明、最初の妻には乳飲み子を置いたまま逃げられるなど、さまざまな試練に見舞われながらもこれをものともせず、ひたすら邪馬台国の研究に没頭し、全力疾走で駆け抜けていったという同氏の姿は、竹中直人さんの熱演もあって、ただ圧倒されるばかりでした。

宮崎さんに限らず、邪馬台国に一度身を投じた人間は、どうやら誰しもが、その深遠な世界に取り憑かれてしまうようです。日本史上初の連合国家の都でありながら、その所在地すら比定できないというもどかしさが義憤となって、「ならばそのありかを自らの手で明かしてみたい」という思いが、強くよぎってくるようです。宮崎さんは諫早湾沿岸に比定しましたが、畿内大和をはじめ、博多湾沿岸、筑後山門、宇佐、甘木・朝倉、吉野ヶ里、西都原、沖縄などに比定する人が数多くいます。なかにはジャワ・スマトラやフィリピン、果てはエジプト説もあるなど諸説紛々。いずれの説を主張する研究家たちも皆、真顔で真剣、自説の正統性を信じて疑うことはありません。その比定地をざっと見回してみただけでも、50か所は下りません。俗な見方をすれば、少なくともそれを主張する50人の研究家たちのうち49人は誤認していることになるにもかかわらず、誰もが自説を信じて疑わないということです。真実が明らかになれば、その研究成果の大半が、結果的には徒労に終わってしまうという哀しい結末を迎えるものであるにもかかわらず、誰しもがそれを恐れず一途にこれを追い求めるというのは、いったいなぜなのでしょうか？

日本史最大の謎、それが邪馬台国のありかであるというのは、誰しもが認めるところでしょう。江戸時代以降、数えきれないほどの歴史学者や考古学者、民俗学者、言語学者などの研究家が、この難題に取り組んだものの、誰ひとりとしてこれを明快に解き明かすことができなかったというのも、考えてみれば実に不思議なことです。まだ誰も成し遂げられないその謎解きに、自らチャレンジしてみたいという冒険心が、この深遠な世界に人々を引き込んでしまうのかもしれません。この書を記すにあたって多くの研究家たちの書を目にしてきましたが、その述べるところは各人各様異なるとはいえ、皆ほとばしるような熱意にあふれるものばかりでした。その情熱に突き動かされるように書き記したのが本書です。邪馬台国はどこか？　卑弥呼は誰か？　大和王朝との繋がりはいかに？　というのが邪馬台国研究における最大の論点であることには違いはありませんが、各研究家の結論に至るまでの経緯と、他説との論争の歴史を振り返ってみるのも、とても興味深く意義あることと思えたため、随所に異説および論争の経緯などを記しています。

　また、いずれの項目においても、結論は記していません。それは、史実であると断定できる事績があまりにも少ないからです。検定教科書に記された内容ですら、今後研究が進めば、大きく書き直される可能性が大きいというのも、邪馬台国の世界なのです。不確実な部分があまりにも多いがゆえに、想像力をかき立てられ、多種多様な仮説を生み出し、空想の世界へと迷い込んでしまうのでしょう。これこそが、誰もが邪馬台国にのめり込んでしまう一番の原因なのかもしれません。どうやら私自身も、この迷宮に紛れ込んでしまったようです。

著者・藤井勝彦

箸墓は、邪馬台国の比定地として有望な地のひとつと見られている

邪馬台国　プロローグ

3～4世紀に日本のどこかに存在した連合国家倭国の都・邪馬台国。そのありかや女王・卑弥呼の実像、人々の暮らしをはじめ、大和王朝とのかかわりや邪馬台国論争の歴史などにも目を向けていきたい。

謎の行程記事を読み解く

東北と北海道を除いて、北陸と関東以西に住む人なら、おそらく住まいから車で2～3時間のエリア内に1～2か所、邪馬台国《やまたいこく》があったといわれる候補地があるはずである。P.30の邪馬台国の比定地一覧を見てもわかるように、北陸、関東以西の全域に、少なくとも50か所以上もの候補地が点在しているからである。「邪馬台国はどこにあったのか？」というこの日本史上最大の謎は、その重要性にもかかわらず、一向に確定する気配も見せず、その候補地がますます四方八方に広がって、我も我もと声を上げ続けた結果なのである。

その一番の原因は、「魏志倭人伝《ぎしわじんでん》」の行程記事の解読方法がまちまちであったためであるというのはいうまでもない。作者・陳寿《ちんじゅ》はこれを正確かつ詳細に記していたにもかかわらず、受け取る側にうまく伝わらなかったのである。陳寿は限られた誌面を一字一句無駄のないよう最大限生かして記したにもかかわらず、受け取る側にそれを十分理解するだけの力がなかったということであろう。1里を何mと見るのか？　方位をどう読むのか？　陸行水行をどう解釈すべきか？　これさえわかれば、邪馬台国のありかは容易に確定できるのに、それを知らなかったばかりに、読み取る側の読み方次第で、どうにでも読み取れ、ついには日本全国、果ては海外にまで、総勢50以上もの候補地が点在してしまったのである。

本書の第一の柱となるのはもちろん、この行程記事をどう読み取るのか、多くの研究者たちの諸説を比較検討するところにあることはいうまでもない。第1章「邪馬台国とは？」において、行程記事の解読の経緯を詳しく記している。

卑弥呼の実像と人々の暮らしぶり

「邪馬台国はどこにあるか？」という命題同様、「卑弥呼《ひみこ》は誰か？」という点も、多くの古代史ファンにとっては興味が尽きないところである。男王に率いられた倭国が70～80年続いたあと、内乱が起きて互いに攻撃し合う時代があったことも、「魏志倭人伝」に記されている。各国の長老が寄り集まって、「女王を立てて、ともに仲良くやろうではないか」と話し合われたのかもしれない。巫女《みこ》としての実績を買われた邪馬台国の卑弥呼が、連合国家・倭国の象徴としての女王に担ぎ上げられたのである。実弟を俗世の施政者としたとするなど、姉弟揃って国の根幹に添えたというから、おそらく卑弥呼一族は、連合国家の国々のなかでも圧倒的な勢力を誇っていたに違いない。その勢力を背景に、卑弥呼と弟は、聖俗二頭体制で戦乱を鎮め、安定した国家経営を推し進めていくのである。その卑弥呼の人物像および治世に関しては、第2章「女王・卑弥呼」に詳しく記してある。

また、倭国の人々の暮らしぶりに関しても、陳寿は「魏志倭人伝」に詳しく記している。もちろん陳寿が直接目にしたわけではなく、その多くは、倭国へと向かった魏使らの記録集をもとに記したものであることは間違いない。盗みもせず、訴訟沙汰も少なく、皆穏やかであったと、おおむね好感を持って書き記しているのも特徴的である。身分にかかわらず誰しもが入れ墨を施し、貫頭《かんとう》衣《い》を纏《まと》い、冬夏にかかわらず生野菜を食べ、裸足で暮らしていると、まるで南国のような気候で、しかも南方系習俗に満ちあふれていたことを発見するはずである。第3章「邪馬台国の生活」は、その習俗や風習などに関して詳しく記している。

大和王朝との関連性

邪馬台国は3〜4世紀に日本のどこかに存在した初期連合国家であるが、7世紀以降の存在が確実視されている大和王朝との関連性がどのようなものであったかも、非常に重要な問題である。邪馬台国が大和王朝の前身だったのか？　あるいはそれと敵対する勢力であったのか？　1〜3世紀にはすでに北九州にあったことが判明している一大勢力が邪馬台国で、それが東遷して大和王朝になったのか？　後身の大和王朝が邪馬台国を西征して滅ぼしたのか？　これもいまだ確定せずに謎のままである。第4章においては「邪馬台国と大和王朝」と題して、その関連性についての諸説を取りまとめている。

現代史ともかかわり合う邪馬台国論争の構造

また、第5章「邪馬台国論争の詳細」では、これまで邪馬台国あるいは卑弥呼の比定に関しての論戦を繰り返してきた各研究者の動向と、論戦の模様についてまとめている。江戸時代中期より始まったといわれる邪馬台国論争ではあるが、その構造は、時代によって大きく様相を変えている。古代史を取り扱いながらも、実は現代史と深くかかわっている問題であることもわかるはずである。

邪馬台国ゆかりの人物に焦点

終章においては、邪馬台国にゆかりのある人物にも焦点をあてている。『記紀』に登場する人物も、邪馬台国と大きくかかわっている可能性が高いということも、頭に入れておきたい。

邪馬台国

目次

はじめに……2
プロローグ……4
3～4世紀の東アジア全図……12
3～4世紀の朝鮮半島……14

序章 邪馬台国論争 17

プロローグ……20
邪馬台国はどこにあったのか？……22
九州説 VS 畿内大和説の対立……24
全国の邪馬台国比定地……26
九州の邪馬台国比定地……28
畿内大和の邪馬台国比定地……29
その他の邪馬台国比定地……29
邪馬台国の比定地一覧……30

第1章 邪馬台国とは？ 33

プロローグ……36
正史に記された倭国と邪馬台国……38
「魏志倭人伝」へのいざない……40
倭と倭人は別の国？……42
狗邪韓国……45
対海国……48
一大国……50
末盧国……52
伊都国……54
奴国……57
不弥国……60
投馬国……61
邪馬台国……63
斯馬国～奴国……74
狗奴国……76
侏儒国～黒歯国……78

第2章 女王・卑弥呼 85

プロローグ …… 88
卑弥呼の名前に秘められた謎 …… 90
卑弥呼は誰なのか？ …… 92
卑弥呼の神功皇后説は本当か？ …… 94
卑弥呼は天照大御神だったのか？ …… 96
卑弥呼の鬼道 …… 98
卑弥呼の政治 …… 100
神秘的な卑弥呼の暮らしぶり …… 102
壮大な卑弥呼の宮室、楼観、城柵 …… 104
卑弥呼の朝貢 …… 106
明帝からの豪華な下賜品 …… 108
軍旗に託された真の狙い …… 110
卑弥呼の死 …… 112
卑弥呼の墓 …… 114
　日本各地の古墳 …… 116
台与の登場 …… 119

第3章 邪馬台国の生活 121

プロローグ …… 124
入れ墨 …… 126
衣服と髪型 …… 128
産業 …… 131
武器 …… 133
気候 …… 135
食生活 …… 136
住まいと生活 …… 138
葬儀 …… 140
天然資源と動植物 …… 142
占い …… 143
身分制度 …… 144
寿命 …… 146
刑罰 …… 147
税制 …… 148
一大率と大倭 …… 150

第4章 邪馬台国と大和王朝 153

プロローグ……156
『古事記』に記された国生み物語……158
『日本書紀』に見る大和朝廷の歴史……161
建速須佐之男命の出雲国創建と大国主神の国譲り……166
天孫降臨の謎……172
神武東征物語が記す畿内大和の始まり……174
神武天皇と崇神天皇同一説……176
景行天皇の九州遠征にまつわる疑惑……179
神功皇后の新羅遠征……181
応神天皇の新王朝創建説……187
倭の五王……188
武烈天皇の暴虐……190
継体天皇の大和入り……191
磐井の乱……193
聖徳太子の治世……196
乙巳の変……197
壬申の乱……198
九州王朝と大和王朝、ふたつの王朝が同時にあった……200

第5章 邪馬台国論争の詳細 207

プロローグ……210
松下見林 VS 新井白石、本居宣長……212
皇国史観にもとづく熊襲による偽僭説の台頭……214
内藤湖南氏（京大）VS 白鳥庫吉氏（東大）の東西対決……216
文献史学 VS 考古学の新たな展開……218
津田史学とマルクス主義史学の悲運……220
三角縁神獣鏡を巡る論争……221
行程記事解読における対立の構造……222
ベストセラー作家と在野研究者の論戦参入……225
邪馬台国論争に新たな光明を見出した古田史学の登場……227
邪馬台国の比定地を巡る論争……228
卑弥呼の比定を巡る論争……230
「箸墓＝卑弥呼の墓説」を巡る論争……232
邪馬台国東遷説 VS 大和王朝西征説……234

終章　邪馬台国ゆかりの人物　237

卑弥呼・・・・・238／台与・・・・・239／難升米・・・・・239／卑弥弓呼・・・・・239
劉夏・・・・・240／弓遵・・・・・240／張政・・・・・240／帥升・・・・・240
伊邪那岐神・・・・・241／伊邪那美神・・・・・241／天照大御神・・・・・242
建速須佐之男命・・・・・243／天手力男神・・・・・244／須久那美迦微・・・・・244
大国主神・・・・・244／建御雷之男神・・・・・245
天邇岐志国邇岐志天津日高日子番能邇邇芸命・・・・・245／火遠理命・・・・・245
火照命・・・・・245／崇神天皇・・・・・246／景行天皇・・・・・246／倭建命・・・・・246
神武天皇・・・・・247／倭迹迹日百襲姫命・・・・・247／仲哀天皇・・・・・247
神功皇后・・・・・248／応神天皇・・・・・248／仁徳天皇・・・・・248
雄略天皇・・・・・249／武烈天皇・・・・・249／継体天皇・・・・・249
推古天皇・・・・・250／舒明天皇・・・・・250／聖徳太子・・・・・250
皇極天皇・・・・・251／天智天皇・・・・・251／天武天皇・・・・・252／陳寿・・・・・252
舎人親王・・・・・252／稗田阿礼・・・・・253／中臣鎌足・・・・・253
藤原不比等・・・・・253／蘇我馬子・・・・・254／蘇我蝦夷・・・・・254
蘇我入鹿・・・・・254／太安万侶・・・・・254／孔子・・・・・255／光武帝・・・・・255
煬帝・・・・・255／明帝・・・・・255／司馬懿・・・・・256／公孫淵・・・・・256
好太王・・・・・256／朱蒙・・・・・256／卜部兼方・・・・・257／瑞渓周鳳・・・・・257
鄭舜功・・・・・257／松下見林・・・・・257／新井白石・・・・・258／本居宣長・・・・・258
上田秋成・・・・・258／伴信友・・・・・258／鶴峯戊申・・・・・259／那珂通世・・・・・259
白鳥庫吉・・・・・259／内藤湖南・・・・・259／橋本増吉・・・・・260
笠井新也・・・・・260／梅原末治・・・・・260／肥後和男・・・・・260／榎一雄・・・・・261
星野恒・・・・・261／三品彰英・・・・・261／津田左右吉・・・・・261
和辻哲郎・・・・・262／宮崎康平・・・・・262／古田武彦・・・・・262
大和岩雄・・・・・262／安本美典・・・・・263

付録　265

「魏志倭人伝」全文　読み下し・・・・・・・・・・266
「魏志倭人伝」全文　原文・・・・・・・・・・270
神統譜・・・・・・・・・・272
皇統譜(神武天皇～聖武天皇)・・・・・・・・・・274
藤原氏系図・・・・・・・・・・276
公孫氏系図・・・・・・・・・・277
曹氏系図・・・・・・・・・・277
司馬氏系図・・・・・・・・・・277

年表……278
用語解説……282

索引……286
参考文献一覧……296

あとがき……298

コラム

3～4世紀の東アジア情勢……15
中国の歴史書に記された日本の姿……31
『帝紀』と『旧辞』……39
九夷とは？……44
秦の始皇帝と徐福……44
倭と境界を接する弁辰の存在……47
「漢委奴国王」の金印……59
そっくりな甘木朝倉と大和の地名……67
『唐六典』……77
噛み煙草……79
言語学から見た邪馬台国……80
新井白石の筑紫山門説……81
陳寿は陰陽説にかぶれていた？……82
万葉仮名……91
「神功皇后紀」に記された「魏志倭人伝」の一文……95
五斗米道……99
襄平の戦い……107
高句麗討伐戦……111
樋口氏の卑弥呼殺害説……113
箸の歴史……137
酒の歴史……137
儒教……145
日中の寿命比較……146
「東夷伝」に記された各国の刑罰……147
貨幣の歴史……149
刺史……151
大和王朝の都……164
大和を取り巻く豪族たち……165
銅鐸文化圏と銅剣・銅矛・銅戈文化圏……169
『日本書紀』の紀年問題……170
大和朝廷の騎馬民族説……178

倭迹迹日百襲姫命と倭迹迹姫命……178
朝鮮半島の歴史……184
好太王碑文の改ざん疑惑……186
任那……194
蘇我氏と物部氏の対立……195
則天武后……203
『日本書紀』が記された本当の理由は？……204
白村江の戦い……205
『古事記』と『日本書紀』……206
国学……215
朱子学……215

史跡

須久遺跡……56
三雲遺跡……56
井原遺跡……56
邪馬台国は博多湾周辺……66
吉野ヶ里遺跡……68
西都原遺跡……69
奈良盆地……70
筑紫国八女郡……75
筑後山門……83
宇佐……118
出雲……152
伊勢神宮……231

3〜4世紀の東アジア全図

3世紀前半までの中国大陸。『三国志』で有名な魏、呉、蜀が三つ巴の抗争を繰り返していたころで、魏を継いだ晋が280年に呉を滅ぼして以降、317年までは晋が中国全土を統一していた。その後再び分裂を繰り返し、五胡十六国の争乱の時代を迎える。

仏教寺院の白馬寺は、後漢時代の58年に創建された

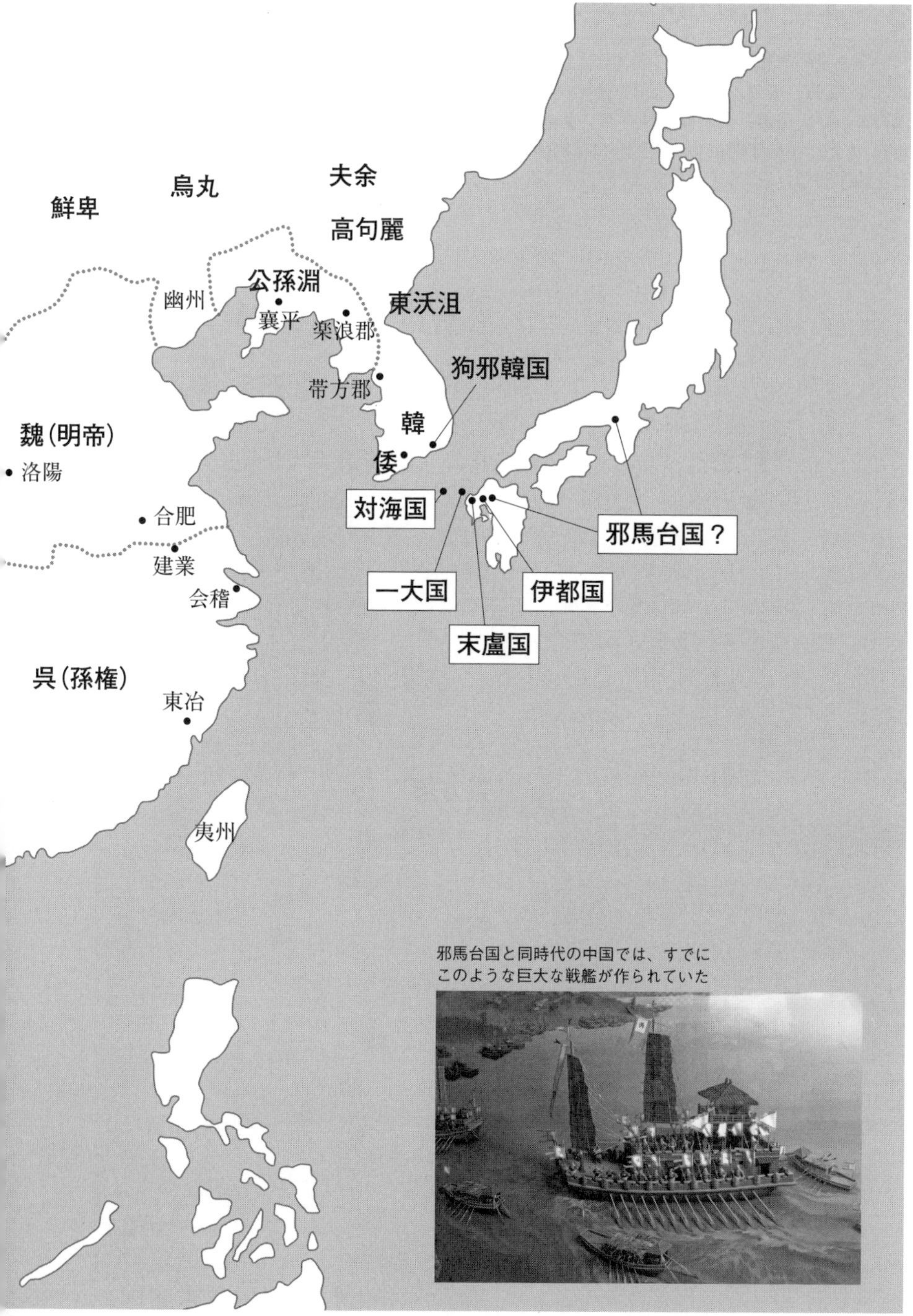

邪馬台国と同時代の中国では、すでに
このような巨大な戦艦が作られていた

3〜4世紀の朝鮮半島

3〜4世紀の朝鮮半島には、「魏志倭人伝」に記されたように、夫余、挹婁、高句麗、東沃沮、濊、韓(馬韓、辰韓、弁韓など)の国々が点在していた。いずれも、漢王朝に臣下の礼を取り、漢によって玄菟郡、楽浪郡、帯方郡、真番郡などが置かれていた(玄菟郡、真番郡はのちに廃止)。また、正始年間(240〜249年)には高句麗が反旗を翻したため、魏が大軍を送り込んでこれを鎮圧している。

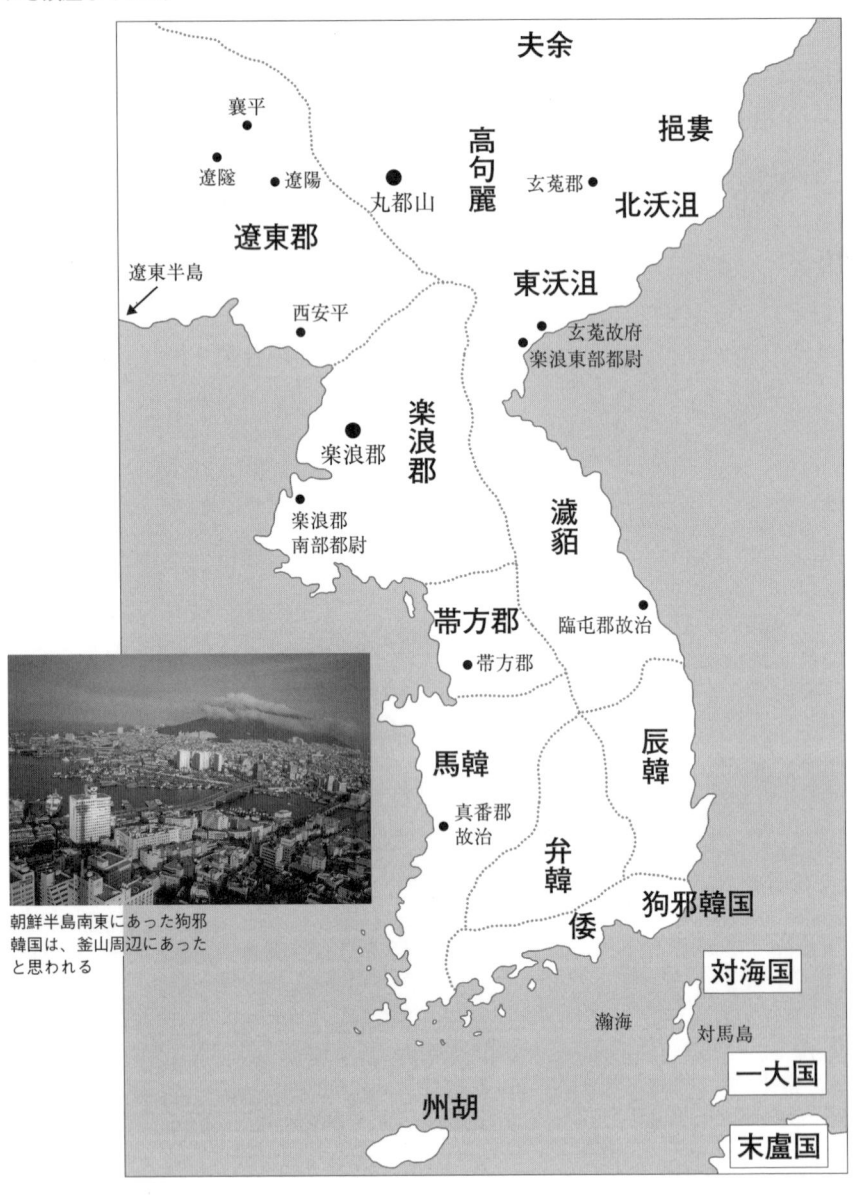

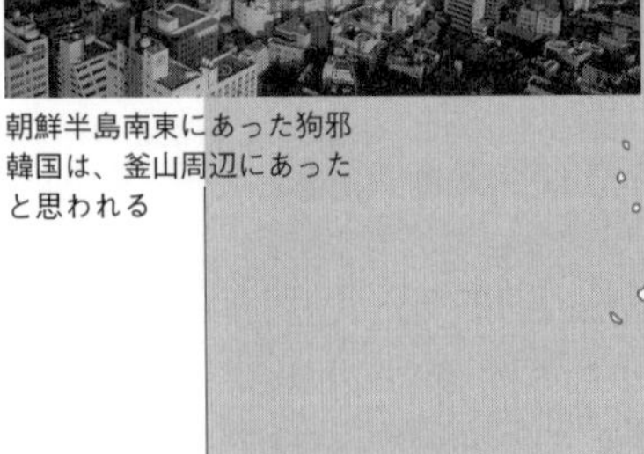
朝鮮半島南東にあった狗邪韓国は、釜山周辺にあったと思われる

3〜4世紀の東アジア情勢

「魏志倭人伝《ぎしわじんでん》」に記された倭人の各事象において、その絶対年数が比定できるのは、「景初《けいしょ》二年六月、倭の女王、大夫難升米《なそめ》等を遣わし郡に詣《いた》らしめ、天子に詣りて朝献せんことを求む」の部分と、それに続く「其の年の十二年、詔書して、倭の女王に報じて曰《いわ》く」の部分、さらには「正始《せいし》元年、太守弓遵《きゅうじゅん》、建中校尉梯儁《けんちゅうこういていしゅん》等を遣わして」から「其の四年」「其の六年」「其の八年」と続く部分である。景初2年といえば西暦238年のことで、この年、倭の女王・卑弥呼《ひみこ》が大夫・難升米を魏に派遣したという。正始元年は240年だから、最後に記された「其の八年」は247年のことである。

このころの中国は、魏、呉《ご》、蜀《しょく》がまだ三つ巴の戦いに明け暮れていたころである。黄河流域の中原以北を征する魏では、明帝《めいてい》(曹叡《そうえい》)が、曹操《そうそう》、曹丕《そうひ》の跡を継いだばかりである。魏の南西部にあたる益州《えきしゅう》を押さえていた蜀では、先主・劉備《りゅうび》が白帝《はくてい》城《じょう》で、名軍師・諸葛亮《しょかつりょう》も五丈原《ごじょうげん》においてすでに死し、丞相・費禕《ひい》が、暴走しがちな将軍・姜維《きょうい》を押さえつけて、ひたすら隠忍自重して国勢の回復に力を注いでいたころだった。一方、長江以南を領する呉では、孫権《そんけん》がまだ健在で、234年に明帝との「合肥《がっぴ》新城の戦い」において苦戦し、撤退を余儀なくさせられ、さらに237年に大将・朱然《しゅぜん》らが兵2万を率いて江夏《こうか》を包囲するも、魏が派遣した荊州《けいしゅう》刺史・胡質《こしつ》らに撃退されて敗走させられるなど、手痛い打撃を被っていたころであった。

そのころ、朝鮮半島のつけ根にあたる遼東《りょうとう》半島は、三国の争乱をよそに、比較的平穏を装っていた。しかし、実質的に魏から遼東太守に任じられていた公孫淵《こうそんえん》が、魏との関係を断って独立しようと画策し、あろうことか呉に使者を送ってその藩国になることを申し出たのである。これを喜んだ呉の孫権は、公孫淵を燕王《えんおう》に封じて爵位を与えたものの、思い直した公孫淵が、呉から派遣されてきた使者の首を刎ねて、魏へと送りつけてしまう。魏側としては事なきを得たとはいえ、不穏な動きを見せる公孫淵を信じることもできず、ついには幽州《ゆうしゅう》刺史・毌丘倹《かんきゅうけん》に命じてこれを討伐させようとしたのである。これが、呉の朱然が胡質に敗れたのと同じ景初元年(237)のことであった。

しかし、このとき毌丘倹は、10日間も雨が降り続いたため前進することもできず、空しく引き揚げている。そして魏の軍勢が引き揚げると、公孫淵は自ら燕王と称して自立してしまうのである。

これに対して魏の明帝は、翌景初2年(238)春正月、大尉・司馬懿《しばい》を遼東に派遣してこれを攻撃させている。司馬懿が公孫淵を襄平《じょうへい》において討ち取ったのは9月10日のことである。「魏志倭人伝」によれば、卑弥呼はその3か月前の6月に、楽浪郡《らくろうぐん》へと使者を派遣したことになっている。まさに戦い最中《さなか》の献使である。この点に関して、激戦中に使者を派遣することなどできるわけがないとして、景初2年は景初3年の誤りであると読み替える論者も多い。

同じころの朝鮮半島の情勢も見てみよう。朝鮮半島に点在する各国の国情に関しては、「魏志東夷伝」に詳しく記されている。魏の領域である楽浪郡(ピョンヤン周辺)と帯方郡《たいほうぐん》(ソウル周辺)を中心に、北には丸都山《がんとさん》の麓を都とする戸数7万の高句《こうく》麗《り》と、日本海に面した戸数5000の東沃沮《とうよくそ》が位置し、さらにその北方に、東夷中最大の国土を誇る夫余《ふよ》と、寒さが厳しく統一王者もまだ登場していない挹婁《ゆうろう》がある。両郡の東の日本海沿いには、漢《かん》の武帝《ぶてい》の統治下に置かれたままの濊《わい》があり、朝鮮半島南半分を馬韓《ばかん》、辰韓《しんかん》、弁韓《べんかん》(弁辰《べんしん》)の3国で構成される韓が位置していた。ただ、弁韓のなかの瀆盧国《とくろこく》が倭と境界を接しているという記述があるところから、朝鮮半島最南端には、倭人と同じ民族の人々が住む倭が存在していたと考えられている。しかし、これが倭人の国と同一の国かどうかは、意見の分かれるところである。

　また『日本書紀』では、日本府が置かれていたという任那《みまな》の存在を示しているが、この真偽を巡って日韓間において激しい論戦が繰り広げられたこともある。

蜀の劉備が夷陵の戦いに敗れて、白帝城へと逃げ込んだあと、223年に薨去した

蜀の丞相・諸葛亮最後の戦いとなった五丈原

序章

邪馬台国論争

邪馬台国論争

日本古代史最大の謎である「邪馬台国はどこか？」を巡って、古くから論争が絶え間なく続いている。

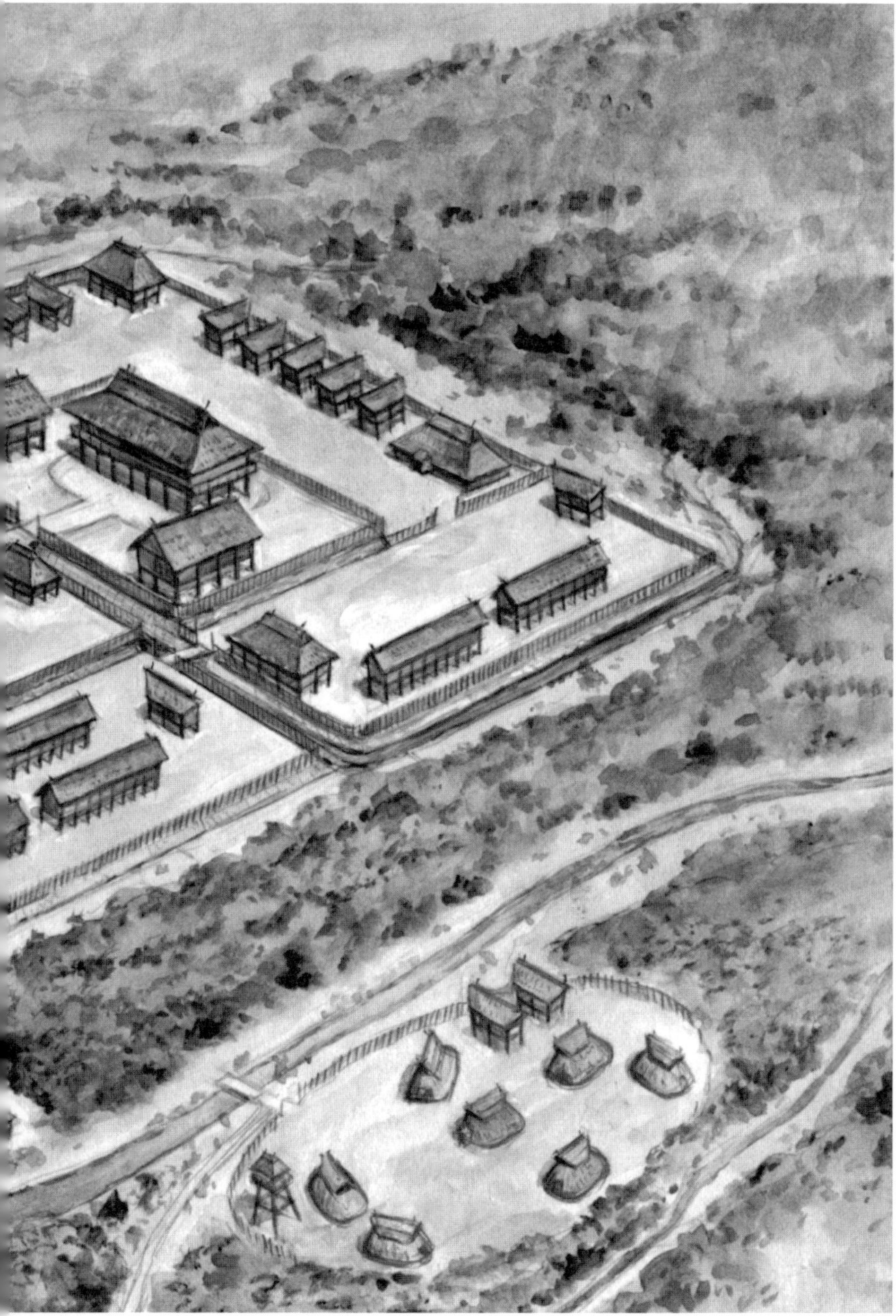

邪馬台国論争 ――――――――――――― プロローグ

日本の古代史は、いまだ謎に包まれたままである。「魏志倭人伝」に記された邪馬台国や卑弥呼の事績は、『日本書紀』や『古事記』など日本の歴史書に記されることもなく、その存在を証明する手立てすら見出せないというのが現実である。そのような状況のなか、邪馬台国を巡る論争は一向に収まる気配を見せない。九州説 VS 畿内大和説を巡って、今も侃々諤々の論戦が繰り広げられ続けているのである。

闇に包まれた日本の歴史

「天地《あめつち》が分かれ、高天原《たかまのはら》に現れた神々のなかから、伊邪那岐神《いざなぎのかみ》と伊邪那美神《いざなみのかみ》が生まれた。2柱《はしら》の神は力を合わせて、淡路島をはじめとする大八島《おおやしま》を作り上げたのち、八《や》百万《およろず》の神を次々と生み落としていく」

これは、現存する日本最古の歴史書といわれた『古事記』の国生み物語に記されたお話である。その後、「火の神を生んで黄泉《よみ》の国へと旅立ってしまった伊邪那美神を追って、伊邪那岐神が訪ねていくが、醜い姿となった伊邪那美神に驚いて地上に舞い戻ってくる」と続く。黄泉の穢《けが》れを祓《はら》うためにたどり着いたのが日向国《ひむかのくに》で、そのときに洗った左目から生まれたのが、天照大御神《あまてらすおおみかみ》である」と、なんとも不思議な物語が延々と続くのである。

39代・天武《てんむ》天皇が太安万侶《おおのやすまろ》に命じて、稗田阿礼《ひえだのあれ》が語った神話や伝承を筆写させたといわれるが、これが本当に正史として編纂された歴史書なのだろうか？　というような内容なのである。

また、720年に舎人《とねり》親王が奏上したといわれる『日本書紀』も、冒頭の「神代紀」の内容は、ここに記した『古事記』の文面と大筋は変わらない。いずれも、日本で最初に正史として編纂を開始された書でありながら、その多くが神話や伝承に彩られた曖昧模糊《あいまいもこ》としたものなのである。そこから日本建国の真の歴史を読み取ることは、ほとんど絶望的といわざるをえない。

邪馬台国　九州説 VS 畿内大和説の対立

一方、悠久の歴史を誇る中国では、『漢書』をはじめ、『後漢書』『三国志』『魏書』『晋書』『梁書』『宋書』『太平御覧《たいへいぎょらん》』などの正史や類書に、日本の古名である倭国《わこく》の名と、その国情が記されている。なかでも、蜀漢《しょくかん》および西晋《せいしん》時代の官僚であった陳寿《ちんじゅ》が記した正史『三国志』内の「魏志東夷伝《ぎしとういでん》倭人の条」(以後「魏志倭人伝」と記す)には、倭国だけでなく邪馬台国《やまたいこく》や卑弥呼《ひみこ》の名までも登場するなど、他書を凌駕《りょうが》する豊富な情報を提供してくれているのである。そこには、倭国は小国の連合国家であり、共立された女王・卑弥呼が都とするのが邪馬台国であると記されている。しかし、卑弥呼の宗女・台与《とよ》が13歳で王となったのち、再び朝献したことを記したあと、中国の歴史書から倭国および邪馬台国に関する記載はぷっつりと途絶えてしまう。『宋書』に倭の五王が5世紀初頭から朝貢し始めてきたことを記すまでの100数十年間、日本の歴史は、中国の史書からは読み取ることができなかったのである。俗に「空白の4世紀」といわれる所以である。台与へと引き継がれた邪馬台国を中心とする倭国が、畿内大和に勢力を張る大和王朝とどのようなかたちでかかわってきたのか、日本の歴史を知るうえで最も重要な部分が、今もって謎に包まれたままなのである。

この日本の古代史を知るためにどうしても確定しておかなければならないのが、邪馬台国の比定地(比較して推定した所在地)である。その所在地がわかれば、その後の大和王朝との繋がりが少しずつ鮮明になってくるからだ。こうして、古代史研究家のあいだでその比定地を巡る論戦が繰り広げられるようになる。のちには考古学者も加わって、論争の焦点はより多彩かつ緻密になっていくのだが、それでも大筋においては、今なお、九州説と畿内大和説の真っ二つに分かれたまま、果てしなき論戦に終始するという構造に変わりはない。それがもし九州にあったとするなら、邪馬台国が東遷したのか？　大和王朝が西征したのか？　また、もし畿内大和にあったのなら、邪馬台国はどのようなかたちで大和王朝に移行していったのか？　といった素朴な疑問に対しても、明快な答えを得られることもなく、相も変わらず堂々巡りを続けるばかりなのである。

『古事記』『日本書紀』は虚妄の書？

そんななか、今再び脚光を浴び始めたのが、実は冒頭で絶望視していた『古事記』や『日本書紀』の解明なのである。これまで両書は造られた虚妄《きょもう》の書、つまり真実を伝えるものではないと思われてきたのであるが、オブラートに包まれた神話のひとつひとつの物語のなかに、なにか隠された真実が潜んでいるのではないかと考えられ始めてきたからである。『古事記』や『日本書紀』に記された歴史物語を、中国の史書に記された事績とひとつひとつ入念に照らし合わせてみれば、そこになんらかの接点を見出せるのではないか？　「出雲《いずも》を創建した須佐之男命《すさのおのみこと》と大国主神《おおくにぬしのかみ》の国譲り神話は、大和王朝の東征を意味しているのではないか？」「天照大御神が天孫降臨の地に高千《たかち》穂《ほ》を選んだという物語は、九州王朝の歴史を記したものではないか？」「神武《じんむ》東征は、邪馬台国東征を意味するのではないか？」「神功《じんぐう》皇后の朝鮮半島遠征は、卑弥呼の事績を投影したものではないか？」「『日本書紀』にその名が記されない倭の五王は、実は九州王朝の王なのではないか？」など、『古事記』や『日本書紀』に投げかけられたさまざまな疑問をひとつひとつ検証していけば、謎とされた「空白の4世紀」が、おぼろげながらも少しずつ見えてくるのではないか？　邪馬台国論争の争点も、「魏志倭人伝」解明から、考古学的な検証を経て、再び『古事記』『日本書紀』再検証の時代へ移りつつあると思えてならないのである。

日本古代史最大の謎に迫る！

邪馬台国は どこにあったのか？

「魏志倭人伝」は、帯方郡からの行程記事を綿密に記していたにもかかわらず、邪馬台国の位置を特定することができないのが現状である。陳寿の記事の、特に距離や場所に関する曖昧な表現が、正解を導くこと拒んでいるのである。

まだ文字の存在も疑わしい 文化黎明時代

「邪馬台国《やまたいこく》はどこにあったのか？」。それは、日本古代史における「最大の謎」である。「魏志倭人伝《ぎしわじんでん》」に記された日本最古というべき連合国家の中心・邪馬台国がどこにあるのかは、今もって不明である。その国が存在していたと思われる2世紀中ごろから3世紀後半といえば、隣国・中国では、まさに魏、呉《ご》、蜀《しょく》が三つ巴の戦いを演じた三国時代と、その直後の司馬《しば》一族が晋《しん》を打ち立てた時代である。すでにこのころまでには、正史である『史記』や『漢書』などのほか、『論語』『孟子』『詩経』『礼記《らいき》』『春秋』『皇《こう》覧《らん》』『論典』といった思想書や類書、文学書なども数多く著されている。

それにもかかわらず、同時代の日本では文字が使用されていたのかどうかも不明で、当時の事象を示す記録すら、なにひとつ見出すことができない。現在日本に残る最古の記録は『古事記』と『日本書紀』であるが、これらが編纂され始めたのは、実にその数世紀もあと、8世紀に入ってからのことなのである。

邪馬台国の名が初めて 記された「魏志倭人伝」

日本列島に、国らしき存在があることを正史として初めて記したのは『漢書』においてである。そこには「楽浪《らくろう》海中倭人あり、分かれて百余国と為す、歳時を以て来りて献見す」(楽浪海中有倭人、分為百余国、以歳時来献見云)とあり、朝鮮半島から海を隔てたところに倭人という国があったことが記されている。100余国に分かれ、中国へ貢物を持ってやってきたとも記しているのである。

しかし、実はその数世紀も前、孔子《こうし》によって記された『論語』のなかに、国名の記載はないものの、九夷《きゅうい》として登場していたことは注目に値する。そこには、「九夷に居すを欲す」(欲居九夷)とある。『漢書』「地理志」は、この一文に託された孔子の真意を「然して東夷の天性柔順、三方の外に異なる。故に孔子、道の行はれざるを悼む」(然東夷天性柔順、異於三方之外、故孔子悼道不行)と記し、中国で道が行われないことを嘆いた孔子が、天性柔順なるこの地にいくことを願っていたのだと解説するのである。

また、後漢《ごかん》時代の王充《おうじゅう》が著した思想書『論衡《ろんこう》』には「周《しゅう》の時、天下太平にして倭人来たりて暢草《ちょうそう》を献ず」(周時天下太平、倭人来献暢草)とあり、周(紀元前1046ごろ〜紀元前256年)の時代から、倭人が暢草という酒に浸した薬草を献じていたことが記されている。その後范曄《はんよう》が5世紀に記した『後漢書』には、建武中《けんぶちゅう》元《げん》2年(57)に倭奴国《わのぬこく》が大夫と称する使人を遣わして貢を奉じてきたため、光武帝《こうぶてい》が印綬を下賜し、安帝永初《あんていえいしょ》元年(107)には、倭国王・帥升《すいしょう》が生口《せいこう》160人を献じたことも記している。しかし、いずれも当時の日本に関する記述はそれだけで、国情を詳しく記すものではなかった。

こういった状況のなか、初めて日本の黎明期の事象を詳しく記してくれたのが、陳寿《ちんじゅ》が著した「魏志倭人伝」なのである。しかも、そこにはこれまで記されることのなかった邪馬台国や卑弥呼《ひみこ》の名までもが登場する。倭国は邪馬台国を都とし、卑弥呼を女王として共立した連合国家であるとして、帯方郡《たいほうぐん》からの行程記事、政情、風習、風俗に至るまで、倭国の国情を詳細に記したのである。

しかし、陳寿の記録は不十分であった。女王国の都・邪馬台国がいったいどこにあったのか、誰が見ても違いがないように記すことができなかったからである。朝鮮半島にある魏の出先機関である帯方郡から伊都国《いとこく》まで、里数と方位を記していったところまではよかった。しかしそれ以降、それまで里数で示されていた数値が、突然「水行二十日」「水行十日。陸行一月」といった抽象的な表記に変わってしまったところから、そこからの比定地を特定することが困難になってしまったのである。この日数をどう読むのか、論者によってその見解が大きく異なるからである。見解次第では北九州とも畿内大和ともいえる。それどころか、沖縄やジャワ・スマトラ、果てはエジプトということすら可能だったのだ。

文献史学は九州説
考古学は畿内大和説

そのなかでも、比較的賛同者が多いのは、北九州では博多湾沿岸(福岡県福岡市)と、筑後国山門《ちくごのくにやまと》(福岡県山門郡)、豊《ぶん》後国《ごのくに》宇《う》佐《さ》(大分県宇佐市)あたりで、畿内では大和(奈良盆地周辺)あたりである。博多湾沿岸は、従来奴国《ぬこく》の比定地と見られていたところであるが、奴国は従来説よりももっと西で、博多湾沿岸に不弥国《ふみこく》と邪馬台国が隣接するように並んでいたと見る説(古田武彦《ふるたたけひこ》氏)が有力である。また、新井白石《あらいはくせき》が提唱した筑後国山門は、邪馬台国とともにヤマトと読むことができるところから比定地とされたところで、白鳥庫吉《しらとりくらきち》氏や星野恒《ほしのひさし》氏などもこれを支持。また、豊後国宇佐は、『邪馬台国の位置と日本国家の起源』の著者・鷲崎弘朋《わしざきひろとも》氏が潮流を加味するなど、実測にもとづいて比定したものだけに説得力が大きい。

一方、近畿方面の中心となる大和は、方位の問題が最大のネックになっているため、文献史学の観点からは苦しい立場にある。ただし、纏向《まきむく》遺跡内の箸墓《はしはか》古墳や纏向勝山《かつやま》古墳、黒塚《くろづか》古墳などの前方後円墳および、そこから出土する三角縁神《さんかくぶちしん》獣鏡《じゅうきょう》などが卑弥呼との関連性を物語っているため、考古学者の多くが後ろ盾となって、いまだ根強い論戦を張っている。

邪馬台国論争最大の論点

九州説 VS 畿内大和説の対立

江戸時代から論戦が繰り広げられてきた邪馬台国論争。その対立の構造は、思想の違い、学閥闘争、文献史学と考古学の対立など、時代によって形を変えながらも繰り返されていくのである。

松下見林 VS 本居宣長

邪馬台国《やまたいこく》について語るとき、なによりも熱く語られるのが、前項でも記した「邪馬台国はどこにあったのか？」というテーマについてである。この比定地に関しては、古くから数限りなく論戦が繰り広げられてきた。詳細については第5章で詳しく述べるが、ここではその概要を簡潔に記しておきたい。

最初に論戦を張ったのは、江戸時代の国学者・松下見林《まつしたけんりん》である。見林が『異称《いしょう》日本伝』を著して畿内大和説を唱えたのが元禄《げんろく》6年（1693）というから、今より300数十年も前から論争が繰り返され続けていることになる。『後漢書』に記された「倭奴国《わのぬこく》」を古代の大養徳国《やまとこく》と比定したうえで、邪馬台をヤマトと読んだところから大和説を打ち出したといわれる。

これに反論を加えたのが、国学者の本《もと》居宣長《おりのりなが》で、『馭戎概言《ぎょじゅうがいげん》』を著して、卑弥《ひみ》呼《こ》を熊襲《くまそ》の女酋長あたりであろうと見て、邪馬台国を九州南部に比定している。国学者であった宣長にしてみれば、他国に朝貢した卑弥呼が天皇家と繋がりがあったなど、もってのほかという思いがあったのであろう。

東京大学 VS 京都大学

明治に入ると、いよいよ本格的な論争が始まる。東京帝国大学（現・東京大学）教授の白鳥庫吉《しらとりくらきち》氏が、明治43年（1910）に論文『倭女王卑弥呼考』を発表し、邪馬台国が九州にあったと断言したことが皮切りとなる。白鳥氏の言い分は、帯方郡《たいほうぐん》から邪馬台国までの1万2000里から、帯方郡から不弥国《ふみこく》に至る1万700里を引いた1300里を短里で見れば、九州から飛び出ることがないというものであった。

これに対して、京都帝国大学（現・京都大学）の教授・内藤湖南《ないとうこなん》氏は、すぐさま『卑弥呼考』を発表。畿内説を唱えてこれに対抗している。内藤氏は、投馬国《とうまこく》に至る方位を「南」から「東」に読み替えて、投馬国を周防国《すおうのくに》（山口県南東部）に

●九州説の論拠

①	方位の南は九州でしかありえない
②	「東へ千余里海を渡ると倭種の国」は本州のこと
③	帯方郡から邪馬台国まで1万2000里は九州が妥当
④	「周旋すること五千里」は九州が妥当
⑤	伊都国を拠点に放射式にたどれば九州内に収まる
⑥	九州にヤマトという地名が数多く存在する
⑦	「魏志倭人伝」に記された鉄器は九州のほうが出土数が多い

●畿内大和説の論拠

①	「水行十日。陸行一月」でたどり着くのは畿内大和
②	方位の南は東の間違い
③	『日本書紀』「神功紀」に卑弥呼のことが記載されている
④	7万戸もの人口を擁する都市は畿内大和が妥当
⑤	「景初三年」の銘の入った鏡が出土している
⑥	巨大な前方後円墳は畿内大和に集中している
⑦	箸墓は卑弥呼の墓である

比定したうえで、邪馬台国が畿内大和にあったと論じたのである。このふたりの対立後、九州説＝東大 VS 畿内大和説＝京大という対立構造ができあがり、ついには学閥闘争にまで発展していくのである。

文献史学 VS 考古学

大正時代に入ると、これまでの文献史学内の対立だけにとどまらず、考古学者たちも論戦に加わってくる。東洋考古学者の梅原末治《うめはらすえじ》氏や、『考古学雑誌』を刊行した高橋健自《たかはしけんじ》氏らが畿内大和説に加担し始めると、文献史学の観点から有利だった九州説は次第に形勢が傾き、畿内大和説が台頭し始める。東洋史学者の橋本《はしもと》増吉《ますきち》氏が古墳の完成時期を巡って高橋氏の説を非難、高橋氏もそれに応酬するなど、飽くなき論戦が繰り広げられた。

戦後は、東洋史学者の榎一雄《えのきかずお》氏がこれまで順次式に読み進めていた行程記事を放射式に読むという画期的な解読法を用いて、邪馬台国は九州内に収まるとの説を打ち出している。また、考古学者の江《え》上波夫《がみなみお》氏が騎馬民族征服王朝説を打ち出して話題を呼んだほか、考古学者の小林《こばやし》行雄《ゆきお》氏が同范鏡《どうはんきょう》の分布状況から畿内大和説を後押し、さらに、大和書房の創業者で古代史研究家の大和岩雄《おおわいわお》氏が「女王国が卑弥呼の都、邪馬台国が台与の都」としたほか、古田武彦《ふるたたけひこ》氏が「邪馬台国は邪馬壹国の間違い」とするなど、独自の解読法を取り入れた論説を主張している。また、古田氏が『日本書紀』や『古事記』の解読において、これを邪馬台国と関連づけて再検証を加えた点は興味深い。これからの邪馬台国研究の進展は、考古学的発見はいうまでもなく、『日本書紀』や『古事記』の新たな解読にも委ねられていると見てもよさそうである。

全国の邪馬台国比定地

邪馬台国の比定地として圧倒的に数が多いのが北九州エリアで、次いで多いのが近畿である。そのほか、北は北陸地方に至るまで広く点在している。

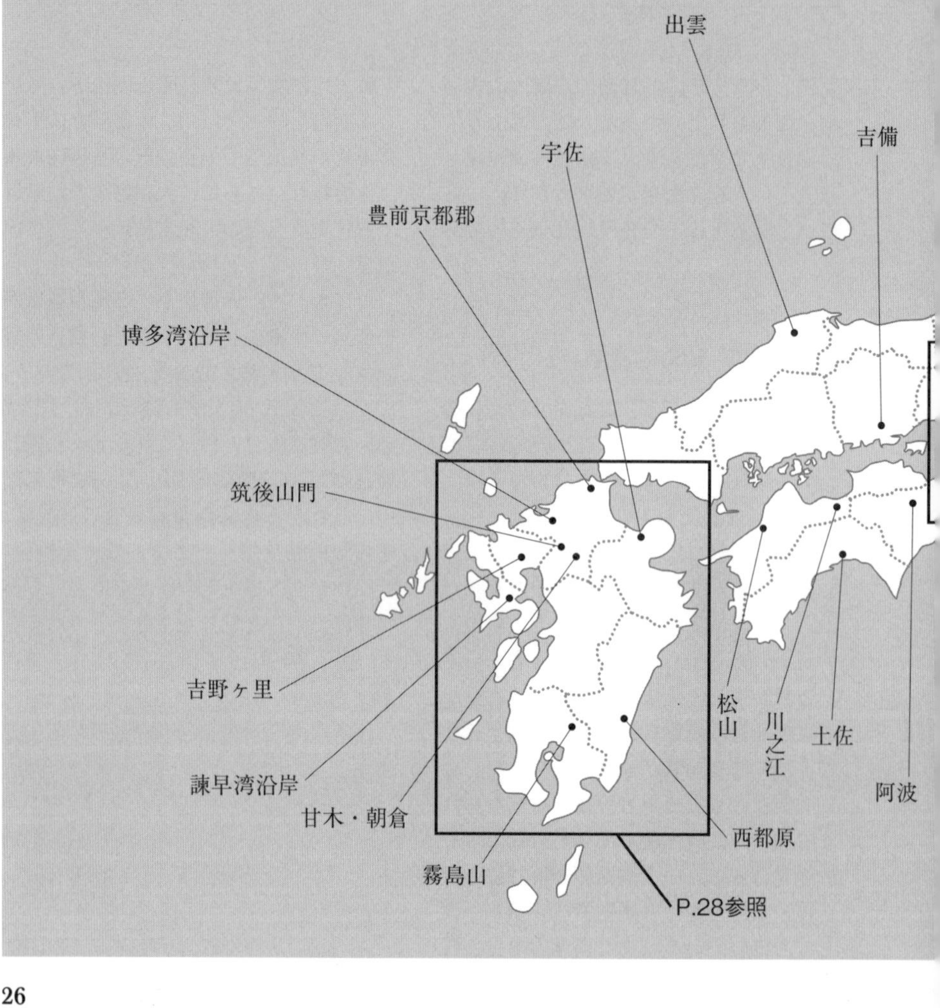

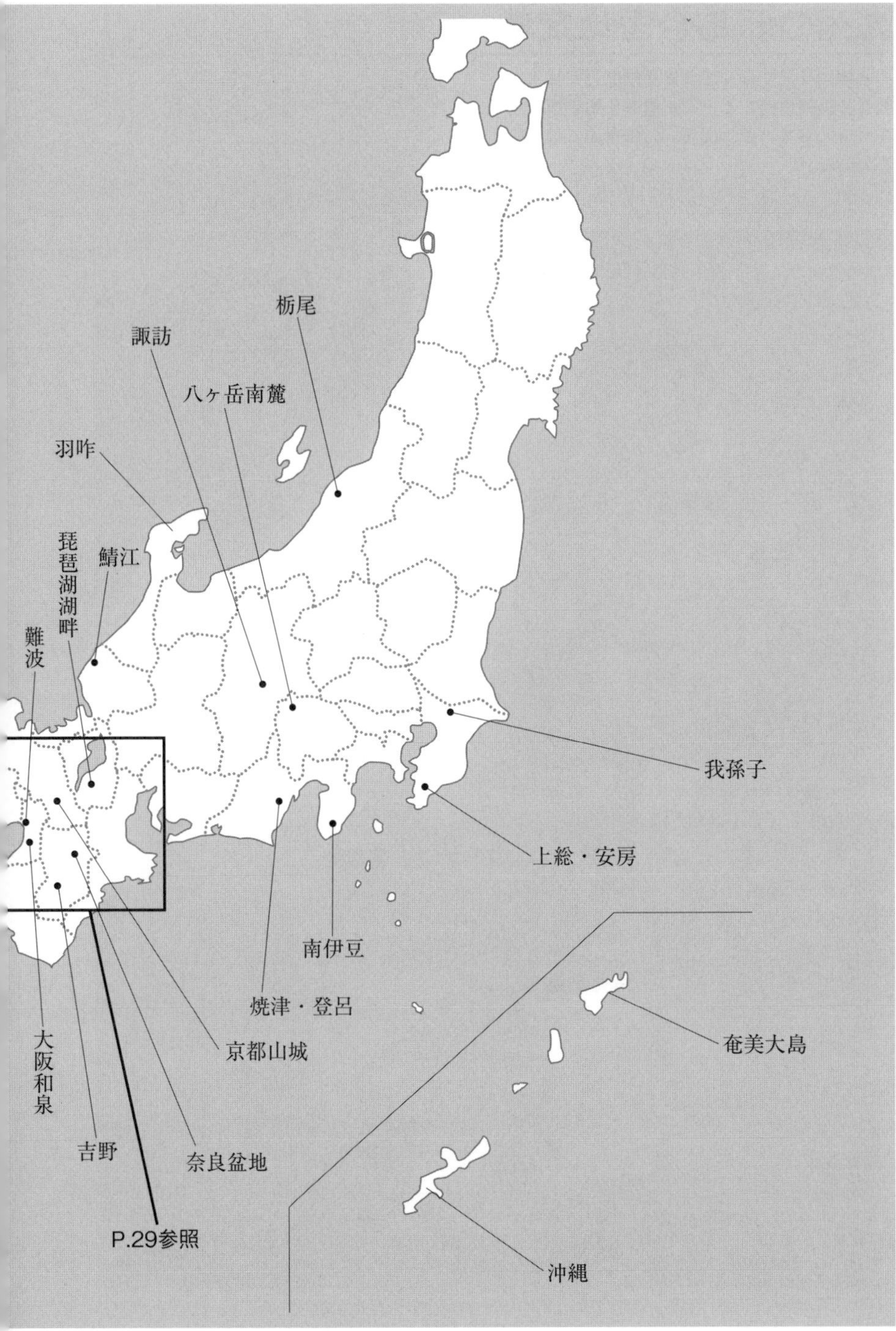
栃尾
諏訪
八ヶ岳南麓
羽咋
琵琶湖湖畔
鯖江
難波
我孫子
上総・安房
南伊豆
焼津・登呂
京都山城
大阪和泉
吉野
奈良盆地
P.29参照
奄美大島
沖縄

九州の邪馬台国比定地

九州エリアでは、博多湾沿岸周辺や甘木・朝倉、筑後山門など、九州北部を比定地とするケースが多いが、反面、九州全域にも点在している。

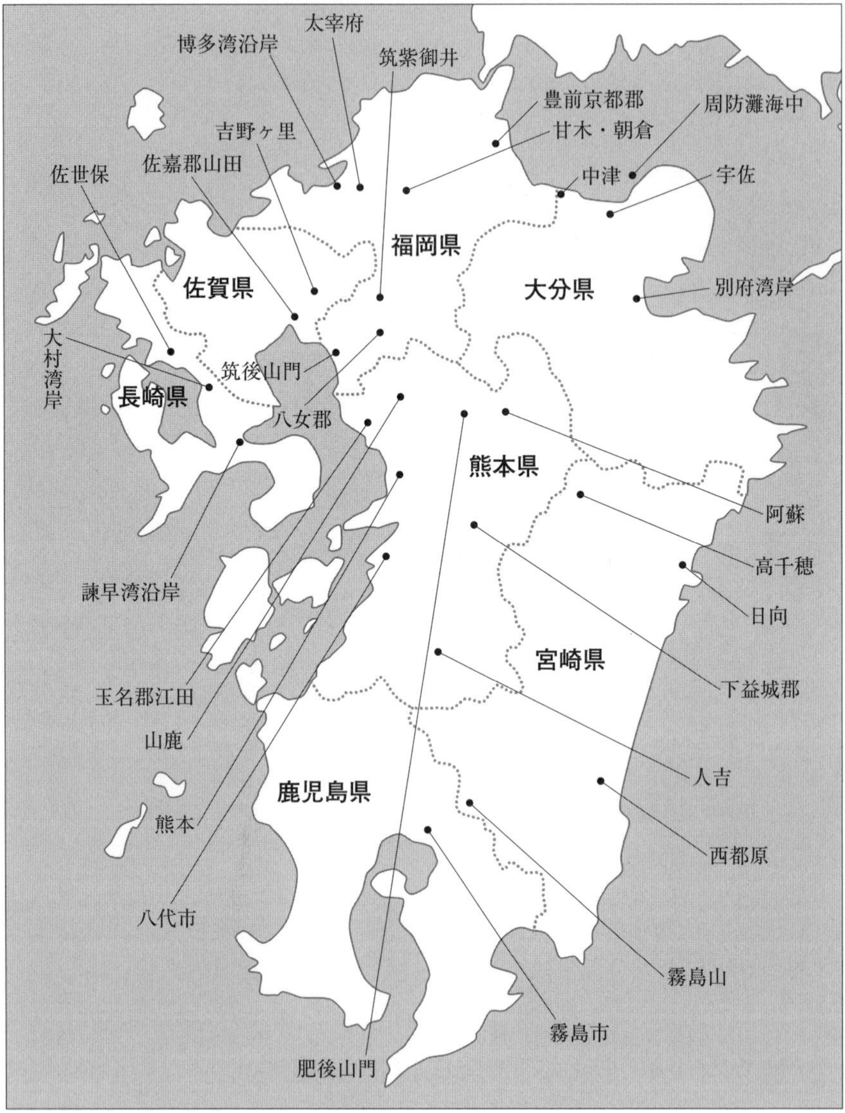

畿内大和の邪馬台国比定地

邪馬台国を畿内に比定する論者は多いが、そのほとんどが奈良盆地内としている。それ以外では、京都山城や大阪和泉など、畿内を中心に点在している。

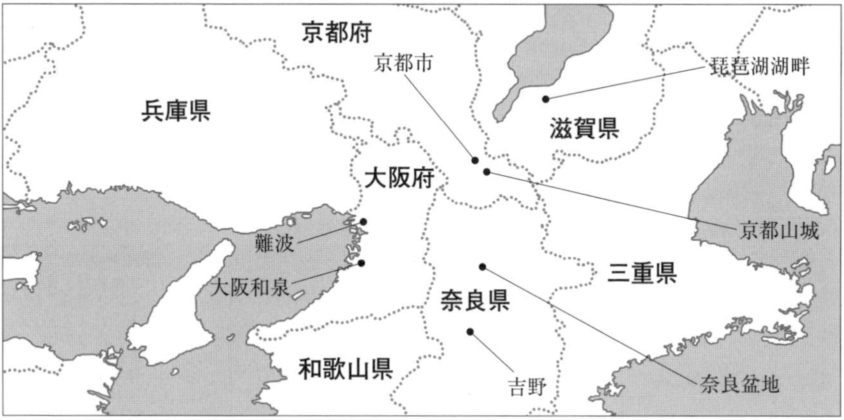

その他の邪馬台国比定地

「魏志倭人伝」に記された行程記事を長里で見た場合、日本を遥かに通り過ぎて、ジャワ・スマトラやフィリピンあたりまでいってしまいかねないのである。

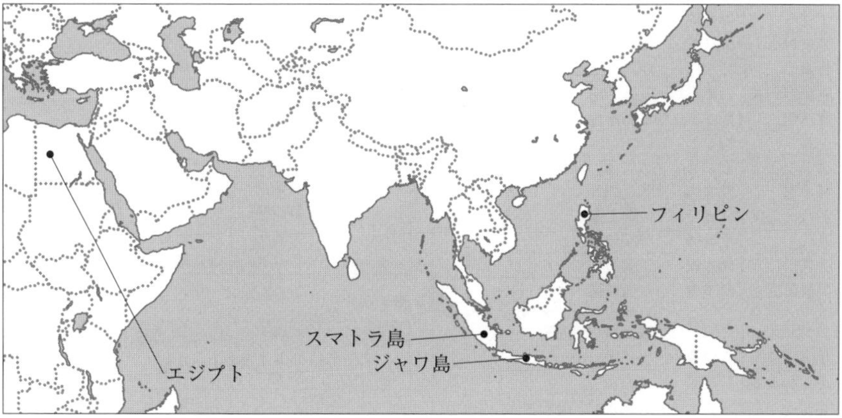

邪馬台国の比定地一覧

邪馬台国の比定地は日本全国に点在するが、そのなかからおもだったところを集めてみた。特徴的なのは、九州では比定地が福岡県から佐賀県、長崎県と各地に点在しているのに対して、近畿地方では圧倒的に奈良盆地に集中している点であろう。その他、出雲、吉備、熊野、沖縄、果てはジャワ・スマトラやエジプトにまで至るなど、その候補地は実に多彩である。

●九州地方

地名	県名	主張する論者
北九州	福岡県ほか	和田清、井上光貞
博多湾沿岸	福岡県	古田武彦、藤田友治、山田宗睦、孫栄健
筑紫平野	福岡県	藤沢偉作
太宰府	福岡県	松田正一
京都郡	福岡県	重松明久、坂田隆
筑前国 甘木・朝倉	福岡県	安本美典、村山義男、鯨清、高倉盛雄
八女郡矢部村	福岡県	黒岩重吾
筑後国八女	福岡県	久米邦武
筑後国御井	福岡県	榎一雄、植村清二
筑後国山門郡	福岡県	晩年の新井白石、後年の白鳥庫吉、星野恒、橋本増吉、喜田貞吉、津田左右吉、中島利一郎、渡辺村男、坪井九馬三、太田亮、市村瓚次郎、遠藤元男、牧健二、田中勝蔵、山口静夫、坂本太郎、田中卓、藤間生大、村山健治、森浩一、関裕二、榎一雄
筑後川流域	福岡県	武光誠、石田幹之助
吉野ヶ里	佐賀県	奥野正男
佐嘉郡山田	佐賀県	楠原佑介
佐世保	長崎県	恋塚春雄
大村湾東岸	長崎県	野津清、鈴木勇
肥後国島原	長崎県	宮崎康平、子田耕司
佐世保	長崎県	恋塚春雄
周防灘海中	大分県	大羽弘道
豊前国宇佐	大分県	重松明久、高木彬光、鷲崎弘朋、久保泉、富来隆、安藤輝国、伊勢久信、中野幡能
中津	大分県	横堀福次郎
別府湾岸	大分県	山本武夫
阿蘇	熊本県	藤井甚太郎
肥後国菊池郡	熊本県	近藤芳樹
肥後国	熊本県	白鳥庫吉、榎一雄
山鹿	熊本県	鈴木武樹
玉名郡江田	熊本県	古谷清、坪井九馬三
熊本市	熊本県	服部四郎
肥後国佐俣	熊本県	安藤正直
八代	熊本県	李鉦埼
人吉	熊本県	工藤篁
阿蘇蘇陽	熊本県	藤芳義男
日向	宮崎県	林屋辰三郎、尾崎雄二郎、後藤利雄、橘高章
延岡市構口	宮崎県	小田洋
高千穂・蘇陽	宮崎県	梅原猛
西都原	宮崎県	清水正紀、原田常治、佐治芳彦
霧島山	宮崎県 鹿児島県	高津道昭
鹿児島姫木	鹿児島県	加治木義博
大隅国曽於郡	鹿児島県	鶴峯戊申、吉田東伍
大隅姫木	鹿児島県	那珂通世
筑紫の南方	九州南部か	本居宣長
沖縄	沖縄県	木村政昭

●近畿地方

地名	県名	主張する論者
大和	奈良県	ト部兼方、北畠親房、瑞渓周鳳、鄭舜功、松下見林、新井白石、伴信友、村瀬之熈、橘良平、楊守敬、内藤湖南、山田孝雄、笠井新也、高橋健自、三宅米吉、梅原末治、志田不動麿、末松保和、中山平次郎(のちに筑後に変更)、藤田元春、鈴木俊、樋口隆康、岡崎敬、浜田敦、和歌森太郎、肥後和男、大森志郎、室賀信夫、上田正昭、直木孝次郎
熊野	奈良県	立岩巌
畿内地方	奈良県他	和辻哲郎、小林行雄
京都市	京都府	江戸達郎
琵琶湖畔	滋賀県	大内規夫

●その他

地名	県名	主張する論者
吉備	岡山県	薬師寺慎一
川之江	愛媛県	大森忠夫
松山	愛媛県	浜田秀雄
土佐	高知県	土佐文雄
鯖江	福井県	武智鉄二
羽咋	石川県	能坂利雄
栃尾	新潟県	桐生源一
諏訪	長野県	武智鉄二
八ヶ岳南麓	山梨県	奥平里義
焼津・登呂	静岡県	肥田政彦
南伊豆	静岡県	晩年の肥田政彦
上総・安房	千葉県	鈴木正知
下総・我孫子	千葉県	伊藤邦之

●海外

地名	国名	主張する論者
ジャワ・スマトラ	インドネシア	内田吟風
フィリピン	フィリピン	加瀬禎子
エジプト	エジプト	木村鷹太郎

中国の歴史書に記された日本の姿

◉『論衡《ろんこう》』

後漢《ごかん》時代(25～220年)の思想家・王充《おうじゅう》(27～没年不詳)が著した思想書で、実証主義的な立場から虚妄《きょもう》的な儒学を批判したことでも知られる。日本に関する記述は次の3か所で、「周《しゅう》の時代、天下泰平の時、倭人来りて暢草《ちょうそう》を献ず」「成王《せいおう》の時代、越裳《えつも》が雉を献じ、倭人が鬯草《ちょうそう》を献ず」「周の時代、天下泰平の時、越裳が白雉《はくち》を献じ、倭人は鬯草を貢す。白雉を食し鬯草を服用するも、凶を除くに能わず」と重複する内容になっている。越が雉あるいは白雉を、倭人が暢草(香酒に浸すための薬草)あるいは鬯草(暢草と同意)を皇帝に献じていたという内容である。

これからわかることは、周代(紀元前1046ごろ～紀元前256年)から倭人が海を渡って大陸に貢物を贈っていたという点で、このころすでに大陸を行き交う航海技術を擁していたことがわかる。

◉『漢書《かんじょ》』

後漢の歴史家・班固《はんこ》(32～92年)とその父・班彪《はんぴょう》(3～47年)および妹・班昭《はんしょう》(45？～117？年)らが著した歴史書で、漢の高祖・劉邦《りゅうほう》(紀元前256～紀元前195年)の時代から、新の王莽《おうもう》(紀元前45～23年)によって一時系統が途絶えてしまうまでの歴史を綴ったものである。

日本に関する記述は、『漢書』「地理志」に記されている。「楽浪《らくろう》海中倭人有り。分かれて百余国をなし歳時を以て来たりて献見すと云う」の一文は、紀元前1世紀の日本の国情を記しているものと見られている。楽浪郡から海を渡ったところに倭人の国があり、100余国に分かれていたことを記したあと、漢に貢物を携えて使者を派遣してきたというのである。卑弥呼《ひみこ》の時代(2世紀後半～3世紀中ごろ)より200年前後も前の倭国の様子を知ることができる貴重な資料である。

◉『後漢書《ごかんじょ》』

南朝・宋《そう》代(420～479年)の歴史家・范曄《はんよう》(398～445年)によって著された歴史書で、本紀9巻、后紀1巻、志30巻、列伝80巻から構成されている。日本についての記述は、115巻の「倭条」に記されている。ただし、『後漢書』の成立した時期が『三国志』の成立よりもあとであったため、その記述の中身は『三国志』を参考にしたものであるといわれている。『三国志』に記されなかった事績としては、「安《あん》帝永初《ていえいしょ》元年、倭国王・帥升《すいしょう》が生口《せいこう》百六十人を献上した」という一文がある。卑弥呼や台与《とよ》が贈った生口10～30人とは比較にならないほど多人数の奴隷、あるいは技術者を贈っていたという点は注目に値する。107年当時、すでに強大な国家の存在を示す内容であるからだ。

◉『三国志《さんごくし》』

晋《しん》代の官吏・陳寿《ちんじゅ》(233～297年)が著した歴史書で、魏書《ぎしょ》30巻、蜀書《しょくしょ》15巻、呉《ご》書《しょ》20巻の3部構成。陳寿が仕える晋王朝は魏王朝からの禅譲を受けて成立したことになっているため、魏王朝を正統な王朝とせざるをえないという事情があった。そのため、魏だけが本紀を立てられ、あとはすべて列伝扱いで記されている。

しかし文章が簡潔過ぎるので、この記載内容を補うために注釈を加えたのが、宋初の歴史家・裴松之《はいしょうし》(372～451年)である。南朝・宋の文帝《ぶんてい》(407～453年)からその作成を命じられた裴松之は、言葉足らずの陳寿の記事に解説を加えるだけでなく、陳寿の記事とは異なる伝承や陳寿が記さなかった事柄を『漢魏』や『魏略』など210もの文献から引用してその内容を補っている。

日本人のことが記されているのは、魏書のなかに記された「東夷伝《とういでん》倭人の条」で、一般的には「魏志倭人伝」と呼ばれるものである。2000字前後もある長文で、邪馬台国《やまたいこく》までの行程記事をはじめ、政治のあり方、卑弥呼の宮殿の様子、人々の暮らしぶり、風俗風習、特産品に至るまで、多岐にわたって詳しく解説している。

◉『晋書《しんしょ》』

唐《とう》代(618～690年、705～907年)の政治家・房玄齢《ぼうげんれい》(578～648年)らが編纂した歴史書で、帝紀10巻、列伝70巻のほか、五胡十六国《ごこじゅうろっこく》の歴史を記した載記30巻を含む、全130巻で成り立っている。日本に関する記述は、列伝第67四夷の倭人の条に記されている。「東夷絶縁遠三十余国、西南二十余国来献」と記し、東夷から海を隔てたところに倭人の国があり、30余国に分かれていたことを記している。

興味深いのは、「円丘と方丘を南北郊に併せ、二至(夏至と冬至)の祀りを二郊に併す」という記述で、前方後円墳の成り立ちを記したものとして注目を集めている。

◉『宋書《そうじょ》』

斉《せい》の武帝《ぶてい》(440～493年)が、尚書令の沈約《しんやく》(441～513年)に命じて編纂させた歴史書で、本紀10巻、列伝60巻、志30巻で構成されている。日本についての記述は「蛮夷伝」のなかに記されている。倭の五王が朝貢してきたことを記している。

◉『隋書《ずいしょ》』

初唐時代の学者・顔師古《がんしこ》(581～645年)や孔穎達《くえいたつ》(574～648年)らによって記された歴史書で、本紀5巻、列伝50巻に加えて、初唐時代の政治家・長孫無忌《ちょうそんむき》(生年不詳～659年)が記した「古代史志」30巻の全85巻から成り立っている。日本に関する記述は、志81巻の「東夷伝」内の「倭国伝」に記されている。一般には聖徳《しょうとく》太子《たいし》が隋《ずい》(581～618年)の煬帝《ようだい》(569～618年)に送ったとされる「日出る処の天子、書を日没する処の天子に致す。恙《つつが》無きや」の国書にまつわる伝聞も記されているが、「その国境は東西五月行、南北は三月行にして、各々海に至る。その地勢は東高くして西下り、邪靡堆《やまと》に都す。即ち「魏志」のいわゆる邪馬台《やまと》なる者なり」というのは興味深い。邪馬台国＝畿内大和説の有力な物証として用いられている。

第1章
邪馬台国とは？

邪馬台国とは？

邪馬台国の名を記し、その国情を詳しく記したのは「魏志倭人伝」だけであった。そこに記された邪馬台国および、倭国のお国事情にスポットをあててみたい。

邪馬台国とは？ ―― プロローグ

邪馬台国のことを知るには、まず3世紀前後までの東アジアの動向に目を向けておく必要がある。周辺各国の国勢および国情が、その盛衰に大きくかかわっているからである。なかでも、超大国・中国とそれに連なる朝鮮半島の動向は見逃せない。それらの国々とのかかわり合いという、大きな視点に立って日本の歴史を振り返ってみることが、なにより重要なのである。そのうえで、正史に記された日本の歴史について検証していくことにしたい。

3世紀前後までの中国の動向

邪馬台国《やまたいこく》の時代といえば、中国では後漢《ごかん》王朝が滅んで、魏《ぎ》、呉《ご》、蜀《しょく》が鼎立《ていりつ》して覇を競った三国時代も、いよいよ終焉を迎えようとしていた時代である。最大勢力を誇った魏ではすでに曹操《そうそう》も死に、臣下であった司馬懿《しばい》が虎視眈々と政権奪取に目を光らせていたころである。

その三国の争乱をよそに、比較的平穏を保っていた遼東《りょうとう》半島で、3代にわたってこの地に君臨していた太守・公孫淵《こうそんえん》が、魏に敵対する動きを見せたことが、この地の激動の始まりである。公孫淵は、魏にとっての最大の敵対国であった呉へ使者を派遣して、その藩国になることを申し出たからである。公孫淵の申し出を喜んだ呉の孫権《そんけん》は、さっそく公孫淵を燕王《えんおう》に封じて爵位を与えるが、公孫淵は直後に呉と結んだことを後悔し、呉から派遣されてきた使者の首を刎ねて魏へと送りつけてしまう。難を逃れたはずの魏の曹叡《そうえい》も、公孫淵の二枚舌外交に不審を抱き、238年、ついには幽州《ゆうしゅう》刺史・毌丘倹《かんきゅうけん》を派遣して、公孫淵を征伐してしまうのである。卑弥呼《ひみこ》が魏へと使者を派遣してきたのは、その戦いもほぼ終焉を迎えた同年6月のことである。高句麗《こうくり》を征伐して後顧の憂いを取り除いたとはいえ、長江を挟んで大国・呉と対峙していた魏にとって、その東海上に位置する倭国《わこく》は、やはり気になる存在だったのであろう。なによりも、倭国が呉に加担してともに攻め上ってくることを恐れていたからである。

その不気味な存在であった倭国が、あろうことか、自ら進んで恭順の意を示して魏に朝貢してきたのだから、魏の施政者たちは大喜びしたに違いない。このとき、倭国の使者・難升米《なそめ》らが携えてきたのは、生口《せいこう》(奴隷、あるいは技術者の意か)10名と、班《はん》布《ぶ》2匹2丈だけというわずかな献上物であった。これに対して魏の天子が下賜したのは、「親魏倭王」の金印紫綬《きんいんしじゅ》に加えて、金8両、白絹50匹、銅鏡100枚、真珠と鉛丹各50斤、5尺の刀2振りなど、破格とも思える品々であった。その喜びようがうかがい知れる豪華さである。

その後249年には、司馬懿がクーデターを起こして司馬一族が実権を握り、265年に司馬懿の孫・司馬炎《しばえん》が禅譲の名のもとに晋《しん》王朝を打ち立てると、翌266年には卑弥呼の跡を受け継いだ台与《とよ》が、すかさず使者を晋に派遣して恭順の意を表明するのである。

抗争続く朝鮮半島の動向

3世紀前後の朝鮮半島にも目を向けてみたい。朝鮮半島北部に勢力を張っていた高句麗のさらに北側には、他国への侵略を繰り返す夫余《ふよ》や、多くの人が険しい山中に住む挹婁《ゆうろう》らが勢力を張っている。その東南の東海岸沿いには、高句麗の臣として仕えていた東沃沮《とうよくそ》と、箕子《きし》朝鮮の前身ともいわれる濊《わい》がある。その南、朝鮮半島の南半分は、馬韓《ばかん》、辰韓《しんかん》、弁韓《べんかん》の3つの種族を擁する韓《かん》が勢力を張り、辰王が共立されてその統治にあたっていたという。また西海岸に面した馬韓は50余国、10万戸を擁するという大国で、東海岸に面した辰韓は、秦《しん》から逃れてきた人たちが馬韓から土地を分け与えられて住み着いた国で、さらに人家4～5万戸を擁する弁韓は、鉄の産出国で隣接する倭とも交易が盛んであったことが、「魏志倭人伝《ぎしわじんでん》」に記されている。のちに、馬韓は百済《くだら》に、辰韓は新羅《しらぎ》に発展して、朝鮮半島南部の覇権争いを演じることになるが、それはこれよりほぼ100年後の4世紀中ごろの話である。また前述のように、238年に魏によって滅ぼされたはずの高句麗も、4世紀末から5世紀初頭の好太子王《こうたいしおう》の時代に再び勢いを取り戻して、百済、新羅との覇権争いに加わり、両者を滅ぼして朝鮮半島を統一する大帝国となるが、3世紀半ばまでは戸数3万という小国のひとつだったのである。

中国と倭国の関係と、倭国のその後

3世紀中ごろ、北九州を拠点として大陸と交流する一大勢力があった。「魏志倭人伝」には、それが「倭国」であると記されている。対海国《たいかいこく》や一大国《いちだいこく》、末盧国《まつろこく》といった小国の連合体で、卑弥呼《ひみこ》という名の女王を擁立して国を治めていたとも記す。その南に敵対する狗奴国《くぬこく》があって、この抗争に頭を悩ませていた女王・卑弥呼が、当時中国の最大勢力であった魏に朝貢して、大国のお墨つきである金印を得、自らの政権の権威づけを図って、狗奴国との戦いを有利に進めようとしたのである。朝貢は功を奏して、金印は思惑通り下賜された。しかし、その後倭国と狗奴国の抗争がどう進展したのかは不明である。266年に倭国の女王(台与と思われる)が晋に使者を派遣したことを記録してから100数十年にわたって、中国の正史には、なぜか倭国に関する情報が全く記載されなくなってしまったからである。今私たちができることは、この限られた情報を吟味して真実を解き明かすとともに、空白の歴史を予測していくしかないのである。

中国の史書から日本の歴史を知る

正史に記された倭国と邪馬台国

本来なら、日本の歴史は正史である『古事記』や『日本書紀』からひも解くのが筋である。しかし、両書はあまりにも謎めいていて、そこから真の歴史を読み取ることは難しい。幸いなことに中国には、倭国や邪馬台国に関する記事を記載した書物も多い。まずは、中国の書に認められた日本の歴史から見ていくことにしたい。

真の歴史が語られていない『古事記』と『日本書紀』

我が国最古の正史である『古事記』と『日本書紀』には、当然のことながら、日本国家の起源について膨大な誌面を割いて紹介している。712年に稗田阿礼《ひえだのあれ》が語り継いだ『帝紀《ていき》』『旧辞《きゅうじ》』を太安万侶《おおのやすまろ》が筆録してまとめたという『古事記』には、天皇家の歴史がひとつの物語として綿々と語られている。また、720年に川《かわ》島皇子《しまのみこ》や中臣大嶋《なかとみのおおじま》らによって編纂され、舎人《とねり》親王によって奏上された『日本書紀』には、律令国家としての日本の歴史が綴られている。しかし残念なことに、両書とも神話や伝承をもとにしたものが多く、古代天皇制国家の正統性を強調するためという、政治的意図のもとにまとめられた側面を持つだけに、真実をありのままに伝えるものとは思えない。しかも、国家の起源を紀元前660年にまで遡るよう強引に細工を施したため、絶対年数を求めることすらできないということもあって、両書から日本の歴史を正確に知ることができないというのが現実である。

『漢書』『山海経』『論衡』『廣志』などに記された日本の歴史

一方、紀元前2100年ごろの夏《か》王朝以来の悠久の歴史を誇る中国では、『漢書』『後漢書』『三国志』『晋書』『宋書』『隋書』などの正史をはじめ、地理書『山海《せんがい》経《きょう》』や、類書『廣志《こうし》』、思想書『論衡《ろんこう》』など、数多くの書物に倭《わ》、倭国、倭人のことが記されている。同時期の我が国では、まだ文字を使用していたかどうかの形跡すら見出せないことを鑑みると、驚くべき文化の差である。日本の歴史を知るには、残念ながら中国の歴史書に頼るしかないというのが現実なのである。

ともあれ、まずは後漢時代の思想家・王充《おうじゅう》が記した『論衡』から見てみよう。そこには、「周《しゅう》の時、天下泰平。越裳《えつも》(ベトナムにあった国のこと)が白雉《はくち》(白いキジ)を、倭人が暢草《ちょうそう》を献じた」とある。周(紀元前1046ごろ〜紀元前256年)の時代から、倭人が香草を携えて朝貢していたのである。また、後漢の歴史家・班固《はんこ》が80年に撰録した『漢書』「地理志」には、「楽浪《らくろう》海中、倭人あり。分かれて百余国となる。歳時を以て来りて献見す」と記されている。漢《かん》の武帝《ぶてい》が朝鮮半島北部を征服して楽浪郡を置いたのは108年ごろのこと。その海上に100余国を擁する倭人という種族がいて、盛んに楽浪郡を訪れては漢王朝に恭順の意を示したというのである。ちなみに、ここに記された「分かれて」の使い方が不自然にも思えるが、これを「朝鮮半島側と北九州側に分かれて」と読み取り、朝鮮半島側にも倭国の一部があったと見る識者もいる。

また、2世紀に記された中国最古の地理書『山海経』にも、「蓋国《けいこく》(濊《わい》あるいは韓《かん》の意)は鉅燕《きょえん》(燕の意)の南、倭の北にある」と記すほか、432年に南宋の歴史家・范曄《はんよう》がまとめた『後漢書』にも、「建武中元《けんぶちゅうげん》二年(57)、倭奴国《わのぬこく》、貢を奉じて朝賀す。使人自ら大夫と称す。倭国の極南界なり。光武《こうぶ》賜うに印綬を以てす」とあり、博多湾周辺にあったと思われる倭の奴国が倭国最南の国と記されているところから、朝鮮半島側にも倭国の一部の国があったことを暗に示していると見る向きもある。また、ここに記された印綬とは、1784年に当時の黒田藩の領内であった博多湾沖合に浮かぶ志賀島《しかのしま》で発見された「漢委奴国王」の5文字を刻んだ金印のことである。『後漢書』には、安《あん》帝永初《ていえいしょ》元年(107)に倭国王・帥升《すいしょう》らが生《せい》口《こう》160名を献じて皇帝へのお目通りを願ったことも記している。

唯一の手がかりとなった「魏志倭人伝」

しかし、これらいずれの書も、ここに記された簡単な一文だけなので、それ以上詳しくその当時の倭国の国情を知ることはできない。それを詳しく記すのは、次項で紹介する「魏志倭人伝《ぎしわじんでん》」だけなのである。邪馬台国《やまたいこく》の名も、この書において初めて登場する。日本の正史『古事記』や『日本書紀』には邪馬台国の名すら記されていない以上、邪馬台国の歴史を知るためには、ひとまずはこの「魏志倭人伝」に記された記事を頼りにするしか方策がないのである。次項からは、この書に記された倭国および邪馬台国について詳しく見ていくことにしたい。

『帝紀』と『旧辞』

『帝紀《ていき》』とは、天皇または皇室の系譜に関する伝承をまとめたもので、『旧辞《きゅうじ》』とは、各氏族に伝わる伝承を記したもの。ともに『記紀』の編纂資料として利用されたとされるが、いずれも散逸して現存していない。これらは単独の書物ではなく、複数の書物あるいは文書を総称したものと考えられている。同じ事象であっても、書によってその内容が異なることも多いため、天武《てんむ》天皇がこれを整理してひとつにまとめさせてできあがったのが『日本書紀』と『古事記』であるとされる。

『帝紀』には、天皇の名前、都の所在地、皇妃や皇子女の名、天皇の治世、享年などのほか、各天皇の事績なども記され、『旧辞』には、各氏族に伝わる神話や伝承、歴代天皇にまつわる説話などが盛り込まれていた。

邪馬台国の名が初めて記された中国の正史

「魏志倭人伝」へのいざない

3世紀までの日本の歴史に関して、一番正確かつ詳細に記した書物といえるのが、西晋時代の官吏・陳寿が記した正史『三国志』である。そのなかの「魏志倭人伝」に、倭国は「東夷伝」に記されたどの国よりも大国であったことを記し、その国情を詳細に報告しているのである。

邪馬台国の名を記した唯一の書

前項でも述べたように、3世紀の倭国《わこく》および邪馬台国《やまたいこく》のことを詳しく記した書物といえば、正史『三国志』のなかの「魏志倭人伝《ぎしわじんでん》」以外には見あたらない。これは、西晋《せいしん》時代の官吏・陳寿《ちんじゅ》(233〜297年)が著した書で、正確にいうと、『三国志』魏書(魏志ともいう)「烏丸鮮卑《うがんせんび》東夷伝《とういでん》」の最後に記された「倭人の条」(以下、本書では「魏志倭人伝」と記す)のことである。

『三国志』といえば、元《げん》末〜明《みん》初の小説家・羅貫中《らかんちゅう》(生没年不詳、1330〜1400年ごろ)が著した小説『三国志演義』がよく知られているが、陳寿の記した『三国志』は、正史として扱われた歴史書である。魏書30巻、蜀書《しょくしょ》15巻、呉書《ごしょ》20巻の3部構成で成り立ち、魏の皇帝だけが本紀を立てられ、あとは列伝扱いで人物紹介が続くというものである。その魏書のなかの「烏丸鮮卑東夷伝」(以下、本書では「東夷伝」と記す)に、倭人のことが詳しく記載されているのである。

この書が編纂されたのは、三国時代も終わりを告げ、のちの晋が魏に代わって政権を担い始めた直後の285年ごろといわれる。卑弥呼《ひみこ》の跡を継いだ宗女・台与《とよ》が魏に使者を派遣したのが266年ごろとすると、陳寿はわずか20年ほど前のことを記していたことになり、ほぼ同時代に書き上げたところから、その資料としての信憑性は高いと見られている。ただし、「魏志倭人伝」の記載にあたって、陳寿は魚豢《ぎょけん》の著した『魏略』を参考にして書き上げたという説(内藤湖南《ないとうこなん》氏や白《しら》鳥庫吉《とりくらきち》氏ほか)もあり、その信憑性に疑問を呈する声があることも合わせて記しておこう。

倭国が東夷中最大の国

「魏志倭人伝」において、倭人のことが記されているのは魏書の30巻目、「烏丸伝」「鮮卑伝」に続く「東夷伝」(夫余《ふよ》、高句麗《こうくり》、東沃沮《とうよくそ》、挹婁《ゆうろう》、濊《わい》、韓《かん》、倭人伝)の一番最後である。

「倭人、帯方《たいほう》の東南の大海の中にあり」で始まるその原文は、全部で2000字前後(1973字、1988字、2007字、2008字 と 数えられることもある)からなる長文で、帯方郡からの道程と各お国事情、倭国の風俗風習、卑弥呼の施政、周辺各国の位置関係、魏への朝貢の模様、後継者・台与の動向などが記されたあと、陳寿の評と六朝《りくちょう》時代の歴史家・裴松之《はいしょうし》(372～451年)の注釈を加えて幕が閉じられている。

ここで注目すべき点は、「東夷伝」内の他国とくらべて、倭国の記事のボリュームが極めて大きいことと、倭人に対する評価が他国にくらべて高いことである。たとえば、遼東郡《りょうとうぐん》の東1000里に位置するという高句麗の人々は「性格が荒く気短で、好んで侵入略奪を働く」と記すのをはじめ、挹婁の人々は「不潔で無規律である」と散々にこき下ろすのに対して、倭人の人々は「盗みもせず、訴訟沙汰も少なく、婦人たちの身持ちもしっかりとし、嫉妬することもない」とベタ褒めなのである。おまけに皆長生きをし、100歳とか80～90歳(2倍年歴に関してはP.146を参照のこと)の者もいるとして、その平穏さ加減を強調するのである。また、「東夷伝」に記された国々のなかで、倭国以外に魏から金印紫綬《きんいんしじゅ》を賜ったという記録も見あたらない。北方の大国・烏丸でさえ銅印で、倭国は金印を賜っていた大国・匈奴《きょうど》と同格の扱いを受けていたことになる。また、「東夷伝」には各国の戸数も記載されているが、それによると、夫余8万戸、高句麗3万戸、東沃沮5000戸、挹婁(戸数の記載なし。人数は多くないとある)、濊2万戸、韓10万戸に対して、倭は15万余戸もあると記載されているところからも、魏は倭国を東夷中最大の国と見ていたようである。

原文通り正確に読むことが重要

なお、陳寿の記した『三国志』の原本はすでになく、現存するのは12世紀中ごろの南宋紹興《しょうこう》年間(1131～1162年)に刊行された紹興本、および12世紀末ごろの南宋紹熙《しょうき》年間(1190～1194年)に刊行された紹熙本などである。現在日本で流布している邪馬台国関連本の多くは、紹興本に記された「倭人伝」のほうを掲載していることが多いことも頭に入れておきたい。ただし、いずれにしても、これらの歴史書は歳月をかけて転写を繰り返しているだけに、必ずしも原本通り一字一句間違いがないとはいいきれない。それを踏まえて、ときには学者たちが自らの学説に都合のいいように、そこに誤字脱字があったと見て、勝手気ままに読み替えてしまうということも横行していたようである。この点は、古代史研究家の古田《ふるた》武彦《たけひこ》氏が、著書『「邪馬台国」はなかった』のなかで警鐘を鳴らしている。その書のなかで「邪馬壹国《やまいちこく》の壹《いち》の字は臺《たい》の間違い」とする通説を覆す重大な問題提起を行ったことも記憶に新しい。同氏は正確性という点から、「邪馬台国」と記した紹興本よりも、「邪馬壹国」と記した紹熙本に重きを置いていることも合わせて記しておきたい。

朝鮮半島にも倭の人々が住んでいた？

倭と倭人は別の国？

「魏志倭人伝」の冒頭から、「倭人」という不可思議な言葉が登場する。国名とも思えないこの言葉のなかに、陳寿はとある「秘めた思い」を込めていたと見るという説がある。春秋時代の儒者・孔子を敬愛する陳寿ならではのその「思い」があったために、あえて「倭」と「倭人」を使い分けたという。その「思い」とは、いったいどのようなものであったのだろうか？

倭人は地域を記す名

いよいよ「魏志倭人伝《ぎしわじんでん》」に記載された文面をひとつひとつ吟味しながら、倭国および邪馬台国《やまたいこく》の実情に迫ってみることにしたい。

「魏志倭人伝」の最初の文面は、「倭人在帯方東南大海之中。依山島為国邑。旧百余国。漢時有朝見者。今使訳所通三十国」である。「倭人は帯方《たいほう》の東南の大海のなかにある。山島に依りて国邑《こくゆう》を為す。もとは百余国で、漢《かん》の時代に朝見する者があったが、今は使者が通ってくるところは三十か国である」と読み下すことができる。

この冒頭に登場する「倭人」という言葉自体、なにやら謎めいている。これは倭の人々と見ることもできるし、国名と見ることもできるからである。「魏志倭人伝」の本文内において、倭人が登場するのはここ1か所だけで、あとは倭および倭国という表記に変わるのも不思議である。

これを解く鍵は、「東夷伝《とういでん》」に登場する他の国々の文面にある。夫余《ふよ》、高句《こうく》麗《り》、東沃沮《とうよくそ》、挹婁《ゆうろう》、濊《わい》、韓《かん》ら「東夷伝」に登場する国々の文面をよく見ると、最初に国名を記したあと、それぞれの国情を記していることがわかる。この統一された体裁から推測すれば、当然その最後に記された倭人も、倭の人々と読むべきではなく、国名かあるいは地域名を示す言葉として見るべきなのである。

しかしそうはいっても、倭人という国名はなんとも不自然である。一字一句極めて正確を期すといわれる「魏志倭人伝」の編者・陳寿《ちんじゅ》が、倭、倭国、倭人という文字を、適当に思いついたまま各所に記載していたとは思いがたい。そこには、陳寿が意図するなんらかのわけがあると見るべきなのである。

倭人は孔子が理想郷と見ていた国

この点に注目したのは、邪馬台国についての著書もある作家・松本清張《まつもとせいちょう》氏である。同氏によると、朝鮮半島南部の海峡沿岸地帯と対岸の北九州の2か所に、倭という名の同一種族がいたという。陳寿としては、このふたつの倭を区別するために、便宜上、朝鮮半島南部のほうを倭とし、北九州のほうを倭人と表記して、読者に混同させないよう配慮したというわけだ。つまり、倭人は国名ではなく、その地域に住む民族名を示したものというわけである。さらに、陳寿があえて倭人にこだわった理由がもうひとつあるという。それは、『漢書』「地理志」に「然《しか》して東夷天性柔順、三方の外に異なる。故に孔子《こうし》、道の行われざるを悼み、説《も》し海に浮かば、九夷に入らんと欲す。以《ゆえ》有るかな。楽浪《らくろう》海中倭人有り」という一文があり、陳寿としてはこれを無視できなかったからである。儒教道徳に重きをなしていた陳寿は、孔子が礼節を心得た天性柔順な人々が住む理想郷と見ていた九夷のひとつ(当時の日本を指すと思われる)のことを倭人と記していたことを、重要視していたからである。孔子は、当時道徳の廃《すた》れゆく世を憂いて、海に筏を浮かべてまでその理想郷、つまり倭人にいきたいと願っていたというのだ。そんな儒教的な倭人観念が頭にこびりついていたため、あえて倭人という表記を残したのだという。

ちなみに、朝鮮半島側にあったと思われる倭に関して、「東夷伝」には個別の項目を設けていない。この点に関して、松本氏は倭伝の1項目を設けて解説しておくべきであったともつけ加えている。

100か国から30か国に集約

さて、倭人のあとに記された「帯方」へと話を進めよう。ここに記された帯方とは、前漢の武帝《ぶてい》が紀元前108年に朝鮮半島を征服したときに置いた4郡(楽浪郡、真番郡《しんばんぐん》、臨屯郡《りんとんぐん》、玄菟郡《げんとぐん》)の南に位置するエリアで、遼東《りょうとう》太守として勢力を誇っていた公孫度《こうそんど》の子・公孫康《こうそんこう》が兵を興して設置したのが帯方郡の始まりである。しかし、その子・公孫淵《こうそんえん》が領地を私物化していると見られたところから、238年に魏の明帝《めいてい》によって滅ぼされている。以降、魏の実質的な勢力範囲内となった帯方郡を通じて、倭人は魏との交渉を始めるのである。

その次の「国邑」とは、国や村のこと。「旧百余国」および漢時代に朝見する者があったというのは、『漢書』「地理志」に記されていた「楽浪海中倭人有り、分かれて百余国となる。歳時を以て来りて献見す」を踏まえて書かれたもので、倭国は100余国の連合国であること

孔林内にある孔子の墓

徐福が仙薬を求めて旅立ったとの伝説も残る煙台の砦

を記すと同時に、57年に倭奴国《わのなこく》が、107年に帥升《すいしょう》らが朝献したことを示していると思われる。その後、今は通訳を引き連れてやってくるのが30か国あるというのである。漢の時代に100か国あったものが、30か国に集約されているというところから見ると、当時の日本は地域ごとの統一が急速に進む一方、戦乱に明け暮れていたことも予想されるのである。

九夷とは？

孔子《こうし》が弟子たちに語った言葉をまとめた『論語』のなかに記された九夷《きゅうい》とは、どこの国を指すのだろうか？　実は諸説あって確定しにくいが、一説によると下記の国々があげられるという。

①玄菟《げんと》
②楽浪《らくろう》
③高麗《こうらい》
④満飾
⑤鳧臾
⑥素家
⑦東屠
⑧倭人《わじん》
⑨天鄙

ここで8番目に記された「倭人」が日本を指すものと思われる。陳寿《ちんじゅ》はここに記された「倭人」という名に親しみを持っていたため、「魏志倭人伝《ぎしわじんでん》」に「倭国」のことを「倭人」と記したのだ。

秦の始皇帝と徐福

徐福《じょふく》は秦《しん》代(紀元前221～紀元前206年)の方士で、始皇帝《しこうてい》(紀元前259～紀元前210年)に対して、東方の三神山に不老不死の妙薬があると具申したことが認められ、3000の童男童女とともに東方に向けて出航しようとしたことが、司馬《しば》遷《せん》の『史記』に記されている。東方の三神山とは、蓬莱《ほうらい》、方丈《ほうじょう》、瀛州《えいしゅう》のことで、そのなかの瀛州が日本のことを指していたと見られている。

徐福は実際には出航せず、単に金品をせしめただけと見られているが、不思議なことに、日本各地にたどり着いたという言い伝えが残されている。いちき串木野市、佐賀市、熊野市、新宮市、富士吉田市などが知られている。新宮市の徐福公園内には徐福の墓までもあるというから、なんとも奇妙としかいいようがない。

国情が一切記されなかった謎の国

狗邪韓国《くやかんこく》

陳寿は「魏志倭人伝」の前半、多くの誌面を割いて、帯方郡から邪馬台国へ向かう行程に関する記事を、具体的な数値を記しながら詳細に記している。その最初の到達地点が狗邪韓国である。ここでは、最初に記された「倭に至る」と「其の北岸」という言葉をどうとらえるかが、重要な課題といえる。

韓民族は倭と同じ民族

ここから先は、邪馬台国《やまたいこく》へと向かう行程に関しての記述がしばらく続く。まず、狗邪韓国へ向かう行程から吟味してみたい。原文は「従郡至倭。循海岸水行。歴韓国。乍南乍東。到其北岸狗邪韓国。七千余里」である。要約すれば、「郡より倭《わ》に至る。海岸に沿って水行し、韓国内を南へ東へと蛇行を繰り返しながら、その北岸にある狗邪韓国へと到る。その間の距離は七千余里である」となる。

まず、出発地点とされる郡とは、帯方《たいほう》郡《ぐん》のことを指す。前項でも記したように、魏《ぎ》の明帝《めいてい》が公孫淵《こうそんえん》を討伐してからは、この帯方郡が東夷《とうい》との交渉の窓口になっていたからである。ここから「倭に至る」とあるが、この「倭」がいったいなにを指すのか、この文面からではわかりづらい。まるで、帯方郡のすぐ南に倭という国があるような書き方であるからだ。朝鮮半島にある倭と見るか、最終到達地点の邪馬台国と見るのか、あるいは倭の30か国すべてを含むものと見るのか、諸説あって特定できない。

しかしこれは国名ではなく、倭という民族名と見るほうがむしろ自然であろう。前項に記したように陳寿《ちんじゅ》が「倭」と「倭人」を使い分けていたとすれば、朝鮮半島に住む韓民族を、日本の民族と同様に倭の民族と見ていたとも考えられるからである。

原文は、帯方郡から海岸に沿って(循は「巡る」の意)水路で韓国へと向かうとある。ここでいう韓国とは、「東夷伝」に登場する馬韓《ばかん》、辰韓《しんかん》、弁韓《べんかん》を擁する韓《かん》のことである。このあとに続く「乍南乍東」は、「乍《たちま》ち南し乍ち東す」と読むのが一般的であるが、その意味は少々難解である。「しばらく南にいきしばらく東にいく」ととらえれば、海岸線をたどって朝鮮半島を最南端まで南下し、その後東に進路を変えるという、全行程を水路でいくようにも見れる。また、「乍」を「たちまち」という意にとらえれば、南にいったり東にいったりを繰り返すという意味にも見えるなど、かなり曖昧ないい方なのである。

古田武彦《ふるたたけひこ》氏は、これを「たちまち」と

読み、南下東行を階段式に小刻みに繰り返したものととらえている。また、同氏は「韓国に歴《ふ》る」の「歴」の字にも注目し、この「歴」が「歴観、周観」の意であり、単に通過するだけの意ではないと見ている。つまり、全行程水路をたどったのではなく、韓国にたどり着くまでは水路をたどったものの、韓国西北端に上陸して、そこから南にいったり東にいったりと小刻みにルートを変えながら、陸路で狗邪韓国に向かったというのである。このルートをたどった魏使たちは、韓国国内において、魏の天子に対して礼を守って朝貢してきた倭国の忠節を賞美するためにも、莫大な下賜品を携えてきた答礼使の威光をアピールするためにも、華々しいデモンストレーションを繰り返しながらゆっくり進んでいったのだろうという。そのためには、水路ではなく陸路を南にいったり東にいったりしながら、できるだけ多くの人の目に触れるよう行動しなければならなかったからである。

その次に記された「その北岸」という一節にも、重大な問題が潜んでいる。ここでいう「その」がいったいなにを指しているのかが問題なのである。これを朝鮮半島にあったとされる「倭」ととらえても、北九州の「倭国」ととらえても、いずれの場合もその北岸に狗邪韓国なる国があったとすることはありえないからである。「東夷伝」によると、倭は韓の南に境を接していたとあるから、倭は朝鮮半島の最南端にあって北は海ではありえないため、倭の北岸という表記自体が成り立たないのである。また、北九州の倭国ととらえた場合でも、北九州の北岸はやはり北九州である。途中の経緯を一切省いて、話がいきなり海を越えて北九州に舞台が移ってしまうことになるので、これも成り立ちがたいのだ。

これに対して、東洋史学者・白鳥庫吉《しらとりくらきち》氏は「倭韓両国のあいだに横たわる海岸の北岸と見るべし」といい、東洋史学者・日《ひ》野《の》開三郎《かいさぶろう》氏は、中国では「Bが海を隔ててAの北方にあるという場合、BはAの北岸にあると表現することがある」と見て、この難問を解こうとしているが、いずれもかなり強引な説といわざるをえない。その点、北九州北部の倭人と朝鮮半島内の倭を合わせてひとつの国として見た場合、その北岸は朝鮮半島南岸になるから、原文をなんら読み替えることなく理解することができるのである。

1里＝52～165mの短里が妥当

最後に、郡から狗邪韓国まで7000余里としているが、これは、現在では1里＝52～165mの短里として見るのが一般的である。本来なら、中国の歴代王朝が独自に策定してきた長里（後《ご》漢《かん》時代は1里＝427.5m、三国時代および晋《しん》代は1里＝435.6m）をもととするべきであるが、この長里ではどうしても実測地と一致せず、短里を取り入れて初めて納得のいく数値が得られるからである（詳しくは

魏使たちは、釜山の海岸から対海国へ向かったと思われる

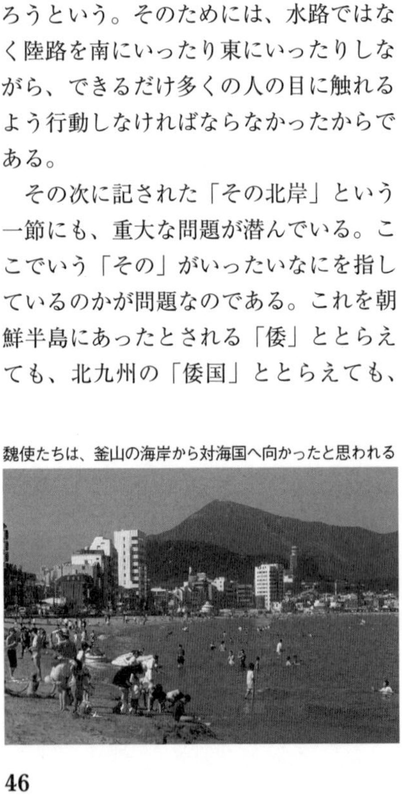

●帯方郡から狗邪韓国までの行程
（一般的な見方）

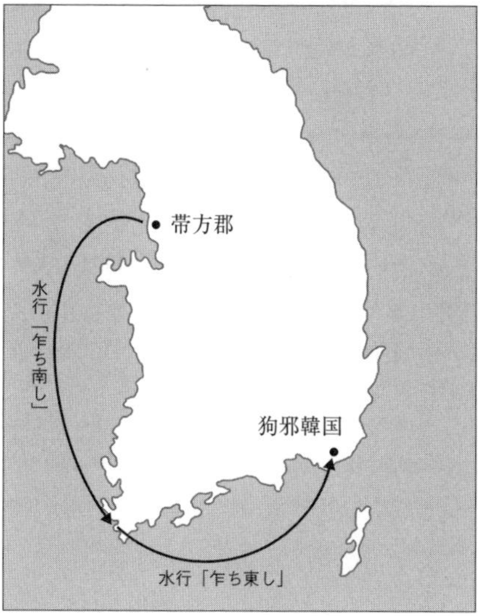

●帯方郡から狗邪韓国までの行程
（古田武彦氏説をもとに構成）

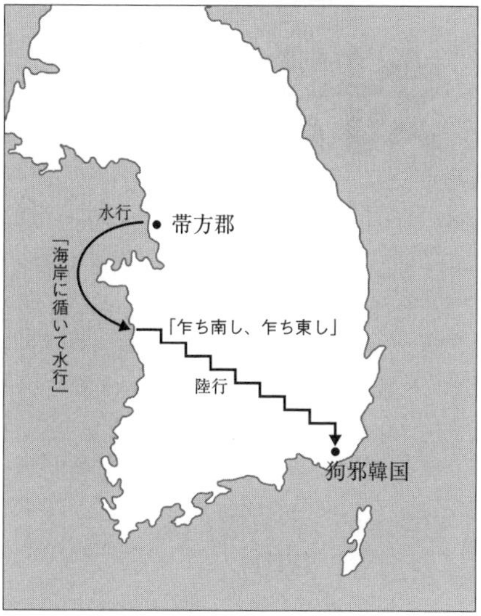

P.222を参照）。

なお、「東夷伝」には狗邪韓国の国情についての記載はどこにも見あたらない。弁辰（弁韓）の記事のなかに弁辰狗邪国という国名が登場するが、この国と同一なのか、そうでなくともなにか関係がありそうにも思えるが、これは想像の域を出ない。狗邪韓国を倭国の領域の一部と見る説もあるが、この点に関してもなんら資料を見出せないので、否定も肯定もできないというのが実情である。

倭と境界を接する弁辰の存在

「魏志倭人伝《ぎしわじんでん》」のすぐ直前の記事として、弁辰《べんしん》という朝鮮半島南部にある連合国が紹介されている。そこには弁辰弥離《みり》弥凍国《みとうこく》や弁辰接塗国《せっとこく》、弁辰半路国《はんろこく》など23か国の名が記されているが、そのなかの弁辰瀆盧国《とくろこく》が倭と境界を接していると記すなど、興味深い一文を寄せている。ここに記された「倭」は、のちに「魏志倭人伝」で記された「倭人」とは別であると思われるが、「倭人」ともなんらかの接点があったことは間違いない。また、弁辰狗邪国《くやこく》の名も記されているが、これが「魏志倭人伝」で帯方郡《たいほうぐん》から邪馬台国への行程記事に登場する狗邪韓国であると見られている。

耕作地もなく外界との交易に頼っていた絶海の島

対海国《たいかいこく》

朝鮮半島を離れて、いよいよ海を渡って絶海に浮かぶ島・対海国へたどり着く。そこは山が険しく、獣道しかないような辺境の地であった。耕作する土地もないため、人々は海産物を獲って暮らそうとするが、それだけでは食糧が足りず、海を渡って南北の国々から米を買い入れていたと記されているのである。

紹興本の「対馬国」は「対海国」の誤り

次は狗邪韓国《くやかんこく》の対岸に浮かぶ対海国への行程である。原文は「始度一海千余里。至対海国。其大官日卑狗。副日卑奴母離。所居絶島。方可四百余里。土地山険。多森林。道路如禽鹿径。有千余戸。無良田。食海物自活。乗船南北市糴」とある。「始めてひとつの海を渡り、千余里いくと対海国に至る。その国の大官は卑狗《ひく》といい、副官を卑奴母離《ひぬもり》という。そこは孤島で、四百余里四方の広さである。土地柄は山が険しく、森林が多く、道は禽獣や鹿が行き交うような獣道のようである。人家は千余戸で、良田はなく、人々は海産物を獲って暮らしている。船で南北の国々と行き来して穀物を買い入れている」という意味である。

狗邪韓国は、釜山《ぷさん》付近にあったと見るのが一般的であるが、そこから1000余里(1里＝52〜165mとすると52〜165km)南に位置するところといえば、現在の対馬《つしま》島《じま》以外ほぼありえない。釜山から対馬島の北西部にある良港・鹿見《ししみ》までの距離は68kmというから、およそこれと一致する。

対馬は古代には投馬《とま》と呼ばれていたというが、その字音から対毎の字があてられ、その後対海に変化していったといわれる。なお、「対海国」と記しているのは『三国志』の各版本のなかの紹熙《しょうき》本のほうで、紹興《しょうこう》本では「対馬国」となっている。古田武彦《ふるたたけひこ》氏によると、原文では対海国と記されていたのを、紹興本を手がけた南宋《なんそう》時代の学者たちが、当時の知識をもとに対馬国と書き替えたのだという。紹興本には、こうした故意の書き替えが随所に見受けられるため、紹熙本のほうが信頼できるのだともいう。

卑奴母離は国境警備の長

対馬島には、北西部を中心にガヤノキ遺跡やトウトゴ山遺跡など、弥生時代後期の遺跡が数多く点在している。そこで発掘された箱式石棺や積石塚などからは、中国の漢式土器や朝鮮半島の金海式土器などが数多く出土しているという。そのため、古来より中国・朝鮮方面との交流が盛んであったことが証明されるのである。

次に、記された官職について考察してみよう。『魏志倭人伝の解明』の著者・藤田友治《ふじたともじ》氏によると、対海国の長官名として記された「卑狗」は「彦」の当て字で、古代では首長のことを表し、のちに男性に対する尊称語尾として使われたものであるという。一方、副官にあたる「卑奴母離」は、雛の守りにあたる役人を意味するという説や、火の神の祭主と見る向きもあるが、むしろ夷守という国境を警備する軍隊の長と考えるほうが自然であろう。ただし、「奴」という文字がヌあるいはドとしか読めないところから、卑奴母離をヒナモリと読むことはできないとして、これを夷守ととらえることに反対する向きもある。

400余里四方は正確な数値

次は、国の広さに関する記述である。ここに記された「方可四百余里」というのは、400余里四方、つまり1里＝52〜165mとした場合、文面通り読み取れば、東西南北とも20.8〜66km四方の方形の島という意味である。実際には対馬島は、南北約60km、東西15kmの島だから、「東夷伝《とういでん》」の記述とは大きく異なっている。しかし、これを面積と考えた場合は、20.8〜66km×20.8〜66km＝432.64〜4356平方kmとなる。実測値の698平方kmはその範囲内に収まるから、妥当な数値といってもよさそうである。

そのあとに「険しい山々には獣道しかなく、良田もなかった」と記しているところから見ると、島民たちは海産物を獲って生計を立てるか、南(壱岐島《いきのしま》および北九州)北(朝鮮半島)に渡って穀物を買い入れるしか、生きる手段がなかったのかもしれない。ちなみに、「市糴《してき》」というのは意味がとらえづらいが、穀物(米など)を市場で買い入れることを表す語だといわれている。とすれば、すでにこの時代、周辺各国で米などの栽培が大規模に行われていたことも推測されるのである。

●対海国、一大国周辺の行程

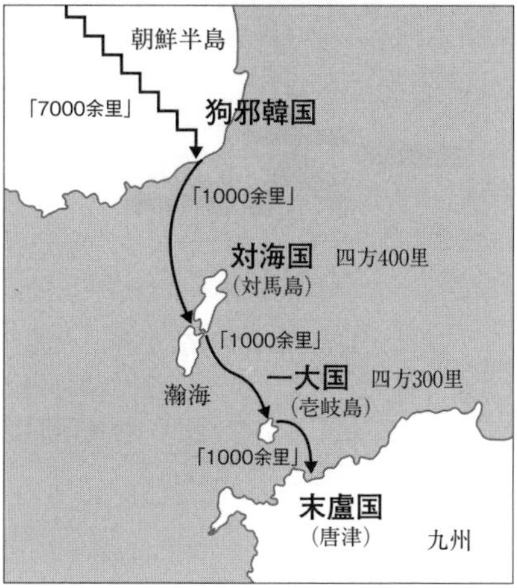

日本最古の船着場もあった海洋国

一大国《いちだいこく》

次は、対海国(対馬島)から一大国(壱岐島)への行程記事である。国情は対海国とよく似ていたようだが、多少耕作地もあったことが記されている。それでもなお、食糧が不足していたため、対海国同様、南へ北へと海を渡って米などを買い入れていたことが記されている。

一大国の比定地は壱岐島

「魏志倭人伝《ぎしわじんでん》」の文面は、対海国《たいかいこく》から一大国への行程解説へと移っていく。原文は「又南渡一海千余里。名曰瀚海。至一大国。官亦曰卑狗。副曰卑奴母離。方可三百里。多竹木叢林。有三千許家。差有田地。耕田猶不足食。亦南北市糴」で、読み下すと「また、海を渡ること千余里。名を瀚海《かんかい》という。一大国に至る。官は亦卑狗《ひく》といい、副は卑奴母離《ひぬもり》という。三百里四方の広さである。竹木叢林《そうりん》が多く、三千ばかりの家があり、田地も多少ある。しかし田を耕すも猶食うには足らず。亦南北に行き来して穀物を買い入れている」となる。

ここでも、次なる一大国まで1000余里という数字が記されている。対馬島《つしまじま》から52～165km南にあるところといえば、壱《い》岐島《きのしま》以外には考えられない。対馬島北西部鹿見《ししみ》から壱岐島最北部にある勝本《かつもと》までは93km、南西の郷乃浦《ごうのうら》までなら65kmというから、この52～165kmという数値は、ほぼ妥当と見るべきであろう。面積は300里四方というから、243.36～2450.25平方kmである。実際には134平方kmだから、どうやら相当大きな島だと誤認していたようである。

一大国も瀚海も中国の呼び名

この対海国と一大国とのあいだに広がる海といえば、日本では対馬海峡、韓国では大韓海峡、中国では朝鮮海峡と呼んでいるが、「魏志倭人伝」に見る限り、当時は瀚海と呼んでいたようである。この名は『漢書』の「霍去病伝《かくきょへいでん》」にも登場する名で、匈奴《きょうど》討伐でその名を知られた霍去病が、匈奴討伐の兵を率いてゴビ砂漠を渡り北西へと進軍していったときに、この瀚海を目にして引き返したということが記されている。そこで瀚海とされたのはバイカル湖のことである。中国から見て西の果てにあるはずのバイカル湖と、東の果てにある対馬海が、なぜ同じ名前で呼ばれてしまったのかはなんとも不思議である。「瀚」の字には広いという意味が含まれているというから、もしかしたら、ともに広さを表すためにそう形容されただけなのかもしれない。

原文は、この1000余里の瀚海を渡ったところに一大国があると記している。この一大国の「大」の字は、かつては「支」の間違いであると見られていたことがある。それは、魚豢《ぎょかん》が記した『魏略』が「一支国」と記していたからである。加えて、一《い》支《き》の字音が壱《い》岐《き》と同じであるというのが決め手となっていたようでもある。しかし、この説に異を唱えたのが古《ふる》田《た》武彦《たけひこ》氏で、これは日本語読みにこだわるあまりに原文を無理矢理読み替えようとする行為で、道理に反していると非難している。

もともと、朝鮮半島から北九州間の海域は、中国・朝鮮側にとっても慣れ親しんだエリアであり、当然のことながら、中国・朝鮮側独自の地名で呼んでいたはずだというのである。日本海が、韓国では東海と名前が変わるのと同じである。よって、一大国もまた前項の対海国も、中国側の呼び名だというのである。これを日本側の呼び名だと考えるから、一支国や対馬国といった強引な読み替えが行われてしまうのだという。

ここで記された官職名は、対海国同様、長官が卑狗、副官が卑奴母離というから、対海国となんらかの政治的な繋がりがあったことが予測される。

竹林と叢林（樹木が群がった密林の意）が多いとするが、耕作地も多少はあったとか。人家も3000戸というから、対海国よりは多少栄えていたと思われる。それでも食糧が不足するため、対海国同様、南北に行き来して穀物を買い入れていたと記している。この「糴」の字をよく見ると「米」と「入」の字が含まれている。そこから、米を買い入れるという意味が含まれている（「入」が「出」に変わると、米を売る意味になる）と読み取ることができるとも見られている。

日本最古の船着場から大陸へ航海

壱岐島東南部の幡鉾《はたほこ》川流域に、弥生時代の環濠《かんごう》集落と見られる原《はる》の辻《つじ》遺跡がある。東西350m、南北750mで、総面積は100haにも達するという広大な集落跡である。その3重の環濠に囲まれた敷地内には、城塞のほか、高床式倉庫や葬儀場、船着場、水田などがあったことも確認されている。そこからは、鍬や鎌、斧などの鉄製の農機具や、土器、銅剣、銅《どう》矛《ほこ》なども多数出土しているが、なかには中国の銭貨など、大陸製と思われるものも数多く見受けられるところから、ここが一大国の王都であったと見られている。

そのなかにある船着場は、大きな石を積み重ねて作られた長さ12m、幅11mという防波堤からなるもので、日本最古の船着場といわれている。また、島の北西部にある環濠集落跡のカラカミ遺跡からも、朝鮮半島系の土器などのほか、漁撈《ぎょろう》に関する遺物が多数出土しているところから、漁業や交易に従事していた人が多く住み、優れた航海技術を持っていたことがわかっている。この航海技術を駆使して、朝鮮半島や北九州へと盛んに行き来していたことが証明されたのである。

アワビ獲りの潜水技術者たちが暮らす国

末盧国《まつろこく》

ここからは、北九州が舞台となる。末盧の字音が『日本書紀』にも登場する松浦県と近似しているところから、松浦半島周辺に末盧国があったと見る識者が多い。そのなかでも、方位や距離から判断して、唐津を末盧国に比定するのが一般的である。魏使たちは、そこで鰒を獲る潜水捕獲技術者を見て、その高度な技量に驚いたことが記されている。

末盧国の比定地は唐津

さて、ここからは島国・一大国《いちだいこく》を離れて、いよいよ北九州の地へと移っていく。「又渡一海千余里。至末盧国。有四千余戸。浜山海居。草木茂盛。行不見前人。好捕魚鰒。水無深浅。皆沈没取之」の原文を読み下すと、「また、海を渡ること千余里で末盧国に至る。四千余戸あり。山海に沿って住む。草木が生い茂り、行く手に人の姿を見ることがない。魚鰒《ぎょふく》を捕らえることを好む。水深が深くても浅くても、皆潜ってこれを獲る」となる。ここでも、また海を渡って1000余里とある。数値に関してだけは、陳寿《ちんじゅ》はかなり大雑把な表記で納得していたようである。

一大国は壱岐島《いきのしま》であるというのは定説となっているので、そこから1000里先といえば、北九州のどこかということになる。壱岐島から最短距離にあるのは佐賀県松浦《まつうら》半島で、末盧の音とも似ているところから、ほぼこのあたりに末盧国があったと見られている。『日本書紀』にも松浦県《まつらのあがた》、『古事記』にも末羅県《まつらのあがた》という記述があるので、古来にはマツラと呼ばれていたことは間違いない。

ただ、松浦半島のなかのどの地点に比定するのかに関しては諸説があり、いまだ確定することはできないが、多くの識者が唐津《からつ》あたりであろうと見ているようだ。他の候補地として呼子《よぶこ》あたりもあげられるが、壱岐島の勝本《かつもと》から呼子まで31kmと、陳寿の記した1000余里(52〜165km余り)には遠く及ばないのに加え、呼子の港が背後に山が迫った入江で良港とはいえず、4000戸もの住民を抱えるだけの平地も少ないところから、末盧国の比定地ではありえないと見る向きが多い。その点、唐津港は波穏やかな唐津湾に面しており、壱岐島の勝本からの距離も55kmと、陳寿の記した1000余里にかなり近い数値になるからである。

甕棺墓や後漢鏡なども出土

また唐津市には、縄文時代の菜畑《なばたけ》遺跡や弥生後期の宇木汲田《うきくんでん》遺跡、柏崎遺跡、桜馬場《さくらのばば》遺跡など、多くの遺跡が点在している。宇木汲田遺跡からは、甕棺《かめかん》墓136基、土壙《どこう》墓5基、木棺墓5基、石棺墓1基なども見つかっただけでなく、多鈕細文《たちゅうさいもん》鏡《きょう》という細い幾何学模様を施した朝鮮半島系の銅鏡をはじめ、銅剣、銅矛《どうほこ》、銅《どう》鉾《ほこ》、銅戈《どうほこ》など多数の青銅器が副葬品として納められていたし、桜馬場遺跡では、後漢鏡《ごかんきょう》2面も出土しているところから、このあたりが末盧国の中心地であったと見られている。また、菜畑遺跡からは縄文時代晩期と思われる水田遺構も見つかっており、水田耕作を中心とする大規模な集落があったことは間違いない。人家が4000戸あったとも記されているが、墓の規模や出土品の豪華さ、水田遺構があったことなどを鑑みると、人口に見合う中規模程度の国であったことが推察できる。原文では、人々は山裾や海辺に沿って住み、人の姿が見えないほど草木が生い茂っていたと記しているが、人家4000戸という数値からすると、ある程度はまとまりのある集落を形成していたと見るのが妥当であろう。唐津市の人口は現在13万人近いというから、人家4000戸を抱えるのには全く問題なさそうである。

生口とは潜水捕獲技術者のこと

最後に、この国の人々は魚や鰒《あわび》を獲るのが得意であったと記している。水深が深くても浅くても難なく潜ってこれらを獲っていたというが、これを目の当たりにした魏使《ぎし》たちは、その技量の高さに驚いたに違いない。卑弥呼《ひみこ》が魏の天子へ贈った貢物のなかに、「生口《せいこう》」という生身の人間があったことも記されているが、それをここに見る潜水捕獲技術者など、なんらかの技能を有する者であったとする説もある。この技術は魏にはなかったようで、魏への朝献のたびに数名から100数十名もの生口を献上していたことが記録されている（「生口」に関しては、これを国数や戸数を表すものと見る向きもある。この場合、「献生口」とは「国数や戸数を報告する」の意になる）。

なお、末盧国の記事には官制の記録がない。一説によると、末盧国は弥生時代中期まで栄えていたものの、後期には衰退して大陸との交易の拠点としての役割を失ってしまったからだという。

●末盧国周辺の行程

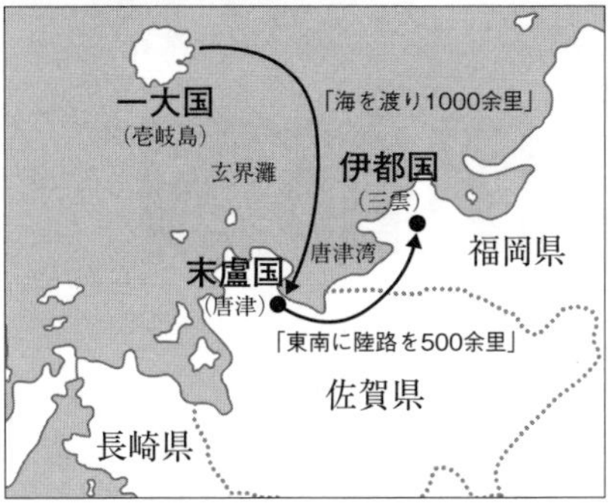

魏使駐在所もあった人家1000戸の王国

伊都国《いとこく》

伊都国は、戸数わずか1000余という小国でありながら、王がいただけでなく、魏使の駐在所まであったという。「魏志倭人伝」に記された最小の国なのに、なぜ大国同様の扱いを受けていたのか？　そこには思いもよらぬ意外な真相が隠されていたのである。

伊都国は福岡県糸島郡内にある

北九州松浦《まつうら》半島の唐津《からつ》にあったと思われる末盧国《まつろこく》以降は、陸路での行程となる。「東南陸行五百里。到伊都国。官曰爾支。副曰泄謨觚。柄渠觚。有千余戸。世王有。皆統属女王国。郡使往来常所駐」の読み下しは「東南に陸行すること五百里で伊都国に到る。長官は爾支《じき》といい、副官は泄謨觚《えいもこ》、柄渠觚《へいきょこ》という。千余戸あり。代々王あり。皆、女王国に属す。郡使の往来、常に駐《とどま》るところである」である。

まず、末盧国から東南へ陸路をたどって500里ほどいくと伊都国に着くと記す。末盧国を唐津と考えれば、そこから東南500里(1里=52～165mとすれば26～82.5km)といえば、佐賀県佐嘉郡《さがぐん》山田の丸山遺跡や、神崎市と吉野ヶ里《よしのがり》町にまたがる吉野ヶ里遺跡あたりと見ることもできる。しかし、ここであらかじめ頭に入れておかなければならないのが、伊都国の比定地がすでに特定されているという点である。『日本書紀』には伊都《いと》県、『古事記』には伊斗《いと》村、『筑紫風土記』逸文には逸《い》都《と》県、『筑前国風土記』逸文には怡土《いと》郡という名が登場するが、それが伊都国であり、現在の福岡県糸島郡《いとしまぐん》であるといわれている。なぜなら、糸島郡は1896年に怡土郡と志摩郡《しまぐん》が合併した郡名で、合併前の怡土郡の字音が伊都と同じだからである。のちに、糸島郡で発掘された弥生式遺跡である三雲《みくも》遺跡や井原《いはら》遺跡において、前漢鏡《ぜんかんきょう》や後漢鏡などが多数出土したことから、このあたりに伊都国があったことが、考古学の分野からも証明されている。この既成事実を踏まえて「魏志倭《ぎしわ》人伝《じんでん》」を読み解く必要がある。

方位の読み替えは間違い

この点を考慮しながらもう一度「魏志倭人伝」を読み直してみると、ここで大きな壁にぶつかることになる。唐津から糸島郡を見た場合、それはあくまでも東北であって、「魏志倭人伝」が記すような東南ではありえないからである。この方位の不一致から、これまで多くの学者たちが「魏志倭人伝」は方位を誤っているととらえていた。地図を見てもわかるように、伊都国を糸島郡深江・前島と見れば90度、糸島郡三雲・井原と見た場合でも60～70度も座標軸がずれているのである。その分だけ座標軸をずらしてしまおうという識者も現れるのである。

この方位の読み替えに関しては、邪馬《やま》台国《たいこく》が九州にあったのか畿内大和にあったのかを決定づけるほどの重大な要素を秘めているだけに、見逃すことができない問題である。

仮に座標軸を90度、時計回りにずらしたとしてみよう。すると、日本列島は九州を最北とし、畿内大和はその東南に位置することになる。後述するように、邪馬台国は、九州にあったと推測される不《ふ》弥国《みこく》の南、投馬国《とうまこく》のさらに南にあったという「魏志倭人伝」の記事が正しいとすると、畿内大和は、どうしても九州の南あるいはせめても東南でなければならないからである。

ただし、この方位の読み替え問題に関しては、古田武彦《ふるたたけひこ》氏が提唱するように、原文通り読むべきだという説もある。そのうえで古田氏は「道しるべ」読法(目的地の方向を一直線に見るのではなく、出発時点において向かうべき方向を表しているという見方)を提唱している。それによれば、唐津から糸島郡へと陸路で向かうには、まず虹《にじ》の松原《まつばら》付近から浜崎《はまさき》に向かって東南へ進み、そこから唐津湾に沿って北上していけば、自然と伊都国へとたどり着けるというのである。

わずか1000戸の小国に王がいる不思議

長官を爾支《じき》といい、副官を泄謨觚《えいもこ》、柄《へい》渠觚《きょこ》という。この爾支という役職名は、三品彰英《みしなしょうえい》氏によると、新羅《しらぎ》の原始王号のひとつであった尼師今《にしん》と語源が同じであるという。それが正しければ、伊都国は朝鮮王朝ともなんらかの繋がりがあった可能性もある。また、泄謨觚は島子《しまこ》あるいは好子《いもこ》の、柄渠觚は彦子《ひここ》の当て字ともいわれている。

●伊都国周辺の行程

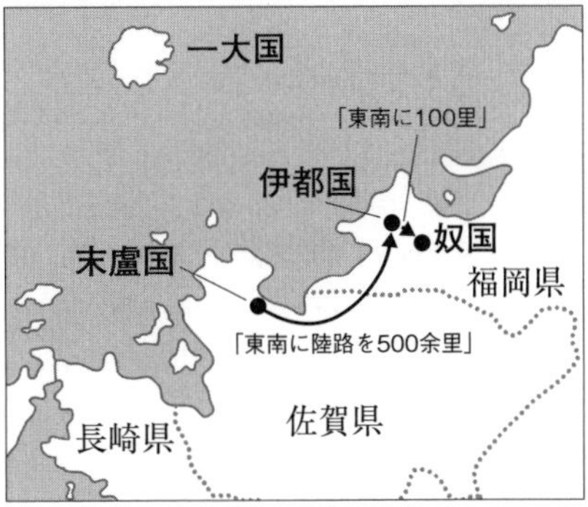

ここで問題となるのは、人家が1000余戸という点である。そんな小国でありながら、代々王がいて、皆女王国に属していると記しているのである。ちなみにこの「皆」という字が、伊都国の代々の王のことを指しているのか、あるいは伊都国だけでなく、これまで登場してきた対《たい》海国《かいこく》や一大国《いちだいこく》、末盧国を含むすべての王のことを指すのか、意見が分かれるところである。文面上、王がいたと表記されるのは30か国中、伊都国以外ではこのあとに登場する邪馬台国と、敵対していた狗奴国《くぬこく》のみであることも注意を要する。

また、帯方郡《たいほうぐん》の使者が邪馬台国へやってきた場合、常に伊都国に駐在していたとも記しているが、わずか1000余戸しかない小国に王がいたり、帯方郡使の駐在所があったりするのは、普通では考えにくい。そこには秘められた理由がありそうである。この点に関しては、次項に登場する奴国《ぬこく》が大きくかかわるので、その項において触れることにしたい。

史跡 須久《すぐ》遺跡

福岡県春日市の丘陵地に広がる弥生時代の遺跡群で、116基もの甕棺《かめかん》墓や9基の土壙《どこう》墓、9基の木棺墓などが発見されている。副葬品として、前漢鏡《ぜんかんきょう》30面のほか、銅矛《どうほこ》5本、銅剣2本、銅戈《どうほこ》1本、ガラス勾玉《まがたま》1個などが出土したことから、王墓であると思われている。「魏志倭人伝《ぎしわじんでん》」に記された奴国《ぬこく》の王墓の可能性もある。ただし、「漢委奴国王」の金印を授かった王ではなく、それより数世代前の王といわれる。

現在は、この遺跡群の中心地の2.3haにも及ぶ広大な丘陵地が歴史公園として整備され、奴国の丘歴史資料館なども作られている。

福岡県春日市にある、奴国の丘歴史公園内の岡本遺跡。王墓の上石と見られる大石が、そのまま置かれている

※写真：春日市文化財課所有

史跡 三雲《みくも》遺跡

福岡県糸島市《いとしまし》にある伊都国《いとこく》跡と見られる遺跡で、文政《ぶんせい》5年（1822）に発見されている。弥生時代の甕棺《かめかん》墓が2基出土しているが、副葬品として、前漢鏡《ぜんかんきょう》35面や瑠璃管玉《るりくだたま》60個のほか、銅剣、銅矛《どうほこ》、銅戈《どうほこ》、ガラス勾《まが》玉《たま》などが納められていたところから、王墓と見られている。一説によると、この墓の主は天照大御神《あまてらすおおみかみ》の孫にあたる天津日高日子番能邇邇芸命《あまつひこひこほのににぎのみこと》と、その妻・木花之佐久夜毘売《このはなのさくやびめ》であるという。

史跡 井原《いはら》遺跡

三雲《みくも》遺跡のすぐそばにある弥生時代の遺跡で、伊都国《いとこく》王墓の可能性が高いと思われる壷型の甕棺《かめかん》が天明《てんめい》年間（1781～1789年）に発見されている。副葬品として、銅鏡、銅剣なども見つかっている。しかし、現在それらの副葬品は散逸して現存していない。近年、再び発掘調査が開始され、3基の木棺墓から方格規矩鏡《ほうかくきくきょう》や内行花文鏡《ないこうかもんきょう》なども出土して話題を呼んでいる。

隣国・伊都国との因縁が噂される謎の国

奴国《ぬこく》

伊都国を過ぎると、各国の紹介記事は突然簡潔過ぎる文面となる。一説によると、魏使は伊都国まではやってきたものの、それ以降の国々にはいっていないからだという。国と国のあいだの距離数も、それまでの里数から日数に変わるというのも、その理由のひとつだからかもしれない。

須久岡本遺跡が奴国の比定地

次なる奴国は、「東南至奴国百里。官曰兕馬觚。副曰卑奴母離。有二万余戸」と、わずか23文字だけの簡単な紹介記事で終わっている点に注目するべきである。「東南に向かうこと百里で奴国に至る。長官を兕馬觚《じまこ》といい、副官を卑奴母《ひぬも》離《り》という。人家は二万余戸ある」と、なんともあっけない解説ぶりであるが、この奴国が、単に倭人《わじん》の1か国というだけでは語り終えることのできない、重要な存在であることを認識しておきたい。

まずは文面に沿って吟味していこう。伊都国《いとこく》から東南に100里いったところに奴国があるという。100里といえば、5.2〜16.5kmというわずかな距離である。人家は2万余戸もあったというから、伊都国と奴国は隣接していたと考えてもおかしくない。三雲《みくも》・井原《いはら》から東南5.2〜16.5kmといえば、そこはまだ広大な福岡平野の真っ只中である。その一角、春日市の須久岡本《すぐおかもと》の地で発見された甕棺《かめかん》群から、30面もの漢式鏡《かんしききょう》や5本の細形銅矛《どうほこ》、4本の細形銅剣などが出土したことから、この地を奴国の比定地と見る向きが多い。

奴国は伊都国に征服された

奴国といえば、誰もがまず思い浮かべるのが、後漢の光武帝《こうぶてい》が57年に奴国王に授けたという「漢委奴国王」の金印であろう。博多湾の沖合に位置する志賀島《しかのしま》で天明《てんめい》4年(1784)に発見されて、昭和6年(1931)に国宝に指定されたという貴重なものである。それが、「漢委奴国王」と記された「倭の奴国」だというのである(この異説に関しては後述)。

『後漢書』によれば、倭の使訳に通じるものは当時30か国あったと記されているが、そのなかで金印を授かったのは奴国だけである。人家もこれまでたどってきたどの国よりも多い2万戸という数値が、その存在感の大きさを物語っているとも見られているのである。

しかし、この奴国にとある異変が起きたと見るのが、作家・松本清張《まつもとせいちょう》氏である。同氏によれば、奴国が金印をもらった時代、実はすでに奴国は新興の伊都国の政権下にあったというのである。奴国のエリア内で発生した伊都国が、王莽《おうもう》の新の時代のころに勢力を拡大し、ついには母国である奴国を呑み込んでしまったというのだ。後漢時代に楽浪郡《らくろうぐん》に朝献したのは、実は奴国ではなく、伊都国であったという衝撃的な論を述べている。金印が、奴国から湾を隔てた志賀島になぜ密かに隠されていたのかを合わせて鑑みれば、伊都国と奴国になにやら因縁めいたストーリーがあったのではないかと邪推してしまうのも当然である。

金印に記された委奴国は伊都国のこと

さて、伊都国の項(P.54〜P.55)で書き残してきた「小国に王がいた謎」について検証してみよう。わずか人家1000戸に過ぎない伊都国に王がいて、ほかにはなかった帯方郡《たいほうぐん》の駐在所までもがここに置かれていたのはなぜか？　という問題である。実は、前述の松本清張氏がいう「伊都国による奴国征服説」が正しいとすれば、それは容易に説明がつく。伊都国のわずかな施政者が、大国・奴国をなんらかの計略をもって征圧したと考えられるからである。もしかしたら、奴国内の内紛の結果、新たに伊都国が建国されたと考えられなくもない。そう考えれば、魏使《ぎし》が大国・奴国の実質的支配者であった伊都国に駐在していたとしても、なんら不思議ではない。

さらに、金印に記された文字は、「漢委奴国王」である。よく見るとそれは「委《い》」であって「倭《わ》」ではない。これまでは、この金印を「漢の倭《わ》の奴《な》の国王」と読むのが常識であったが、「倭《わ》」は「委《い》」、「奴《な》」は「奴《と》」であったことから、「漢の委奴《いと》の国王」と読むべきという説もある。「委奴」はまさに「伊都」と同音である。金印をもらったのが奴国ではなく、伊都国であったその証明であるとも考えられているのである。

●奴国周辺の行程

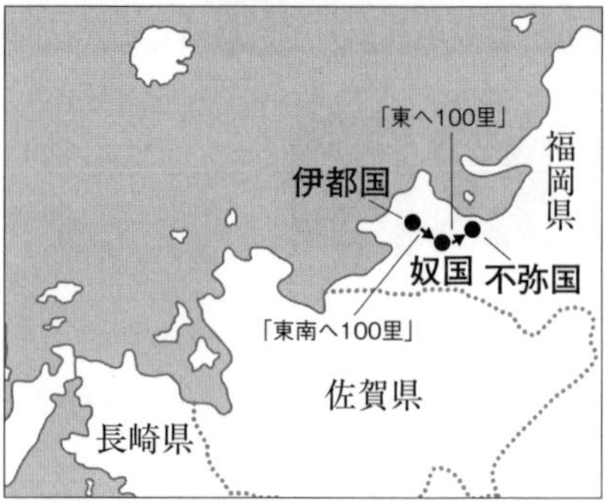

「漢委奴国王」の金印

時は天明《てんめい》4年（1784）春のことである。筑前国那珂郡志賀島《しかのしま》村南端の叶ノ浜《かなのはま》近くの田んぼのど真ん中で、純金製の金印が発見された。見つけ出したのは、秀治と喜平という地元の農民で、田を耕しているときに偶然発見したという。巨石の下に、箱に入れられて埋められていたのだとも。これを仲間の甚兵衛なる者が那珂郡の奉行所に駆け込んで差し出したため、発見者は甚兵衛だと思われたらしい。那珂郡の奉行所では、さっそくこれを福岡藩へ持参。ここで儒学者・亀井南冥《かめいなんめい》が鑑定し、『後漢書』に記された金印であると認定している。

この金印、一辺の長さはわずか2.3cmで、高さ2.2cm、重さ108gという小さな印章である。つまみ部分には蛇が象《かたど》られ、刻印は、篆書《てんしょ》で「漢」「委奴」「国王」と3列に分けて彫り込まれていた。当初は福岡藩主・黒田家が所有していたが、明治時代に東京国立博物館に寄託、現在は福岡市博物館に展示されている。

最初、福岡藩に金印が持ち込まれたとき、亀井南冥はこれを大和朝廷に授けられた印綬であると思ったらしい。自著『金印弁或問』において、倭奴国を倭国《わこく》と見、後漢《ごかん》の光武帝《こうぶてい》から垂仁《すいにん》天皇に授けられたものと記しているからである。1185年に81代・安徳《あんとく》天皇が壇ノ浦で平家と源氏が激突したときに入水し、ともに海中に没したものが、なにかのはずみでこの島に流れ着いたのだという。下関の海中に沈んだものが、なぜ100km近くも離れた志賀島にまで流れていくのか、不思議としかいいようがない。しかし、さすがにこれは苦しい弁明と思ったのか、同年に上田秋《うえだあき》成《なり》が『漢委奴国王金印考』を記して、「字音が似ているところから、委奴国とは伊《い》都国《とこく》のことである」と主張するや、たちまちその説に賛同する者が続出したという。

その説も、今度は歴史学者の三宅米吉《みやけよねきち》氏によって覆されてしまう。同氏は、「委」は「ヰ」という字音であるため、「伊」の「イ」とは異なること、また、「奴」も「ド」であり、「都」の「ト」と同一ではありえないとして、委都国＝伊都国説を否定。さらに、「委奴国」と続けて読むのではなく、「委の奴国」と分割して読むのが正しいと結論づけたのである。こうして、三宅氏の論文が発表されて以後、「漢委奴国王」は「漢ノ委ノ奴ノ国王」と読むことが定説となってしまったのである。しかし、前ページでも記したように、最近はこれを「漢ノ委奴ノ国王」と読むのが定説になりつつある。その他、委奴国は伊都国ではなく、邪馬台国《やまたいこく》であるとする説（古田武彦《ふるたたけひこ》氏）もあり、再度の検証を期待したい。ちなみに、中国では印綬は地位の証しとして授けられるもので、ランクごとに明確な決まりがあったことが、中国古代史家の栗原朋信《くりはらとものぶ》氏が自著『秦漢史の研究』のなかに記している。それによると、まず、国政の頂点に立つ相国には金印緑綬《きんいんりょくじゅ》が与えられる。次いで丞相や大将軍には金印紫綬《しじゅ》を、2000石以上の官僚には銀印青綬《ぎんいんせいじゅ》を、1000石から400石までの官僚には銅印黒綬《どういんこくじゅ》が与えられるという。また、封建諸侯のうち王には金印盭綬《れいじゅ》が、列侯には金印紫綬が、異民族の王にも金印紫綬が与えられたという。志賀島で発見された金印（紫綬と思われる）も、のちに卑弥呼《ひみこ》が魏《ぎ》の天子から賜った「親魏倭王」の金印紫綬も、列侯と同クラスの扱いであった。

わずか22文字の簡素な紹介しかない1000余戸の小国

不弥国《ふみこく》

奴国からわずか100里(5.2〜16.5km)に過ぎない不弥国だが、この国がどこにあったか、実はまだ特定されていない。それでも、新井白石などは、これを福岡県糟屋郡宇美町あたりと見ている。『日本書紀』でそこを応神天皇の生誕地としているというのも、なにやら関連性がありそうで興味が湧いてくる。

不弥国の比定地は未確定

さて、奴国《ぬこく》からさらにその先、100里ほどのところにあるのが不弥国である。原文は「東行至不弥国百里。官曰多模。副曰卑奴母離。有千余家」と、わずか22文字の説明文でしかない。「東百里で不弥国に至る。長官は多模《たも》、副官は卑奴母《ひぬも》離《り》である。人家は千余家である」と、なんともそっけない。しかし、奴国からわずか100里(5.2〜16.5km)とはいえ、不弥国の比定地は、いまだ確定されていないのが現実である。その理由は、なんといっても「魏志倭人伝《ぎしわじんでん》」の説明不足にあることはいうまでもないが、加えておよその範囲内と見られる福岡平野の東部一帯を見回してみても、これに該当すると思われる遺跡がなにひとつ発見されていないというのが最大の理由である。

それでも、新井白石《あらいはくせき》や本居宣長《もとおりのりなが》は前述のように福岡県糟屋《かすや》郡宇美《うみ》町を、白鳥庫《しらとりくら》吉《きち》氏や橋本増吉《はしもとますきち》氏らは福岡県太宰府《だざいふ》市を比定地としている。糟屋郡宇美町は『日本書紀』では応神《おうじん》天皇の生誕地とされるところであり、大和朝廷との関連性を考えるうえでも、重要な要素をはらんでいるところである。

魏使は伊都国より先にいかなかった

ところで、「魏志倭人伝」をよく見ると、伊都国《いとこく》までの国々は土地柄や人々の暮らしぶりなども随所に盛り込んでいるが、伊都国を過ぎると、方位と距離、官職名などを羅列しただけの簡素な文面に終始していることがわかる。一説によると、魏使らは伊都国まではやってきたものの、それから先の国々へはいかず、倭《わ》人《じん》からの伝聞を陳寿《ちんじゅ》に伝えたからだという。この魏使が伊都国より先にいったかどうかという問題は、不弥国以降の行程記事のなかの距離を示す単位が、それまでの里数から日数に変わっていることからも推測されることである。

なお、不弥国の長官名とされる多模《たも》に関して、櫛明玉命《くしあかるたまのみこと》や天太玉命《あめのふとだまのみこと》、倭大国魂《やまとのおおくにたまの》神《かみ》に見られるように、玉あるいは魂と同じ意味で、地方の君長の尊称を表す言葉であるという説や、トモと読み、伴造の略称という説もある。

学者たちを悩ませてきた「水行二十日」でたどり着く国

投馬国《とうまこく》

不弥国からは水行20日で投馬国にたどり着くと記されている。この「水行二十日」という曖昧な表現が、これまで多くの学者たちを悩ませてきた。これを何kmと見ればいいのか、侃々諤々議論が絶えないのである。

邪馬台国論争の発端となった「水行二十日」の謎

次なる投馬国に関する記事は、「南至投馬国。水行二十日。官曰彌彌。副曰彌彌那利。可五万余戸」と、ここでもまた、わずか25文字の単文である。「南へ水行二十日で投馬国へ至る。長官は彌《み》彌《み》、副官は彌彌那利《みみなり》である。人家は五万余戸である」と、実にそっけない。しかし、解説文は味気ないとはいえ、この短文のなかには、邪馬台国《やまたいこく》論争の発端となった重大な一文が含まれているのを見逃すわけにはいかない。それは、「水行二十日」の一節である。

これまで陳寿《ちんじゅ》は、一貫して距離の単位に里数を用いていたのであるが、ここにきて突如、日数を用いるという不可解な記述を始めている。水路をたどって20日など、いったいどの程度の距離なのか、どうにでも取れそうなまぎらわしい表記を持ち出しているのである。

そのため、先の不弥国《ふみこく》が北九州にあったことは衆目の一致するところではあるが、それ以降の比定地は九州にとどまらず、中国地方や四国など日本各地へと飛び出して、侃々諤々《かんかんがくがく》、諸説が蔓延して収拾がつかない事態を招いてしまうのである。その原因はいうまでもなく、1日を何kmと見なすのか、その具体的な数値が同誌面内に示されていないからである。

陸行歩1日50里、水行45里

ただしそのヒントは、史書をひも解いてみれば全く見出せないわけではない。たとえば、唐《とう》代の官制・法制に関する書『唐六典《とうりくてん》』によると、陸行歩は1日50里、水行は45里という数値が示されている。唐代の1里は560mといわれるから、陸行歩は1日28km、水行は25.2kmである。ここから割り出される水行20日の距離数は25.2km×20日＝504kmとなる。福岡県内の河川沿いの船着場あるいは海に面した港から、北九州の海岸線に沿って大きく迂回しながら南へ500km余り進んだところといえば、薩摩や大隅半島、日向《ひゅうが》南部など南九州と見るのが妥当であろう。

最初に南九州を投馬国の比定地と唱えたのは本居宣長《もとおりのりなが》で、日向国児湯郡(現在の西都市大字妻)の地を投馬国の比定地と考察している。そこを投馬国と見たのは、距離の問題に加えて、そこに都万《つま》神社という投馬の字音に近似する地名を見出したからである。

しかし、白鳥庫吉《しらとりくらきち》氏など邪馬台国を筑《ちく》後山門《ごやまと》郡に比定しようとする論客は、これを短里で見るという前提のもと、その中間点にあたる筑後上妻《こうづま》・下妻《しもつま》郡(福岡県八女《やめ》市)や三潴《みずま》郡(福岡県三潴町)を投馬国に比定しようとしている。白鳥庫吉氏は、後述する投馬国から邪馬台国への「水行十日。陸行一月」を「水行十日。陸行一日」の誤りとして、不弥国から投馬国までの水行20日と合わせて31日で邪馬台国にたどり着くと見た。不弥国から邪馬台国までの距離は1300余里(P.76〜P.77を参照)であるから、これを31日で割ると1日約42里となる。つまり、水行20日は、1300里÷31日×20日≒840里(43.68〜138.6km)と割り出すことができるのである。これは、白鳥氏が不弥国に比定している福岡県太宰府市から八女市までの実際の距離にかなり近い数値ではある。

畿内大和論者は中国〜山陰地方に比定地を求める

一方、邪馬台国を畿内大和と見なす論客は、前述のように日本列島の座標軸を90度回転させるか、あるいは、南行は東行の誤りであるという読み替えを行って、九州を離れて中国地方や山陰地方に求めようとしている。瀬戸内海航路をたどったと見た新井白石《あらいはくせき》などは、備後国鞆《びんごのくにとも》か播磨国須磨《はりまのくにすま》をその比定地とし、日本海航路と見た笠井新也《かさいしんや》氏などは出雲《いずも》を投馬国に比定している。

また、水行20日の行程を潮流などの影響を考慮するなど、現実に則した数値として見るべきという論者もいる。『邪馬台国の位置と日本国家の起源』を記した鷲崎弘朋《わしざきひろとも》氏もそのひとりで、山口県防府《ほうふ》を投馬国の比定地とし、博多湾から遠賀《おんが》川河口、小倉を経て、関門海峡を通過して周防灘《すおうなだ》をたどって防府まで、区間ごとの潮流の速さなどを計算に入れると、ちょうど20日でたどり着くのだと見ている。

原文の後半に、長官の名は「彌彌」、副官は「彌彌那利」とある。これはミミ、ミミナリと読めるが、内藤湖南《ないとうこなん》氏によれば、『日本書紀』にも登場する天忍《あめのおし》穂耳《ほみみ》や神八井耳《かむやいみみ》の語尾にある耳との関連性があるという。本居宣長はこの耳の字音を、美をふたつ重ねたものと見て、尊称の意であるととらえている。

最後に、人家は5万余戸もあったと記しているが、もちろん、これまでの最大規模であることはいうまでもない。

●投馬国への行程

九州説 VS 畿内大和説の論争の地となった「女王の都」

邪馬台国《やまたいこく》

舞台はいよいよ本命・邪馬台国の記述へと移っていく。ここでまず注意しておきたいのは、邪馬台国は、実は邪馬壹国という名であったという点である。これまではこの「壹」は「臺」の誤りと見られ、「臺」の字が当用漢字になかったため、代わりに「台」の字があてはめられてきたという経緯がある。

「邪馬台国」は「邪馬壹国」

いよいよ倭国《わこく》の都、邪馬台国の記事である。なんといっても「魏志倭人伝《ぎしわじんでん》」の行程記事のハイライトともいうべき文面である。ともあれ、原文から見ていこう。「南至邪馬台(壹)国。女王之所都。水行十日。陸行一月。官有伊支馬。次曰彌馬升。次曰彌馬獲支。次曰奴佳鞮。可七万余戸」と、都といいながら、相も変わらず短文である。読み下すと、「南へ向かうと邪馬台《やまたい》(壹《いち》)国《こく》に至る。女王の都とするところである。そこに至るまで、水行十日、陸行一月である。長官は伊支《いし》馬《ま》、次が彌馬升《みましょう》、次が彌馬獲支《みまかくき》、次が奴《ぬ》佳鞮《かてい》という。人家は七万余戸ばかりである」となる。

この一文のなかには、見慣れない文字がひとつ入っている。普通、邪馬台国と書かれるはずの「台」の字が「壹」になっているのである。実は「魏志倭人伝」にはもともと「壹」の字が記されていたにもかかわらず、これまで多くの学者たちが、この「壹」の字を「臺」の誤りと見て、日本の当用漢字の「台」をそれにあてはめてきたのである。『後漢書』に「邪馬臺国」と記されていたからというのが、その大きな理由である。また、邪馬台はヤマトとも読める。大和王朝のヤマトの名に親しんできた日本人にとって、ヤマイチ国よりヤマト国のほうが馴染みやすかったという面もあったのかもしれない。

しかし、古田武彦《ふるたたけひこ》氏が、著書『「邪馬台国」はなかった』のなかで、「魏志倭人伝」に記された邪馬壹国こそ正統な名前であるとする説を唱え始めてから、これを支持する識者も増えてきた。本書でも「邪馬壹国」の可能性が高いと見ているが、定説とまでは至っていないので、便宜上「邪馬台国」を使用していることを明記しておきたい。

国名の問題に次いで、原文ではさらに重要な記事がいくつか並んでいる。それは、邪馬台国が女王の都であるという点である。邪馬台国は倭国の都であると同時に、倭国のなかのひとつの国である。倭国＝邪馬台国ではないということを頭に入れておく必要がある。また、邪馬台国＝女王国と見るか、倭国＝女王国と見るかも意見の分かれるところである。

邪馬台国は博多湾周辺

さて、次なる行程の記述も問題となるところだ。投馬国《とうまこく》から南に水行10日、陸行1月で邪馬台国に至るという部分である。前項の水行20日のところでも未確認であった1日の進行距離数の問題に加え、「水行十日。陸行一月」を、「水行10日のあとに陸行1月」と見るか、「水行10日あるいは陸行1月」と見るかによっても、その比定地が大きく異なってくるからである。

まずは「水行10日のあとに陸行1月」でたどったというケースから見てみよう。

前述のように、『唐六典《とうりくてん》』に記された陸行歩1日50里、水行1日45里を唐の長里として見た場合、まず水路を25.2km×10日＝252km進むことになる。投馬国を日向《ひゅうが》あたりと見た場合は、その南252kmといえば、九州最南端あたりということになる。ここで上陸して、陸路で1月(28km×30日＝840km)とすれば、北九州を遥かに越えてしまいそうで、おかしなことになってしまう。そこで、本居宣長《もとおりのりなが》は、陸行1月を陸行1日の誤りと見て、南九州にあった熊襲《くまそ》の地が邪馬台国であると強引に考えたのである。

投馬国を筑後《ちくご》上妻《こうづま》・下妻《しもつま》郡や三潴《みずま》郡と考えた場合では、この地が内陸部であるため、水路という場合は河川を利用するしかないが、仮に河川をたどったとしても、水路252kmに加えて陸路840kmをたどるとなると、邪馬台国の比定地を九州の地に求めることは不可能ということになる。

「水行10日あるいは陸行1月」と見た場合でも、水行252kmはなんとか九州圏内に収まるとしても、直線距離にして300km余りに過ぎない九州の地を陸路で840km歩くこと自体、どう考えても不自然である。そのため、九州説を唱える論者の多くは、この「水行十日。陸行一月」をなんらかのかたちで読み替えようとするか、『唐六典』の数値を短里として読み解こうとするのである。

しかし、古田武彦氏は原文を忠実に読み込んだ末、この「水行十日。陸行一月」を投馬国からの行程ではなく、帯方《たいほう》郡《ぐん》からの行程であると見たことで、新たな解決策を見出している。帯方郡から邪馬台国までの全行程を水行と陸行に分けて計算し直した数値であると読み取ったのである。そこから割り出していくと、同氏がいう邪馬壹国は博多市周辺になるのである。

●邪馬台国への行程

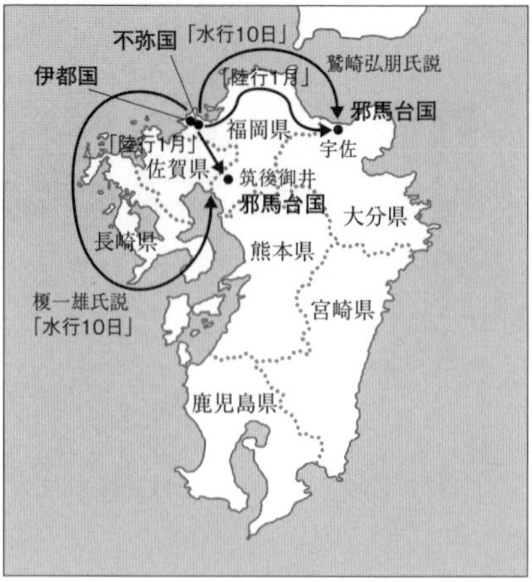

邪馬台国は筑後山門

また、これまでは全行程を「魏志倭人伝」の記述に従って、順次移動するものと見てきたのであるが、東洋史学者の榎《えのき》一雄《かずお》氏は、伊都国《いとこく》までは順次式に読むが、それ以降、奴国《ぬこく》、不弥国《ふみこく》、投馬国、邪馬台国などは、すべて伊都国を拠点として、そこからの行程を記しているのだと見ている。この説は放射式と呼ばれているが、これが正しいとすると、これまで考えられてきた不弥国以降の比定地も大きく変わってくることになる。短里説で見た場合、奴国は伊都国の東南100里(5.2〜16.5km)の地点、不弥国は伊都国の東100里(5.2〜16.5km)の地点、投馬国は伊都国の南へ水行20日(46.8〜148.5km)の地点、邪馬台国は伊都国から水行10日(23.4〜74.25km)、陸行1月(78〜247.5km)の地点と見ることもできる。伊都国は糸《いと》島《しま》郡というのがほぼ定説だから、そこを拠点にして見ると、筑後山門《やまと》あたりを邪馬台国に比定することも可能なのである。

一方、邪馬台国を畿内大和とする論者は、投馬国での場合と同様、方位の読み替えを行ったうえで、瀬戸内海沿いの鞆《とも》の浦《うら》(広島県福山市)、吉備《きび》(岡山市)あたりか、日本海沿いの出雲《いずも》あたりにあったとする投馬国から、水路か陸路をたどって畿内大和へと向かったと推測するのである。

戸数7万余の倭国最大の国

次は官職名の記述である。これまでの国々では、長官と副官のみの紹介であったが、ここでは、伊支馬《いしま》という長官と彌《み》馬升《ましょう》という副官に加え、彌馬獲支《みまかくき》や奴佳《ぬか》鞮《てい》という名の官名まで記している。さすが都というだけに、陳寿《ちんじゅ》としても他国よりも多少詳しく記載する必要を感じたのであろう。内藤湖南《ないとうこなん》氏によると、伊支馬は活目入彦五十狭芋《いくめいりびこいさちの》(垂仁《すいにん》)天皇《すめらみこと》の御名代、彌馬升を観松彦香殖稲《みまつひこかえしね》(孝昭《こうしょう》)天皇の御名代、彌馬獲支を御間城入彦五十瓊殖《みまきいりびこいにえの》(崇神《すじん》)天皇の御名代、奴佳鞮を中臣《なかとみ》・中《なか》跡直《とのあたい》に比定しているが、他説もあって真実かどうかは不明である。

また、最後に人家7万余戸とあるが、倭国のなかでは最大規模である。推定人口は30万人を超えると思われるが、これだけの人口を抱えるとなると、相当広大な平地があったと見るべきであろう。邪馬台国の比定地を探し出す場合、広大な平地の存在が条件になることはいうまでもない。

邪馬台国の比定地のひとつでもある吉野ヶ里遺跡。宮室、楼観、城柵の3拍子が揃っている

※写真：国営吉野ヶ里歴史公園事務所所有

史跡 邪馬台国は博多湾周辺

『「邪馬台国」はなかった』の著書で知られる古田武彦《ふるたたけひこ》氏が邪馬壹国《やまいちこく》に比定するのが、博多湾沿岸の地域である。同氏は「魏志倭人伝《ぎしわじんでん》」に記された文面を、一字一句読み替えることなく読み進めることに加えて、1里を75～90mの短里とし、「道行き」読法を取り入れて行程記事を読み進めた結果、邪馬壹国は博多湾沿岸の室見川流域にあったと結論づけている。同時に、不弥国《ふみこく》はその北、伊都国《いとこく》はその西に隣接し、ともに博多湾に面したエリアであるという。

博多湾を取り囲むように長く突き出た海の中道の先には、委奴国王(倭の国王説、伊都国王説などがある)が後漢《ごかん》の光武帝《こうぶてい》から授かった「漢委奴国王」の金印が出土した志賀島《しかのしま》もすぐ対岸にある。

福岡市の南に隣接する春日市には、甕棺《かめかん》やガラス勾玉《まがたま》などが出土した須久岡本《すぐおかもと》遺跡があり、古田氏はこれを卑弥呼《ひみこ》の墓ではないかと見ている。ここには現在、奴国の丘歴史公園もあり、一般的には奴国《ぬこく》があったと見られているところである。

また、その北に位置する博多区の板付《いたづけ》遺跡は、唐津《からつ》市の菜畑《なばたけ》遺跡とともに日本最古と思われる稲作跡が発見されたところで、日本稲作発祥の地とも見られている。現在は弥生時代の水田も復元されている。また、そのすぐ東には348基もの甕棺墓が出土した金隈《かねのくま》遺跡もある。

福岡市の西に位置する三雲《みくも》、井原《いはら》遺跡は伊都国があったところと見られているが、古田氏はこのすぐ北にそびえる高祖山《たかすやま》周辺を天孫降臨の地と見ている。さらに、博多湾に面した姪《めい》の浜《はま》にある小戸《おど》神社を、『日本書紀』に記された「筑紫《つくし》の日向《ひむか》の橘《たちばな》の小戸」と見て、天照大御神《あまてらすおおみかみ》の生誕の地とするなど、『記紀』に記された神代の物語の舞台が数多く点在するため、古代史ファンには必見の地ともいえるのである。

2000年前の甕棺墓や住居跡などが見つかった、奴国の丘歴史公園内にある岡本遺跡の発掘現場。ドームですっぽりと覆われている

※写真：春日市文化財課所有

そっくりな甘木朝倉と大和の地名

古代史研究家の安本美典《やすもとびてん》氏が自著『「邪馬台国《やまたいこく》＝畿内説」「箸墓《はしはか》＝卑弥呼《ひみこ》の墓説」の虚妄《きょもう》を衝く！』のなかで、実に興味深い事象を報告している。福岡県朝倉市夜須《やす》町にある地名と、奈良県大和郷にある地名とが不思議なほど数多く一致するというものである。下の図を見てもわかるように、春日、田原、山田、上山田、長谷山、三輪、朝倉、三井、平郡郷、笠置山、住吉神社、池田などは完全に一致し、三笠山(御笠山)、織田(小田)、雲梯《うなで》(雲提)、賀美(加美)、天の香山(香山)、久米(久留米)、天ケ瀬《あまがせ》(天瀬)、国樔《くず》(玖珠《くす》)、鳥見山(鳥屋山)、額田《ぬかた》(野方《のかた》)、日下《くさか》(草ケ江《くさがえ》)、水間《みづま》(三潴《みづま》)、高取山(鷹取山)などは、読みが同じで字が異なるだけか、極めて類似性が高い地名が並んでいるという驚きの事実を見出している。この地名の類似性から、安本氏は、「九州から大和へ大きな集団の移動があった」と見て、「3世紀に勃興した邪馬台国は、この世紀の終わりに、倭王神武(第一代の天皇)に率いられて東遷し、大和朝廷になった」として、邪馬台国を朝倉市に比定するのである。

●夜須町周辺の地名
(北九州・福岡県南部中心)

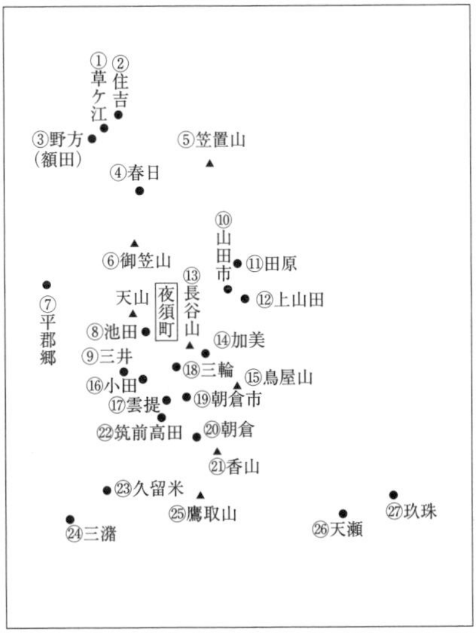

●大和郷周辺の地名
(近畿・奈良県中心)

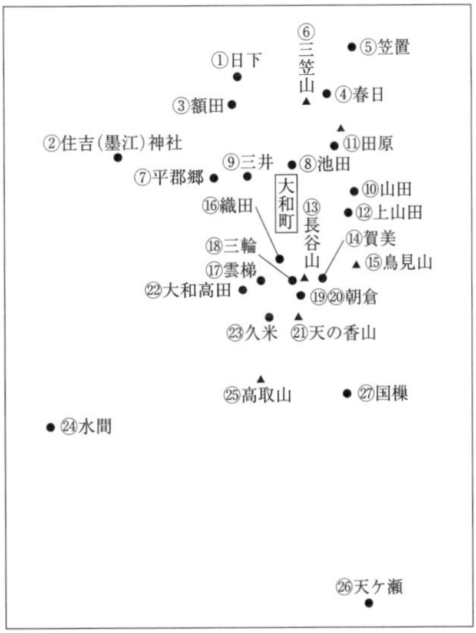

※ともに安本美典著『「邪馬台国＝畿内説」「箸墓＝卑弥呼の墓説」の虚妄を衝く！』より抜粋

史跡

吉野ヶ里遺跡《よしのがり》

佐賀県吉野ヶ里町と神崎市にまたがる吉野ヶ里遺跡は、1986年の発掘調査によって、弥生時代の環濠《かんごう》集落としては日本最大級の規模であることが判明し、「これこそ邪馬台国《やまたいこく》ではないか？」と注目を集めたものであった。それは「魏志《ぎし》倭人伝《わじんでん》」が記す卑弥呼《ひみこ》の宮殿にあるとされる「宮室、楼観《ろうかん》、城柵」の3点セットが見つかったからでもある。物見櫓《ものみやぐら》と見られる楼観跡や、逆茂木《さかもぎ》という杭を斜めに立てかけて柵の代わりとしたもののほか、高床式の住居や竪穴式住居、高床式の倉庫なども見つかっている。

また、同遺跡内には墳丘墓もあり、甕棺《かめかん》から80個ものガラス管玉《くだたま》などの副葬品が見つかっており、首長クラスの人物が葬られていたと見られている。

現在は、吉野ヶ里歴史公園として整備され、高床式の住居や竪穴式の住居、物見櫓などが復元されている。

周辺には、4～5世紀に日本に漢字を伝えたとされる百済《くだら》の王仁《わに》を祀った王仁天満宮や末盧国《まつろこく》の王墓ともいわれる目達原《めたばる》桜馬場《さくらのばば》遺跡、甕棺墓など252基もの墳墓が見つかった二塚山《ふたつかやま》遺跡、漢式鏡《かんしききょう》4面が出土した三津永田《みつながた》遺跡なども点在している。

物見櫓から見た北内郭。巨大な主祭殿を中心に、斎堂、祭殿、物見櫓などが点在している

吉野ヶ里南内郭は、王をはじめとする支配者層の人々が暮らしていたといわれる

※写真：国営吉野ヶ里歴史公園事務所所有

史跡 西都原《さいとばる》遺跡

天照大御神《あまてらすおおみかみ》の命によって、その孫・天津日高日子番能邇邇芸命《あまつひこひこほのににぎのみこと》が降臨したのは、宮崎県高千穂《たかちほ》町の高千穂神社か、鹿児島県霧島連峰の高千穂峰であると見られている。その峰の上から見下ろして、都とするにふさわしいと考えたのが、ここ西都原である。『古事記』によると、ここは海外との交易にもふさわしい良港を擁する笠沙《かささ》の岬への行き来にも不自由がなく、朝日夕日に映え輝くところと、大いに気に入ったとされる。笠沙は、鹿児島県薩摩半島の西先端で、当時海外との交易の中心地であった朝鮮半島とはかなり距離があると思われ、決して立地に恵まれたところとは思いがたい。『記紀』の編者たちは、どうやら地理的関係にはあまり細かいディティールにこだわらなかったようである。

邇邇芸命はこの笠沙で美人の木花之佐久夜毘売《このはなのさくやびめ》と出会い、木花之佐久夜毘売は一夜で身ごもり、火照命《ほでりのみこと》(海幸彦)、火遠理命《ほおりのみこと》(山幸彦)らを生んでいる。火遠理命の孫が初代・神武《じんむ》天皇である。

ともあれ、笠沙の岬で出会って幸せな結婚生活を送っていたふたりだが、なぜか、ここ西都原に葬られたようである。男狭穂塚《おさほづか》が邇邇芸命の墓、女狭穂《めさほ》塚が木花之佐久夜毘売の墓であるといわれている。男狭穂塚は日本最大級の帆立貝式古墳で、女狭穂塚は九州最大の前方後円墳である。このふたりの古墳も含め、西都原遺跡には311基もの古墳があるところから、日本最大級の規模の古墳群であるといわれている。

東西2.6km、南北4.2kmの広大なエリアに、前方後円墳31基、円墳279基、方墳1基、地下式竪穴墓、横穴式墓などが点在している西都原古墳群

4号地下式横穴墓。玄室は、奥行き5.5m、幅2.2m、天井までの高さは1.7mという広さであった

※写真：西都市所有

史跡 奈良盆地

卑弥呼《ひみこ》の墓として最も有力視されているのが、奈良県桜井市にある箸墓《はしはか》古墳である。全長278mにも及ぶ巨大な前方後円墳で、後円部分の直径が150mであり、「魏志倭人伝《ぎしわじんでん》」に記された「径百余歩」(1歩＝1.45m)に符合するところから、その有力候補と見られている。

JR奈良線巻向駅から南に10分ほど歩いた閑静な住宅街に、こんもりと緑の木々が生い茂った丘がそびえている。宮内庁が天皇家の墓に認定しているため、一般の見学だけでなく、発掘調査すら許可されない聖地である。葬られているのは、宮内庁によると、孝霊《こうれい》天皇の皇女・倭迹迹日百襲姫命《やまとととびももそひめのみこと》であるという。『記紀』では、小蛇《こおろち》となった夫・大物主神《おおものぬしのかみ》を見て驚いたはずみで尻餅をつき、箸で陰部を突いて死んだとある。

箸墓のすぐ近くには、帆立貝型の前方後円墳のホケノ山古墳や、纏向《まきむく》遺跡群内最古の古墳といわれる石塚古墳、卑弥呼の父の墓ではないかと見られている勝山古墳などが点在し、これらを総称して纏向遺跡と呼んでいる。この纏向遺跡が、弥生時代の古代都市で、奈良時代の都・平城宮《へいじょうきゅう》や、持統《じとう》天皇のころの都・藤原宮《ふじわらきゅう》にも匹敵するほどの広大な規模であったといわれる。

また、纏向遺跡のすぐ北東には、景行《けいこう》天皇陵や崇神《すじん》天皇陵などがあり、その南東にそびえる三輪山は、古来より天皇霊が住むところと考えられていた霊山で、あたり一帯が天皇家の本拠地であったと見られている。

三輪山の西にある大神《おおみわ》神社は、三輪山を拝むために作られた拝殿で、纏向の北

倭迹迹日百襲姫命の墓ともいわれる箸墓古墳

大和王朝ゆかりの史跡が点在する山の辺の道

33面もの三角縁神獣鏡が出土した黒塚古墳

にある大和《おおやまと》神社は、三輪山の祭祀・倭氏の本拠地で、大物主神を祀る神社である。ここからさらに山辺の道をたどって北へいくと、都祁《つげ》氏の本拠地のあった山口神社、物部《もののべ》氏が管理していた石上《いそのかみ》神宮、さらにその北、春日氏が拠点とする春日山の麓にある率川《いさがわ》神社などが点在している。これらはいずれも、JR桜井線に沿ってその東に連なる山の辺の道をたどって巡り歩くことができる。古代大和の情景が今も色濃く残る、長閑な歴史漫遊の散歩道である。

●桜井～天理周辺の史跡

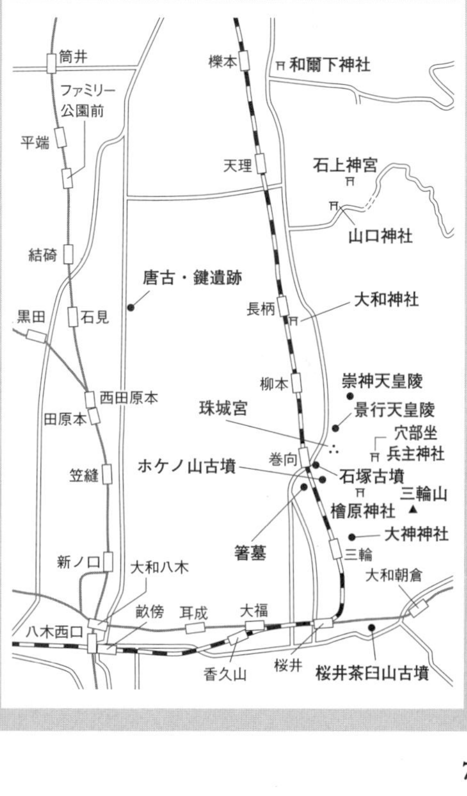

ヒスイの勾玉などが出土した唐古・鍵遺跡は、古墳時代まで栄えていた環濠集落跡

復元された唐古・鍵遺跡の楼閣

大和神社には大国魂大神が祀られている

全長242mもある巨大な崇神天皇陵

黒塚古墳は、小さいながらも
整然とした前方後円墳である

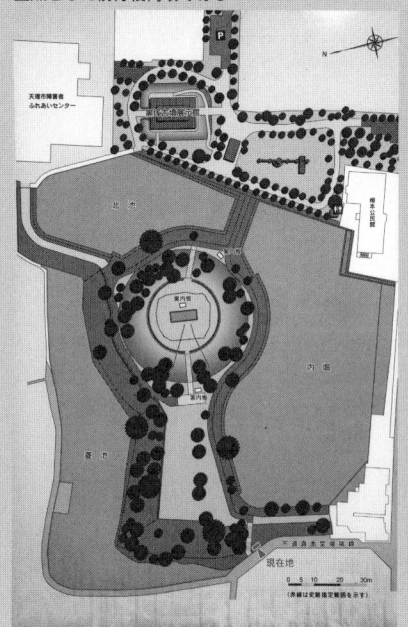

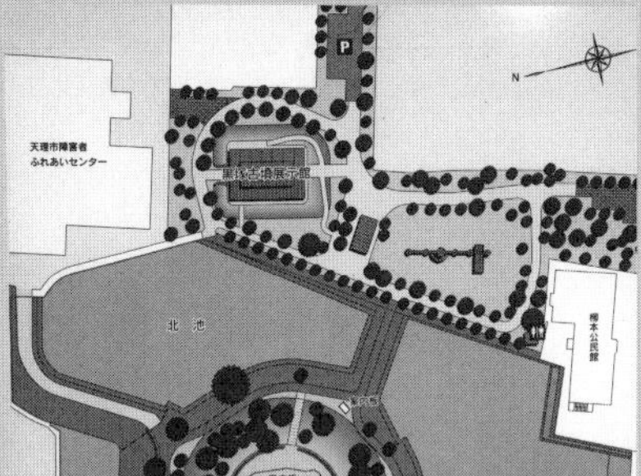

もともとは箸墓古墳のすぐそばにあったという大和
神社内にある、大物主神などを祀った祖霊社

残る21か国の女王国

斯馬国《しまこく》〜奴国《ぬこく》

これまで紹介してきた国々のほかに、女王の影響下にある国が21か国あるという。ここではその名前だけを連ねているが、地理的な順序は不明である。この最後に記された奴国が、伊都国の次に記された奴国と同じというのも不思議である。

21か国の名前を列挙

邪馬台国《やまたいこく》に関する記事のあとは、女王の支配するほかの21か国の国々に関する記事へと移るが、そこではただその国名を記すだけである。原文は「自女王国以北。其戸数道理。可得略載。其余旁国遠絶。不可得詳。次有斯馬国。次已百支国。次有伊邪国。次有都支国。次有彌奴国。次有好古都国。次有不呼国。次有姐奴国。次有対蘇国。次有蘇奴国。次有呼邑国。次有華奴蘇奴国。次有鬼国。次有為吾国。次有鬼奴国。次有邪馬国。次有躬臣国。次有巴利国。次有支惟国。次有烏奴国。次有奴国。此女王境界尽」で、読み下せば「女王国自《よ》り以北は、戸数道理は略《ほぼ》載せることができるが、其の余《ほか》の旁国《ぼうこく》は遠く絶《へだ》たっているので、詳《つまびら》かにすることができない。次に斯馬国が有り、次に已百支国《いほきこく》があり、次に伊邪国《いやこく》があり、次に都支国《ときこく》があり、次に彌奴国《みぬこく》があり、次に好古都国《こことこく》があり、次に不呼国《ふここく》があり、次に姐奴国《しゃぬこく》があり、次に対蘇国《たいそこく》があり、次に蘇奴国《そぬこく》があり、次に呼邑国《こゆうこく》があり、次に華奴蘇奴国《かぬそぬこく》があり、次に鬼国《きこく》があり、次に為吾国《いごこく》があり、次に鬼奴国《きぬこく》があり、次に邪馬国《やまこく》があり、次に躬臣国《きゅうしんこく》があり、次に巴利国《はりこく》があり、次に支惟国《しいこく》があり、次に烏奴国《おぬこく》があり、次に奴国がある。此れ女王の境界の尽きるところである」となる。

冒頭の一文からもわかるように、陳寿《ちんじゅ》が「魏志倭人伝《ぎしわじんでん》」を記した当時、倭国《わこく》に関する情報は詳しく耳に入っていたものの、それ以外の地域の国々に関する情報は、ほとんどなにもなかったようである。3世紀中ごろといえば、畿内大和周辺には、纏向勝山《まきむくかつやま》古墳など、すでに大規模な前方後円墳があったとも見られている(4世紀初頭の築造とする説もある)。仮に邪馬台国が九州であったとしても、同時代に全長100mクラスの大規模な古墳を作り上げた、大和における大勢力に関する情報が、なぜ中国にまで届かなかったのか、誠に不思議といわざるをえない。邪馬台国をどこに比定するかを考えるうえでも、この点も考慮する必要がありそうである。

その後、斯馬国をはじめ奴国に至るまで21か国の名前を列挙しているが、最初の斯馬国がどの国を起点として「次」と見ているのか、またそのあとの順序が方位に従って記載されたものなのかどうかも不明である。

それにもかかわらず、名前の字音から類似の地名を探し出して、それぞれの比定地を割り出した論者もいる。九州説を唱える法学者の牧健二《まきけんじ》氏は、斯馬国を筑《ちく》前国志摩《ぜんのくにしま》郡に、彌奴国を肥前国三根《ひぜんのくにみね》郡に、呼邑国を日向国《ひゅうがのくに》児邑郡に、邪馬国を筑後国八女《ちくごのくにやめ》郡などに比定。また畿内大和説を唱える内藤湖南《ないとうこなん》氏は、斯馬国を志摩国に、已百支国を伊勢国石城《いわき》に、彌奴国を美濃国《みののくに》に、対蘇国を近江国伊香《おうみのくにいかご》郡遂佐《とさ》郷に比定している。ただし、いずれも定説とはいえず、推測の域を出ないものと考えるのがよさそうである。

また、最後に紹介された奴国が、先の伊都国の次に紹介された奴国と同一の国なのかどうかも不明である。この21か国を順序よく北から南へと並んでいると見た場合は、最初に紹介された奴国とは別の同名の国ということになるが、これもまた推測の域を出ない話である。

●21か国の比定地

21か国	内藤湖南氏説(近畿)	橋本増吉氏説(九州)
斯馬国	志摩国	筑前国志摩郡
已百支国	伊勢国石城	肥前国伊佐早
伊邪国	志摩国答志郡	肥前国小城郡
都支国	志摩国度会郡	肥前国三根郡
彌奴国	美濃国	肥後国菊池郡
好古都国	美濃国各務郡か方県郡	肥前国伊福郷
不呼国	美濃国池田郡	筑後国竹野郷
姐奴国	近江国高島郡	肥後国阿蘇郡
対蘇国	近江国伊香郡	肥後国佐野郷
蘇奴国	伊勢国多気郡佐奈谷	肥後国川内郷
呼邑国	伊勢国多気郡麻績郷	肥前国神崎郡
華奴蘇奴国	遠江国磐田郡	肥前国彼杵郡
鬼国	尾張国丹波郡	筑後国生葉郡
為吾国	尾張国額田郡	肥後国城野郷
鬼奴国	伊勢国桑名郡	筑後国八女
邪馬国	伊勢国員弁郡	肥後国巨勢郷
躬臣国	伊勢国多気郡	肥後国波良郷
巴利国	尾張国か播磨国	肥前国基肄郡
支惟国	吉備	筑前国大野郷
烏奴国	備後国安那郡	筑前国儺県
奴国	筑前国那珂郡	肥後南部・日向・大隅・薩摩

史跡 筑紫国八女《つくしのくにやめ》郡

福岡県八女郡といえば、『日本書紀』に景行《けいこう》天皇が西征の折に立ち寄った八女県《やめあがた》として登場する国である。その山の峯は幾十にも重なって、大変美しかったところから、そこに神が住んでいるに違いないと思ったらしい。水沼県主猿大海《みぬまのあがたぬしさるおおみ》がこれに答えて、八女津媛《やめつひめ》という名の女神がその山中に住んでいると告げている。八女国《やめのくに》はそこから名づけられたとも記している。

ここには、八女津媛を祀る八女津媛神社があるが、そのなかにある「神の窟《いわや》」と呼ばれる岩穴は、天照《あまてらす》大御神《おおみかみ》が隠れた「天岩戸」だとも言い伝えられている。郷土史家の中堂《ちゅうどう》観恵《かんけい》氏は、この八女津媛が卑弥呼の数代前の女王と見て、この地に邪馬《やま》台国《たいこく》があったと断定している。ちなみに、八女津媛神社の近くには、日向という地名もある。また、平成8年(1996)に、小説『鬼道の女王卑弥呼』を著した作家の黒岩重吾《くろいわじゅうご》氏は、ここに登場する八女津媛を卑弥呼に比定している。

女王国と対立する男王が支配する国

狗奴国《くぬこく》

女王国の南に、狗奴国という男王が支配する国があった。ここではその王の名は記されていないが、「魏志倭人伝」の後半にその名が登場する。卑弥弓呼といい、女王国とは敵対関係にあったという。また、帯方郡から女王国まで1万2000里であることも明記している。

対立する狗奴国の存在

さて、「魏志倭人伝《ぎしわじんでん》」に記された最後の国・狗奴国へと話が移る。原文は「其南有狗奴国。男子為王。其官有狗古智卑狗。不属女王。自郡至女王国万二千余里」で、読み下しは「その南に狗奴国がある。男子を王と為す。長官は狗古智卑《くこちひ》狗《く》である。女王に属せず。郡自《よ》り女王国に至るまで一万二千余里である」となる。

ここに記された冒頭の「其」がいったいなにを指すのか、問題とされるところである。前文からの流れを意識して読めば、当然のことながら、最後に記された女王の境界の尽きるところか奴国《ぬこく》と見るのが自然である。しかし、『魏略』に「女王(国)の南に狗奴国がある」と「其」にあたるところを女王としているため、「其」は女王国つまり邪馬台国《やまたいこく》か倭国《わこく》全体と見ることもできる。女王の境界の尽きるところ、奴国、倭国と見る場合は、その比定地が広範囲にわたっているため、狗奴国の場所を特定することは難しくなるが、それを邪馬台国と見た場合は、その南とあるから、邪馬台国を北九州と見れば狗奴国は南九州、邪馬台国を畿内大和と見た場合は、紀伊半島の熊野あたりと見ることもできる。

その後、この国には男王がおり、長官は狗古智卑狗で、女王に服属していないと続く。ここでは王の名は記されていないが、「魏志倭人伝」の後半部分に、その名が卑弥弓呼《ひみここ》であり、「倭の女王卑弥《ひみ》呼《こ》とは素より和せず」として、長年にわたって敵対関係にあったことも記している。

問題はその次の一文である。「郡より女王国まで一万二千余里」というのである。これまで各国間の里数および日数が記載されてきたわけだから、順次式に見て換算すれば、ここで初めて『唐六典《とうりくてん》』の記事を頼りにしなければ読み取れなかった「水行二十日」および「水行十日。陸行一月」に記された日数を正確に里数に換算し直すことができるからである。帯方郡《たいほうぐん》から狗邪韓国《くやかんこく》まで7000余里、対海《たいかい》国《こく》、一大国《いちだいこく》、末盧国《まつろこく》までは各1000余里、伊都国《いとこく》まで500余里、奴国《ぬこく》、不弥国《ふみこく》まで各100里を合計すると1万700余里となる。

●狗奴国と邪馬台国の戦いの結果は？

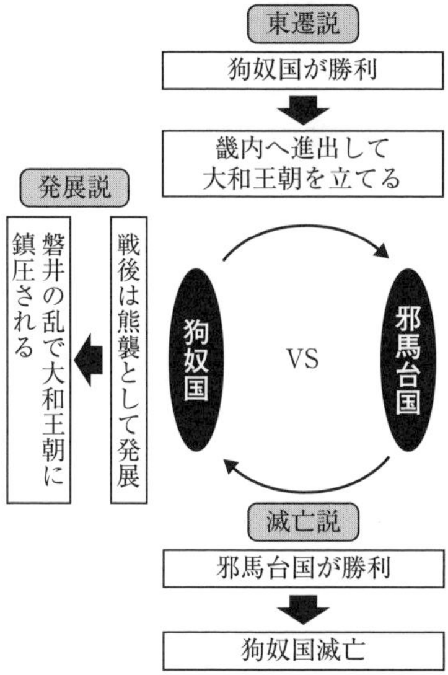

●狗奴国の比定地

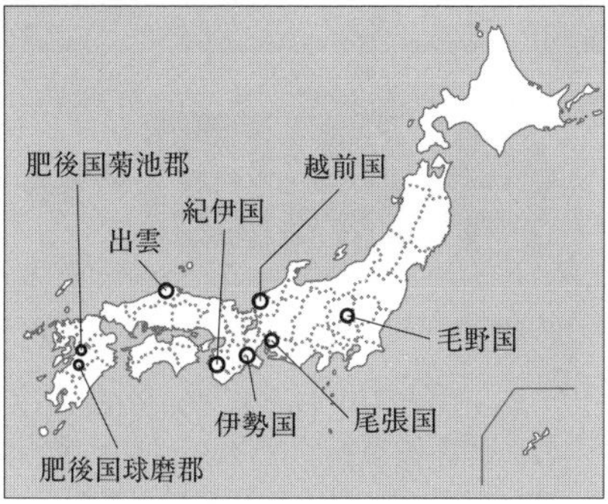

帯方郡から邪馬台国までが1万2000余里なら、不弥国から邪馬台国までは1万2000里－1万700里＝1300里となる。これを仮に魏の長里とすれば435m×1300里＝565.5km、短里と見た場合は最短で52m×1300里＝67.6km、最長で165m×1300里＝214.5kmということになる。不弥国はほぼ福岡県内に比定されているから、ここを拠点に見た場合、長里説を取れば九州からはみ出ることになって畿内大和説に有利になり、短里説を取れば、九州内にしか収まらないため九州説が有利になるのである。

『唐六典《とうりくてん》』

唐《とう》の玄宗《げんそう》皇帝が編纂を命じて記された、唐の法制・官制を記した書。722年に編纂が開始され、738年にようやく完成している。全30巻で、理典、教典、礼典、政典、刑典、事典の6部から構成されている。杜佑《とゆう》の『通典《つうてん》』と並んで、唐代の法制・官制を知るのに欠かせない重要な書であるともいわれる。ひとつひとつの語句にも詳しい注釈が施されているが、これは宰相として勢力を張っていた李林甫《りりんぽ》(生年不詳～752年)が記したものともいわれている。ちなみに李林甫は、楊貴妃《ようきひ》の従兄《いとこ》・楊国忠《ようこくちゅう》と権力争いを演じた人物としても知られている。

女王国の東海の先にあった国と東南の国々

侏儒国《しゅじゅこく》〜黒歯国《こくしこく》

女王国から東の海を1000余里渡ったところにも、他の国があったことを記している。この記事からすると、女王国の東には海があったということになる。とすれば、邪馬台国を中心とする女王国は、畿内大和ではなかったことになる。畿内大和の東には海などないからである。

「東渡海千余里」は九州説に有利

「魏志倭人伝《ぎしわじんでん》」は、ここからいったん、倭国《わこく》の風俗・風習などに関する記述と、女王・卑弥呼《ひみこ》の政《まつりごと》に関する記述に移っていくが、そのなかに女王国以外の国々に関する記事も挿入されているので、ここで紹介したい。原文は「女王国東渡海千余里。復有国。皆倭種。又有侏儒国。在其南。人長三四尺。去女王四千余里。又有裸国。黒歯国。復在其東南。船行一年可至。参問倭地。絶在海中洲島之上。或絶或連。周旋可五千余里」で、読み下すと、「女王国の東、海を渡ること千余里いくと、また国がある。皆倭と同じ人種の人々の国である。その南に侏儒国がある。人々の身長は三〜四尺である。その国は女王(国)から四千余里離れている。その東南に船で一年かかるところに裸《ら》国《こく》、黒歯国がある。倭国はあれこれ鑑みるに遠く離れた海のなかの島々にあって、海で隔てられたり隣り合ったりしている。その国々を巡ると、五千里余りになる」となる。

女王国から、東に向かって海を渡って1000余里のところに、倭と同じ種族の国があるという。つまり女王国のすぐ東に海があり、その先に国があることを示している。この場合の女王国というのは邪《や》馬台国《またいこく》だけを指すのではなく、倭国全体を指すものと思われるが、倭国を畿内大和に比定すれば、この文面は成り立たなくなる。畿内大和の東は海ではないからである。論者によっては、これを琵琶湖や伊勢湾と見る向きもあるが、かなり苦しい弁明である。

方位を90度ずらしたとしても、この場合の東は若狭湾あたりとなるが、その先1000余里(長里なら435km余り、短里なら52〜165km余り)に、倭と同じ種族で倭国でない国は見あたらない。畿内大和説を唱える論者には、容認できない重大な問題なのである。この「東」という文字、実は「魏志倭人伝」にはあっても、『魏略』には見あたらない。そのため、畿内大和論者のなかには、この「東」という字を陳寿《ちんじゅ》が勝手につけ加えたものであると非難し、東にあえてこだわるべきではないとする者もいる。

侏儒国はフィリピン群島

一方、倭国を北九州と見た場合、東に海を渡れば、中国地方か四国へと至ることができるため、九州説に有利な文面といわれる。海を渡って1000里余りのところに国があると記しているが、その国名は不明である。おそらく中国地方か四国あたりにあった国を指しているのであろう。その南、女王国から4000里余り離れたところに侏儒国があり、身長3〜4尺(後漢《ごかん》末の1尺＝24.2㎝)の背丈の低い人々が暮らしているという。

倭国を北九州と見れば、南九州かあるいは種子島周辺か、さらに南、遥か東南アジアあたりと見ることもできる。その東南に位置する裸国、黒歯国はさらに船で1年もかかるというから、これはもはや比定地を特定することは不可能である。

三品彰英《みしなしょうえい》氏はこの侏儒国を、フィリピン群島を中心とする島嶼に比定し、そこに住むネグリト族が身長150cm以下の小《しょう》軀《く》種族であったことを記している。また、東南アジアで親しまれている噛み煙草を取り上げ、これを続けると歯が黒くなることから、これを見て黒歯国といったのであろうと見ている。

●侏儒国、裸国、黒歯国の比定地

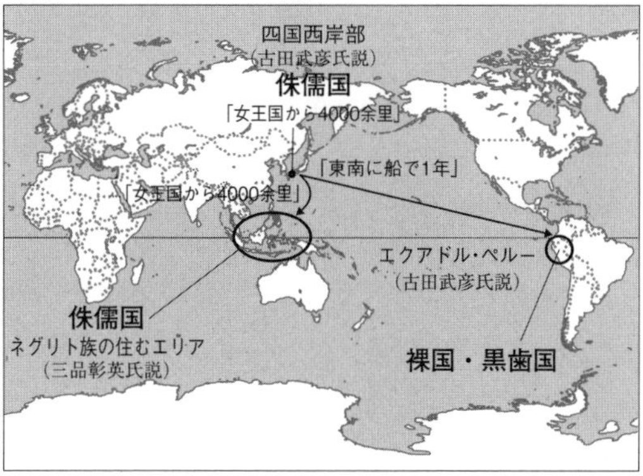

邪馬台国は日本全土を征圧していたか？

「魏志倭人伝」ではそのあと、さまざまな情報をもとに考察してみると、倭の地は大海のなかの孤立した島嶼であって、国々が連なったり離れたりしながら分布していると続ける。「周旋」は「ぐるっと巡る」の意であるが(広さを示すという説もある)、倭の国々を巡ると5000里余りの距離になるという。これを短里で計算すれば、260〜825kmということになり、倭国を九州と畿内大和どちらに比定しても、そのエリア内だけの地方政権と見ることができる。九州から畿内大和までを含む大国であったと見るには、どうしても長里説(この場合は2175kmとなる)を取るしかないのである。

噛み煙草

煙草といえば、乾燥した煙草の葉に火を点けて、その煙を吸引するのが当たり前と思われているが、もともとは煙草の葉をそのまま噛んで、その風味を楽しむ噛み煙草が始まりであるといわれている。石灰をくるんだ煙草の葉をそのまま口に入れて、口内の皮膚からその成分を吸収するもので、唾は飲み込まずに吐き出すのが特徴的である。

かつては東南アジアやインドなどで多く見られたが、吐き出される唾が真っ赤で毒々しく、唾を吐く行為も嫌悪され始めたため、今では都市部においてはほとんど見かけることがなくなってしまった。

言語学から見た邪馬台国

言語学の観点から「魏志倭人伝《ぎしわじんでん》」に記された文字を検証してみるのも、意外な発見があっておもしろい。ここでは、「漢委奴国王」の金印に記された「委」の字と、邪馬台国《やまたいこく》のなかの「台」の字について考えてみたい。

後漢《ごかん》時代の儒学者・許慎《きょしん》が記した漢字字典『説文解字《せつもんかいじ》』および清《しん》代の考証学者・段玉裁《だんぎょくさい》が著した『説文解字』の注釈本『説文解字注』に、「倭」の文字についての解説がなされている。それには、「倭」には従順という意が含まれ、「委」と同音であると記されている。古田武彦《ふるたたけひこ》氏も、「倭」の音韻は「委」とともに「ゐ」であると見ている。「ゐ」をローマ字で書くとwiである。とすると、「倭」は「委」とともに「わ」waとは読めないということになる。「倭」を「わ」と読んできた現代人にとっては、首をかしげたくなる話である。しかし同氏によると、それは3世紀以前の上古の時代までの話で、後世になって「倭」は「わ」と読むよう変化したのだとつけ加える。「倭」を分解してみると、「委」にニンベンが添えられていることがわかる。つまり、「倭」は、「委の人」をいい表す言葉で、「倭」だけがいつの間にか「わ」という字音に変わっていったという。そして、唐《とう》代のころになると、もともと「ゐ」と読まれていたことすら忘れられてしまったのだという。一方「委」のほうは、後世になっても字音が変わらず、そのまま「ゐ」と読まれ続けてきたのだとか。

ところで、この「委」に似た字音を持つ字に「異」というのがある。「委」は「ゐ」wiで、「異」は「い」iであり、似ているとはいえ同一ではない。それにもかかわらず、陳寿《ちんじゅ》は「魏志倭人伝」を記すにあたって、資料とした『漢書』注に記された「委面」の「委」を「異」と書き替えて「異面」としてしまった。厳密にいえば、これは中国音韻法則を無視したものである。しかし、それも好意的に見れば、陳寿は厳格な音韻法則に縛られることのない、頭の柔らかい人物だったと見ることもできるのである。

次に、邪馬台国の「台」の字であるが、今はこれを「ト」と読んでいる。しかも、「ト」は「ト」としか発音しえないわけだが、奈良時代には、実は「ト」には甲類の「ト」と、乙類の「ト」の2種類の発音の仕方があったというのである。これは言語学者の橋本進吉《はしもとしんきち》氏が提唱した用語法で、同氏によると、奈良時代の母音は、現代のようにア行、イ行、ウ行、エ行、オ行の5種類だけではなかったと見ている。このうち、イ行、エ行、オ行が、甲グループと乙グループに分かれていたといい、全部で8つの母音があったというのである。

重要なのは、邪馬台国の「台」が、乙類の「ト」であるという点である。畿内大和の「和」も「ト」と発音するが、この「ト」も乙類の「ト」だから、邪馬台国の「台」と同じ乙類の「ト」になるが、九州説論者の多くが邪馬台国の比定地と考える筑後山門《ちくごやまと》の「門」は甲類の「ト」に分類され、邪馬台国の「台」の「ト」とは同一ではなくなるのである。つまり、邪馬台国の筑後山門説は、言語学的には否定されてしまうのである。

それにしても本来、「大」は「ヤマ」とは読めず、「和」も「ト」とは読めないはずなのに、大和と記したときだけ「ヤマト」と読むのはなぜだろうか。この点に関しては、『逆説の日本史』の作者・井沢元《いざわもと》彦《ひこ》氏がユニークな説を述べている。それは、「列島各地にあった小国家が、「和」の理念のもとに独立国家共同体を作った」ことが大和の始まりだったからである。和がいくつか集まって、大きな和になった。そこから大和という字が組み立てられたというのだ。それが「ダイワ」ではなく、「ヤマト」という字音があてられたのは、その独立国家共同体の盟主がもともと「ヤマト」という名で呼ばれていたからである。この説が正しいとすれば、大和朝廷の基礎を作り上げた元の政権の名は「ヤマト」と呼ばれていたことになり、畿内大和説論者にとっては、由々しき問題となるのである。なぜなら、東洋史学者の和田清《わだせい》氏がいうように、九州にある山門(ヤマト)は古くから名づけられた地名であるが、畿内にある大和は5世紀以降につけられた新しい名前だからである。つまり、畿内にはヤマトという古地名はなかった。ということは、「邪馬台国が東遷して畿内にヤマトという名の国を造った」という邪馬台国東遷説の可能性が、俄然高くなるからである。

●「倭と委」「台と門」の違い

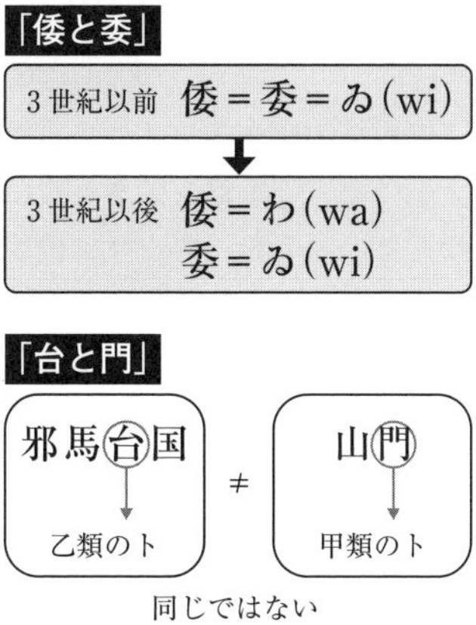

新井白石の筑紫山門説

享保《きょうほう》元年(1716)に『古史通或問《こしつうわくもん》』を著した新井白石《あらいはくせき》は、同書のなかで一支国《いきこく》(一大国《いちだいこく》)は壱岐国《いきこく》、末盧国《まつろこく》は肥前松浦《まつうら》郡、伊都国《いとこく》は筑前怡土《いと》郡、奴国《ぬこく》は筑前国那賀《なか》郡、不弥国《ふみこく》は筑前国宇美《うみ》、投馬国《とうまこく》はよくわからないとしながらも、それに続く邪馬《やま》台国《たいこく》は今の大和であると断じていた。しかし、享保7年(1722)に記した『外国之《とつくにの》事調書《しらべがき》』には、投馬国を肥後国玉名《たまな》郡もしくは託麻《たくま》郡として、邪馬台国は筑紫国山《やま》門《と》郡であると前説を翻している。そしてこれを、勝手に王を名乗って中国に朝貢していたものと見たのである。

陳寿は陰陽説にかぶれていた？

邪馬台国《やまたいこく》が北九州にあったのか、畿内大和にあったのか、日本古代史にまつわる大論争は、いまだ決着を見ないまま堂々巡りを続けているようである。その原因はなんといっても、数少ない情報源である「魏志倭人伝《ぎしわじんでん》」内に記された行程記事の曖昧さにあることはいうまでもない。「水行二十日」「水行十日。陸行一月」をどう見るのか、諸説が飛び交い収拾がつかないという状況である。

里数で記された数値も、100、500、1000、2000、7000、1万2000など、かなり大雑把なとらえ方でしかない。このため、陳寿《ちんじゅ》が記す数値は、実数ではなく適当につけられた虚数でしかないのだと見る論者も現れてくるのである。

そのひとりが、作家・松本清張《まつもとせいちょう》氏である。同氏は、特に狗奴国《くぬこく》のあとに記された「一万二千里」を虚数と見て、この数値をもとにあれこれ算段するのは「実りのない努力」とまでいう。さらに、「魏志倭人伝」に記された戸数にも注目して、里数同様、この数値を陰陽説と結びつけて考えている。陳寿は、陰陽説にもとづく陽の数字(奇数)を多用していると見ているのである。

実際に「魏志倭人伝」に記された数値を検証してみよう。各国間の行程記事内に出てくるのは、帯方郡《たいほうぐん》から狗邪韓国《くやかんこく》までが7000余里、ここから末盧国《まつろこく》までは各1000余里、伊都国《いとこく》まで500里、奴国《ぬこく》、不弥国《ふみこく》までは各100里、投馬国《とうまこく》へは水行20日、邪馬台国へは水行10日、陸行1月と続く。一方、各国の戸数は、対海国《たいかいこく》が1000余戸、一大国《いちだいこく》が3000余戸、末盧国が4000余戸、伊都国が1000余戸、奴国が2万余戸、不弥国が1000余戸、投馬国が5万余戸、邪馬台国が7万余戸である。これらの数値を見てみると、確かに、1、3、5、7の奇数が圧倒的に多いことがわかる。

ちなみに陰陽説とは、万物が陽と陰のふたつに分類され、お互いに対立する属性を持った気の消長によって成り立っているといわれる、中国古来の考え方である。万物をすべて陽(プラス)と陰(マイナス)に分けて見るわけで、男、大、明、上、長、薄、硬、水などが陽で、女、小、暗、下、短、濃、柔、土などが陰に分類されるが、陽と陰のふたつの気が調和して初めて秩序が保たれるという考え方である。数字でいえば、1、3、5、7、9などの奇数が陽で、2、4、6、8などの偶数が陰となる。一般的には、陽のイメージが大きく明るいという中国人好みに適合するため、陽の数字が特に好まれる傾向があるようである。この点においては、陳寿も他の中国人同様、この陰陽説の呪縛からは逃れられなかったらしく、陽の数字、つまり奇数を多用していると松本氏は見ているのである。そのため、「魏志倭人伝」に記された数値は虚数であり、信用することができないとまでいう。

しかし、この奇数多用説に反対する論者もいる。古田武彦《ふるたたけひこ》氏がそのひとりで、正史『三国志』すべてに記された数値を数え、これに反論を加えている。古田氏のデータによると、1(833回)と3(723回)の出現回数こそ多いものの、2(652回)は5(456回)よりも多く、7(147回)と9(170回)は6(231回)よりも少なかったという。その結果、松本氏らがいう奇数多用説は間違いであったと断定したのである。

史跡 筑後山門《ちくごやまと》

『記紀』では、山門県において、神功《じんぐう》皇后が土蜘蛛《つちぐも》の田油津媛《たぶらつひめ》を討ち取ったと記されている。その山門県というのが、福岡県山門郡に位置する筑後山門である。晩年の新井白石《あらいはくせき》は、この山門の呼び名が邪馬台《やまたい》と似ているところから、邪馬台国＝筑後山門説を唱えている。後年、星野恒《ほしのひさし》氏も、邪馬台国＝筑後山門説に同調し、卑弥呼《ひみこ》を田油津媛の先代の女王であるとしている。星野氏は、それまで通説とも思われていた卑弥呼＝神功皇后説を、両者が同時代の人物ではありえないとして一蹴するのである。

また、内藤湖南《ないとうこなん》氏と論争を張り合った白鳥庫吉《しらとりくらきち》氏は、狗奴国《くぬこく》が熊襲《くまそ》の国で、邪馬台国は筑後山門説に同調している。ここでは2～3世紀のものと思われる銅矛《どうほこ》が出土した女山神籠石《ぞやまこうごいし》が邪馬台国関連の遺跡であると見られているほか、直径45mの円墳である権現塚《ごんげんづか》を卑弥呼の墓とする説もある。

その他、周囲10mもの巨石で神の拠り所とされる藤ノ森磐座《ふじのもりいわくら》遺跡や、巨石が点在する堤《つつみ》古墳群(卑弥呼の墓とする説もある)、百済《くだら》が神功皇后に贈ったとされる「七枝刀《ななつさやのたち》」を持った男神の像、日本最古の舞楽といわれる「大江のめえ」という名の幸若舞《こうわかまい》など古代の繁栄ぶりを示す遺物が数多く残っているところである。

2.9kmにもわたって連なる女山神籠石。卑弥呼の時代の山城跡とも見られている

卑弥呼の墓との説もある権現塚は、直径45mの円墳

※写真：みやま市所有

●帯方郡から邪馬台国への行程
（順次式）

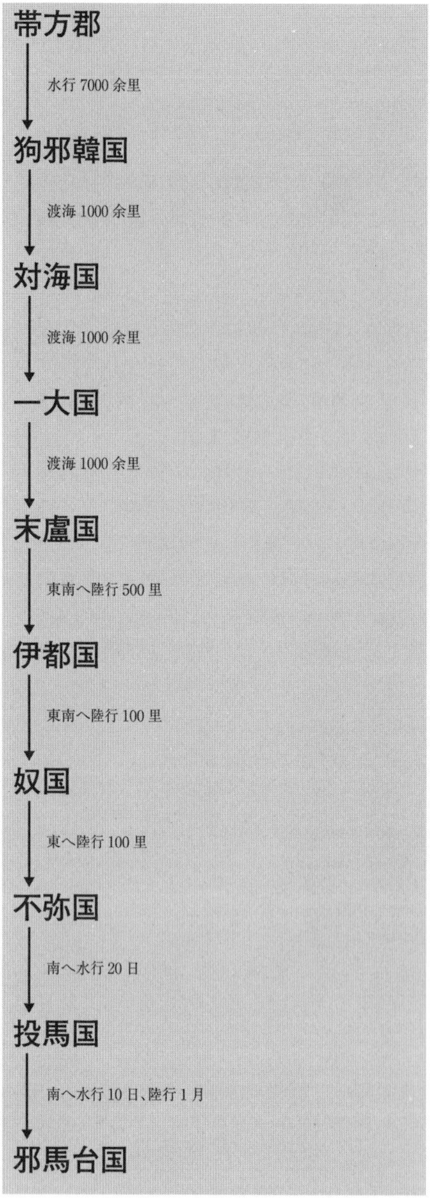

●帯方郡から邪馬台国への行程
（放射式）

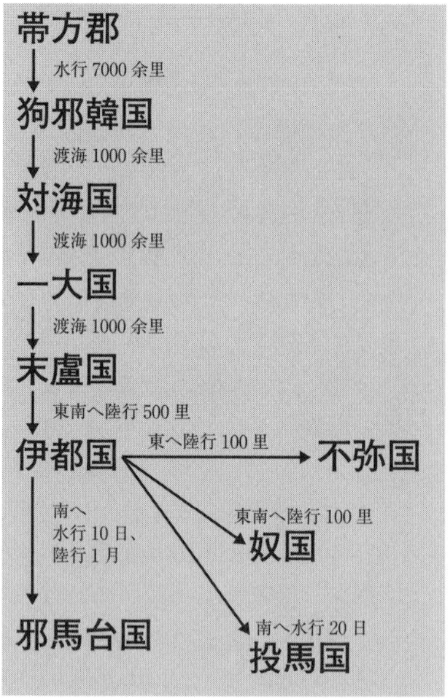

●未掲載だった不弥国から邪馬台国
までの里数算出法

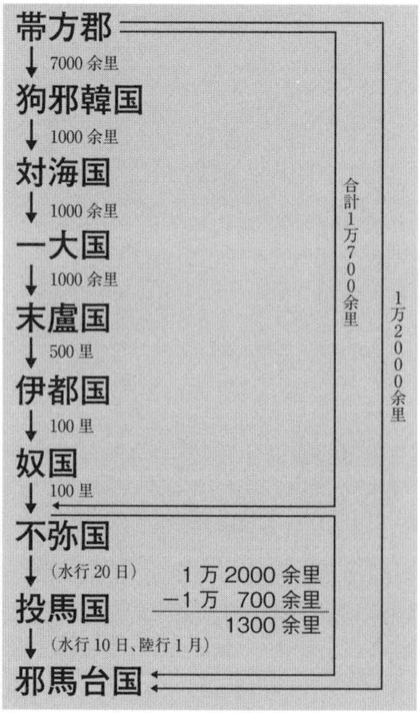

第2章
女王・卑弥呼

女王・卑弥呼

聖なる存在として崇められていた女王・卑弥呼は、鬼道に仕えることによって衆人の心をつかみ、俗世の施政者である弟とともに、邪馬台国および倭国を治めていた。

女王・卑弥呼 ―――― プロローグ

「魏志倭人伝」において、初めてその名が記された卑弥呼は、内乱に明け暮れる倭の国々から共立されて生まれた女王であった。俗世の施政者となった弟との二頭体制でその難局を乗り越え、確固たる連合国家を築き上げた卑弥呼ではあるが、その実像は、いまだよく知られていないというのが現実である。果たしてそれはどのようなものであったのか？　また、そもそも卑弥呼とは誰のことなのか？　という素朴な疑問にも、改めて目を向けていきたい。

共立されて女王に

「其の国、本亦《もとまた》男子をもって王となす。住《とど》まること七～八十年、倭国《わこく》乱れて、相《あい》攻伐すること歴年、乃《すなわ》ち、共に一女子を共立して王と為す。名を卑弥呼《ひみこ》と曰《い》う」

これは、「魏志倭人伝《ぎしわじんでん》」に記された卑弥呼にまつわる一文である。『記紀』にも記されなかった卑弥呼の名が、初めて文献上に記された貴重な記録である。

もともと倭国は男王が治めていたが、70～80年ほどのち、内乱が起きて互いに攻撃し合ったため、ひとりの女性を立てて王としたというのである。おそらく、いくつかの国々の長老たちが寄り集まって、打開策について話し合ったのであろう。男王を立ててはまた諍《いさか》いが絶えない。ここはひとつ俗世間における実権を持たぬ女性を祭り上げて、皆で盛り上げていこうではないか……。そんな話し合いが持たれたのかもしれない。

「鬼道に事《つか》えて、能く衆を惑わす」というから、日頃から鹿骨を使った占いなどを通じ、人々に神の神託と称して、指針とすべき方策を授けていたのかもしれない。巫《み》女《こ》としての能力に秀でていた卑弥呼は、衆人から推戴されて、かたちばかりの女王に担ぎ出されたものと思われる。

「年已《すで》に長大なるも、夫婿《ふせい》なく、男弟有りて佐《たす》けて国を治む。王と為りて自《よ》り以来、見る有る者少なし」というから、適齢期を過ぎても夫に恵まれることもなく、弟が卑弥呼を輔佐していたという。聖なる存在として神秘のベールに包まれたまま、人々の前には姿を現さず、俗世界の実権は、弟が握っていたことが推測される。

弟との聖俗二頭体制

続けて、「婢千人を以て自ら侍《はべ》らせしむ。唯、男子一人有りて飲食を給し、辞を伝えて出入す」と記し、1000人もの使いの者がいながら、男子ひとりだけが卑弥呼の居室に出入りして、飲食の世話をするとともに、神との交信にあたる卑弥呼の辞を聞き伝える大役を担っていたことを示している。この男子ひとりが誰なのかは不明のままであるが、夫のいなかった身で、俗世から隔絶された社会に生きる者としては、むしろ肉親である弟と見るのが自然と思われる。

続いて「居処の宮室、楼観《ろうかん》、城柵を厳しく設け、常に人有りて兵を持して守衛す」と、卑弥呼の宮殿の様子も記している。わずかな一文ながらも、重要な要素を盛り込んでいる。卑弥呼の宮殿の比定には、この宮室、楼観、城柵の3点セットの痕跡を見つけることが重要なのである。

期待される卑弥呼の実体解明

こうして「魏志倭人伝」において明らかにされた卑弥呼に関する情報をもとに、その実像を求めて、多くの学者たちが研究に明け暮れてきたのである。各地で発掘されてきた、卑弥呼の宮殿と思《おぼ》しき遺跡の調査も進んで、考古学者による研究論文も発表され続けてきたにもかかわらず、いまだその実体解明には至っていない。

本章は、「魏志倭人伝」に記されたこれらの情報をもとに、多くの識者たちによって検証されてきた、その成果を取りまとめたものである。卑弥呼の名前に秘められた謎や卑弥呼の暮らしぶり、宮殿の様子、魏への朝貢にまつわる話、卑弥呼の死への疑惑、卑弥呼の墓のことなどを通じて、その実像がどのようなものであったのかを掘り下げてみたい。

また、最大の焦点である「卑弥呼は誰か？」についての検証には、天照《あまてらす》大《おお》御《み》神《かみ》や神《じん》功《ぐう》皇后、倭姫命《やまとひめのみこと》、倭《やまと》迹《と》迹《と》日《び》百《もも》襲《そ》姫命《ひめのみこと》などの名も取りざたされるため、『記紀』に記された彼女らの事績についても、改めて見つめ直している。

言語学からの新たな提言

卑弥呼の名前に秘められた謎

「卑弥呼」を「ヒミコ」と当たり前のように読んでいるが、本当に正しいのだろうか？　もしかしたら名前ではないのではないか？　当て字に使用された字は本当に卑字なのか？　言語学の観点から指摘された、多彩な見解にも耳を傾けてみたい。

卑弥呼はヒムカ？　ヒメコ？　ヒミカ？

一般に卑弥呼は、ヒミコと読まれることが多い。しかし、この読み方に関しては、ヒメコやヒムカ、ヒミカなど諸説があって、いまだ確定しているとはいえない。

これをヒミコと読んだのは新井白石《あらいはくせき》らで、和辻哲郎《わつじてつろう》氏なども賛同している。しかし、松下見林《まつしたけんりん》や本居宣長《もとおりのりなが》のほか、白鳥庫吉《しらとりくらきち》氏、坂本太郎《さかもとたろう》氏、浜田敦《はまだあつし》氏らはヒメコと読み、言語学者の長田夏樹《おさだなつき》氏や尾崎雄二郎《おざきゆうじろう》氏、山田宗睦《やまだむねむつ》氏、作家の松本清張《まつもとせいちょう》氏らはヒムカと読んでいる。いずれも説得力があって、どれが正しいのか判断に苦しむところである。

ここでは、意見の分かれる「弥」と「呼」の字音について検証してみたい。「弥」と「呼」を辞書で引くと、音読みでは「弥」の呉音は「ミ」で漢音は「ビ」、「呼」の呉音は「ク」で漢音が「コ」とある。とすれば、可能性としては、ヒミコ、ヒビコ、ヒビク、ヒミクと読むこともできそうである。

ヒメコ説を唱える坂本太郎氏は、「弥」の古音に注目し、「メ」と「ミ」の両方の読み方があったことを指摘する。そのうえで、姫を意味する場合に限って「メ」と読むという点に着目し、ヒメコと読むのが正しいと、自著『魏志倭人伝雑考』のなかに記している。

また、笠井新也《かさいしんや》氏は卑弥呼を倭迹迹日《やまとととび》百襲姫命《ももそひめのみこと》に比定し、そこから「姫」の字に尊称の意味である「子」をつけて、姫子＝ヒメコと見るべきとしている。

また、卑弥呼の出自を日向《ひむか》と見て、地名の日向＝ヒムカからその名を取ったと説明するのが長田夏樹氏である。尾崎雄二郎氏は、長田氏同様ヒムカ説を唱えたうえで、「呼」の頭子音がh系で、上代畿内語にはh音がなかったと見られるところから、卑弥呼が畿内出身者ではなく、日向出身者であった可能性を示唆している。一方、作家の松本清張氏は、「3世紀に人名に固有名詞があるとは思われず、その住んでいた土地の名で表していたのであろう」と、独自の見解を述べている。

また、『万葉仮名の研究』で知られる大野透《おおのとおる》氏も、卑弥呼の「呼」を日御子《ひみこ》の「子」の音訳であるととらえ、「呼」を当て字に使ったのが中国人ではなく、日本人であったとの説を唱えている。

卑弥呼は個人名ではなく役職名？

また、卑弥呼というのは個人名ではなく、役職名を示したものではないかと見る識者も多い。卑弥呼を天照大御神《あまてらすおおみかみ》に比定した新井白石は、卑弥呼を「日の御子」つまり太陽神そのものを示す言葉と見ると同時に、王族の女性の子供を表す姫児《ひめこ》や姫尊《ひめみこと》を示す言葉であるという。そのほか、霊力を持った御子を表す言葉であるとの説もある。

また、筑紫の君等の祖・甕依姫《みかよりひめ》を卑弥呼に比定する古田武彦《ふるたたけひこ》氏は、「太陽の甕棺《かめかん》」を意味する「日甕《ひみか》」に、神に供える供物にまつわる特別な意味合いを見つけて、卑弥呼＝日甕＝ヒミカ説を主張している。

「卑」は本当に卑しい字なのか？

それにしても、邪馬台国の「邪」といい、卑弥呼の「卑」といい、いかに中華思想が優先するとはいえ、なんとも卑しい字を当て字にしてくれたものである。卑狗《ひく》という長官の名や、卑奴母離《ひぬもり》という副官の名など、至るところに「卑」や「邪」などの卑字や悪字を多用している点には、少々憤慨したくなるところである。しかし、古田武彦氏によれば、これは決して卑しいという意味の悪字ではないという。「卑」は「辞を卑《ひ》くくする」や「卑辞《ひじ》」という場合に見られるように、「謙遜した言葉」として当て字されたものだとか。また、「邪」は「ジャ」と読んだときは正邪の邪と同じように悪いイメージでとらえられるが、「ヤ」と読んだときは疑問の意味になるのだと見て、ここにも悪の意味合いは含まれていないと説明する。「東夷伝」中の模範国であった倭国に対して、「よこしま」な字を当てるはずがないというのである。

●卑弥呼の名前

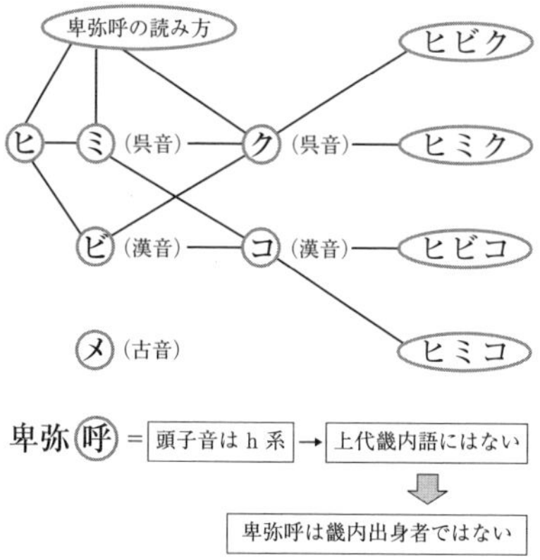

万葉仮名

万葉仮名とは、5世紀以前に成立したとされる日本語の表記方法で、漢字の音を利用して記された文字のことである。おもに『万葉集』において使用されたため、こう呼ばれるようになった。万葉仮名が記された最古のものは、埼玉県行田《ぎょうだ》市の稲荷山《いなりやま》古墳から出土した金錯銘鉄剣《きんさくめいてっけん》に記された文字で、「獲加多支鹵（わかたける）大王」と記されていた。また、難波宮で発掘された652年以前に記されたといわれる木簡には、「皮留久佐乃皮斯米之刀斯（はるのくさのはじめのとし）」の11文字が記されている。万葉仮名は、平安時代になって平仮名、片仮名へと変化していったと見られている。

鬼神崇拝の祭祀者でもある倭国の女王

卑弥呼は誰なのか？

卑弥呼がもし日本の歴史書に記された人物であったとするなら、それはいったい誰なのか？　天照大御神をはじめ、神功皇后、倭姫命、倭迹迹日百襲姫など、『日本書紀』に記された人物も、その候補として名があがっているのである。

絶対年数の確定が急務

卑弥呼《ひみこ》という呼び名が人名であれ、役職名であれ、連合国家・倭国《わこく》を統《す》べる女王であったことは確かである。ただし、卑弥呼という当て字あるいは呼び名は、あくまでも中国側が用いたものであり、倭国で呼ばれていた本来の名前とは、必ずしも同じものではなかった可能性もある。その説が正しいとすれば、中国側が卑弥呼と記したその人とは、いったい誰のことなのであろうか？　この「卑弥呼を誰に比定するか？」という課題は、前述の「邪馬台国《やまたいこく》はどこにあったのか？」と同様、今なお確定できず、日本古代史における最大級の謎のままである。

候補としてあげられるのは、おもに、天照大御神《あまてらすおおみかみ》、神功《じんぐう》皇后、倭姫命《やまとひめのみこと》、倭迹迹《やまととと》日百襲姫《びももそひめ》、熊襲《くまそ》の女酋長の5人であるが、ほかにも八女津媛《やめつひめ》や田油津媛《たぶらつひめ》の先代、甕《みか》依姫《よりひめ》、宇那比姫《うなびひめ》などの諸説があって、いまだ確定していない。

比定の条件となるのは、なんといっても卑弥呼が倭国の各連合国から共立されて、女王となっていた年代(178～184年の光和《こうわ》年間から247～248年のあいだと思われる)と同時期の人であることはいうまでもない。加えて、「魏志倭人伝《ぎしわじんでん》」に「鬼神崇拝の祭祀者」とあるように、巫《み》女《こ》的な性格を合わせ持ち、かつ長寿で夫がいなかったという点も必須条件となる。この条件に見合う女性を『古事記』や『日本書紀』に登場する人物のなかから探すことになるのだが、ここで重大な問題が立ちはだかってくる。両書とも、絶対年数が確定されていないからである。この絶対年数をどのように見るかによって、比定される人物が必然的に変わってくる。まずは、この数値の確定が最重要課題なのである。

『記紀』を記すにあたって、編纂者たちは、皇室の起源を紀元前660年にまで無理矢理遡らせたために、この年代にうまく見合うように架空の人物を登場させたり、各天皇の在位年数を意図的に伸ばすなどの細工を施している。そのため、これを正しい数値に戻す必要があるのだが、どのように修正しないといけないのかがいまだ確定していないため、正確な絶対年数を割り出すことができないのである。その研究も足踏み状態で、早急に結論が見出されるとは思いがたい。た

●卑弥呼に比定された人物一覧

比定された人物	論者
天照大御神	白鳥庫吉、和辻哲郎、安本美典
神功皇后	日本書紀、釈日本紀、松下見林、伴信友、村瀬之凞、志田不動麿
熊襲の女酋長	本居宣長、鶴峯戊申、菅政友、那珂通世
女山の女王	渡辺村男
倭迹迹日百襲姫	笠井新也、和歌森太郎、肥後和男
倭彦命	橘良平
倭姫命	内藤湖南
八女津媛	久米邦武
田油津媛の先代	星野恒
甕依姫	古田武彦
宇那比姫	桂川光和

だ、根気よくその研究の成果を待つしかないのである。

卑弥呼は倭迹迹日百襲姫？ それとも天照大御神？

『日本書紀』の「神功紀」39年の条に、「魏志倭人伝」からの引用として、「明帝《めいてい》景初《けいしょ》三年六月に、倭の女王は大夫難斗米《たいふなそめ》を遣わして帯方郡《たいほうぐん》に至り、洛陽《らくよう》の天子へのお目通りを願った。太守の鄧夏《りゅうか》は役人をつき添わせて洛陽へいかせた」という一文を挿入している。そこには卑弥呼の名前こそ記載されていないが、「倭の女王」と記しているところから、卑弥呼であることは間違いない。『日本書紀』の編者は、なんの前触れもなく、いきなりこの条に「魏志倭人伝」からの引用文を掲載しているが、それは倭の女王、つまり卑弥呼が神功皇后と同一人物であることを、暗に示していると見られている。ただし、万世一系の天皇家が君臨することこそ正義であるとする皇国史観から見れば、中国に朝献してその臣下と称するような卑弥呼が皇室の一員であったと、あからさまに記すことは憚《はばか》られたのであろう。その名を伏せて、単に「魏志倭人伝」に記された一文を掲載するにとどめて、卑弥呼が神功皇后であるともそうでないとも、どちらでも受け止められるような曖昧模糊《あいまいもこ》とした表記にとめ置いたのである。

この神功皇后説を唱えるのは、松下見林《まつしたけんりん》や伴信友《ばんのぶとも》氏などであるが、年代論から卑弥呼は天照大御神であると割り出したのが、安本美典《やすもとびてん》氏や白鳥庫吉《しらとりくらきち》氏、和辻哲郎《わつじてつろう》氏らである。卑弥呼が活躍したと見られる3世紀半ばは、神武《じんむ》天皇の5代前に相当し、ちょうど天照大御神の代にあたると見たからである。

また、内藤湖南《ないとうこなん》氏は、11代・垂仁《すいにん》天皇の皇女で、伊勢神宮の祭祀者となった倭姫命を卑弥呼に、その男弟を景行《けいこう》天皇に比定している。一方、笠井新也《かさいしんや》氏や肥後《ひご》和男《かずお》氏らは、「魏志倭人伝」に記された卑弥呼の記事とその所伝が似ているという理由で、倭迹迹日百襲姫を卑弥呼に比定している。特に大物主神《おおものぬしのかみ》の妻となったとされる倭迹迹日百襲姫は、小蛇《こおろち》となった夫の姿に驚いて尻餅をついたとき、箸が陰部に突き刺さって死んでしまったともいわれる。その墓と見られるのが纒向《まきむく》遺跡にある箸墓《はしはか》であるといわれる。「炭素14年代測定法」という科学的な検証結果からも年代考証が認められて、「これこそ卑弥呼の墓である」とセンセーショナルに報道されたものであった。そういう経緯もあって、この墓の主である倭迹迹日百襲姫を卑弥呼に比定するのが、通説のように思われたこともあった。

「神功皇后紀」に突如記された倭の女王の事績

卑弥呼の神功皇后説は本当か？

『日本書紀』の「神功皇后紀」に、倭の女王の名が記されたところから、江戸時代までは、卑弥呼は神功皇后であると思われていた。しかし、卑弥呼と神功皇后の活躍していた年代は100年以上の開きがあるとの指摘もある。

明帝景初3年6月は誤り

『日本書紀』の「神功《じんぐう》皇后紀」39年と40年の条に、突如「魏志倭人伝《ぎしわじんでん》」に記された文面が掲載されている。その文面とは、前項でも紹介した、「明帝景初《めいていけいしょ》三年六月に、倭の女王は大夫難斗米《たいふなそめ》を遣わして帯方郡《たいほうぐん》に至り、洛陽《らくよう》の天子へのお目通りを願った」という記事である。ここでは大夫・難斗米を帯方郡に派遣した年を景初3年(239)と記しているが、これは景初2年(238)の誤りとする識者が多い。明帝が死去したのが景初3年春正月のことであるから、景初3年6月といえば、すでに明帝はこの世の人ではないからである。陳寿《ちんじゅ》が記した「魏志倭人伝」も、難升米派遣を景初2年のことと記している。『日本書紀』には誤植も多いことは、識者の指摘するところである。

神功39年は西暦238年

「神功皇后紀」をかいつまんで紹介しておこう。仲哀《ちゅうあい》天皇の妻となった神功皇后こと気長足姫尊《おきながたらしひめのみこと》の事績を記したものであるが、『日本書紀』において唯一、天皇以外で独立した「紀」を設けられた人物である。彼女は皇后でありながら、夫である仲哀天皇が崩御して間もなく、九州の地を平定したあと、朝鮮へ出兵して新羅《しらぎ》を討伐するなど、男顔負けの活躍ぶりを見せたことになっている。誉田別《ほむたわけの》皇子《みこと》を皇太子として大和国磐余《いわれ》に都を造ったことなどを記したあと、突如それまでの武勇伝とは全く異質とも思われる「魏志倭人伝」の一文を無造作に転載するのである。39年の条に続いて、40年の条には正始《せいし》元年に建忠校尉梯携《けんちゅうこういていけい》(「魏志倭人伝」では建中校尉梯儁《けんちゅうこういていしゅん》)らが詔書や印綬を手に倭国へと返答に訪れたことを記し、さらに43年の条に、正始4年に大夫《たいふ》伊声者掖耶《いせきやや》(「魏志倭人伝」では掖邪狗《ややこ》)らを遣わして献上品を捧げたことを記している。

この「魏志倭人伝」の一文が挿入されたことによって、神功39年が西暦239年

(238年の間違いか)に比定されるわけで、そこから卑弥呼が神功皇后と同一人物であるという説が生まれたのである。

卑弥呼は神功皇后ではありえない

しかし、この「魏志倭人伝」が記すのは、卑弥呼が魏に対して恭順の意を示して朝貢してきたという話であるにもかかわらず、その前後に記された『日本書紀』の文面は、神功皇后が新羅へ侵攻したということでもわかるように、対外的には高圧的で、百済《くだら》をも配下に収めるなど、全編にわたって偉業を成し遂げた神功皇后への賛辞で埋め尽くされている。そして、神功69年(269)に稚桜宮《わかざくらのみや》において崩御したときには、御歳100歳(2倍年歴説では50歳)だったというのである。

一説によると、朝鮮半島を征服しようと目論む大和王朝の野望が、「神功皇后紀」の記事に投影したもので、その事績の多くがフィクションであるともいわれる。作家の伊沢元彦《いざわもとひこ》氏もそのひとりで、特に神功皇后の「三韓征伐」のストーリーは、「皇国史観によるデッチ上げの最たるもの」とまで言い切るのである。しかも、「現実には神功皇后は応神天皇の母であるから、だいたい4世紀末から5世紀にかけての人だろう」と見て、『日本書紀』が記す時代とは100年以上の開きがあることを指摘し、それゆえに卑弥呼=神功皇后説を虚構であると断言するのである。

神功皇后には夫がいたことなど、卑弥呼の比定に必要な条件を満たしていないところからも、現在では卑弥呼が神功皇后ではありえないと見る向きが多いようである。

「神功皇后紀」に記された「魏志倭人伝」の一文

『日本書紀』「神功《じんぐう》皇后紀」に記された「魏志倭人伝《ぎしわじんでん》」からの引用文は下記の通りである。

三十九年、この年太歳己未。——魏志倭人伝によると、明帝の景初三年(二年)六月に、倭の女王は大夫難斗米(難升米)らを遣わして帯方郡に至り、洛陽の天子にお目にかかりたいといって貢をもってきた。太守の鄧夏(劉夏)は役人をつき添わせて、洛陽に行かせた。

四十年、——魏志にいう。正始元年、建忠校尉梯携(建中校尉梯儁)らを遣わして詔書や印綬をもたせ、倭国に行かせた。

四十三年、——魏志にいう。正始四年、倭王はまた使者の大夫伊声者掖耶(伊声耆掖邪狗)ら、八人を遣わして献上品を届けた。

※上記は『日本書紀 全現代語訳』宇治谷孟著/講談社より引用。

高天原に君臨する最高神

卑弥呼は天照大御神だったのか？

『記紀』に記された天照大御神と素戔嗚尊の諍いの物語は、「魏志倭人伝」に記された卑弥呼と狗奴国男王との戦いに酷似しているとして、卑弥呼を天照大御神に比定する識者も多い。

大和王朝の始まりは邪馬台国時代以降

それでは、卑弥呼《ひみこ》を天照大御神《あまてらすおおみかみ》に比定する説は正しいのだろうか？　卑弥呼を天照大御神と唱えたのは白鳥庫吉《しらとりくらきち》氏である。白鳥氏は、自著『倭女王卑弥呼考』のなかで、「卑弥呼」を女王の尊称（姫尊）で実名ではないことを記し、九州に勢力を張っていた女王国が、景行《けいこう》天皇および日本武尊《やまとたけるのみこと》によって平定されたと見る、邪馬台国《やまたいこく》＝九州説の中心的な存在である。同氏は高天原《たかまのはら》に君臨する天照大御神が素戔嗚尊《すさのおのみこと》と争う神話が、卑弥呼と狗《く》奴国《ぬこく》男王との争いに似ているとして、卑弥呼＝天照大御神説の可能性を示すのである。

この卑弥呼＝天照大御神説を、さらに年代論からの検証を加えてその正統性を主張したのが安本美典《やすもとびてん》氏である。安本氏は、奈良時代に至るまでの300年間の天皇の在位年数を調べ、1代平均約10年であることを突き止めた。この平均在位年数を『古事記』や『日本書紀』に記されたすべての天皇にあてはめると、大和朝廷の始まりである神武《じんむ》天皇の時代は、「すべての諸天皇の実在を認めても、1代の神武天皇の時代は西暦270〜300年ごろにしかならない」という。とすると、「神武天皇、すなわち大和朝廷の始まりは、邪馬台国時代以降」となるわけで、神功《じんぐう》皇后、倭姫《やまとひめ》、倭迹迹日百襲姫《やまとととびももそひめ》の時代とは重ならない。重なるとすれば、「神話に現れる神武天皇より5代前と伝えられる天照大御神だけ」であるというのである。この「天照大御神は卑弥呼である」という仮説が成り立つとすれば、「天照大御神が活躍していたのは九州であるから、卑弥呼が都した邪馬台国は北九州にあった」との説が導き出されるのだというのである。

孝元天皇は倭迹迹日百襲姫の兄

次に、倭迹迹日百襲姫説を検証してみよう。倭迹迹日百襲姫を卑弥呼に比定するのは、肥後和男《ひごかずお》氏と笠井新也《かさいしんや》氏などで

●神々と天皇の系図

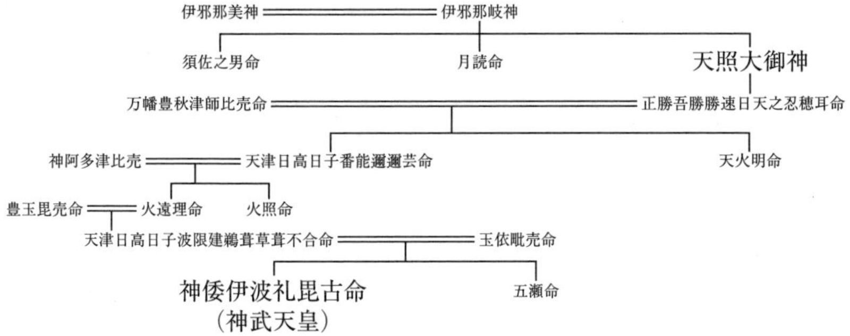

ある。肥後氏によると、御間城入彦五十《みまきいりびこいに》瓊殖天皇《えのすめらみこと》(崇神《すじん》天皇)の崩御した干支《えと》戊寅《つちのえとら》年を258年と見て、この時代に活躍した倭迹迹日百襲姫を卑弥呼に比定するのである。「崇神記」に「海の外の国ありて自ら帰伏ひなむ」とあるのは、この時代が海外との交渉をもったことをかすかに伝えるもの」で、卑弥呼の事績に類似するのだと見ているのである。

この説が正しいとすれば、「魏志倭人伝《ぎしわじんでん》」には、「その弟が国の統を輔佐」していたと記されているところから、孝元《こうげん》天皇か開化《かいか》天皇が倭迹迹日百襲姫の弟ということになるはずである。しかし、『日本書紀』「孝元天皇紀」によると、孝元天皇は倭迹迹日百襲姫の兄であると記されているところから、この説を疑問視する向きも多い。

倭迹迹日百襲姫と卑弥呼の事跡が一致

一方、笠井新也氏は、卑弥呼の時代を崇神天皇の時代であることを前提として、「魏志倭人伝」に記された「卑弥呼に関する記事と百襲姫命に関する所伝が人物・事跡において一致する、すなわち卑弥呼は姫命を写したもの」として、倭迹迹日百襲姫を卑弥呼に比定するのである。卑弥呼が鬼道に仕え、長寿で夫がなかったことは、倭迹迹日百襲姫と同様であるからとしている。しかし、崇神天皇が実際には姫命の弟ではなく、甥である点に関しては、「この違いは外国人の見聞としては恕すべきである」と気にとどめるほどの問題ではないと見るのである。

シャーマンか道教の流れを汲む者か

卑弥呼の鬼道

卑弥呼は、シャーマンとして神託を伝える役割を担っていたといわれる。また、不老長寿を求める道教の流れを汲む者であるとの説もある。

卑弥呼は王ではなかった!?

「魏志倭人伝《ぎしわじんでん》」には、倭国《わこく》の風俗に関して詳しく記したあと、連合国家・倭国が内乱を起こして統制が取れなくなったため、国々が共立して卑弥呼《ひみこ》という名の女王を立てたとある。卑弥呼は鬼道に仕え、その霊力で人心を能《よ》く惑わしている(能惑衆)という。ここでは、卑弥呼が仕えていたという鬼道について考えてみることにしたい。

鬼道とは一般には、巫女《みこ》が神霊との交わりによって授かった神託を人々に伝える宗教儀式ととらえられることが多い。三品彰英《みしなしょうえい》氏も、『邪馬台国研究総覧』のなかで、「一定の儀礼を通して憑依《ひょうい》状態に入ったシャーマンが、神霊と直接交融し、種々の神託を伝える宗教的様態」であるとし、「中央アジアや北アジア、朝鮮、日本、さらには南米の未開諸民族の間」にまで広がる古代信仰の一種であると見ている。そしてこの巫女的性格は、倭姫命《やまとひめのみこと》や倭《やまと》迹《と》迹《と》日《び》百《もも》襲《そ》姫《ひめ》、神功《じんぐう》皇后らにも備わっているという。

また、卑弥呼が各国から共立されて女王となったのも、この巫女的能力を高く評価されたからであると見るのは、作家・松本清張《まつもとせいちょう》氏である。「邪馬台国という村落にいる少女卑弥呼の予言はよく的中するので評判」だったとして、卑弥呼を主宰者の代わりに据えてみようと、首長会議で承認されたのだろうと見ている。

政局運営、特に軍事的判断を求められるとき、卑弥呼が鹿の骨を灼く占いなどを通して下した吉凶を、施政者たちが政局の運営に利用していたのだろうと見ている。この卑弥呼の姿が、帯方郡使《たいほうぐんし》にはまるで主権者のように見えたところから、王だと思われてしまったのではないかという。

卑弥呼の鬼神は道教に由来

一方、卑弥呼を日本固有のシャーマンとする見方には、否定的な見解を述べる識者もいる。これを、朝鮮半島から伝わった鬼神や天神信仰であると見たり、中国の道教と繋げて考える論者も多い。

これを最高神である「天神」と、祖霊そのものである「鬼神」を祀る信仰と見たのは、『魏志倭人伝の世界－邪馬台国と卑弥呼－』を著した山田宗睦《やまだむねむつ》氏で、天神や鬼神を祭ることで豊作を祈願するという、農耕儀礼の意味があったとする。つまり卑弥呼は、農耕神の祭司とする見方である。

また、『邪馬台国の研究』を著した重《しげ》松明久《まつあきひさ》氏は、鬼神を中国の道教に由来すると唱える。道教とは宇宙の不滅の真理を指す漢民族の土着的な宗教で、不老長生を求める神仙思想でもある。重松氏は、卑弥呼がこの道教の一派である五斗《ごと》米道《べいどう》の創始者・張陵《ちょうりょう》の孫である張魯《ちょうろ》が創設した「鬼道」を取り入れたものとの説を唱えている。陳寿《ちんじゅ》は正史『三国志』の「張魯伝」において、「鬼道を以て民を教へ、自ら師君と号す」と記しているが、この張魯の「鬼道」が日本に伝わって、卑弥呼がそれを実践するようになったと見ているのである。この卑弥呼が道教の流れを汲む者であるとする見方には、作家の黒岩重吾《くろいわじゅうご》氏も賛同している。

「鬼道」は邪教

しかし武光誠《たけみつまこと》氏は、著書『邪馬台国と大和朝廷』のなかで指摘するように、卑弥呼の鬼道は張魯の鬼道と同一のものではないと見ている。儒教を信奉していた陳寿にとって、「中国の支配層の信仰に合わない宗教を、すべて「鬼道」と記したのであろう」と見るのである。「道教」すら、邪教の意を込めて「鬼道」と見ていたというのだ。これに対して、儒教信奉者から邪教扱いされた道教擁護の立場から、「鬼道」を「道教」とは無関係な「邪術」とし、これを道教から切り離して見るべきであるとする説もある。

五斗米道《ごとべいどう》

後漢《ごかん》(25～220年)末の道士・張陵《ちょうりょう》が蜀《しょく》の鶴鳴山《かくめいざん》において興した宗教教団で、3代目にあたる張魯《ちょうろ》がこれを拡大、漢中を占拠して宗教王国を築き上げた。

もともとは、信者に符水を飲ませるなど呪術的な方法で信者の病を癒やし、その見返りに米五斗(約10リットル)を寄進させたところからこう呼ばれるようになった。

215年には、曹操《そうそう》が陽平関《ようへいかん》において、張魯軍を撃破して降参させている。曹操は帰順してきた張魯に漢中支配を継続させたものの、信者の多くを北方に強制的に移住させたため、一時荒廃していくことになる。

張陵が修行した青城山

聖と俗の権力2重構造

卑弥呼の政治

卑弥呼が聖職者として君臨し得たのは、俗世を支配する男弟の存在があったからである。このふたりの聖俗二頭体制は、諸国ににらみを利かす強大な卑弥呼一族の存在があって、初めて成り立つものであった。

一族の勢力に支えられた聖俗の権力

「魏志倭人伝《ぎしわじんでん》」を見ると、卑弥呼《ひみこ》が「鬼道に仕えて衆を能《よ》く惑わす」と記したあと、弟に助けられて国を治めていたことが記されている。原文は「年已長大。無夫婿。有男弟佐治国」で、「年、已《すで》に長大なるも、夫婿《ふせい》なし。男弟有りて佐《たす》けて国を治む」と読む。

卑弥呼は各国の支配者たちによって共立されて女王となったというだけに、卑弥呼個人としての権力は、さほど大きなものではなかったようである。実質的な施政者であった弟とのふたり体制を組んでいたと思われ、卑弥呼個人としては、倭国に連なる実力者たちににらみを利かせるほどの実力はなかった。武光誠《たけみつまこと》氏が指摘するように、「卑弥呼一族が邪馬台国の支配層のなかにいく人もおり、彼らが大人たちの会議の主導権を握っていた」と、強大な勢力を張る一族の存在を指摘している。

その一族に支えられて、卑弥呼は祭祀を司る聖者として君臨し、実質的な施政者であった男弟が俗世を支配していたと見るべきであろう。邪馬台国の政治形態の中核をなすのは、一族の支配の上に立つ、卑弥呼と男弟による聖俗分離型の権力構造であったといえるのである。

国ごとに異なる多彩な官僚体制

それでは、卑弥呼はどのような政治体制を敷いていたのか見てみよう。「魏志倭人伝」には第1章でも詳しく記したように、帯方郡《たいほうぐん》から邪馬台国《やまたいこく》までに連なる国々について、その行程を記すとともに、各国の官制に関しても細かく解説している。対海国《たいかいこく》と一大国《いちだいこく》はともに長官が卑狗《ひく》で副官が卑奴母離《ひぬもり》、伊都国《いとこく》は爾支《じき》と泄謨觚《えいもこ》、柄渠觚《へいきょこ》、奴国《ぬこく》は兕馬觚《じまこ》と卑奴母離、不弥国《ふみこく》は多模《たも》と卑奴母離、投馬国《とうまこく》は彌彌《みみ》と彌彌那利《みみなり》という官職名である。そして、都である邪馬台国には長官として伊支馬《いしま》、次に彌馬升《みましょう》、彌馬獲支《みまかくき》、奴佳鞮《ぬかてい》がいたことを記している。この邪馬台国に4人の官職を記していることに関して、前述の武光氏は、これを後漢の四等官にならった組織であると見ている。それは、「役所の責任者となる長官、それを輔佐する次官、重要な任務を統括する判官、記録などを扱う主典からなる」とい

●倭国の政治体制（卑弥呼の男弟を俗権力の長として見た場合）

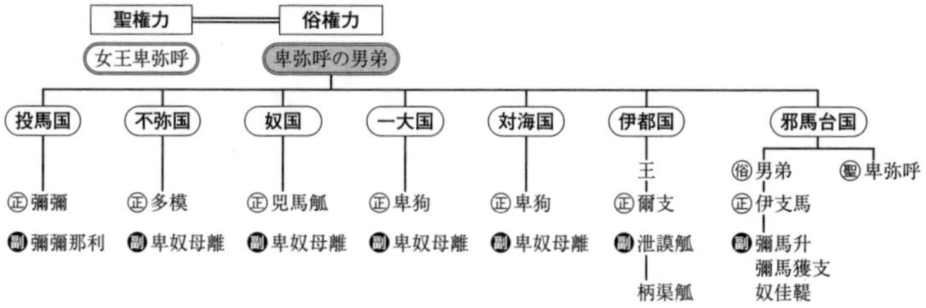

●倭国の政治体制（伊都国王を俗権力の長として見た場合）

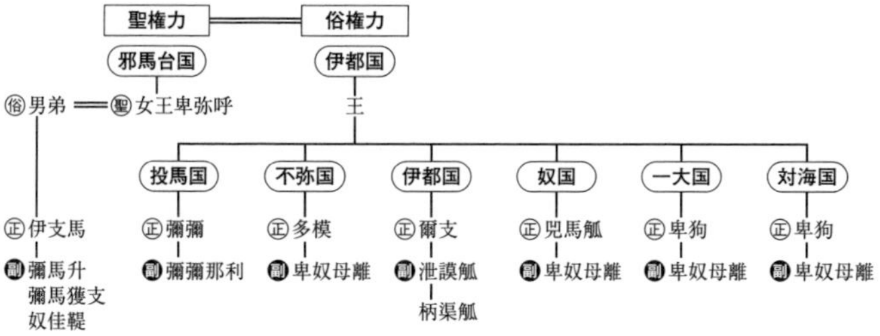

うものである。さらに、卑奴母離は邪馬台国が各国に派遣した軍政官であり、奴国の兕馬觚と不弥国の多模がともに王であったともいう。

そして、「魏志倭人伝」に「自女王国以北。特置一大率。検察諸国」とあるように、諸国を検察するための一大率《いちだいそつ》が、各国の王や長官を監督するのである。この一大率の役割と派遣当事者の比定に関しては諸説がある。畿内大和論者のなかには、これを後世に大和王朝が設置した太宰府の先駆的な存在と見る向きもある。また、もし邪馬台国が北九州にあったとすれば、同エリア内にある伊都国にわざわざ検察官を置く必要がないとして、これを邪馬台国＝畿内大和の比定材料に使われることもある（詳しくはP.150参照）。

また、対海国や一大国の長官として記される卑狗をヒコと読み、古来人名や神名につけられている比古や日子と同様の語と見て、これを首長ととらえるという論者（千《せん》田《だ》稔《みのる》氏）もいる。いずれにしても、邪馬台国以外の国々では、王あるいは長官のもとに卑奴母離あるいは彌彌那利という副官がおり、おもに防衛官としての役割を果たしていたと見ることができるのである。

気になる見えない王と、ただひとりの男子の関係

神秘的な卑弥呼の暮らしぶり

聖なる存在である卑弥呼は、人々の目に触れることなく、ただひとりの男子だけが居室に入ることを許されていたという。この男子とはいったい誰か？　夫説、弟説の可能性を探ってみたい。

卑弥呼の居室に出入りするただひとりの男子とは？

前項にも述べたように、「魏志倭人伝《ぎしわじんでん》」には、卑弥呼《ひみこ》に弟がいて政治を輔佐する役割を担っていることを記しているが、そのあとに、彼女の神秘的な暮らしぶりについても一文を寄せている。それによると、卑弥呼は王となって以来、彼女を見た者は少なく、1000人もの婢を侍らせているにもかかわらず、ただひとりの男子だけが彼女の飲食の給仕をするとともに、彼女の言葉を伝えるために居室に出入りしているというのである。

卑弥呼の暮らしぶりを語るうえで、この男子の存在は非常に重要である。陳寿《ちんじゅ》が先に弟の存在を記しておきながら、そのあとに記された男子がいったい誰なのか言及しておかなかったのは、不手際としかいいようがない。単に身の回りの世話なら、男よりも女のほうがいいと思われるが、それでも男を選んだというのはなぜか？　橋本増吉《はしもとますきち》氏はこれを卑弥呼の実質的な夫であったと見ているが、聖なる権威を求められる人物が、あからさまに俗世界と結ばれていることを露呈するはずがないので、夫説の可能性は低い。

ただひとりの男子は卑弥呼の弟

では、弟と見た場合はどうであろうか？　卑弥呼は共立されて女王になると、弟に施政者としての役割を担わせたという。この施政者としての役割が倭国《わこく》全体に及ぶものなのか、あるいは邪馬台《やまたい》国《こく》1か国のみに限定されるものなのかに関しては不明であるが、畿内大和論者にとっては、この弟をいずれかの天皇に比定したいと願うところから、倭国全体に及ぶものと考えているようである。

しかし、そのあとに記された「ただひとりの男子だけが」の男子を、もし卑弥呼の弟と見た場合、この弟が天皇であったと見ることはできなくなる。天皇自らが姉の飲食の世話をするなど、考えられないからである。

卑弥呼が宮殿内において、神との交信

を行う聖なる存在として崇められるようになると、一般の人々はほとんど彼女の姿を眺めることすらできないような、神秘的な存在になっていった。しかし、聖なる存在とはいえ、彼女の口から発せられた言葉は、俗なる人物に伝えられなければ政局運営はかなわない。卑弥呼の聖なる言葉を正しく俗世に伝えることは非常に重要な役割で、その役割を担う人物とは、独身者であった卑弥呼にとって、最も信頼のおける身近な人物であったことは間違いない。とすれば、やはり弟と考えるのが一番自然なのである。

聖なる言葉を正確に俗世へ伝え、それを実行していくには、仲介者を立てるよりも、俗世の主宰者であった弟自らがその役割を担うのが、最もふさわしいからである。卑弥呼は畏敬の対象として宮殿に籠もり、その聖なる声を弟が耳にして政務を実行に移していくという、聖俗の権力2重構造という図式が見えてくるのである。

古琉球にも見られた姉弟の政治体制

こうした姉弟や兄妹がペアを組んで政局を運営していくという政治形態は、沖縄などでも古くから見られる体制である。古琉球においては、按司《あじ》と呼ばれる各地方の有力者たちが、姉や妹である祭祀者・ノロとともに政《まつりごと》を行っていたことが知られている。ここでもふたりの間柄は弟と姉、あるいは兄と妹の組み合わせであった。このことからも、邪馬台国における姉弟による政治体制は、古代日本の社会では特に異質なものではなかったと思われる。

厳重に管理された宮殿の構造を予測

壮大な卑弥呼の宮室、楼観、城柵

卑弥呼の宮殿の比定に欠かせないのが、宮室、楼観、城柵の3点セットである。その存在が明らかになった吉野ヶ里遺跡と、それをしのぐ規模の建物跡が見つかった纒向遺跡。果たしてこのどちらかが卑弥呼の宮殿なのであろうか？

宮室、楼観、城柵の3点セット

「魏志倭人伝《ぎしわじんでん》」には卑弥呼《ひみこ》の宮殿に関して、短いながらも重要な一文を残している。それは、「宮室、楼観《ろうかん》、城柵、厳かに設け、常に人有りて兵を持ちて守衛す」(宮室。楼観。城柵厳設。常有人持兵守衛)というもので、宮室、楼観、城柵を設け、常に兵を配して守衛していたというのである。卑弥呼の宮殿に関する情報は、このわずかな文面だけであるが、この宮室、楼観、城柵の3点セットが、考古学的には邪馬台国《やまたいこく》比定の決め手ともなるところから、非常に有益な一文と見られている。候補となる環濠《かんごう》集落の発掘においては、これらの出土を期待したものであった。

卑弥呼の宮殿の構造

ともあれ、「魏志倭人伝」に記された、卑弥呼の宮殿に関するわずかな情報から、宮殿の様子を推測してみたい。

まず、卑弥呼が日常生活を送る宮室は、外界からは遮断され、卑弥呼ひとりだけが寝起きしていたであろうことは、容易に想像できる。ここに入れるのは、卑弥呼以外ではただひとりの男性(卑弥呼の弟とも予測される)だけで、宮室あるいはそれに連なる執務室において、卑弥呼と面会できたはずである。もちろん、宮室のそばには卑弥呼が神との交信をするための祭壇が設けられていたことはいうまでもない。1000人もの婢がいたというが、それがどのような役割を果たしていたのかは不明であるが、おそらく卑弥呼が主宰する祭祀の準備にかかわっていたのであろう。ただし、ただひとりの男だけで、卑弥呼の身の回りの世話すべてをまかないきれるものではないから、婢たちがその輔佐、あるいはその大部分を担当していたと考えるのが自然である。とすれば、直接卑弥呼の飲食の世話にあたる男の居住スペースとともに、婢の中心メンバーは、卑弥呼の宮室のそば(卑弥呼の威厳を保つのに最低限必要

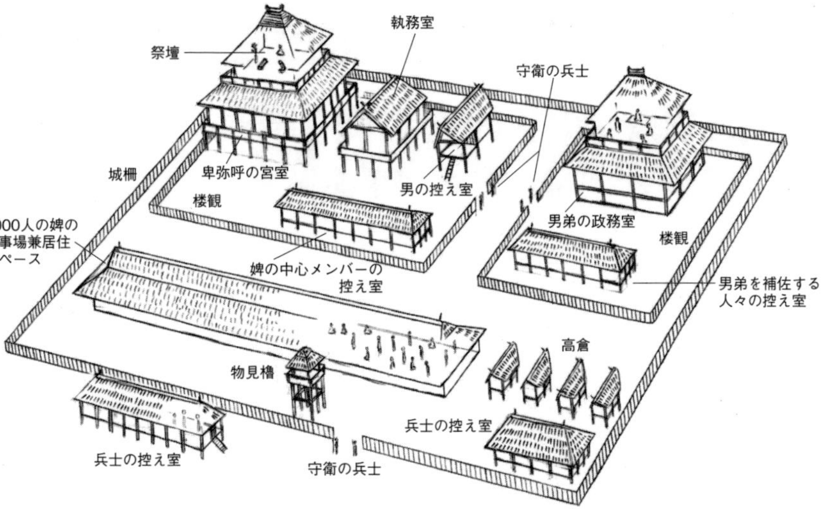

な距離を置いて)にあったはずである。それらをひとつ目の城柵で取り囲み、兵が人の出入りを厳重に管理していたものと考えられる。そのすぐ外には、雑用を担当する婢たちの仕事場および居住スペースがあったであろう。

一方、卑弥呼の宮室のそばにあった男の居室とは別に、男弟の政務室が、卑弥呼の聖なる世界とは別なところにあったはずである。実質的な支配者の政務室だけあって、人の出入りも多く、規模も聖なる世界よりもより大きく豪華だったに違いない。これらすべてを取り囲むようにふたつ目の城柵が張り巡らされ、ここも兵たちによって厳重に管理されていたと思われる。おそらく、城柵のそばには、物《もの》見《み》櫓《やぐら》(楼観)も建てられていたであろう。

また、記録には見られないが、食糧の貯蔵庫である高倉も城柵内に設けられていたはずである。

吉野ヶ里遺跡と纏向遺跡

ちなみに、1989年に発見された佐賀県の吉野ヶ里《よしのがり》遺跡で、この卑弥呼の宮殿の比定に必要な3点セットの跡が発見されて話題になったことがある。日本最大級といわれた吉野ヶ里遺跡では、物見櫓の柱の跡や、逆茂木《さかもぎ》という杭を斜めに立てかけて敵の侵入を防ぐ柵の跡も見つかっているほか、高床式の倉庫21棟、墳丘墓なども見つかっている。発見当初は「これぞ邪馬台国!」と騒がれたものである。

また、奈良県の纏向《まきむく》遺跡内において、2009年11月に巨大な宮殿跡と思われる建物跡が発見されて、話題を呼んだことがある。高床式と思われる建物跡の床面積は238平方mで、佐賀県の吉野ヶ里遺跡内の建物跡の156平方mを大きくしのぐ規模であったこともあって、「卑弥呼の宮殿発見か」との報道が相次いだものである。幅17m、奥行き14mという壮大なもので、3つの建物が規則正しく並んでいるなかに、限られた人しか入れない特別なスペースがあったともいわれている。これが卑弥呼の居室であった可能性もあるが、あくまでも推測の域を出ない。今後の研究成果を待ちたいものである。

わずかな貢物を手に戦火をくぐり抜けた使者たち

卑弥呼の朝貢

景初2年6月といえば、まだ司馬懿と公孫淵が戦火を交えていたときであった。その戦いの真っ只中を、卑弥呼の使者は本当に帯方郡へと向かったのであろうか？ その渡航年数に関して、今なお論議が絶えないのである。

景初2年は景初3年の誤りか？

「魏志倭人伝《ぎしわじんでん》」では、卑弥呼《ひみこ》の宮殿の構造に続いて、卑弥呼が帯方郡《たいほうぐん》に使者を派遣したことを記している。「景初《けいしょ》二年六月、倭《わ》の女王は大夫・難升米《なそめ》等を遣わして郡に詣らしめ、天子に朝献せんことを求む。太守・劉夏《りゅうか》が官吏を遣わし、将《ひき》い送りて京都《けいと》に詣らしむ」(景初二年六月。倭女王遣大夫難升米等詣郡。求詣天子朝献。太守劉夏遣使。将送詣京都)というのである。

ここでは、まず「景初二年六月に、倭の女王・卑弥呼が大夫・難升米を帯方郡に遣わした」とある。景初2年6月といえば、まだ魏の明帝《めいてい》が遼東《りょうとう》の公孫淵《こうそんえん》を討伐するために司馬懿《しばい》を派遣している最中のことである。景初2年正月に明帝の詔勅が発布されて、司馬懿が4万もの大軍を率いて出陣して半年、司馬懿はようやく公孫淵が立て籠もる襄平《じょうへい》城下を包囲したというころである。司馬懿が公孫淵を打ち破ってその首を都に送りつけたのは、その数か月後の9月(8月説もある)のことであるところから、新井白石《あらいはくせき》などは、朝鮮半島はいまだ公孫淵の勢力下にあり、戦火に包まれていた6月に、卑弥呼の使者が帯方郡に至って魏の天子に朝貢することを求めるなどありえないとして、この景初2年を景初3年の誤りであると『古《こ》史通或問《しつうわくもん》』に記している。

松下見林《まつしたけんりん》も、『日本書紀』の「神功皇后紀」に転記された「魏志倭人伝」の文面が景初3年となっていることを指摘、内藤湖南《ないとうこなん》氏も『梁書』に景初3年と記されていることをあげて、ともに新井白石の景初3年説を支持している。さらに、内藤湖南氏の論敵ともいわれる橋本増吉《はしもとますきち》氏までもがこの景初3年説に同調したことから、これ以降、「魏志倭人伝」に記された景初2年は、景初3年の誤りというのが定説のように思われたものである。

貧弱な献上品は、戦下の朝献の証し

しかし、これに対して異議を唱えたのが古田武彦《ふるたたけひこ》氏である。古田氏は、景初3年6月といえば、すでに司馬懿の大軍は公孫淵の城下に到達し、城を包囲して糧道を断っていたころで、大勢はすでに決し、海上も征圧し終わっていたとし、「従来、公孫淵の勢力下に置かれていた

倭国は、いまだ戦いの終わらぬこの時点で、素早く魏に使いを送った」として、「魏志倭人伝」に記された景初2年が正しいと断じているのである。そのうえで、この朝貢が「明《みん》の東アジアの動向を見極めた、機敏な外交である」とまでいう。

景初3年に改訂した者は粗雑者!?

このときの使者は、大夫という、王、侯、卿に次ぐ第4等の位にあたる難升米と副使の都市牛利《たしごり》のふたりだけである。このふたりが、班布《はんぷ》2匹2丈と、男生口《せいこう》4人、女生口6人というわずかな献上品しか携えていかなかったのは、朝鮮半島がいまだ戦火に包まれていたからにほかならない。帯方郡の太守・劉夏が役人を派遣して、難升米らを引率して魏の都(洛陽《らくよう》)に送らせたというのも、戦下をいく献使を護送するためのことであったともいう。この朝貢に対する明帝からの下賜品の異例とも思える豪華さは、その労をねぎらう気持ちとともに、倭国を取り込んだ喜びを表すものであったと思われる。

また、明帝が崩御したのが景初3年正月という事実も見逃せない。新井白石らが景初2年を景初3年と読み替えた年の6月といえば、すでに明帝が崩御したあとで、斉王《せいおう》の時代である。となると、景初2年を景初3年に改訂した新井白石らは「明帝の急死すら知らない粗雑な者」ということになってしまうのである。

襄平の戦い

黄巾賊《こうきんぞく》の討伐にも活躍した公孫瓚《こうそんさん》以来、公孫氏は代々、遼東《りょうとう》を実質的に支配し続けてきた豪族である。しかし、公孫《こうそん》淵《えん》の時代になってからは、魏《ぎ》に敵対する態度を見せ始めたため、これを憂いた曹《そう》叡《えい》が司馬懿《しばい》を派遣して、これを打ち破るのである。戦いを前にして、曹叡は司馬懿に対して、征伐にどのくらい日数がかかるかを問うている。司馬懿はこれに答えて、「行きに100日、攻撃に100日、戻りに100日、60日は休息にあてるとして、都合1年あれば十分」といったといわれている。実際、司馬懿は238年正月に命を受け、4万の大軍を率いて出立し、9月10日に襄平において公孫淵を包囲してこれを打ち破り、公孫淵の首を刎ねて、239年正月に帰還しているから、司馬懿のいった通り、ちょうど1年で討伐を完了したことになる。

金8両、5尺の刀2口、銅鏡100枚、真珠……

明帝からの豪華な下賜品

卑弥呼の朝貢に対して、魏の明帝が下賜した品々は、異例とも思える豪華さであった。王の称号と金印紫綬に加えて、さまざまな布製品や金、刀、鏡、真珠などを、使者に持ち帰らせるというのである。

絢爛豪華な下賜品のリスト

景初《けいしょ》2年6月の卑弥呼《ひみこ》の朝貢に対し、魏《ぎ》の明帝《めいてい》から豪華な下賜品が下されるよう詔書が発令される。詳細は「その年の十二月、詔書して倭の女王に報《こた》えて曰く。親魏倭王《わおう》・卑弥呼に制詔す。帯方《たいほう》郡の太守・劉夏《りゅうか》、遣使を送って、汝の大夫・難《な》升米《そめ》、次使都市牛利《たしごり》を送り、汝の献ずる男生口《せいこう》四人、女生口六人、班布《はんぷ》二匹二丈を奉り、以て到る。汝の在る所は踰《はる》かに遠きも、乃ち使いを遣わして貢献す。是れ汝の忠孝、我、甚《はなは》だ汝を哀《いつく》しむ。今、汝を以て親魏倭王と為し、金印紫綬《きんいんしじゅ》を仮し、装封して帯方の太守に付し、仮授《かじゅ》せしむ。汝、其れ種人を綏撫《すいぶ》して、勉めて孝順を為せ。汝が来使難升米、牛利、遠きを渉り、道路にて勤労せり。今、難升米を以て率善《そつぜん》中郎将と為し、牛利を率善校尉と為し、銀印青綬《ぎんいんせいじゅ》を仮し、引見して労い賜いて遣還《けんかん》せしむ。今、絳地交龍錦《こうちこうりゅうきん》五匹、絳地縐粟罽《こうちすうしょくけい》十張、蒨絳《せんこう》五十匹、紺《こん》青《じょう》五十匹を以て、汝の献ずる所の貢直《こうち》に答う。又、特に汝に紺地句文錦《こんちくもんきん》三匹、細《さい》班華罽《はんかけい》五張、白絹五十匹、金八両、五尺の刀二口、銅鏡百枚、真珠、鉛丹各々五十斤を賜い、皆、装封して難升米、牛利に付す。還り到らば録受し、悉《ことごと》く以て汝が国中の人に示し、国家、汝を哀しむを知ら使《し》むべし。故に鄭重に汝に好《よ》き物を賜うなり」(其年十二月。詔書報倭女王曰。制詔親魏倭王卑弥呼。帯方郡太守劉夏遣使。送汝大夫難升米。次使都市牛利。奉汝所献男生口四人。女生口六人。班布二匹二丈。以到。汝所在踰遠。乃遣使貢献。是汝之忠孝。我甚哀汝。今以汝為親魏倭王。仮金印紫綬。装封付帯方太守仮授。汝其綏撫種人。勉為孝順。汝来使難升米。牛利渉遠。道路勤労。今以難升米。為率善中郎将。牛利為率善校尉。仮銀印青綬。引見労賜遣還。今以絳地交龍錦五匹、絳地縐粟罽十張、蒨絳五十匹、紺青五十匹。答汝所献貢直。又特賜汝紺地句文錦三匹。細班華罽五張。白絹五十匹。金八両。五尺刀二口。銅鏡百枚。真珠。鉛丹各五十斤。皆装封付難升米。牛利。還到録受。悉可以示汝国中人。使知国家哀汝。故鄭重汝好物也）である。

王の称号と金印紫綬を下賜

まず、其の年の12月と記されている。いうまでもなく、これは景初2年12月のことである。明帝はこの詔書を発布して倭の女王に「汝を親魏倭王・卑弥呼に任命する」といったと記している。「遥か遠くから使者を遣わして貢献してきたのは忠孝の表れである。よって、汝を親魏倭王とし、金印と紫綬を与える」というのである。このとき、卑弥呼の使者が貢物として携えてきた班布とは、稿《わら》あるいは絣《かすり》の織物のことである。匹と丈はともに長さの単位で、1匹＝4丈＝40尺＝9.2mであるから、2匹2丈といえば23mで、反物にすればわずか5端（反）程度である。しかも、当時、織物に関しても中国のほうが遥かに優れた製品を生み出していたから、特に目立つようなものではなかったと思われる。生口というのはP.53でも記したように、奴隷というよりむしろ特定の技を身につけた技術者と考えられるが、それでも男4人、女6人というのはあまりにも少な過ぎて、魏にとって、とてもありがたいものであったとは思いがたい。それにもかかわらず、明帝は卑弥呼の朝貢を大喜びし、破格とも思える親魏倭王の称号と、金印紫綬ならびに豪勢な下賜品を授けようというのである。王の称号は他国の外臣に与える最高の位で、金印紫綬は東夷《とうい》の他の国々でこれを与えられた者はいない。中央アジアで強大な勢力を張る大月氏だけがこれを与えられているというから、大変な肩の入れようである。「この金印紫綬を包装して帯方郡の太守に託して持っていかせるので、以後、倭国を統括して、魏に孝順を尽くすようにせよ」というのである。

そして、苦労してやってきた正使の難升米を率善中郎将という宮城の護衛官の長を表す官位に、副使の牛利を軍事および警護にあたる武官に任じ、ともに銀印青綬を授けるという。銀印青綬とは金印紫綬に次ぐもので、魏の官制においては2000石以上の官僚と同等の地位である。

金50万円分を含む豪華な品々

さらに絳地交龍錦5匹、絳地縐粟罽10張、蒨絳50匹、紺青50匹に加えて、紺地句文錦3匹、細班華罽5張、白絹50匹、金8両、5尺の刀2口、銅鏡100枚、真珠、鉛丹各々50斤をも与えるという。絳地交龍錦とは赤い交龍模様の錦で、絳地縐粟罽とは羽毛つきの織物、蒨絳とは茜《あかね》色の織物、紺青とは紺色の生地で、紺地句文錦はこれに曲線模様を入れた錦、細班華罽とはまだら模様入りの織物である。

また、当時の1両とは、キビ2400粒の重さと同じというから、正確にはどのくらいの重さか不明であるが、一説によると14g余りであったともいわれる。これが正しければ、8両とあるから、約100g余りの金をもらったことになる。現在の価格に換算すると、50万円近くにもなる。

また、5尺刀は、三品彰英《みしなしょうえい》氏によると、佐賀県三津永田の弥生式後期の甕棺《かめかん》から発見された長さ50.25cmの素環頭大刀《そかんとうたち》のような刀を指すのであろうという。

そして、銅鏡100枚と真珠（顔料の真朱の間違いという説もある）などをすべて包装して、難升米と牛利に託したので、彼らが帰国したら詔書と照らし合わせて、間違いがないかどうか確認してから受け取るようにというのである。

幻に終わった倭国への援軍要請

軍旗に託された真の狙い

景初2年に使者として魏に派遣された難升米が倭国へと戻ってきたのは、それから9年も経ってからであった。そのとき多くの下賜品とともに持ち帰ったのが、魏の権威の象徴である軍旗であった。

実際に下賜されたのは1年後

前項において、明帝《めいてい》が卑弥呼《ひみこ》に金印紫《きんいんし》綬《じゅ》を授けるとした件に関してであるが、実はすぐ実行に移されることはなかった。景初《けいしょ》2年12月に明帝が突如病に倒れたため、朝廷内の諸公事が一時停止されたからである。翌年の正月に明帝が崩御。1年間は服喪の期間にあたるので、景初3年も実行されることなく、喪が明けたその翌年、斉王《せいおう》の正始《せいし》元年を迎えて、ようやく明帝の詔書に記された金印紫綬や下賜品が、卑弥呼のもとに届けられるようになった。それを記したのが以下の文面である。

「正始元年、太守・弓遵《きゅうじゅん》は建中校尉・梯儁《ていしゅん》等を遣わし、詔書、印綬を奉じて倭《わ》国《こく》に詣《いた》り、倭王に拝仮し、并《なら》びに詔を齎《もたら》し、金、帛《はく》、錦、罽《けい》、刀、鏡、采物《さいぶつ》を賜う。倭王、使いに因りて上表し、恩詔に答謝す。其の四年、倭王は復使いの大夫・伊声耆《いせいき》や掖邪狗《ややこ》等八人を遣わして、生口、倭錦、絳青縑《こうせいけん》、緜衣《めんい》、帛布《はくふ》、丹木《たんぼく》弣《ゆづか》短弓、矢を上献す。掖邪狗等、壱《みな》、率善中郎将の印綬を拝す。其の六年、詔して倭の難升米《なそめ》に黄幢《こうどう》を賜い、郡に付して仮授せしむ。其の八年、太守・王頎《おうき》官に到る。倭の女王・卑弥呼、狗奴国《くぬこく》の男王・卑弥弓呼《ひみここ》と素《もと》より和せず。倭の載斯《さいし》、烏《う》越《えつ》等を遣わして郡に詣り、相攻撃する状《さま》を説く。塞曹掾史《さいそうえんし》の張政《ちょうせい》等を遣わし、郡に因りて詔書、黄幢を齎《もたら》し、難升米に拝仮し、檄《げき》を為《つく》りて之に告喩《こくゆ》せしむ」(正始元年。太守弓遵遣建中校尉梯儁等。奉詔書印綬。詣倭国。拝仮倭王。并齎詔。賜金。帛。錦罽。刀。鏡。采物。倭王因使上表。答謝恩詔。其四年。倭王復遣使大夫伊声耆掖邪狗等八人。上献生口。倭錦。絳青縑。緜衣。帛布。丹木弣短弓。矢。掖邪狗等。壹拝率善中郎将印綬。其六年。詔賜倭難升米黄幢。付郡仮授。其八年。太守王頎到官。倭女王卑弥呼与狗奴国男王卑弥弓呼素不和。遣倭載斯。烏越等詣郡。説相攻撃状。遣塞曹掾史張政等。因齎詔書。黄幢。拝仮難升米。為檄告喩之)。

魏の権威を示す軍旗を下賜

これによると、帯方郡《たいほうぐん》太守・弓遵は、建中校尉・梯儁らを遣わして、詔書と印綬を持たせて倭国にいかせたとある。使者は倭国に至って倭王に謁したというが、これは卑弥呼のことか、あるいはその弟であったかと思われる。卑弥呼は、この帯方郡の使者に上表文を託し、斉王に対して謝辞を述べ、その3年後に再び大夫・伊声耆や掖邪狗ら8人を遣わして、生口のほか、倭錦、絳青縑(赤青色の絹布)、緜衣(綿衣)、帛布(織物)、丹木𤝔短弓(装飾を施した短弓)、矢を献上している。これに対して掖邪狗らは、前回の難升米同様、率善中郎将の印綬を授かっている。景初2年に洛陽《らくよう》へとやってきた難升米は、その後も帯方郡にとどまったままであった。正始6年(245)になって、黄幢という、軍を指揮するときに用いられる旗を下賜されたというが、このころ、帯方郡は高句麗《こうくり》や韓《かん》、濊《わい》などから攻撃されていたため、彼らを征圧するために与えられようとしたものであると思われる。栗原朋信《くりはらとものぶ》氏も、この黄幢が倭国にもたらされようとした当初の目的が、朝鮮半島の漢《かん》族を南北から攻撃することにあったと見ている。245年といえば、まだ呉《ご》の孫権《そんけん》が存命中で、蜀《しょく》では名丞相・蒋琬《しょうえん》が国勢を維持していた時代である。呉、蜀と三つ巴の戦いに明け暮れていた魏《ぎ》にとって、高句麗にのみ大軍を集中させるわけにはいかなかった。東海からの援護が得られれば、それだけ投入すべき兵力を削減できるとの思惑があったのだろう。

しかし、実際には倭国に対して、援軍を要請されることはなかった。その理由は明らかではないが、246年に高句麗はすでに毌丘倹《かんきゅうけん》によって征圧されてしまったため、その必要がなくなってしまったからと見ることもできる。

実際に黄幢が倭国にもたらされたのは正始8年(247)のことで、それまで帯方郡にとどめ置かれたままであった。狗奴国の男王・卑弥弓呼と交戦状態であったことを、帯方郡の太守・王頎に報告すると、張政らを遣わして取り急ぎ黄幢を難升米に持って帰らせたのである。この当時、卑弥呼は狗奴国の男王と対立して戦火を交えていたのであるが、その情報が魏にもたらされたため、急遽、魏の象徴ともいうべき黄色い旗を持ち帰らせたのだと思われる。この権威ある軍旗を掲げることによって、魏の威厳を示し、その威光によって狗奴国との戦乱を収めさせようという配慮であった。

高句麗討伐戦

238年に襄平《じょうへい》において公孫淵《こうそんえん》を討ち取ると、その北東に隣接する高句麗《こうくり》の王・位宮《いきゅう》が幽州《ゆうしゅう》北部を盛んに攻撃するようになってくる。このころ、いったんは閑職に就かされ実権を奪われていた司馬懿《しばい》であったが、高句麗侵入に怯えた曹芳《そうほう》から要請されて、討伐の指揮を命じられている。246年、司馬懿は毌丘倹《かんきゅうけん》に命じて高句麗討伐の軍を向かわせるのである。兵1万を率いて玄菟《げんと》を出発した毌丘倹は、沸流水《ふつりゅうすい》(鴨緑江《おうりょくこう》)のほとりで高句麗王・位宮の兵2万と遭遇して大会戦となった。毌丘倹は丸都山《がんとさん》に登って、そこから麓に向かって盛んに攻撃を仕かけて都を陥落させ、高句麗鎮圧に成功するのである。

敗戦の責務を負って殺害されたという説も

卑弥呼の死

卑弥呼は狗奴国との戦いの最中に死んだ。しかし死因は、自然死なのか、病死なのか、戦死なのか、不明なままである。一説には、敗戦の責務を負わされて殺害されたとの説もある。

「卑弥呼、以て死す」

男王・卑弥弓呼《ひみここ》との戦いの最中に、卑《ひ》弥呼《みこ》は突然、死んでしまう。それを「魏《ぎ》志倭人伝《しわじんでん》」は「卑弥呼、以て死す」(卑弥呼以死)のわずかな一文だけで終えている。自然死なのか戦死なのか、一切その死因すら記載することなく、次なる文節に移っていくのである。この極めて短い文面だけを手がかりに、卑弥呼の死に関する謎を解き明かすしかないのである。

「以て」か「以に」か?

ここで気になるのが、「以死」の読み方と意味である。本居宣長《もとおりのりなが》らはこれを「以《もっ》て死す」と読み、内藤湖南《ないとうこなん》氏らは「以《すで》に死せり」、伊瀬仙太郎《いせせんたろう》氏らは「死せるを以《もっ》て」と読む。

「以《もっ》て死す」という場合の「以て」は強調の意を表し、その死が突然で意外なものであったことを予測させる。これに対して「以《すで》に」の場合は、この時点より前に死んだことを意味するが、この一文以前に卑弥呼の死に関する記述がなにもないうえで、いきなり卑弥呼は「以に死んでいた」と記すのは、文脈上違和感がある。また、「死せるを以《もっ》て」とすれば、卑弥呼は単に「死んだので墓を作った」の意となり、ますます素っ気ない一文になってしまう。一般的には「以《もっ》て死す」と読まれることが多い。

卑弥呼は敗戦の責を負って殺害された

しかし、この「以て」を単に強調の意としてだけでなく、「〜によって」や「こうして」というように、その前句が原因となって、そのために死んだととらえれば、卑弥呼の死の原因をその前句に見つけることができる。前句とは、前項に記した「魏志倭人伝」の最後の一句「檄《げき》を為《つく》りて之に告喩《こくゆ》せしむ」(為檄告喩之)である。「張政《ちょうせい》らが檄を作ってこれを告喩(諭し告げること)したので卑弥呼は死んだ」と、張政の檄をその原因と見ることもできるのである。この説を唱えたのは、作家・松本清張《まつもとせいちょう》氏である。松本氏は、その理由を、女王国が狗奴国《くぬこく》との戦いに敗れたその責任を卑弥呼に負わせ、死をもって償わせたというのである。女王国連合の諸部族の首長たちが集まって、「敗戦の責めを卑弥呼に帰し、まさにこれを殺すべしと一致していい合わせた。難升米《なそめ》はこの決定を帯方郡《たいほうぐん》特使の張政にいい、張政は郡の権威によってその旨を卑弥呼に檄にして送り、喩《さと》し告げた。よって卑弥呼はそれを受けて死んだ(殺された)のであろう」というのである。

王が敗戦など失政の責を負って殺されるというのは、実は特別なことではない。「魏志倭人伝」の「夫余伝《ふよでん》」にも、その一例が記されている。ここでは、天候不順などによって五穀が実らなかったときには、その咎は王にあるとされて、王は退位させられたり、あるいは殺されたりすることが常であったと記している。

また「魏志倭人伝」には、持衰《じさい》という特異な風習があったことも記している。それによると、倭人が中国に往来する場合、ひとりの者を選んで髪の毛もとかさず、しらみも取らず、衣服は汚れたままで、肉も食べず、婦人も寄せつけず、喪中のようにさせる。旅が無事であれば、その者には財物が与えられるが、もし病人が出たり災害に遭ったりすれば、その者は殺されるというのである。ことの責務をひとりの人間の死によって償わせようとする風習が、古くから倭国にあったことからすれば、卑弥呼が敗戦の責務を負って殺されたとしても不思議ではないのだ。

樋口氏の卑弥呼殺害説

考古学者の樋口清之《ひぐちきよゆき》氏が著した『女王卑弥呼の謎』には、北九州で発掘された甕棺《かめかん》のなかに、お腹に矢を何本も突き刺した老婆の遺骸が出土したことが記されている。同氏はこれを、霊力がなくなったために殺害された女性だったと見ている。古代の日本人の信仰として、この女性のように、霊力がなくなった女性を殺害することによって、より強力な霊力を持った女性が現れるという認識があったことを示している。「自分自身がこの世で目的を達せられずに死んでいかなければならないというときに、残忍な方法で自分を殺すことによって、次の世界で、より有力に、より強く表現されて、魂の力で目的を果たせる」というのである。この視点に立って、卑弥呼は自然死ではなく他殺であると断定する。この説が正しいとすれば、卑弥呼はかなり残忍な方法で殺されたとも考えられる。

殉葬者の存在が卑弥呼の謎を解く鍵

卑弥呼の墓

「魏志倭人伝」に記された「径百余歩」という卑弥呼の墓は、145m以上もの巨大な円墳であった。殉葬者がいたという記事からも、卑弥呼と大和王朝との関連性が浮かんでくるのである。

卑弥呼の墓は高冢ではない

卑弥呼《ひみこ》の死因に関しては、自然死なのか殺害されたのか、いまだ不明のままであるが、卑弥呼が死亡したあとに大きな冢《つか》(墓)が作られたことが、「大いに冢を作る。径は百余歩。殉葬する者、奴隷百余人なり」(大作冢。径百余歩。殉葬者奴卑百余人)という、これまた短い一文で紹介されている。その墓の大きさや形は「径百余歩」の4文字から推察するほかはない。

では、まず冢とはどういうものなのか考察してみよう。この冢に関しては、「魏志倭人伝《ぎしわじんでん》」の倭の人々の暮らしぶりを紹介した記事のなかにも登場する。それは「人が死ぬと、棺に収められるが、槨《かく》はなく、土を封《ほう》じて冢を作る」(其死有棺無槨。封土作冢)とある。遺体は、槨はなく、棺に入れられて直接土中に収め、その上に土を盛ったものが冢だというのである。槨とは、棺が直接土に触れることを避けるために使用された外箱のことで、中国では一般的であったが、倭国では使用されていなかったようである。ただしこれは民衆の墓のことだから、権力者の墓と同一視はできないが、遺体を棺に入れて、その上に土を覆いかぶせただけの墳墓が一般的であったと思われる。

これに土をより高く盛り上げたものが高冢であるが、松本清張《まつもとせいちょう》氏は、弥生時代(紀元前10世紀中ごろ～3世紀中ごろ)には高冢はなく、これが見られるようになるのは4世紀に入ってからとして、「卑弥呼の墳墓が封土を高く盛った高冢であるはずがない」と断定している。松本氏の説が正しければ、247～248年ごろに死んだと見られる卑弥呼の墓は、その死の直後に作られたとしたら、高冢ではないということになる。ただし、権力者の巨大な墓を作るには数十年かかることも珍しくないということを考慮すれば、卑弥呼の墓の完成が4世紀初頭となることも、あながちありえない話ではない。

「径」は円墳を予測させる字

次に、「径百余歩」がどのようなものなのか検証してみることにしよう。「径」とはさしわたし、つまり円の直径のことだから、墓自体が円墳であったと見るのが自然である。ただし、前方後円墳など、円墳と方墳を組み合わせた墳丘も、円墳を主要墓と考えれば、円墳の一種と考えられなくもない。

ちなみに道教においては、円は天空を、方は大地を表すという。天を祀る円丘(天壇)と、地を祀る方丘(地壇)のふたつを組み合わせて前方後円墳が考案されたという説もある。

卑弥呼の墓は直径145m以上

次に「百余歩」というのが、実際にはどのくらいの長さを示したものなのか考えてみたい。当時の中国の度量衡《どりょうこう》によれば、1歩は6尺(1尺は24.12cm)というから、145cmほどである。とすれば、100余歩とは145m以上ということになる。直径145m以上の円墳あるいは前方後円墳という巨大な墓は、畿内大和にしか見あたらないため、畿内大和論者はこの数値をもって、邪馬台国を畿内大和に比定しようとする。後円部分の直径が156mという箸墓《はしはか》古墳などは、まさにこの記述にピッタリあてはまるというわけである。

これに対して古田武彦《ふるたたけひこ》氏は、300歩を1里とする『孔子家語《こうしけご》』や『穀梁《こくりょう》』などに記された数値から、1歩を25～30cmと見て、この100余歩を25～30m余りであるとしている(松本清張氏などは、この数値は大きいという意を記すだけで実数ではないと見ている)。

「径百余歩」に続いて、奴婢100余人が殉葬されたと記されている。殉葬の風習に関しては、『日本書紀』「垂仁《すいにん》天皇紀」28年の条に、殉葬の風習があったことが記されている。垂仁天皇が殉葬者の泣きわめく声を聞いて心を痛めたため、以後、この風習を取りやめさせたという。野見宿禰《のみのすくね》が埴輪を考案して天皇に献上したと記されているところからも、殉葬の風習があったことは確かなようである。卑弥呼が大和王朝ゆかりの人物だとすれば、この殉葬の風習がまだ残っていた時代、つまり垂仁28年(『日本書紀』の編年によると紀元前2年になるが、実際には239～272年前後のいずれかと思われる)以前に死んだということになる。この垂仁28年の実際の年数を239年からの数年間とすれば、卑弥呼が死んだ247～248年という数値と符合しづらくなる。とすれば、卑弥呼は大和王朝に属する人物ではないと見ることもできるのである。この説を証明するためには、垂仁28年の絶対年数を正確に知る必要があるが、その数値はまだ確定していない。

また、卑弥呼の墓を比定する場合、100人もの殉葬者の遺骨がその墓の近くから出土することも比定の条件ともいえるが、今のところ、その候補地と見られている箸墓古墳にも吉野ヶ里《よしのがり》遺跡にも、その痕跡はない。今後の発掘成果が期待されるところである。

倭迹迹日百襲姫命の墓ともいわれる箸墓

日本各地の古墳

日本全国にある古墳を大きい順に並べると以下のようになる。巨大な古墳が多いのは大阪府と奈良県で、九州でベスト50に入っているのはわずか1か所だけである。

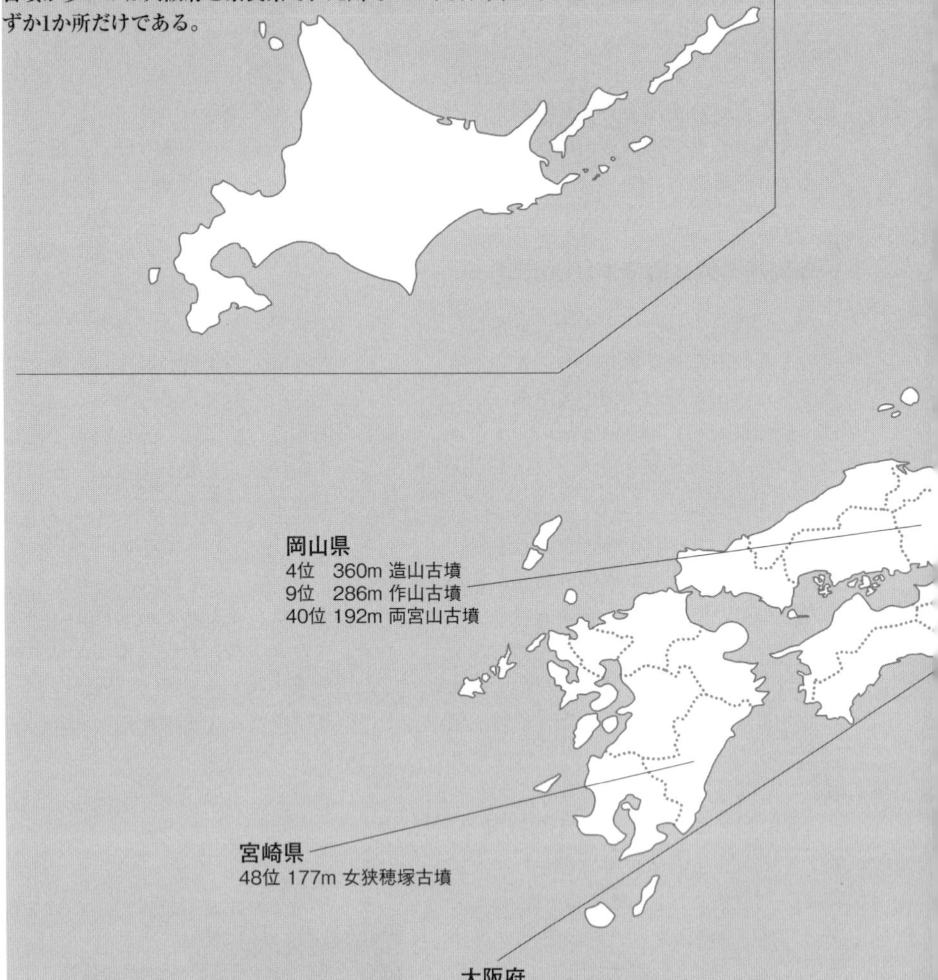

大阪府

1位　486m 仁徳天皇陵
2位　420m 応神天皇陵
3位　365m 履中天皇陵
5位　335m 河内大塚古墳
8位　288m 土師ニサンザイ古墳
9位　286m 仲ツ山古墳
18位 238m 仲哀天皇陵
20位 227m 継体天皇陵
20位 227m 允恭天皇陵
23位 224m 墓山古墳
30位 208m 津堂城山古墳
32位 205m 西陵古墳
34位 200m 摩湯山古墳
41位 190m 今城塚古墳
41位 190m 前ノ山古墳
45位 186m 百舌鳥御廟山古墳
50位 172m 淡輪ニサンザイ古墳

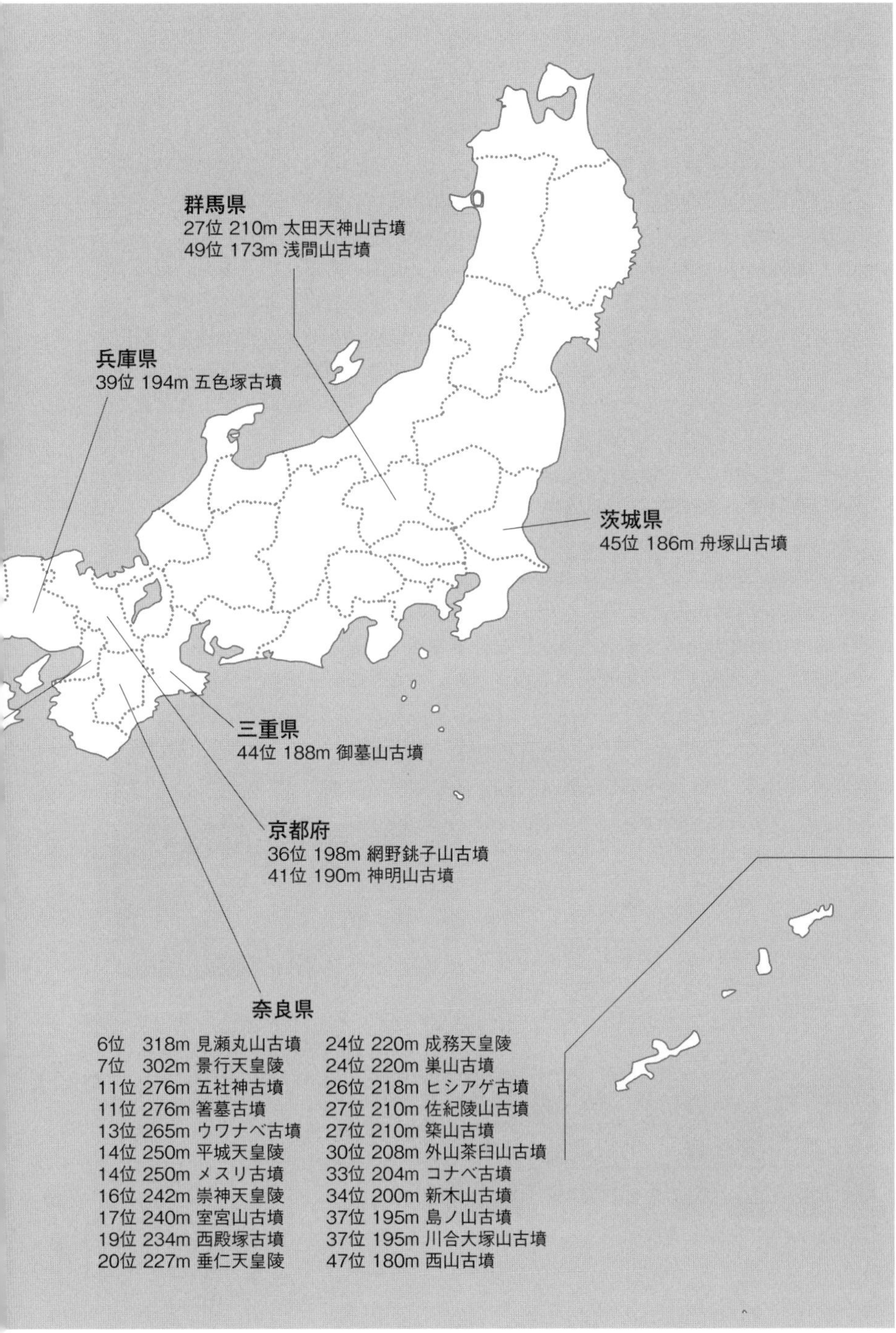
群馬県
27位 210m 太田天神山古墳
49位 173m 浅間山古墳
兵庫県
39位 194m 五色塚古墳
茨城県
45位 186m 舟塚山古墳
三重県
44位 188m 御墓山古墳
京都府
36位 198m 網野銚子山古墳
41位 190m 神明山古墳
奈良県
6位 318m 見瀬丸山古墳
7位 302m 景行天皇陵
11位 276m 五社神古墳
11位 276m 箸墓古墳
13位 265m ウワナベ古墳
14位 250m 平城天皇陵
14位 250m メスリ古墳
16位 242m 崇神天皇陵
17位 240m 室宮山古墳
19位 234m 西殿塚古墳
20位 227m 垂仁天皇陵
24位 220m 成務天皇陵
24位 220m 巣山古墳
26位 218m ヒシアゲ古墳
27位 210m 佐紀陵山古墳
27位 210m 築山古墳
30位 208m 外山茶臼山古墳
33位 204m コナベ古墳
34位 200m 新木山古墳
37位 195m 島ノ山古墳
37位 195m 川合大塚山古墳
47位 180m 西山古墳

史跡 宇佐《うさ》

大分県宇佐市を邪馬台国《やまたいこく》に比定するのは、高木彬光《たかぎあきみつ》氏や鷲崎弘朋《わしざきひろとも》氏などである。高木氏は、糸島《いとしま》半島はその昔は島であったとして、これまで定説と思われていた伊都国《いとこく》＝糸島半島説を否定し、伊都国＝北九州市、奴国《ぬこく》＝中津市として、不《ふ》弥国《みこく》および邪馬台国を宇佐市にあったと見ている。

また鷲崎氏は、伊都国＝三雲《みくも》、奴国＝須玖《すぐ》、不弥国＝宇美《うみ》、投馬国《とうまこく》＝防府《ほうふ》とするなど、途中の比定地は異なるものの、邪馬台国＝宇佐説には同調している。

宇佐市には、全国の八幡宮の総本宮である宇佐神宮があるが、その神宮が鎮座する小倉山《おぐらやま》が、まさに「魏志倭人伝《ぎしわじんでん》」に記された卑弥呼《ひみこ》の墓の「径百余歩」に匹敵する大きさであるところから、前述の高木氏はこれを卑弥呼の墓であると見ている。

宇佐神宮に祀られているのも、第1殿が八幡大神《はちまんおおがみ》で、第2殿が比売大神《ひめのおおかみ》、第3殿が神功《じんぐう》皇后で、第3殿の下に石棺があったことも確認されている。

さらに、宇佐神宮の東には、百体社《ひゃくたいしゃ》という名の社もあるが、これは言い伝えによると大和王朝によって征圧された隼人《はやと》の霊を慰めるために建てられたとされているが、「魏志倭人伝」に記された、卑弥呼の死とともに殉葬された100人の奴婢の墓を予感させる名前でもある。宇佐神宮の北にある宇佐風土記の丘にある赤《あか》塚《つか》古墳は、九州最古の前方後円墳であるともいわれ、これを卑弥呼の墓とする説もある。

1年間に大小合わせて150近くもの祭典が行われる

全国に4万社もある八幡神社の総本宮で、八幡大神、比売大神、神功皇后を祀っている

※写真：宇佐市観光協会所有

わずか13歳で担がれた乱世の女王

台与の登場

卑弥呼の宗女であった台与は、わずか13の歳で王となって倭国を治めていく。しかし、大夫を帯方郡に遣わしたところで、倭人の条の幕が下りる。台与を誰に比定するべきかは、今なお不明のままである。

台与は卑弥呼の宗女

卑弥呼《ひみこ》の死以降の倭国《わこく》の動向を見てみよう。「魏志倭人伝《ぎしわじんでん》」には「続いて男王を立てたが国中が服さず、互いに殺し合うようになり、千余人もが殺されたという。そこで再び、卑弥呼の宗女であった台《と》(壹《いち》)与《よ》という十三歳の少女を立てて王としたところ、国中がやっと治まった。張政《ちょうせい》らは、書を以て台与を励ますと、台与は倭の大夫で率善《そつぜん》中郎将・掖邪狗《ややこ》ら二十人を、張政らの帰国に伴って帯方郡《たいほうぐん》に派遣している。掖邪狗らは洛陽《らくよう》にいき、男女の生口《せいこう》三十人を献上し、白珠《はくしゅ》を五千孔、青い大句珠を二枚、異文《いもん》の雑錦《ざっきん》二十匹を献貢した」(更立男王。国中不服。更相誅殺。当時殺千余人。復立卑弥呼宗女台(壹)与年十三為王。国中遂定。政等以檄告喩台与。台与遣倭大夫率善中郎将掖邪狗等二十人。送政等還。因詣壹。献上男女生口三十人。貢白珠五千孔。青大句珠二枚。異文雑錦二十匹)と記している。

13歳は巫女としての適齢期!?

卑弥呼の死後に立てられた男王というのが誰なのかは不明であるが、この時点で、祭祀の主宰者であった聖なる女性と、俗世を支配する男性との権力2重構造が、一時中断されたことになる。その男王に対して誰もが服さず、そのため再び各国の主権者たちが集まって、やはり卑弥呼の同族の女性を擁立するのがいいとの結論に達したようである。卑弥呼の場合と同様、おそらく台与にも、弟か兄あるいはそれに近い男性が、実権者として君臨したことであろう。ここに記された宗女というのは、正統な血縁関係にある娘のことを意味しているが、卑弥呼には子供がいなかったので、台与はおそらく卑弥呼の姪にあたる人物であったと思われる。

ちなみに、この台与の「台」の字は、邪馬台国の「台」と同様、「魏志倭人伝」には「壹」と記されている。これはP.63でも記したように、本来なら「壹」とすべきところではあるが、ここでも通説に従って、便宜上「台」としていることをつけ加えておく。

それにしても、わずか13歳の少女がいきなり30か国の連合国の女王に選ばれたというのは、一般的には尋常でないように思われる。しかし、彼女が巫女《みこ》という聖職者であったことを踏まえて考えてみると、むしろこの年齢こそが、その職に就くのにふさわしいといえるのかもしれない。卑弥呼が倭国の女王に擁立された184年時点で、卑弥呼は「年已長大」と記されているが、これは結婚適齢期をすでに過ぎて久しいと見ると同時に、巫女としての就任適齢期も逸していたと見るべきであろう。台与の年齢が適齢期とすれば、卑弥呼が女王に選ばれた年齢は、おそらく20歳を優に過ぎていたと考えるべきであろう。仮に卑弥呼が20代半ばで女王になったとすれば、彼女の生誕は160年前後となり、死亡した(247～248年頃)のは、90歳近い年齢のころだったと予測することもできるのである。

台与は豊鍬入姫命か 万幡豊秋津師比売か

13歳で女王となった台与は、おそらく幼いころから卑弥呼に巫女としての心構えを叩き込まれ、卑弥呼の鬼道を受け継ぐ者として、卑弥呼やその周囲から認知されていたとも思われる。

では、台与というのはいったい誰のことを指すのだろうか？　その名を『日本書紀』に記されたいずれかの人名に比定することができるのだろうか？　台与の和名をそこに見出すことができれば、卑弥呼の比定も容易になるはずであるから、台与の人物比定にも熱が入るのである。

卑弥呼を倭姫命《やまとひめのみこと》に比定する内藤湖南《ないとうこなん》氏は、台与を豊鍬入姫命《とよすきいりびめのみこと》であると『卑弥呼考』に記している。しかし、これはおかしな話である。豊鍬入姫命は10代・崇神《すじん》天皇の皇女で、倭姫命は11代・垂仁《すいにん》天皇の皇女、景行《けいこう》天皇の妹である。つまり内藤氏のいうように卑弥呼が倭姫命だとしたら、豊鍬入姫命はその叔母にあたるわけで、それを宗女・台与に比定するというのはどう見ても道理に合わない。しかも、内藤氏は豊鍬入姫命を台与に比定するにあたって、台与の読みが豊と同じであることを比定材料のひとつにしているが、もし台与の「台」の字がもとの「壱(壹)」であったとした場合には、この説は否定されることになる。いずれにしても、卑弥呼＝倭姫命と台与＝豊鍬入姫命が同時に比定される可能性は薄い。

また、安本美典《やすもとびてん》氏は神話物語のなかに登場する万幡豊秋津師比売《よろずはたとよあきつしひめ》に比定しているところがユニークである。彼女は思兼《おもいかねの》神《かみ》の妹で、天照大御神《あまてらすおおみかみ》の息子・正勝吾勝《まさかつあかつ》勝速日天之忍穂耳命《かちはやひあまのおしほみみのみこと》の妻である。安本氏は卑弥呼を天照大御神に比定しているから、その義理の娘である万幡豊秋津師比売を台与に比定することは考えられなくもない。しかし、夫(素戔嗚尊《すさのおのみこと》。弟でもあった)と子のいた天照大御神を、「夫婿《ふせい》なし」である卑弥呼に比定することの違和感をまず取り除かなくては、万幡豊秋津師比売＝台与説は成り立たない。

台与が洛陽へ朝貢

「魏志倭人伝」は、台与が王となって国が治まったと記したあと、帯方郡から特使として派遣されていた張政らの動向を伝えている。彼は、この倭国の乱が終結するのを見届けてから、帰国の途に着いた(その年は、250年とも266年ともいわれる)のであろう。張政の帰国に伴って、台与は掖邪狗ら20人を帯方郡に派遣して、生口、白珠孔(真珠)、青大句珠(青いヒスイの勾玉《まがたま》)、異文雑錦(文様が異なる種々の絹織物)などを携えて、洛陽へと向かったというのである。

第3章 邪馬台国の生活

邪馬台国の生活

「魏志倭人伝」には倭国の人々の住まいの具体的な構造は記されていないが、おそらく竪穴式住居に、母と子、祖父、祖母がともに暮らしていたと思われる。一夫多妻の記述もあるところから、夫は通ってきたと見ることもできる。

邪馬台国の生活 ―― プロローグ

「魏志倭人伝」に記された倭人の人々は、身分にかかわらず皆入れ墨をし、冬夏にかかわらず生野菜を食べ、裸足で暮らしていたという。まるで南国のような気候である。人々の性格も穏やかで、盗みもせず訴訟沙汰もなく、皆長寿であったと褒め称えるなど、陳寿は倭人をかなり好意的にとらえている。

孔子も称えた徳の高い国

儒教道徳を重んじる陳寿《ちんじゅ》にとって、孔子《こうし》が筏を浮かべてでもいきたいと願っていた倭人《わじん》の存在は、やはり特別なものであった。正史『三国志』を記すにあたって、ほかの国々の条ではさほど詳しく記してこなかった人々の暮らしぶりに関して、倭人の条においては、ほかとはくらべものにならないほどの誌面を割いて、詳しく解説している。集落の様子や住まい、衣服、食生活、特産品などのほか、各種儀礼や習俗に至るまで、こと細かにその実体を記すのである。しかも、淡々と事実だけを羅列していくのが特徴的な陳寿にしては珍しく、まるで見てきたような臨場感までをも感じさせるのである。

加えて、倭人の人柄に関しても、他国よりかなり好意的にとらえている。高句麗《こうくり》の人々は「性格が荒々しく気が短で、好んで侵入略奪を働く」といい、韓《かん》の人々は「上着だけでほとんど裸と変わらない」、楽浪《らくろう》や帯方《たいほう》から遠く離れたところに住む者たちは「囚徒や奴婢が集まっているような状態で、礼儀や習わしをわきまえることがない」など、散々にこき下ろすのに対して、倭人の人々は、「長生きをし、婦人たちは身持ちがしっかりとしていて嫉妬することもない」というだけでなく、「盗みもせず、訴訟沙汰も少ない」と褒めちぎるのである。

南方系の習俗

陳寿が記した倭人の暮らしぶりに関して、最初に記されたのは、「男子は大小となく皆黥面文身《げいめんぶんしん》す」の一文である。身分の上下にかかわらず男子は皆入れ墨をしていたというが、これは明らかに南方海洋民族の流れを汲む習俗である。そのあとに記された女性が纏《まと》う貫頭衣《かんとうい》も、北方ユーラシア地方には見られないことが知られている。

「倭の土地は温暖で、冬夏にかかわらず生野菜を食べ、誰もが裸足である」と記すところからすれば、温帯地方というより、むしろ亜熱帯地方に近い地域であったことが推測されるのである。こうして見ると、風俗記事からも邪馬台国の比定地をある程度、絞り込むことも可能なのである。

その後、住居内で父母兄弟が寝床や居間を異にすることを記したあと、化粧、墓、葬儀に関する記事を簡潔に記し、持衰《じさい》と呼ばれる特殊な習俗にも触れている。さらに、真珠や青玉などの特産品を紹介したあと、骨を灼いてその割れ目を見る占いのこと、大人《たいじん》や敬う人に出会ったときにはひざまずく代わりに拍手をしたという、現代の日本人が見てもかなり特異と思える習俗があったことを伝えている。

そして、倭人の人々は100歳だとか80～90歳の者も多く、皆長生きであると記すのである。年齢に関しては、陳寿は倭人が2倍年歴を採用していたことまでは気がつかなかったらしい。実際にはその半分だから40～50歳である。当時の中国とくらべても、さほど変わらないか、むしろ短命であったとも思えるのである。

今後の研究成果に期待

このように、「魏《ぎ》志《し》倭《わ》人伝《じんでん》」に記された倭人の暮らしぶりは、現代人から見てかなり特異なものであったことがわかる。南方系の習俗が目立つこの人々が、大和王朝支配下の人々とどう結びついていくのかも大変興味深い問題であるが、残念ながらいまだその経過に関しては、はっきりとしたことがわからないというのが現実である。文献史学だけでなく、考古学や民俗学、あるいは言語学などさまざまな分野において、さらなる研究が進んで明快に語られる日がくることを待ち望みたい。

南方海洋民族特有の習俗

入れ墨

3世紀前後の倭人は身分に関係なく、皆全身に入れ墨をしていたという。それは海に潜るときに、大魚に襲われないようにするためだった。それが次第に飾りとなって、さまざまな模様が施されるようになったと記されている。

全身に施された入れ墨

「魏志倭人伝《ぎしわじんでん》」では、邪馬台国《やまたいこく》への行程記事に続いて、倭国《わこく》の人々の暮らしぶりに関しても詳細に記している。その冒頭に記されているのが、入れ墨に関してである。当時の中国人にとって、全身に施された入れ墨の印象がよほど大きかったに違いない。その記載内容は実に詳細である。

「男子は皆、大小の身分の差に関係なく入れ墨をしている。古くから倭の使者が中国にくると、皆大夫《たいふ》と称している。夏《か》の皇帝・少康《しょうこう》の子が会稽《かいけい》に封じられたとき、断髪して入れ墨をして蛟龍《こうりゅう》の害を避けた。今、倭の水人が水に潜って魚や蛤を獲るのに入れ墨をするのは、大魚や水禽《すいきん》から身を守るためである。しかし、後にはこれは飾りにもなっている。諸国によって入れ墨の仕方が異なっている。或《ある》いは左に、また或いは右に、或いは大きくし或いは小さくし、また尊卑によっても差があった。帯方郡《たいほうぐん》からの道里を計算してみると、倭は会稽東治《とうち》(冶《や》)の東に位置している」(男子無大小。皆黥面文身。自古以来。其使詣中国。皆自称大夫。夏后少康之子。封於会稽。断髪文身。以避蛟龍之害。今倭水人好沈没捕魚蛤。文身亦以厭大魚水禽。後稍以為飾。諸国文身各異。或左或右。或大或小。尊卑有差。計其道里。当在会稽東治(冶)之東)。

大魚から身を守るための彫り物

まず、「男子は大小皆黥面文身《げいめんぶんしん》す」の文面から見ていこう。そのなかにある「大小」とは、大人も子供もというふうにとらえる説もあるが、松本清張《まつもとせいちょう》氏や吉岡郁夫《よしおかいくお》氏がいうように、身分の高低を表す意ととらえるのがよさそうである。つまり身分の上下に関係なく、誰もが皆、黥面文身、つまり顔から身体全体に入れ墨が施されていたというのである。

中国においても、夏(紀元前2070ごろ～紀元前1600年ごろ)の第6代皇帝・少康の子の時代に、水中の動物から危害を加えられるのを避けるために、断髪してさらに入れ墨していたことを記し、倭人の水人、つまり海に潜って魚や蛤を獲る人々が、大魚や水鳥から身を守るのと同じことであるというのである。しかし、今ではそれが次第に飾りとなって、大小さまざまな模様が施され、また身分の差によっても入れ墨の仕方に違いがあるのだと記している。

この入れ墨の風習は、大林太郎《おおばやしたろう》氏によると、ベトナムやラオス、ミクロネシアのヤップ島などでも盛んに行われていたという。ベトナムの年代記によると、「14世紀になるまで、安南王《あんなんおう》は身体に竜の文身を施して、彼らが竜の血筋を引いていることを示していた」という。また、「身体にワニの文身を施して、ワニとの親縁関係を確立して、ワニに見逃してもらうように努めた」ともいう。ヤップ島の女性は下肢や手甲にサメの模様を描いているというが、それも「礁湖で泳いでいるとき、サメから襲われるのを防いでくれるから」だという。

「東冶」ではなく「東治」が正しいとの説

ところで、「魏志倭人伝」内に記された入れ墨の風習に関して、これを倭人の習俗と見るべきではないという識者(内《ない》藤湖南《とうこなん》氏、菅政友《かんまさとも》氏ほか)もいる。それは、『前漢書』「地理志」に記された「其君禹後帝少康之庶子云封於会稽文身断髪以避蛟龍之害」という一文が、ここに記された文面とそっくりだからである。この『前漢書』に記された習俗は、現在の浙江《せっこう》省から江蘇《こうそ》省の東岸沿いにあった会稽のもので、これをその東に位置する倭国にそのままあてはめてしまうというのはおかしいというわけである。

しかし、日本各地に先住していたアイヌ人には近年までこの習俗が残っていたし、顔に線刻《せんこく》が施された土面《どめん》が、熊本県秋永《あきなが》遺跡や、山口県綾羅木郷《あやらぎごう》をはじめ、京都府の森本《もりもと》遺跡、長野県柿ノ木《かきのき》遺跡など、日本各地から出土しているところからも、日本でも入れ墨の習俗が一般的であったことは確かなようである。

そして黥面文身の記事のあとに、突如、倭国の位置関係を示し、それが会稽東治の東方にあると締めくくるのである。これは古田武彦《ふるたたけひこ》氏によると、前文にある夏の少康が断髪文身によって水人たちの身の安全を図ったその治績を称え、その恩恵が倭国まで及んでいたことを示しているというのである。「魏志倭人伝」に記された「東治」を「東冶《とうや》」と読み替えて、現在の福建《ふっけん》省福州あたりにあった東冶のことを指していると見るのがこれまでの通説になっていたが、これは改め、原文通り「東治」と読むべきであろうともいう。

男は鉢巻き、女は貫頭衣

衣服と髪型

陳寿は倭人の身だしなみをきちんとしているといいながらも、男は鉢巻きと幅広の布を纏うだけ、女はザンバラ髪で穴を開けただけの貫頭衣をかぶるという、質素な出で立ちであった。

きちんとした身だしなみ

倭国《わこく》の男子は皆、特異な入れ墨を施していたわけだが、では、どんな服を着ていたのだろうか？　「魏志倭人伝《ぎしわじんでん》」では、入れ墨の記事に続いて、服装や髪型に関しても詳しく記している。それには、「倭人の風俗はきちんとしている。男子は皆髪を結い、木綿で頭を巻いている。衣服は横幅の広い布で結び束ねているだけで、ほとんど縫うこともない。婦人はお下げ髪にしたり束ねたりしている。衣服は単衣のように作り、中央に穿《あな》を開けて頭からかぶるようにして着用している」(其風俗不淫。男子皆露紒。以木緜招頭。其衣横幅。但結束相連。略無縫。婦人被髪屈紒。作衣如単被。穿其中央。貫頭衣之)とされている。

男は鉢巻きと幅広布を纏っただけ

まず、倭人の風俗は「不淫《ふいん》」であるとの印象から記し始めている。「淫」とは男女関係が乱れていることを示す言葉であるが、ここでは、単に「乱れる」と解釈したほうがよさそうである。「不淫」というから、きちんとしているという意味であろう。同じ「東夷伝」内に記された高句麗《こうくり》の条では、「淫乱《いんらん》」という語が出てくる。こちらも性的な意味合いを含まずに考えたほうがよさそうではあるが、その乱れ方はかなり強烈なイメージとして伝わってくる。また、挹婁《ゆうろう》の人々は不潔、韓《かん》の人々はほとんど裸同然など、陳寿《ちんじゅ》は歯に衣を着せぬものの言い方でこき下ろしている。それからすれば、「不淫」という言葉は、むしろ最大級とも思えるような褒め言葉である。

まず、男子の服装から紹介しているが、皆「露紒《ろけい》し、木綿で頭を巻いている」とある。「紒」には結ぶという意があるが、どのような形に結ぶのかは不明である。これを、両耳のところで髪を結わいた角髪《みずら》であると見る向きもあるが、この語だけでは判断がつきそうもない。『日本書紀』や『古事記』においても角髪の習俗が記されており、各地で出土する埴輪の髪型が角髪であるところから、倭国の男子の髪型も同様であると見ているようだ。

しかし、六朝《りくちょう》時代(222〜589年)に描かれた『職貢《しょくこう》図巻』に倭人の使者の姿が描

各地で出土した埴輪をもとに再現した弥生時代の人々の姿。男性の髪が両耳のところで結んだ角髪であるのが特徴的。

「魏志倭人伝」に記された衣服と髪型を再現した男女の姿。男性は髪を結って木綿で頭を巻いていたとある。衣服はほとんど縫うこともないような簡素なものであった。女性はお下げ髪で、貫頭衣をまとっていたとある。男女とも裸足であった。

かれているが、それを見ると角髪をしているようには見えず、鉢巻き姿のように見える。もし、倭人に角髪の習慣がなかったとすれば、畿内大和を中心とする大和朝廷の習俗とは異なることになり、邪《や》馬台国《またいこく》畿内説は成り立たなくなってしまう。

ちなみに「東夷伝」には、韓の人々は頭髪をぐるぐる巻きにしてなにもかぶらず、高句麗では、役人たちが後頭部に穴の開いた幘《さく》という頭巾を着けていたとも記している。

衣服に関しては、男子は幅の広い布をただ結び束ねているだけで、ほとんど縫うこともないというところから、インドネシアのバティックやインドのサリーのように、ただ1枚の布を腰巻き風に巻きつけただけのものだったかもしれない。

貫頭衣は南方系習俗

一方、女子の髪型は「被髪屈紒」と記している。「被髪《ひはつ》」とは髪を結ばないでザンバラ髪にしていること、「屈紒《くっけい》」とは髪を束ねることを表すから、髪を下げたり束ねたりするというだけである。

衣服は、単に穴を開けた布を頭からかぶった貫頭衣《かんとうい》だったというから、まさにポンチョそのものである。大林太郎《おおばやしたろう》氏によると、この貫頭衣というのは、日本では江戸時代まで喪服として広く用いられていたという。

また、正史『三国志』の呉志「薛綜伝《せつそうでん》」に、百越《ひゃくえつ》(ベトナム)の風俗に関して記載されているが、それによると、百越の人々は「髪を頭の上に束ねて素足で歩き、貫頭衣を左前に着ていた」とある。左前に交差していたというから、衣は一部切れ目があったようで、おそらく紐《ひも》で結んでいたものと思われる。

また宮本勢助《みやもとせいすけ》氏は、海南島《かいなんとう》や雲南《うんなん》地方およびカンボジアなどでも、貫頭衣が男女ともに着られていたことも指摘し、日本でもその昔は男女とも着用していたものと見ている。いずれにしても、この貫頭衣着用の分布エリアは東南アジアからオセアニアにかけてと見られ、北方ユーラシア東部にはほとんど見られないところから、南方系習俗であったことは間違いない。しかし三品彰英《みしなしょうえい》氏は、貫頭衣が各地で出土する埴輪には見られない点から、「5～7世紀にかけて盛行した我が人物埴輪において、男子は衣褌《きぬはかま》を、女子は衣裳形式の衣服を着し、貫頭単衣と本質的に系統を異にしているのは、北方系衣服の伝播を物語るものであり、騎馬習俗の受容とともに、服装文化の主流が南方系から北方系へと変容していった」と記し、南方系習俗の倭国が、5～7世紀になると北方系習俗に変容していった理由を、騎馬習俗の受容に求めているのは注目に値する。江上波夫《えがみなみお》氏が提唱した騎馬民族の倭人征服論(詳細はP.178を参照)を、まさに受容するものだからである。

稲作をはじめとする農産物の生産が中心

産業

3世紀前後の倭国では、稲、麻、絹、綿などの栽培が盛んで、織物の生産も行われていた。牛馬を農耕用に使用することもなく、機織機もまだ作られていない時代であった。

紀元前10世紀〜紀元前8世紀に稲作が伝来

衣服と髪型に関する記事のあとは、稲や麻、絹、綿などの栽培に関する記載が続く。「禾稲《かとう》と紵麻《ちょま》を種え、蚕桑《さんそう》、緝績《しゅうせき》し、細紵《さいちょ》、縑緜《けんめん》を出《い》だす。其の地には牛馬虎豹羊鵲《かささぎ》無し」(種禾。稲。紵。麻。蚕桑緝績。出細紵。縑。緜。其地無牛。馬。虎。豹。羊。鵲)というから、稲作以外にも、麻、絹、綿など、織物に使用される原材料の栽培も盛んに行われていたようである。

稲の栽培は、日本では弥生時代早期(紀元前10世紀〜紀元前8世紀)から行われていたことが確認されており(6000年前の縄文時代前期からと見る説もある)、その伝来ルートも、中国大陸から直接日本(北九州)へと伝えられた(従来説の遼《りょう》東《とう》半島から朝鮮半島を経由するルートは否定されつつある)もので、近畿への伝播は紀元前7世紀〜紀元前5世紀、関東へは紀元前4世紀〜紀元前2世紀ごろに伝わったと見られている。

当初は陸稲(熱帯ジャポニカ)による稲作が主流だったようだが、福岡県の板付《いたつき》遺跡や佐賀県の菜畑《なばたけ》遺跡などから、弥生時代早期の水田跡が発見されたことから、水稲(温帯ジャポニカ)も早い時期から作づけされていたことが確認された。

卑弥呼《ひみこ》の時代には、環濠《かんごう》集落において水路や堰《せき》、取排水口なども整備され、鍬や鎌などの農機具も使用されている。

また、紵麻や細紵など多種類の麻や、縑(絹)、緜(真綿)も栽培しているというから、それらを材料とした織物が作られていたことはいうまでもない。卑弥呼が明帝《めいてい》に献上した貢物のなかにも、倭綿《わきん》、紵青縑《こうせいけん》、緜衣《めんい》が記されているところからも確認できる。しかし、絹を使った機織機は3世紀の日本にはまだなく、5世紀に入って朝鮮や中国からの帰化人を通して製作されたと見る識者(小林行雄《こばやしゆきお》氏ら)もいるところから、これらの製品が品質の面で期待し得るようなものではなかったと推測される。

野生の牛馬はすでに存在していた

農作物の記事に次いで、牛、馬、虎、豹、羊、鵲など、倭国《わこく》に生息しない動物名が記されている。このうち、虎、豹、羊、鵲が日本に生息していなかったとい

●稲の伝来ルート

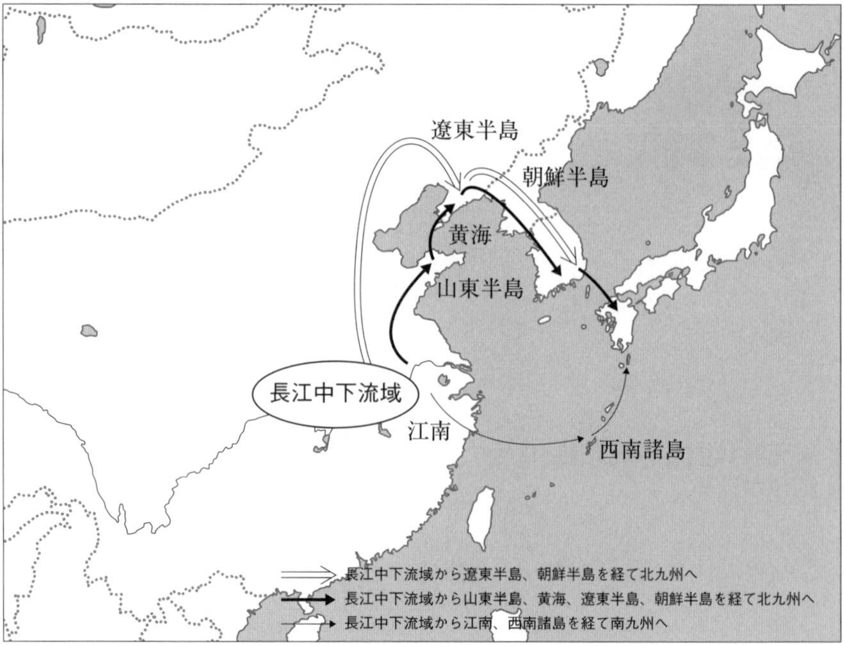
遼東半島
朝鮮半島
黄海
山東半島
長江中下流域
江南
西南諸島
長江中下流域から遼東半島、朝鮮半島を経て北九州へ
長江中下流域から山東半島、黄海、遼東半島、朝鮮半島を経て北九州へ
長江中下流域から江南、西南諸島を経て南九州へ

うのは納得できるが、牛、馬に関しては、『日本書紀』や『古事記』にその存在が記されており、各地の縄文時代の遺跡からも多数の牛馬の骨が出土しているところから、牛馬が生息していたことは間違いない。おそらく、魏《ぎ》の使者が倭滞在中にその姿を見ることがなかったというだけであろう。元来日本では、牛や馬を農耕用として使用することはなく、野生の牛馬を狩りの対象と見ていたようである。中国や朝鮮半島の国々(韓《かん》では葬送用に使用されていると「東夷伝」に記載されている)のように、乗馬用として利用されることもなかったため、日常生活において牛馬を目にする機会がなかったのであろう。

牛馬が乗馬用あるいは農耕用として盛んに使用され始めたのは、5世紀の中ごろからと思われる。八尾南遺跡(大阪府)や下田東遺跡(奈良県)、吉武遺跡(福岡県)などで、この時代の馬具などが発掘されたからである。

沖縄では3200年前に牛馬が渡来

ちなみに、沖縄への馬の伝来は、考古学者・多和田真淳《たわだしんじゅん》氏によると、3200年ほど前に華南《かなん》方面からすでに伝来していたという。伝来方法に関しては、邪馬台国《やまたいこく》=沖縄説で知られる木村政昭《きむらまさあき》氏が、サバニと呼ばれる刳船《くりぶね》を2〜3隻並べてくくりつけた船に載せて運んだのだろうと推測している。わざわざ船に乗せて運ぶくらいだから、当然、農耕用あるいは乗馬用として用いたはずであるが、この沖縄に伝わった馬が、倭国へ伝わったかどうかは不明である。

矛のありかが語る真実

武器

卑弥呼の死の直前、倭国は狗奴国との戦いで多くの死者を出してしまう。1000余人もの戦死者を出したというその戦いに使用された武器とは、いったいどのようなものだったのだろうか？

戦火にまみれる卑弥呼の晩年

陳寿《ちんじゅ》が「魏志倭人伝《ぎしわじんでん》」の終盤において、卑弥呼《ひみこ》の死後の戦乱に関しても、簡潔にその様子を記している。「更《さら》に男王立つるも、国中服さず、更《こも》ごも相誅殺《あいちゅうさつ》す。当時、千余人を殺す」(更立男王。国中不服。更相誅殺。当時殺千余人)という。卑弥呼が死んだあと、男王を立てたものの、国中が服さず、殺し合いが始まったというのである。そのときの死者は1000余人にも上ったというから、かなり激しい戦いだったようである。

明《みん》の景初《けいしょ》8年の条にも、卑弥呼が狗奴《くぬ》国《こく》の男王・卑弥弓呼《ひみここ》と長年にわたって抗争を繰り返していたことが記されている。卑弥呼が女王に共立された当初こそ安定した国政を司っていたものの、晩年には対外関係が悪化し、戦火にまみれることも多かったようである。

では、卑弥呼と仇敵の狗奴国との戦いにおいて、どのような武器が使用されていたのであろうか？　そのリストが、前項に登場する馬牛の記事のあとに記されている。

それには「兵には矛、楯、木弓を用う。木弓は下を短く、上を長くし、竹矢に鉄か骨の鏃《やじり》をつける。その習俗は儋《たん》耳《じ》、朱崖《しゅがい》と同じ」(兵用矛。楯。木弓。木弓短下長上。竹箭或鉄鏃。或骨鏃。所有無与儋耳。朱崖同)とある。短いながらも重要な内容を含んでいるので注視したい。

九州に多数出土する矛が示すものは？

まず、「矛、楯、木弓を用う」とある。矛は、長柄に両刃の剣に似た穂先を取りつけた武器で、槍が先細りで刺殺力に優れているのに対して、斬ることに主眼が置かれた形状を持つ武器である。右手で矛を持ち、左手で防御用の楯を持つというのが、一般的な使い方といわれる(槍は両手で使う)。

矛は、日本には紀元前3世紀ごろに大陸から伝来し、紀元前後にはすでに日本でも製造が開始されている。『日本書紀』や『古事記』に記された国生み神話において、伊邪那岐神《いざなぎのかみ》と伊邪那美神《いざなみのかみ》が天の浮橋に立って大地をかき混ぜたときに、使用したとされるのが玉で作られた矛である。青銅製から鉄製へと移行していくが、殺傷力の高い鉄槍が用いられるころには、青銅製の矛は実用性を失い、祭祀用として用いられるようになる。この青銅製矛が出土するのは、ほとんど北九州に集中しているというのは、邪馬台国《やまたいこく》の所在地を探るうえで重要な問題である。近畿圏には同じ青銅製の祭器として、中国の鐘を原型とする銅鐸《どうたく》が多数出土するところから銅鐸文化圏と呼ばれ、北九州を中心とする銅矛《どうほこ》文化圏との2大文化圏が存在していたことが知られている。つまり、矛が近畿にはあまり多く見られないということは、『日本書紀』や『古事記』に記された矛を手にする伊邪那岐神と伊邪那美神の神話は、北九州にあった王権に伝わる物語であった可能性が高いのである。

殺傷力の強い和弓を使用

三品彰英《みしなしょうえい》氏によると、楯は「片手で持って身を守る持楯と、地上に置いて身を守る置き楯の2種類に分類される」という。いずれも長方形で、東南アジアから中国東部沿岸に見られる楯と同じ形式である。

ちなみに、後漢《ごかん》時代から三国時代にかけての中国では、楯は木製で、鉄製の楔を打ち込んだものもあったということが知られている。おそらくその当時の日本でも、木製の楯が多く使われていたのだろう。

また、木弓は上が長く下が短いと記されているが、これは和弓の特色で、握りの位置は下から3分の1ほどのところにある。これは、矢を射ったときに柄を握る手に伝わる振動が少なくなるという利点に加え、飛距離や殺傷力の面でもメリットが高いからである。この柄の部分の素材に単一の竹や木を用いたのが直弓である。

一方、大陸で使用されていた弓は、柄の中央を握るようにできているため、縦にしても横にしても使用できるというメリットがある。これは乗馬時などに使いやすくするためでもある。柄は、木に動物の皮革などを巻いた合成蛮弓であるため、直弓よりも強度が高い。日本でも後世、中国同様の合成蛮弓が使われるようになったが、卑弥呼の時代はまだ直弓である。矢は竹製で、先端に鉄か骨の鏃がついていると記すところからすると、すでに卑弥呼の時代には鉄器も盛んに使用されていたようである。

日本では、鉄器は青銅器とともに、弥生時代のほぼ同時期に伝来しているが、独自に産出して製造が開始されたのは6世紀に入ってからといわれる。ただし、紀元前1世紀〜1世紀ごろには、鉄素材を輸入して鉄製品に加工していたと思われるので、卑弥呼の時代の鉄器は、輸入品か加工品と見るべきであろう。「東夷伝」の弁辰《べんしん》の条にも、倭が弁辰で産した鉄を輸入していたことが記されている。

最後に記された儋耳、朱崖とは、漢代の海南島《かいなんとう》にあった郡名で、倭国はその南方の習俗とよく似ているというのである。それにしても、陳寿はなぜ倭国とはなんの繋がりもなさそうな海南島の地名を記載しているのか？　それは、日本と中国との位置関係を知る現在の日本人にとっては意外と思えることであるが、陳寿はどうやら、倭国の位置を海南島の東にあったと勘違いしていたようなのである。しかも、日本列島を東西に長く伸びた島、つまり座標軸を時計回りに45度ほど回転させたような位置関係で見ていたようである。

倭国は熱帯地方と思いたくなる暖かさ

気候

倭国は温暖で、冬でも生野菜を食べ、皆裸足で暮らしているというから、まるで熱帯地方を思わせる気候である、日本列島でこれに符合するのは、九州の遥か南、沖縄の島々でしかありえない。

年中裸足で過ごせるのは沖縄だけ

「魏志倭人伝《ぎしわじんでん》」には、倭国《わこく》の気候に関する記事も記されているが、「倭地温暖」のわずか4文字の紹介でしかない。しかし、そのあとに続く「冬夏食生菜」および「皆徒跣」の語句には、気候と関連する重要な意味合いが秘められていることを頭に入れておくべきである。

上記をわかりやすく読み下すと、「倭の地は温暖で、冬でも夏でも生野菜を食べ、皆裸足で暮らしている」となる。夏はともかく、冬でも生野菜を食べて裸足で過ごすというのだから、温帯地方というよりむしろ亜熱帯を思わせる気候である。「東夷伝」によると、韓《かん》の人々が布製の袍《わたいれ》を着て革靴を履いていたというから、朝鮮半島とは気候が大きく異なるようである。

では、実際のところ、弥生時代の日本の気候はどのようなものだったのであろうか？　気象学者の山本武夫《やまもとたけお》氏によると、弥生時代の後期から古墳時代にかけての数百年間は、東アジア全域が小氷河期と呼ばれる寒冷時代であったという。木村政昭《きむらまさあき》氏も、平均気温は今より1度低く、海水温度は2度も低かったと見ている。木村氏は当時の気候を踏まえて、「九州を含めて、日本のほぼすべてにわたって、「魏志倭人伝」に記されているような、冬でも裸足で活動しているとか、生野菜を食べるといった習俗や服装は成り立たないはずである」というのである。そして、そのような習俗や服装が成り立つのは、トカラ列島以南にあたる亜熱帯性気候の南西諸島だけであるとして、邪馬台国《やまたいこく》＝沖縄説を主張するのである。気候に関する限り、北九州説も畿内大和説も不利といわざるをえない。特に、山々に囲まれた畿内大和の冬の寒さは厳しく、裸足でしかも貫頭衣《かんとうい》や布切れ1枚を纏《まと》っただけで過ごすというのは、かなり無理があると思わざるをえないのである。

食材の豊富さは豊かさの象徴

食生活

一年中生野菜を食べるという倭国の人々。ご飯はもちろんのこと、普段から肉料理も食していたという。高坏に盛った料理を手づかみで食べるといいながらも、食材は意外なほど豊富であった。

ドングリ、クルミ、スズキ、アユ、粽、生野菜……

倭国《わこく》の人々の食生活に関する記事も、「魏志倭人伝《ぎしわじんでん》」に点在している。前項にも記した「冬夏食生菜」と、そのあとに記された「食飲用籩豆手食」、さらに喪に服したときの「当時不食肉」「他人就歌舞飲酒」など、さまざまな情報が分散されて記されている。これを繋げて読むと、「冬でも夏でも生野菜を食べ、飲食には籩豆《へんとう》という竹や木で作った高坏《こうはい》の食器を使い、手づかみで食べる。喪に服しているあいだは肉食をせず、喪主以外の人は歌舞飲酒する」ということになる。

稲作が盛んだったところから、主食が米であったことはいうまでもないが、副食として季節にかかわらず生野菜を食べ、喪に服しているとき以外、普段は肉なども常食していたようである。

その具体的な素材に関しては、弥生時代の遺跡のさまざまな出土品から想像するほかない。大分県桑苗《くわなえ》遺跡から家畜用の豚の骨が出土しているのをはじめ、石川県杉谷《すぎたに》チャノバタケ遺跡から笹で巻かれた粽《ちまき》が、神奈川県真田北金目《さなだきたかなめ》遺跡からお握りが、愛知県朝日《あさひ》遺跡からスズキやアユなどの骨が、長崎県原《はる》の辻《つじ》遺跡から解体された犬の骨などが出土している。これらに加え、縄文時代から食されてきたドングリやトチ、栗、クルミ、貝、山菜、野ウサギ、鹿などが食べられていたことはいうまでもない。

スプーンが使われていた可能性も

また、食べるときは手づかみで食べるとある。なんとも野趣あふれる豪快さである。しかし、鳥取県青谷上寺地《あおやかみじち》遺跡などから木製のスプーンが発見されているところから、卑弥呼《ひみこ》の時代にはすでにスプーンを使って、雑穀などを煮炊きした雑炊のようなものも食べられていたと考えられている。弥生時代にはすでに酒も醸造されていたが、その製造工程は実に原始的である。ここではまだ酒は、米や粟などを噛み砕いて瓶に吐き出したものを醗酵させるという酒造方法が取られていたようである。これを作る作業にあたるのが巫女《みこ》であったともいわれる。「醸す」の語源が「噛む」からきているともいわれるのも、こんな製造方法で作られていたからである。

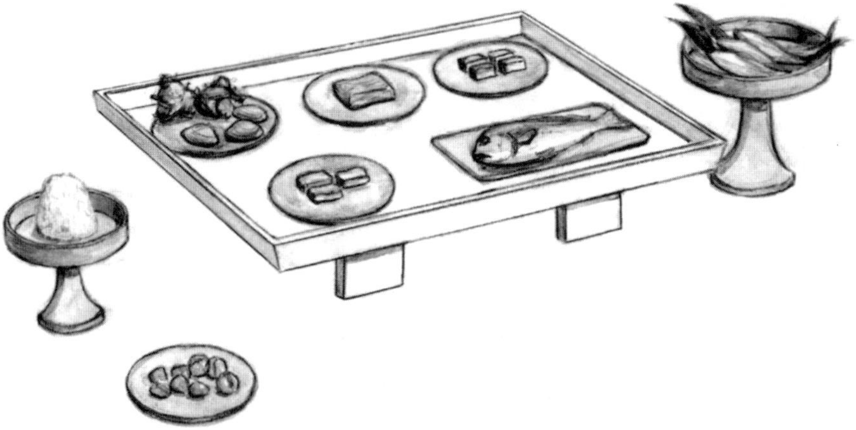

箸の歴史

「魏志倭人伝《ぎしわじんでん》」に倭国の人々が皆手づかみで食事をしていたと記されるように、このころはまだ箸は使用されていなかったようである。考古学的遺物として出土した箸のなかで一番古いのが、7世紀中ごろに皇極《こうぎょく》天皇の宮殿跡の飛鳥板蓋宮《あすかいたぶきのみや》や、7世紀後半に都となった藤原宮から出土したものである。そのため、日本で箸が使用されるようになるのは、7世紀に入ってからのことと見られている。

聖徳太子《しょうとくたいし》が小野妹子《おののいもこ》を遣隋使として中国に派遣したときに、箸を持ち帰ったのが始まりとも。

とすると、女陰を箸で突いて死んだとされる倭《やまと》迹《と》迹《と》日《び》百《もも》襲《そ》姫命《ひめのみこと》は7世紀以降の人物ということになり、孝霊《こうれい》天皇(紀元前342～紀元前215年)の娘という設定とは全く辻褄が合わなくなる。

酒の歴史

これまで、中国で稲作が開始されたのは紀元前4800年ごろと思われていたが、実はその遥か前の紀元前7000年前後に、米で酒が造られていたことがわかり、稲作の起源自体が見直される可能性も出てきている。河南《かなん》省の賈湖《かこ》遺跡から出土した陶器片に、醸造に使用されていたと見られる米や果実が付着していたことが発見されたからである。

日本では紀元前1000年ごろの縄文式竪穴住居から、酒造りに用いられる酒坑《しゅこう》が発見されている。このころ材料として用いられていたのは、サルナシやクワなどの果実であったという。米を使った醸造酒がいつごろ始まったかは不明だが、文献上は、「魏志倭人伝《ぎしわじんでん》」に記された「歌舞飲酒」が、現存する書としては最初の記述である。当時の酒は、生米を噛んで器に戻したものを醗酵させた口噛《くちかみ》の酒であったことは間違いなさそうである。

半地下の竪穴式住居での暮らしぶり

住まいと生活

古代日本の婚姻形態は、夫が妻の家に通う妻問婚が一般的であったといわれる。そして、夫には多くの妻がいたとされる。しかし、それは豊かさの象徴ではなく、むしろ貧しいがゆえの婚姻形態であったと見られている。

一夫多妻制で、夫だけが別居

「魏志倭人伝《ぎしわじんでん》」内において、倭人の住まいと暮らしぶりに関する記載はこれまたわずかで、「有屋室。父母兄弟臥息異処」「国大人皆四五婦。下戸或二三婦」と記す程度である。直訳すれば、「家屋はあるが、父母兄弟はそれぞれ寝所を別にしている」「大人《たいじん》(有力者)は皆四～五人の妻を持ち、下戸《げこ》(一般の住民)でも、ある者は二～三人の妻がいる」ということになる。

住まいに関しては、ただ「有屋室」というだけで、倭人の住居がどのようなものであったのかについては一切触れていない。しかし、弥生時代の住居は竪穴式住居であったのだろうというのが、ほぼ定説になっている。地表より50cmほど掘り下げた、畳10枚ほどの居住空間を持つ半地下住居である。4本の柱を梁《はり》と桁《けた》で固定し、横木を斜めに立てかけて、その上に萱《かや》や葦《あし》を葺《ふ》いて屋根代わりにするという、簡素な住居である。中央には炊事および暖炉代わりの炉が設けられ、煮炊きをするとともに、一家団欒の場としての機能をも合わせ持つ快適空間である。一棟におよそ5～8人ほどが住んでいたと考えられている。

その家屋に住む父母兄弟が、皆寝所を別にしていたというのである。実はこの「父母兄弟臥息異処」をどうとらえるかについては、いくつかの説がある。同一家屋内に、父、母、兄、弟がそれぞれ別々に寝ていたととらえることもできるし、父母と兄弟が別々に寝ていたとも読み取れる。また、同一家屋ではなく、別棟があってそこで別々に寝ていたとも考えられるわけである。

この点に関しては、「国大人皆四五婦。下戸或二三婦」の一文も考慮して考える必要がある。少ない者でも2～3人の妻がいたという一夫多妻制の社会では、当然のことながら、父と母が必ずしも皆同居しているとは限らない。むしろ父と母は別々に暮らしているケースのほうが多いであろう。妻とその両親、子供たちは、同一家屋に住んでいたとしても、父だけは別に暮らしていたと考えるのが自然である。三品彰英《みしなしょうえい》氏も「成年式を終えた未婚の男子は若者宿に、女子は娘宿に、既婚の男子は中老宿にそれぞれ分かれて宿泊」していたという藩政時代の薩摩を例

に取り、妻と夫が居住を異にしていた可能性を示唆している。

夫が妻の家に通うのが一般的

当時の婚姻の形態に関しては、男が女の家に出入りする妻問婚《つまどいこん》が一般的であったといわれている。両親とともに住む女のもとへ男が通い、子供が生まれて初めて女は家を出て一家を構えるのである。最近の研究で、弥生時代の子供には乳歯と永久歯の成分の違いが認められ、生まれる前と後で居住地を異にしていた可能性が高いという研究データが得られたという。

また、「東夷伝《とういでん》」に記されたほかの国々にも、いくつか興味深い話題が記されている。たとえば高句麗《こうくり》では、結婚相手が決まると、女の家の隣に婿屋と呼ばれる小屋を建て、夕方になると婿がやってきて女の両親に許しを得てから、小屋のなかで寝泊まりすることができたという。東沃沮《とうよくそ》では、娘が10歳になると婚約を行い、婿の家で養われ、成長してから妻となる。このときいったん女は実家に帰されて、男の家から結納金が支払われるのを待って、再び婿の家に戻るのだという。

妻は家庭内奴隷

それにしても、有力者だけでなく一般の住民まで数名の妻がいたというのは、経済的な事情があってのことと思われる。労働力を必要とする農耕社会にあっては、妻とはいえ重要な労働力と考えられていたからである。第1夫人は第2夫人を迎えることによって、その労働力の一部が軽減されるため、むしろ積極的にこれを求めたという。

また、作家の松本清張《まつもとせいちょう》氏は、この当時の妻とは奴隷としての要素が大きかったという。女を家庭内労働力と考えれば、当然ひとりよりも多人数であるにこしたことはない。「原始社会における婚姻が「家庭内奴隷」の売買にあった」ことを鑑みれば、これは決してうらやむような話ではないのである。

遺体のそばで哭泣、歌舞飲酒

葬儀

人が死ぬと、遺体を棺に納めたまま10日余りもとどめ置いて、歌舞飲酒していたという。腐敗していく死者の姿を見て、その死を改めて確認したという、特異な風習について詳しく見ていきたい。

有力者の家に見る特色

「魏志倭人伝《ぎしわじんでん》」には、葬儀に関してもその特異な習俗を記している。「其の死には棺あれど槨《かく》なし。土を封じて冢を作る。始め死するや、停喪《ていも》すること十日余り。時に当たりて肉を食らわず。喪主は哭泣し、その他の人は歌舞飲酒する。已《すで》に葬られれば、家を挙げて水中に詣でて澡浴《そうよく》し、以て練沐《れんもく》の如くす」(其死有棺無槨。封土作冢。始死停喪十余日。当時不食肉。喪主哭泣。他人就歌舞飲酒。已葬挙家詣水中澡浴。以如練沐)と、葬儀の前後の様子を克明に記している。中国の風習とはかなり異なっていたため、印象深かったのであろう。

ここに記された棺とは、屍体を入れる棺桶のことであるが、槨とは棺が土に触れないようにするための外箱である。これを使用しなかったことに、かなり違和感を覚えたようである。穴を掘ったかどうかの記載はないが、おそらく穴を掘って棺を入れたに違いない。これに盛り土をして冢としたというのである。ここには記されていないが、当時の一般の住民には、個々の墓というものはなく、一種の共同墓地のようなところに埋葬されていたことが確認されている。有力者だけが独自の墓地に葬られたと考えるべきであろう。

地域によって異なる埋葬方法

また、ここでは冢に関する記載しか見られないが、各地の弥生時代の遺跡から、盛り土をせず、棺を埋めた土の上に小石を並べ、その上に巨大な支石と天井石で組み立てられた支石墓《しせきぼ》が数多く発見されているところからすると、必ずしもここに記されたような冢だけが、一般的であったわけではなさそうである。見方を変えれば、支石墓のあった地域は倭国の領域ではないといえるかもしれない。

また、仏教が伝来する前の当時としては、土葬が一般的ではあるが、例外として伝染病などで亡くなった人を葬る場合などは、火葬されたようである。

弥生時代の死者の埋葬方法に関しては、九州、近畿、東日本などエリアによって埋葬方法が異なっていたことが指摘されている。九州では甕棺《かめかん》という、土器あるいは陶器の棺に死者を入れて埋葬する甕棺葬が一般的で、近畿では方形の穴のなかに木棺を埋め、土を盛って墳墓とする方形周溝墓葬が多いという。また東日本では、死者を埋葬してしばらく置き、遺体が腐敗したころを見計らって死者の骨を掘り出して洗い清め、土器のなかに入れて再び埋葬し直す、再葬墓という特異な埋葬方法であったことも確認されている。

死者を囲んで歌舞飲酒

人が死ぬと10日余り停喪するとある。「喪を停むる」の「喪」とは、死者を悼んで一定期間、祝い事などを控えることで、これを実践することをしばらく先延ばしにするというのである。その「喪を停むる」期間中は、殯《もがり》という、死者の霊魂を慰め、その復活を願うという葬儀儀礼が行われる。しかし、死者を棺に入れたまま10日余りも安置すれば当然腐敗してくるわけだが、その腐敗の過程を目の当たりにすることで、その死を再確認したのだともいわれる。

現代人から見れば、なんともおぞましい光景であるが、そのかたわらで喪主は哭泣《こくきゅう》し、そのほかの者は歌舞飲酒するというのである。喪主が声を上げて泣き続けるかたわらで、多くの人々が酒を飲んで歌や踊りに明け暮れることによって、死者の魂を呼び戻そうとしたと思われる。

この哭泣の風習は『記紀』にも記載されており、喪主に代わって泣き続ける泣き女という女性がいたという。泣き女は今でも韓国へいけば見られる。また、『古事記』に登場する泣沢女神《なきさはめのかみ》(伊邪那岐《いざなぎの》神《かみ》の涙から生まれたとされる)は、この泣き女が神格化されたものとの説もある。

殯の儀式を終え、死者を埋葬し終わると、家族たちは家中で水中に入って澡浴をするという。澡浴とは禊《みそぎ》のことで、「身を削ぐ」あるいは「身を濯《そそ》ぐ」を語源とする言葉で、穢《けが》れを水で洗い流すことを表している。『記紀』には、伊邪那岐神が黄泉《よみ》の国から逃げ帰って禊をしたことも記されているところからも、古来からの風習と思われる。そのあとに記された練沐とは練《ねりぎぬ》という喪服を着て水浴することで、中国では一周忌の法事の際にも、この練を着て水浴した風習を指しているものと思われる。

資源に恵まれた自然豊かな国

天然資源と動植物

倭国は、真珠や青玉、酸化鉄などを産出する天然資源に恵まれた国であった。木々の種類も豊富で、生姜、山椒、茗荷も生えていたにもかかわらず、倭国の人々はそれを食す習慣がなかったようである。

豊富な天然資源

葬儀の記事に続いて、特定の人物に運命を託すという独特の風習・持衰《じさい》の制度(P.113参照)について記したあと、天然資源と動植物に関する記事を掲載している。そこには「出真珠。青玉。其山有丹。其木有柟。杼。豫樟。楺。櫪。投。橿。烏号。楓香。其竹篠。簳。桃支。有薑。橘。椒。蘘荷。不知以為滋味。有獮猴。黒雉」とある。読み下すと、「真珠、青玉《せいぎょく》を産出する。其の山には丹《たん》有り。其の木には柟《くす》、杼《とち》、豫《よ》樟《しょう》、楺《じゅう》、櫪《れき》、投《とう》、橿《きょう》、烏《う》号《ごう》、楓《ふう》香《こう》有り。其の竹には篠《しょう》、簳《かん》、桃《とう》支《し》有り。薑《きょう》、橘《きつ》、椒《しょう》、蘘《じょう》荷《か》有るも、以て滋味と為すことを知らず。獮《び》猴《こう》、黒《こく》雉《ち》有り」となる。

まず、ここに記された真珠とは、文字通りパールのことである。景初《けいしょ》3年の卑《ひ》弥《み》呼《こ》の朝献に対する返礼として、下賜品のリストが示されているが、そのなかに記された真珠は、真朱、つまり水銀朱のことで(P.109参照)、ここに記された真珠とは異なる。当時の日本は、天然真珠の産地としても知られていたようである。

その次に記された青玉とは、台《と》与《よ》が掖《や》邪《や》狗《こ》らを晋《しん》に遣わした折に献上品として持たせた青大句珠(青大勾珠の間違いか)と同じ鉱物であるが、識者によってそれがどのような鉱物であったのか、見解が異なるようである。青瑪瑙《めのう》の大勾玉《まがたま》(橋《はし》本増吉《もとますきち》氏説)あるいは、硬玉製勾玉(原田《はらだ》淑人《としと》氏説)、碧玉製腕飾り(中川成夫《なかがわしげお》氏説)などと思われる。

その次に記された丹とは、三品彰英《みしなしょうえい》氏によると、紅柄《べにがら》と呼ばれる酸化鉄のことで、正始《せいし》4年の魏《ぎ》への朝貢品のリストのなかにも加えられている。

柟は楠《くすのき》、杼は栃《とち》の木、豫樟は樟《くす》、揉はボケ、櫪はクヌギ、投は杉、橿は樫《かし》の木、烏号は桑、楓香は楓《かえで》、篠は篠竹《しのだけ》、簳は箭竹《せんたけ》、桃支は籐《とう》のことと思われる。薑は生姜、橘はミカン、椒は山椒、蘘荷は茗荷《みょうが》のことであるが、いずれも滋味であるにもかかわらず、倭人はこれらを食することがないと記しているのである。

最後の獮猴は猿のことで、黒雉は日本雉のことであろう。高麗《こうらい》雉にくらべて日本雉は色が黒いので、黒雉と記したものと思われる。これらの野生動物が生息していたことをつけ加えて、天然資源および動植物に関する記載を終えている。

有事の際の国の指針となる重要な習俗

占い

卑弥呼の時代の「占い」は、現代とは違って国勢を左右する需要なものであった。鹿の骨を灼いて、そのヒビの入り具合を見て吉凶を判断するのである。卑弥呼はその術を心得ていたため、女王として君臨することができたのである。

獣骨を灼いて吉凶を占う

天然資源や動植物の生態に続いて記されたのは、占いに関する記事である。

有事に際して、獣骨を灼いて吉凶を占う卜占《ぼくせん》の習俗について簡潔に記している。「其の俗、挙事《きょじ》、行来《こうらい》に云為《うんい》する所有れば、輒《すなわ》ち骨を灼《や》きて卜《うらな》い、以て吉凶を占《み》る。先ず卜う所を告《しめ》し、其の辞は、令亀《れいき》の法の如く、火坼《かたく》を視て兆しを占う」(其俗挙事行来。有所云為。輒灼骨而卜。以占吉凶。先告所卜。其辞如令亀法。視火坼占兆)とある。

「挙事、行来に云為する」とは、直訳すればなにか行動を起こそうというときや旅に出るときとなるが、ここでは隣国との抗争に対処するための、軍事的な行動を示していると思われる。その戦いを前に、獣骨を灼いて、そのヒビの入り具合を見て吉凶を占い、いかに行動すべきかの判断材料としたのである。隣国との戦いは、まさに国の存亡にかかわる重大な問題であるから、戦略を練るうえでの指針とするというのは大変なことである。卑弥呼《ひみこ》が聖なる権力者として君臨できたのも、こうした卜占の術を心得ていたからにほかならない。

それはまさに「令亀の法の如く」であったと記されている。当時中国では、亀の甲を使って占う亀卜が行われていた。これは亀の甲羅を焼いて、そのヒビの入りようを見て、吉凶の判断材料とするものであった。

しかし、当時の日本では亀卜はまだ行われず、鹿の骨を使った鹿卜が行われていた。これは蒙古《もうこ》あたりで古来より行われていた卜占の一種で、いつのころからかこの習俗が、中国の亀卜よりも早く日本に伝来したようである。

使用されるのは鹿の肩甲骨か肋骨で、これを灼いてそのヒビの入り具合を見て占うというものである。また、鹿の骨に灼いた錐を刺して、その通り具合を見て占うという方法もあったようである。錐がよく鹿の骨に刺されば吉、刺さりにくければ凶、全く突き刺すことができなければ大凶というわけである。

この鹿卜が行えるのは、神との交信ができると信じられている巫女《みこ》であり、その代表格が卑弥呼なのである。卑弥呼が占う鹿卜の吉凶判断が、国政を大きく動かしていたのである。

男女の区別はないが、身分の格差は明確

身分制度

卑弥呼の時代は、まだ年齢差や男女間での上下関係はなかったようである。けれども、大人と下戸とのあいだには、明確な身分格差があったことが記されている。

大人と下戸の身分格差

身分制度については、「其の会同《かいどう》の坐《ざ》起《き》には父子、男女の区別なし」(其会同坐起。父子男女無別)や、「大人《たいじん》の敬われるところを見るに、手を打ち、以て跪拝《きはい》に当《あ》つ」(見大人所敬。但搏手以当拝)と記している。父と子の上下関係、男女の性差などは、少なくとも集会などの席においてはその区別がなかったとされる一方、大人(有力者)と下戸《げこ》(一般の民衆)とのあいだには、明確な身分の差があったことが記されている。

この、集会などでの席順に、父子や男女の区別がなかったというのは意外にも思えるが、それを明確に区分し始めるのは、実は日本に儒教道徳が流入し始めてからのことである。それ以前の古代日本社会においては、年齢差や男女間での上下関係は明確ではなかったようである。

それにしても、大人に対して、手を打って跪拝の代わりとするというのは、少々奇妙とも思える。敬うべき人を前にして、本当に柏手を打つようなことをしたのであろうか？　むしろ、単に手を合わせただけと見るほうが自然であろう。あるいは、見えざる権力者、つまり卑弥《ひみ》呼《こ》のような聖職者に対して行われた、特別な行為であったとも考えられる。

出会えば草むらに逃げ隠れる

いずれにせよ、大人が下戸たちから敬われていたことは間違いなく、より具体的に恭純の意の表し方まで丁寧に解説している。それによると、「下戸が大人と道端で出会ったときは、逡巡《しゅんじゅん》して草に入り、辞を伝えて事を説くには、或は蹲《うずくま》り、或は跪《ひざまず》き、両手は地に拠《よ》り、之《これ》が恭《きょう》敬《けい》を為《な》す」(下戸大人相逢道路。逡巡入草。伝辞説事。或蹲或跪。両手拠地。為之恭敬)とある。一般の民衆が有力者と道端で出会うと、人々は逡巡して草むらに隠れるように入ったというから、よほど恐れていたのであろう。辞を伝え聞いたりするときは、うずくまったりひざまずいたりしながら、両手を地につけて恭純の意を表したというから、その敬い方は尋常ではない。おそらく、これはかなり地位の高い人物に対して行われた行為で、王あるいはそれに準ずる地位にあった人物に対して行われたものと見るべきであろう。

受け応えの返事は「噫」

また、「対応の声を噫《おお》という。比ぶるに然諾の如し」(対応声曰噫。比如然諾)とあるように、受け応えするときの返事は、噫(「おお」のほか、「あい」という説もある)といったともいう。現代人から見れば少々違和感を覚える返事であるが、これは中世まで使用されていたものであるらしい。「はい」という返事は、江戸時代に入ってから使われたものだともいわれる。南方系言語をもととする日本語に、後年北方大陸系言語が入り込んで、次第に優美な大和言葉へと変化を遂げてきた、その表れのひとつかもしれない。ともあれ、大人とは一定のエリアの支配者、あるいは長老のような存在であったらしい。

また、「尊卑については序列があって、上の者のいいつけはよく守られていた」(尊卑各有差序。足相臣服)ともいうから、身分制度に関しては、よく守られていたようである。

ちなみに、大人と下戸といった身分格差は、「東夷伝《とういでん》」に記されたほかの国々のなかにも数多く記されており、いずれの国でも見受けられるものであったようである。たとえば夫余《ふよ》では、邑落ごとに大人がいて、下戸たちを奴婢や下僕のように使役し、高句麗《こうくり》では、都にいる豪族たちは農作業をせず、下戸たちが遠くから米や魚を担いで供出していたという。また東沃沮《とうよくそ》では、下戸のなかに美人がいると、これを大人に差し出すなど、かなり明確な身分格差に関する記録が記されている。

儒教

儒教とは、春秋時代(紀元前770～紀元前403年)の思想家である孔子《こうし》(紀元前551～紀元前479年)が体系化した教えで、尭舜《ぎょうしゅん》や周《しゅう》の文王《ぶんおう》、武王《ぶおう》の治世を理想とし、その徳目に習うべきとする思想である。その徳目とは、人を思いやる「仁」、私利私欲にとらわれない「義」、守るべき行いを表す「礼」、学問に励む「智」、誠実であるべきとする「信」の五常をいい、これらを守り発展させることによって、父子、君臣、夫婦、長幼、朋友の五倫の関係をよりよく維持していこうとするものである。

教典は、易、書、詩、礼、楽、春秋の六経《りっけい》で、後に朱子《しゅし》が礼学を『大学』と『中庸』に分けて独立させ、孔子と弟子の問答集である『論語』と、戦国時代(紀元前403～紀元前221年)の儒家・孟《もう》子《し》(紀元前372？～紀元前289年)が著した『孟子』を合わせて四書と呼ばれる。また易を除いた五経と合わせて、四書五経とも呼ばれる。

孔子には3500人もの弟子がいたといわれるが、そのなかでも特に優れた者を孔門十哲という。徳行に優れた顔回《がんかい》や言語に優れた子貢《しこう》のほか、閔子騫《びんしけん》、冉伯《ぜんはく》牛《ぎゅう》、仲弓《ちゅうきゅう》、宰我《さいが》、冉有《ぜんゆう》、季路《きろ》、子游《しゆう》、子《し》夏《か》などである。

2倍年歴で実数は半分

寿命

陳寿は、倭国の人々の寿命は100歳近くにも達すると「魏志倭人伝」に記して、その長寿を称えている。しかし、実数はその半分であることを彼は理解していなかったようである。

見逃された2倍年歴

「魏志倭人伝《ぎしわじんでん》」では、大人《たいじん》がいかに敬われていたかについて記したあと、倭の人々の寿命に関して一文を記載している。「其の人は寿考《じゅこう》にして、或は百年、或は八、九十年なり」(其人寿考。或百年。或八九十年)というから、大変な長寿社会であるように見える。この数値をそのまま受け止め、当時の日本を長寿社会と見たり(菅政友《かんまさとも》氏説、那珂通世《なかみちよ》氏説)、あるいは不老長寿の薬が日本にあると信じる神仙思想の影響で、中国人が日本を長寿社会だと思い込んだための作り話(白鳥庫吉《しらとりくらきち》氏説、橋本増吉《はしもとますきち》氏説)とする見方もあるが、これはどう見てもおかしいといわざるをえない。当時の日本と中国では、異なる年紀の法を用いていたと考えるのが自然である。裴松之《はいしょうし》が注に引いた『魏略《ぎりゃく》』に「春耕秋収《しゅんこうしゅうしゅう》を計りて年紀となす」とあるように、春分と秋分を1年の始まりとする2倍年歴の法を採用していたため、ここに記された数値の半分がその実数としなければならないからである。つまり、ここでいう100歳とは50歳のことで、80～90歳というのは40～45歳のことである。現在から見ればとても長寿とはいいがたい数字である。陳寿《ちんじゅ》はこの2倍年歴を知らなかったのか、この数値をそのまま受け止めて寿考と称えたようである。

また、ほぼ同時期に亡くなった蜀《しょく》の劉《りゅう》備《び》が、死に際して「人間50歳ともなれば若死にとはいわない」といったところからすると、倭国の人々の寿命は当時の中国とさほど大差はなかったようである。

日中の寿命比較

時代は多少異なるが、日中における各施政者たちの寿命を比較してみた。わずかな人物での比較ではあるが、平均すると中国は56.3歳、日本は55.8歳。ともに56歳前後と、さほど変わらないことがわかる。

犯罪者に科せられる厳しい刑罰

刑罰

当時の倭国は、窃盗も争いごとも少ない平和な社会であった。それでも、犯罪者に対する刑罰は、軽い者でも妻子を、重い者は門戸、宗族にまで刑が及ぶ厳しいものであった。

宗族まで罪が及ぶ縁坐制度を適用

法を犯した人に対する刑罰は、かなり厳しいものであったようである。「其の法を犯すや、軽き者は、其の妻子を没し、重き者は、其の門戸及び宗族を没ぼす」(其犯法。軽者没其妻子。重者没其門戸及宗族)という。罪の軽い者でも妻子を没収され、重い者は門戸(家族)および宗族(先祖祭祀をともにする父系親族)までも滅ぼされてしまうというのである。捕らえられた本人がどのように罰せられるのかは、ここには記載されていないが、一緒に捕らえられた妻子は奴婢に落とされたと思われる。罪の重い者は門戸および宗族に至るまで滅ぼされてしまうというこの縁坐《えんざ》制度は、血縁関係を重視し、強い連帯感で結ばれていた東アジアにおいては、よく見られる刑罰である。「東夷伝《とういでん》」にも、同様の刑罰を科す国がいくつか紹介されている。高句麗《こうくり》や夫余《ふよ》でも、人を殺した重罪人は死刑に処せられると同時に、その家族も捕らえられて奴婢となったという。この縁坐制度は、8世紀に制定された大宝律令にも取り入れられ、国家や天皇に対する重大な犯罪を犯した者に適応されている。

それにしても、倭人《わじん》の社会は「婦女乱れず、妒忌《とき》(嫉妬すること)せず、盗窃せず、諍訟《そうしょう》(争いごと)少なし」(婦人不淫。不妒忌。不盗窃。少諍訟)とあるように、男女の乱れも、窃盗も、争いごとも少なかったというほど、平和な社会であったようである。

「東夷伝」に記された各国の刑罰

「魏志倭人伝《ぎしわじんでん》」の前に記された「東夷《とうい》伝《でん》」内の各国の刑罰に関する記載は以下のようになる。いずれも極刑は死刑で、倭国と同様、妻子が没収されて奴婢にされるところが多い。

- 夫余《ふよ》……刑罰は厳しく、人を殺した者は死刑。その家族は没収され奴婢となる。窃盗を働いた者は、盗んだものの12倍も弁償させられる。男女が密通したり、女が嫉妬深かったりした場合も死刑。
- 高句麗《こうくり》……罪人が出ると、官人が評議してすぐに死刑が執行される。妻子は没収されて奴婢となる。
- 濊《わい》……人を殺した者は死刑。

市の監察官・大倭が意味するものは？

税制

施政者たちは、民衆から集めた米などの糧穀を邸閣と呼ばれる貯蔵庫に保管していた。それには、交易品などに課せられた租賦も含まれていたはずである。市を管理する大倭が、その重要な役割を果たしていた。

賦役を伴った税制だったのか

倭国《わこく》の税制に関しては、「租賦《そふ》を収む。邸閣《ていかく》有り。国国《くにぐに》に市有り。有無《ゆうむ》を交易し、大倭《だいわ》を使《し》て之を監せしむ」(収租賦。有邸閣。国国有市。交易有無。使大倭監之)と、短い一文ながらも、重要な内容を含んでいる。

租賦とは税金のことである。当時の税がどのようなものであったか、その具体的な内容に関してはなにも記していないが、貨幣がまだ使われていなかった当時の税の主となるものは、自らが生産する米などの農産物であったと思われる。ちなみに、日本で貨幣が流通するようになったのは、708年に和銅開珎《わどうかいちん》が鋳造されてからだといわれているから、邪馬台国《やまたいこく》時代は物納であったことは間違いのないところだろう。

ところで、ここでいうところの租賦が、単に税金を納めるだけだったのか、賦役(労働のかたちで支払われる税金)をも含むものだったのかは、この資料から読み取ることはできそうもない。しかし、隣国との諍《いさか》いが絶えなかったという国情を鑑みれば、兵役の義務も当然あったと考えるのが自然である。少なくとも、なんらかの労働力の提供は課せられていたに違いない。

邸閣に軍需物資を貯蔵

邸閣とは、食物を貯蔵する倉庫のことであるが、ここには単に民衆から集めた糧穀《りょうこく》を貯蔵していただけでなく、さまざまな軍需品も収められていたことが推測される。日野開三郎《ひのかいさぶろう》氏は、正史『三国志』内に見られるほかの邸閣の性格から見て、これを単に食糧倉庫と見るべきではなく、軍用倉庫と見るべきであると述べている。倭国大乱によって戦火に巻き込まれ、さらには狗奴国《くぬこく》との抗争が絶えなかった倭国としては、常に臨戦態勢を取る必要に迫られていたはずで、強力な軍事国家として必要な軍費および軍需物資の調達が求められていたはずである。そのため、租税の多くは軍費に回されたことが予測される。となれば、税率もかなり高かったはずで、人々の暮らしを圧迫していたことは容易に推測される。

「大倭」を派遣したのは誰か？

そのあとで、国々には市があり、物資を交換し合っていたことも記されている。その市の監督にあたるのが「大倭」であるという。この前文に租賦のことを記しているところからすれば、この監督官はここでも税を徴収していたと考えられる。もしかしたら、租税の主体はこの市での徴収にあったのかもしれない。そう考えると、この監督官の存在意義は非常に重要なものになってくる。

ところで、この監督官を派遣したのはいったい誰であろうか？　その主体者が誰なのか、識者のあいだで論戦が絶えないのである。

一般的には「大倭」とは、倭国が各市に派遣した交易監察官で、各市場ごとに派遣されていたと見られているようである。倭国はあくまでも連合国家であり、邪馬台国もその構成国のひとつに過ぎないと見るケースである。

しかし、この監察官を派遣した主体者を邪馬台国と見た（志田不動麿《しだふどうまろ》氏説）場合、邪馬台国は並みいる他の倭の国々を統括する、宗主国という存在になってしまう。

また、大和王朝が自ら官吏を派遣したものととらえたり（山田孝雄《やまだよしお》氏説）、「大倭」を大和朝廷とし、魏《ぎ》が大和王朝に対して市を監督させたと見る（喜田貞吉《きたさだきち》氏説）など、見方はさまざまである。

いずれにしても、この主体者が誰かという問題は、邪馬台国の比定問題に大きくかかわるものだけに、その吟味は慎重を要する。この一文に続く一大率《いちだいそつ》という検察官（P.150参照）がどのような経緯で派遣されてきたのかも含め、その解明が求められているのである。

貨幣の歴史

現存する世界最古の貨幣は、紀元前7世紀にリディア王国で使用されていた、金と銀の合金でできたエレクトロン貨だといわれる。

日本で作られた官銭は、和銅《わどう》元年（708）に鋳造された和銅開珎《かいちん》で、銀または銅で作られていたといわれる。しかしこれ以前にも、683年ごろに鋳造されたと思われる、奈良県明日香村で発見された銅銭の富本銭《ふほんせん》や、中央に小さな穴が開いただけの直径3cm、厚さ2mmの無文《むもん》銀銭《ぎんせん》などもある。特に、668年創建の滋賀県崇福寺から出土した、舎利容器に納められていた11枚の無文銀銭は、日本最古の私鋳銀貨であるとされている。

刺史のごとく恐れられた監察官

一大率と大倭

一般的には、軍事面や外交面を監察するのが一大率、市場での監察を行うのが大倭と見られることが多い。しかし、その監察官を派遣したのが邪馬台国ではなく、魏あるいは畿内大和の王権だという説もある。

一大率は魏が派遣した監察官

前項で登場した一大率《いちだいそつ》に関しては、倭《わ》国《こく》および邪馬台国《やまたいこく》の政治体制を知るうえで重要な意味合いが含まれているので、ここではこの問題について詳しく触れてみたい。

「魏志倭人伝《ぎしわじんでん》」に、「検察諸国」に次いで「畏憚之」と記されている点に注目したい。諸国を検察するために派遣された一大率(これを一の大率とするか一大率とするかに関しては、意見の分かれるところである)に対して、諸国がこれを畏《い》憚《たん》、つまり恐れ憚《はばか》ったというのである。これはどう見てもおかしい。諸国が共立して卑弥呼《ひみこ》を女王としたはずなのに、その女王が派遣した監察官に諸国が恐れ憚るというのは、どうにも腑に落ちないのである。恐れ憚るような女王を、皆が選ぶはずがないからである。

そのため、この一大率は、邪馬台国が派遣した者ではなく、魏《ぎ》の地方拠点であった帯方郡《たいほうぐん》から派遣された者であるという説が生まれてくる。「魏志倭人伝」に「一大率は常に伊都国《いとこく》に治《とどま》って、国中に於いて刺史の如き」(常治伊都国。於国中有如刺史)とあるように、一大率は伊都国に駐在していたようである。伊都国は、連合国のなかで唯一、郡の駐在所が置かれていたところであったため、一大率は帯方郡から派遣されてきた監察官であったという見方ができるのである。「魏志倭人伝」が、あたかも「中国の刺史のごとき」者であったと記すのも、それを示唆している。そして、女王が使者を洛陽《らくよう》や帯方郡、諸韓国《かんこく》に派遣したとき、あるいは帯方郡の使者が倭国にやってきたときに、この伊都国にいた一大率が、港で使者が携える文書や賜物を点検して、その監察にあたっていたというのである。

伊都国が倭国を支配していた

この一大率を魏の地方拠点である郡からの派遣と唱えるのは、作家・松本清張《まつもとせいちょう》氏であるが、同氏はここに記された「一大率」を「一支率」と読み替えて、これを対海国《たいかいこく》(対馬国《つしまこく》)と一大国《いちだいこく》(一支国《いきこく》)の2国を中心とする、北部九州沿岸地帯を抑える派遣官であったと見ている。その理由のひとつとして、北部九州は後漢《ごかん》のころから中国の支配を受けていたからだと説明している。

しかし、この説は少々強引であろう。倭国は魏に朝貢していたとはいえ、属国であったわけでもなく、魏から刺史のごとき監察官を覇権されるいわれなど、あるとは思えないからである。

それよりも、むしろ注視すべきは、邪馬台国から監察官が派遣されたのが伊都国であったという点である。行政面において、各国を実質的に支配していたのは、実は伊都国にいた一大率であったという見方ができるからである。つまり、邪馬台国にいた女王・卑弥呼は、単に聖権力の象徴としての役割を担っていただけで、実質的に連合国家を統治していたのは、伊都国の一大率だった可能性があるのだ。聖俗の権力2重構造は、男弟とのあいだだけでなく、伊都国との関係においても同様であったと見ることができるのである。

大倭はヤマトの王

さらに興味深いのは、「魏志倭人伝」でこの一大率の記事の前に登場する「使大倭監之」に見られる大倭の存在である。これは一般には市場を監督するための監察官と訳されることが多く、一大率が軍事および外交面を、大倭が物流面を管轄するととらえられることが多い。

しかし、東洋史学者の栗原朋信《くりはらとものぶ》氏は、この大倭は畿内大和の王を指し、九州にあった女王国以北に一大率を置いて、諸国を検察させていたのだという衝撃的な見解を述べている。つまり、畿内大和の王権は、このときすでに九州まで勢力を広げていたことになる。しかし、先に卑弥呼が魏から「親魏倭王」の冊封を受けていたため、ヤマトの王は今さら倭の王として冊封を受けるわけにもいかず、しかたなく「倭」に「大」をつけて「大倭」と名乗ったというのである。栗原朋信氏は、大倭＝大和と見て、畿内大和朝廷が派遣した「一大率が、女王と魏や半島との交渉を監督していた」との説を提唱し、「卑弥呼は大倭朝廷と魏とに両属していた」とまでいうのである。

そのほか、大倭を魏ととらえる論者（山《やま》田《だ》孝《よし》雄《お》氏）や、「大」の字を「一人」の間違いとして「一倭人」と読み替え、官の制約を受けずに自由に商いをしたととらえる論者（坂本《さかもと》太《た》郎《ろう》氏）もいる。

刺史

「魏志倭人伝《ぎしわじんでん》」には、諸国が一大率《いちだいそつ》を魏の刺史のように畏れていたと記している。一大率を派遣したのは誰かという議論はともかく、それが監察官であったことは間違いなさそうである。ここに記された刺史とは、中国では前漢《ぜんかん》時代から置かれていた官職のひとつで、もともとは一大率と同様、監察官であった。各郡に派遣された官僚が、地元の豪族や商人と癒着しないよう監視する役に就いていたと思われる。しかし、権限が郡守よりも低かったため、その役割を十分に遂行することが困難だった。そこで、次第に権限が強められ、やがて郡守と同格になり、一時は牧《ぼく》という名の長官に格上げされたこともあった。

正史『三国志』で活躍する劉《りゅう》備《び》や諸葛《しょかつ》亮《りょう》のほか、丁原《ていげん》、董卓《とうたく》、呂《りょ》布《ふ》、袁紹《えんしょう》、陶《とう》謙《けん》、劉表《りゅうひょう》、陸遜《りくそん》、曹休《そうきゅう》なども皆、刺史や牧になったことがある。

史跡 出雲《いずも》

『古事記』によると、八十神《やそがみ》を征して出雲を平定し、葦原中国《あしはらのなかつくに》の主となった大《おお》国主神《くにぬしのかみ》は、須佐之男命《すさのおのみこと》の命を受けて国造りに励み、大いなる繁栄を謳歌する。しかし、その繁栄ぶりをうらやんだ天照大御神《あまてらすおおみかみ》は、これを我が子孫に継がせようと、建御雷之男神《たけみかづちのおのかみ》を送り込んで、力づくでこれを奪い取っている。このとき、大国主神は国譲りの条件として、巨大な社《やしろ》を造営することを申し出ている。一説によると、高さ100mもの大社が建てられたとも言い伝えられているが、真偽のほどは不明である。

現在この地には、壮麗な社のある出雲大社がそびえているが、その境内から、高さ48mもの高層神殿の存在を予感させる巨大な心柱が出土して、その伝承の正しさを示したものと見られている。

出雲大社の東、島根半島のつけ根にも近いところには、358本もの銅剣が出土した荒神谷《こうじんだに》遺跡があり、その南東には39個もの銅鐸が出土した加茂岩倉《かもいわくら》遺跡もあるなど、古代からかなり栄えていたことがわかる。もしかしたら、出雲王朝という巨大な勢力が存在したのではないかとも見られているのである。

また、出雲大社のすぐ北、日本海に面した猪目《いのめ》洞窟は、黄泉《よみ》の国の入り口だったと言い伝えられている。伊邪那岐神《いざなぎのかみ》は、伊邪那美神《いざなみのかみ》の死を愛《いとお》しんで、この黄泉の国へと追いかけていったものの、伊邪那美神に逆恨みされて這々の体で逃げ帰ってきたともいわれる。巨大な岩の割れ目は、まさに死後の世界を彷彿とさせる暗闇である。

高さ12.9mの高床式住居と同じ構造を持つ、出雲大社拝殿

大国主神を祀る本殿(国宝)の高さは24mもある

※写真：島根県観光連盟所有

第4章
邪馬台国と大和王朝

邪馬台国と大和王朝

2〜3世紀に存在した邪馬台国が東遷して大和王朝となったのか、あるいは大和王朝が西征して邪馬台国を滅ぼしたのか、このふたつの王朝の関連に目を向けていきたい。

邪馬台国と大和王朝 ―――――― プロローグ

第1～3章では、倭国および邪馬台国について詳細に記された「魏志倭人伝」に焦点を絞って、原文を吟味してきたが、第4章では、『古事記』や『日本書紀』を通じて、大和王朝の歴史を振り返りつつ、邪馬台国との関連性について考察していくことにしたい。これまで、邪馬台国の動向を記した歴史書は「魏志倭人伝」だけと思われていたが、『記紀』にもその痕跡が記されているのではないかと、考えられるようになってきたのである。

不可解な記述に潜む真の姿

『日本書紀』および『古事記』は、現在日本に残る最古の歴史書といわれる。太古の世界から8世紀初頭までの、日本の歴史を記したものとされている。しかし、多くの識者が指摘するように、この両書には謎に包まれた神話や伝承が数多く含まれるだけでなく、意図的に改ざんされたと思われる記述も多く、そこから正確に真の姿を読み取ることは難しい。特に、15代・応神《おうじん》天皇以前の歴代天皇の事跡には不可解な記述が多く、資料とするに堪えないとして、検証することすら放棄してしまった識者も多い。

しかし、たとえ荒唐無稽な神話であっても、また改ざんされた資料であっても、そこにはなんらかのかたちで、もとの真の姿が投影されているはずである。検証を重ねていけば、不可解とも思える文面のなかからも、真実に繋がる手がかりを見つけ出すことができるかもしれないのだ。そんな期待を込めて、地道な検証作業を進めていくことにしたい。

『記紀』に秘められた真実を見出す

『日本書紀』と『古事記』の両書を見くらべてみると、大きく異なるところがある。それは、『古事記』が国生み物語から神武《じんむ》東征を経て、神功《じんぐう》皇后が新羅《しらぎ》へ遠征に出るまでを詳しく記すのに対して、『日本書紀』のほうは、初代・神武天皇以降の歴代天皇の事跡に関する記述に重きを置いているところに大きな違いがある。

そして、神々の名前は異なるとはいえ、神代の時代に関する記載内容は、さほど大きく変わらない。天照大御神《あまてらすおおみかみ》(『日本書紀』では天照大神《あまてらすおおみかみ》)が暴れ狂う建速須佐之男命《たけはやすさのおのみこと》(『日本書紀』では素戔嗚《すさのお》)に愛想を尽かして岩屋に隠れる話や、建速須佐之男命が八岐《やまたの》大蛇《おろち》を退治する話などは、ほぼ同様の内容である。『古事記』では、建速須佐之男命が出雲《いずも》に降り立つが、『日本書紀』では安岐国《あきのくに》で、大国主《おおくにぬし》が治める国も、『古事記』では出雲であるが、『日本書紀』では葦原中国《あしはらのなかつくに》、『古事記』に記載のある建御雷之男神《たけみかづちのおのかみ》と建《たけ》御名方神《みなかたのかみ》の力くらべの話が『日本書紀』には見られないなど、多少の違いはあるものの、大局としては変わりないと見ることができる。

第4章では、この両書の記載事項を詳しく吟味していくのに加えて、第1章で詳しく紹介した「魏志倭人伝《ぎしわじんでん》」、あるいは朝鮮半島の史書である『三国史記』や、高句麗《こうくり》の好《こう》太王《たいおう》碑に記された金石文などに見える、日本の歴史に関する記述とを照らし合わせながら、複合的な視点で、日本の歴史を振り返ってみようというのである。

邪馬台国と大和王朝の関連性

邪馬台国《やまたいこく》と大和王朝にはどういう関連性があるのか？　邪馬台国が九州にあったとすれば、邪馬台国が東征して大和王朝を築き上げたのか？　それとも、大和王朝が西征して邪馬台国を滅ぼしたのか？　卑弥呼《ひみこ》は天照大御神なのか？　神功皇后なのか？　倭姫命《やまとひめのみこと》なのか？　邪馬台国が卑弥呼の国で、大和王朝は台与《とよ》の国なのか？　など、諸説紛々。いずれが真実なのか、いまだ不明のままである。

本書においても、両国の関連性を明確にすることはできないままではあるが、可能性のある説に関しては、なるべく紹介するように心がけている。

国造りの神々と英雄の物語

『古事記』に記された国生み物語

伊邪那岐神と伊邪那美神が、天の沼矛で潮をかき混ぜて作り上げたという淤能碁呂島。ここで2柱の神が結ばれて、多くの島々に神々を生んでいく。この国生みの物語に続いて、出雲国創建、天孫降臨、神武東征へと、神秘に満ちた物語が繰り広げられていく。

天照大御神の天岩戸物語

「天地《あめつち》が初めて姿を現し時、高天原《たかまのはら》に成れし神の名は天之御中主神《あめのみなかぬしのかみ》、次に高御《たかみ》産巣日神《むすひのかみ》～」。神々の誕生を記す『古事記』の冒頭の一節である。その後に生まれた神代七代《かみよななよ》の最後の2柱《はしら》の神が、伊邪《いざ》那岐神《なぎのかみ》と伊邪那美神《いざなみのかみ》である。2柱の神は、天の神から沼矛《ぬまほこ》を賜って、漂える国を治めて国を作ることを命じられる。そこで天浮橋《あめのうきはし》に立って、矛で潮をかき混ぜて引き上げると、矛先から潮が滴り落ちて、淤能碁呂島《おのごろじま》ができあがったという。ここで、男神・伊邪那岐神と女神・伊邪那美神が夫婦の契りを結んで、次々と国を生んでいく。淡路之穂之狭別島《あわじのほのさわけのしま》(淡路島)をはじめ、伊予之二名島《いよのふたなのしま》(四国)、隠伎之三《おきのみつ》子島《ごのしま》(隠岐島)、筑紫島《つくしのしま》(九州)、伊伎島《いきのしま》(壱岐島)、佐渡島《さどのしま》(佐渡島)、大倭豊秋津《おおやまととよあきづ》島《しま》(本州あるいは畿内)の大八島国のほか、吉備児島《きびのこじま》、小豆島《あづきしま》、大島《おおのしま》、女島《ひめしま》、知訶島《ちかのしま》、両児島《ふたごのしま》などの小島や、大事忍男《おおことおしおの》神《かみ》、風木津別之忍男神《かざもつわけのおしおのかみ》、大綿津見神《おおわたつみのかみ》、志《し》那都比古神《なつひこのかみ》など、23柱もの神々を次々と生んでいく。さらに、伊邪那岐神の涙から泣沢女神《なきさはめのかみ》が生まれ、伊邪那美神の嘔吐から金山毘古神《かなやまびこのかみ》が、糞から波迩夜須毘古《はにやすびこの》神《かみ》が、尿から弥都波能売神《みつはのめのかみ》などが生まれている。しかし、伊邪那美神は火の神・火之迦具土神《ひのかぐつちのかみ》を生んだときに大火傷を負って命を落としてしまうのである。その亡骸は、出雲国《いずものくに》と伯伎国《ほうきのくに》にまたがる比婆《ひば》山《やま》に葬られたという。怒った伊邪那岐神は十握剣《とつかのつるぎ》を引き抜いて、伊邪那美神を焼き殺した火之迦具土神の首を斬り落としてしまう。愛する妻を喪《うしな》った伊邪那岐神は、伊邪那美神を追って黄泉《よみ》の国へと向かう。ここで伊邪那美神と出会うことができるが、すでに崩れ果てた醜い姿であった。それを見た伊邪那岐神が驚いて逃げようとしたため、伊邪那美神は恥をかかされたと怒り、猛《たけ》り狂って伊邪那岐神を殺そうと追いかけてくる。なんとか黄泉の国から逃げ延びた伊邪那岐神は、日《ひ》

向国《むかのくに》の橘《たちばな》の小門《おど》という名の河口で禊《みそぎ》を行っている。このとき、伊邪那岐神の左目から天照《あまてらす》大御神《おおみかみ》が、右目から月《つく》読命《よみのみこと》が、鼻から建速須《たけはやす》佐之男命《さのおのみこと》が生まれている。天照大御神は天上を、月読命は夜の国を、建速須佐之男命は海を治めるよう、父・伊邪那岐神からそれぞれ命じられている。

しかし、気性の荒い建速須佐之男命は田の畦《あぜ》を壊したり、宮殿に汚物をまき散らしたりと、乱行が絶えることがなかった。嘆いた姉の天照大御神は、ついに天岩屋に身を隠してしまうと、世界が暗闇に包まれてしまうのである。

困り果てた神々は一計を案じ、岩屋の前で、囃子《はやし》に合わせて賑やかに裸の女神たちを踊らせる。これに気を惹《ひ》かれた天照大御神が岩屋の戸をわずかに開けてのぞき込んだ隙に、力自慢の天手力男神《あめのたぢからおのかみ》が天照大御神を外へと引き出してしまうのである。こうして、天の高天原も地の葦《あし》原中国《はらのなかつくに》にも光が差し込み、もとの世に戻るのである。

建速須佐之男命の出雲国創建

天照大御神の怒りに触れた弟・建速須佐之男命は、高天原から逃れて、葦原中国へと降り立っていく。出雲国へとやってきた建速須佐之男命は、ここで草薙《くさなぎ》の剣を使って八岐大蛇《やまたのおろち》を退治し、櫛名田比《くしなだひ》売《め》を娶って子をもうけ、幸せに暮らすのである。

その建速須佐之男命から数えて6代目が大国主神《おおくにぬしのかみ》である。大国主神は、海の彼方からやってきた小さな神・須久那美迦《すくなびこ》微《な》とともに新たな国造りに取りかかる。しかし、協力者であった須久那美迦微は国造りの半ばで早世してしまう。困り果てた大国主神の前に現れたのが、幸魂奇《さきみたまくし》魂《みたま》である。幸魂奇魂は、自分を祀ってくれれば国造りに協力すると約束する。大国主神はさっそく、大和の御諸《みもろ》の山(三輪山)に幸魂奇魂を祀ると、国はどんどん栄えていくのである。

出雲の繁栄ぶりを見た天照大御神は、これを自らの子孫に治めさせたいと思い、子の正勝吾勝勝速日天之忍穂耳命《まさかつあかつかちはやひあまのおしほみみのみこと》を地上に差し向けるが、正勝吾勝勝速日天之忍穂耳命は、地上は物騒だとして途中で引き返してしまう。天照大御神は出雲に使者を派遣して、国譲りの交渉を進めようとするが、なかなかうまくいかない。しびれをきらした天照大御神は、武力に長けた建御雷之男神《たけみかづちのおのかみ》を送り込んで強引に奪い取ろうとする。出雲の伊那佐《いなさ》の小浜《おばま》に降り立った建御雷之男神は、突き立てた長剣の上にあぐらをかいて大国主神に国を譲るよう迫る。しかし、ここで大国主神の子・建御名方神《たけみなかたのかみ》が建御雷之男神に歯向かうが、武力に長《た》けた建御雷之男神にかなうはずもない。建御名方神は信濃の諏訪湖近くまで逃げ延びたものの、ついにここで降参してしまう。覚悟を決めた大国主神は、壮大な社《やしろ》を築くことを条件に、国譲りを認めてしまうのである。

天孫降臨の地・日向国高千穂峰へ

大国主神から国を譲り受けた天照大御神は、中臣《なかとみ》氏の祖・天児屋命《あめのこやねのみこと》、忌部《いんべ》氏の祖・布刀玉命《ふとだまのみこと》、猿女君《さるめのきみ》の祖・天宇受賣《あめのうずめの》命《みこと》、作鏡連《かがみつくりのむらじ》の祖・伊斯許理度売命《いしこりどめのみこと》、玉造りの祖・玉祖命《たまのおやのみこと》ら5柱の神と、我が孫・天邇岐志国邇岐志天津日高日子番能邇邇《あめにぎしくににぎしあまつひこひこほのにに》芸命《ぎのみこと》とともに日向国高千穂《たかちほ》峰へと降り立っていく。天邇岐志国邇岐志天津日高日子番能邇邇芸命はここで木花之佐久夜毘《このはなのさくやび》売《め》と結ばれて、火照命《ほでりのみこと》と火遠理命《ほおりのみこと》らを生む。火照命は海幸彦、火遠理命は山幸彦である。後にこのふたりが争い、兄・火照命が弟・火遠理命に屈服させられている。火遠理命は綿津見神《わたつみのかみ》の娘・豊玉毘売《とよたまびめ》と結ばれて、天津日高日子波限建鵜葺草《あまつひこひこなぎさたけうがや》葺不合命《ふきあえずのみこと》を生み、天津日高日子波限建鵜葺草葺不合命が玉依毘売《たまよりびめ》と結ばれて生まれたのが神倭伊波礼毘古命《かむやまといわれびこのみこと》、つまり『日本書紀』において初代天皇とされる神武《じんむ》天皇である。

神武天皇の即位

天津日高日子波限建鵜葺草葺不合命の子・伊波礼毘古命は、兄・五瀬命《いつせのみこと》とともに東征の旅に出る。世にいう神武東征である。高千穂を出て岡田宮で1年、多祁《たけ》理《り》宮で7年、高島宮で8年滞在したあと、白肩《しらかた》の津へとたどり着いたところで、登《と》美《み》の豪族・長髄彦《ながすねひこ》の反撃に遭って、五瀬命が矢に射られて死んでしまう。弟・伊波礼毘古命は、いったん大和への上陸を諦め、紀伊半島を大きく迂回して熊野の地に上陸し、八咫烏《やたがらす》に先導されながら進軍し、各地の神々を征伐して、ついに畝《うね》火《び》の白檮原《かしはら》宮へとたどり着き、神武天皇として即位するのである。その後、2代・神沼河耳《かむぬなかはみみ》(綏靖《すいぜい》天皇)から9代・若倭根子《わかやまとねこ》日子大毘々《ひこおほびび》(開化《かいか》天皇)に至るまでの系譜を記している。そして、10代・御真木入《みまきいり》日子印恵《ひこいにえ》(崇神《すじん》天皇)の東国平定物語や、倭建命《やまとたけるのみこと》の西征東征物語、息長足姫命《おきながたらしひめのみこと》(神《じん》功《ぐう》皇后)の新羅《しらぎ》遠征物語などを経て、第33代・推古《すいこ》天皇までの系譜と事跡を記して幕を閉じるのである。

歴代天皇の事跡を記した日本初の正史

『日本書紀』に見る大和朝廷の歴史

神代の記述は『古事記』の物語を簡略化したもので、初代・神武天皇から40代・持統天皇までの事跡に重きを置いた記述となっている。「神武東征」から「神功皇后の新羅遠征」「磐井の乱」「大化の改新」「白村江の戦い」「壬申の乱」などを経て、持統天皇の御代で幕を閉じる。

『古事記』と異なる神の名

『日本書紀』が記す日本の歴史は、『古事記』同様、混沌とした世界から天と地ができるところから始まる。神の名は『古事記』での記載とは異なるが、国常《くにのとこ》立尊《たちのみこと》や国狭槌尊《くにのさつちのみこと》、豊斟渟尊《とよくむぬのみこと》ら3柱《はしら》の神が登場したあと、伊奘諾尊《いざなぎのみこと》、伊奘冉尊《いざなみのみこと》が天《あめ》の浮橋《うきはし》に立って国造りを始める話、天照《あまてらす》大神《おおみかみ》が岩屋に籠もる話、素戔鳴尊《すさのおのみこと》が八岐《やまたの》大蛇《おろち》を退治する話など、似たような話が簡略化されて記されている。

反面、神日本磐余彦天皇《かむやまといわれびこのすめらみこと》(神武《じんむ》天皇)の東征以降の話は、『古事記』よりも『日本書紀』のほうがより具体的で詳しい。その点を考慮して、ここでは磐余彦の東征から話を書き進めていくことにしたい。

神武東征

塩土《しおつつ》の翁《おじ》の薦めによって、神日本磐余彦天皇が天下を治めるのにふさわしい地を求めて東征へと向かったのは、45歳のときであった。このときすでに、天孫降臨より179万2470余年が過ぎたという。諸皇子を率いて出立した神日本磐余彦天皇は、速吸之門《はやすいのと》(豊予《とよ》海峡)にさしかかったとき、まず、倭直《やまとのあたい》の祖・椎根津彦《しいねつひこ》を味方に引き入れている。筑紫国《つくしのくに》宇佐《うさ》で、宇佐の国造《くにつくり》の祖・宇佐津彦《うさつひこ》にもてなされたのち、吉備国《きびのくに》にたどり着き、ここで3年の歳月を費やして、兵や船舶、糧食の調達にあたっている。天下平定の準備が整ったところで進軍を開始、まずは難波碕《なにはのみさき》へと上陸している。生駒山《いこまやま》を越えて孔舎《くさ》衛坂《えのさか》にさしかかったところで、長髄彦《ながすねひこ》が軍を率いて戦いに臨んでくる。このとき、兄・五瀬命《いつせのみこと》が敵の放った矢に当たったため進むことができず、やむなく兵を退いて山城水門《やまきのみなと》を経て紀《き》の国の竈山《かまやま》へと向かう。ここで五瀬命が命を落としてしまうが、磐余彦はさらに進軍して、熊野の荒坂の津に上陸して山中の行軍を続けている。途中の海上では、ふたりの兄をも亡くすという悲運もあった。そんな辛苦を舐めながらも、ついには物部《もののべ》氏の祖・饒速日命《にぎはやひのみこと》を帰順させて、見事東征を果たし、橿原《かしはら》宮において神武天皇として即位するのである。この年をもって、天皇元年とする。『日本書紀』のいう紀元前660年のことである。

神武天皇は辛酉《かのととり》76年に崩御するが、そのときなんと127歳であったという。この初代天皇のあとに、開化《かいか》天皇に至るまで8名の天皇の記述が続くが、それ以降の天皇とくらべて事績の紹介が圧倒的に少ないため、後世これを欠史《けっし》八代と呼び、その存在が疑問視されている。

崇神天皇の熊襲討伐

さて、その開化天皇と物部氏の祖・大《おお》綜麻杵《へそき》の女《むすめ》とのあいだにできたのが、御《み》間城入彦五十瓊殖天皇《まきいりびこいにえのすめらみこと》(崇神《すじん》天皇)である。この崇神天皇の御代に疫病がはやったため、倭迹迹日百襲姫命《やまとととびももそひめのみこと》が神懸《かみが》かりして占ったところ、大物主神《おおものぬしのかみ》を祀るべしというご神託が下された。そこで、太田田《おおたた》根子命《ねこのみこと》を祭主として祀ったところ、災害が収まったという。国内も鎮まって気をよくした崇神天皇は、阿倍《あべ》氏の祖・大彦《おおびこの》命《みこと》や武渟川別命《たけぬなかわわけのみこと》ら四道将軍を東西南北に遣わして、各地の平定にあたらせている。

崇神天皇の子・垂仁《すいにん》天皇の御代に、任《みま》那《な》の人・蘇那曷叱智《そなかしち》に赤絹100匹を持たせて任那の王に贈ったことが記されているが、新羅《しらぎ》の人がこれを奪い取ったことから、任那と新羅との抗争が始まったとしている。

次の景行《けいこう》天皇の御代は、熊襲《くまそ》が背いて貢物を贈ってこなくなったため、天皇が自ら軍を率いてその征伐に向かったともいう。宇佐周辺の鼻垂《はなたり》、耳垂《みみたり》をはじめ、速水の土蜘蛛《つちぐも》ら九州各地の豪族を次々と征伐したあと、襲《そ》の国に入ってこれを退治し、意気揚々と大和へ帰還している。熊襲はその後しばらくしてまた背いたため、景行天皇は子・日本武尊《やまとたけるのみこと》を遣わして、九州から東北に至るまでの全国平定に乗り出している。

神功皇后の新羅遠征

日本武尊の子・足仲彦《たらしなかつひこ》(仲哀《ちゅうあい》天皇)が亡くなると、皇后・気長足姫《おきながたらしひめ》(神功《じんぐう》皇后)が、またもや背き始めた熊襲を征伐。さらに自ら朝鮮に遠征して、新羅を服従させている。神功39年の条に、「魏志倭人伝《ぎしわじんでん》」の「明帝《めいてい》の景初《けいしょ》三年六月に倭《わ》の女王が大《たい》夫難斗米《ふなそめ》らを帯方郡《たいほうぐん》に遣わして、洛陽《らくよう》の天子に会いたいとして貢物を持ってきた。太守の鄧夏《りゅうか》が役人をつき添わせて洛陽へいかせた」という一文を転載している。さらに神功40年の条では、「正始《せいし》元年に建忠校尉《けんちゅうこうい》梯携《ていけい》らを遣わせて、詔書、印綬を持たせて倭国へいかせた」という記事も転記している。さらに、神功43年の条では、「正始四年、倭王は、また使者の大夫伊声者掖耶《いせきやや》ら八人を遣わして献上品を届けた」とも記す。

神功皇后が新羅遠征に赴いたときには、妊娠中であったことも記している。遠征の帰路、筑紫の蚊田《かだ》というところで、誉田別《ほんだわけ》(応神《おうじん》天皇)を生んでいる。この応神天皇の御代に、王朝の都が大和盆地から河内平野へと移ったことは重要な意味を持つ。

さらに、応神天皇の子・仁徳《にんとく》天皇の紀30年の条で、天皇が八田皇女《やわたのひめみこ》を妃として迎え入れることに皇后が嫉妬して、不仲

となったことも生々しく記している。

暴虐・武烈天皇の御代と磐井の乱

仁徳天皇の子が去来穂別天皇《いざほわけのすめらみこと》(履中《りちゅう》天皇)であるが、弟の住吉仲皇子《すえのえのなかつみこ》が、兄の妃候補の黒媛《くろひめ》を犯したことから、住吉仲皇子が殺されたことも記している。

15代・応神天皇から6代後の21代・雄略《ゆうりゃく》天皇までの7人のうち5人の天皇は、中国の『宋書《そうじょ》』にも倭の五王(珍《ちん》、讃《さん》、済《せい》、興《こう》、武《ぶ》)として記された人物であるともいわれる(人物比定には他説あり)。

雄略天皇の御代には、新羅と戦って新羅王を遁走させたことや、高麗《こうらい》が百済《くだら》を降したこと、また、その生き残りに天皇が加勢して国を再興させ、筑紫国の兵500人を遣わして高麗を討ったことも記している。

その後、酒と女に溺れ、妊婦の腹を割いて嬰児をのぞき見るなど、暴虐の限りを尽くした武烈《ぶれつ》天皇の話へと続く。そして、この天皇が崩御したことで、いったん皇統が途絶えたことになっている。これを継いだのは、応神天皇の5世の孫とされる男大迹王《おおどのおう》(継体《けいたい》天皇)である。男大迹王は三国を出て河内国葛葉《くずは》の宮(大阪府枚方市樟葉)で即位したあと、山城《やましろ》の綴城《つづき》(京都府綴喜郡)や山城国乙訓《おとくに》(京都府乙訓・向日市)などを都としながら移り住み、即位後20年経ってようやく大和の地へと入っている。

この継体天皇の御代に起きたのが、九州勢力の反乱・磐井《いわい》の乱である。新羅と組んだ豪族・磐井が、百済に加担する朝廷に反旗を翻した争乱である。筑紫三井《みいの》郡《こおり》での激戦の末、結局、乱は抑えられてしまう。この争乱を鎮めたことで、朝廷の支配力は以前よりも盤石なものとなった。

その後、蘇我《そが》氏と物部氏の抗争や、日本史上初の女帝・推古《すいこ》天皇の新羅征伐などを経て、聖徳太子《しょうとくたいし》の事績、中大兄皇子《なかのおおえのおうじ》の蘇我入鹿《そがのいるか》殺害、百済の白村江《はくすきのえ》の戦い、大海人皇子《おおあまのおうじ》と大友皇子《おおとものおうじ》の皇位継承を巡る戦い・壬申《じんしん》の乱について記載されたあと、持統《じとう》天皇が藤原宮に遷都したことを記して幕を閉じるのである。

大和王朝の都

◉大和王朝の都の変遷

初代・神武《じんむ》天皇が橿原《かしはら》宮に都を置いて以降、代が替わるたびに都も次々と移されていった。その多くは奈良県に集中しているが、大阪府や京都府、滋賀県などにも点在している。

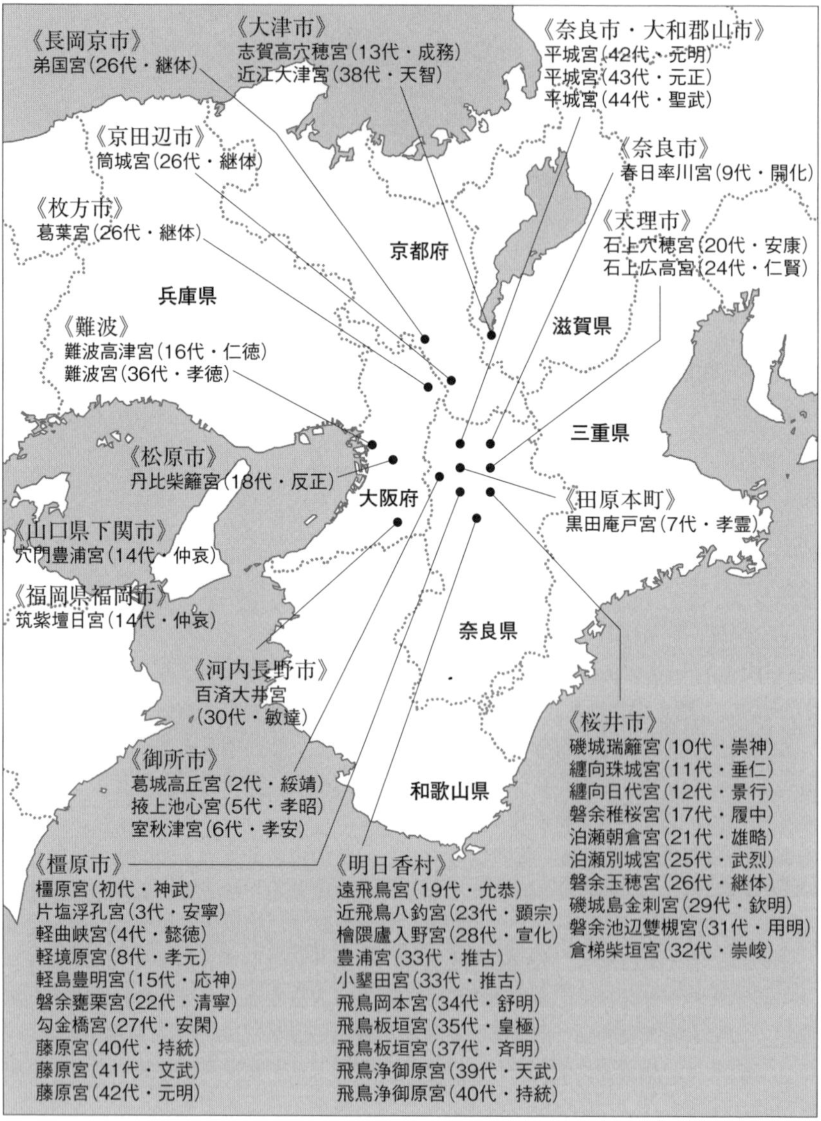

大和を取り巻く豪族たち

◉大和を取り巻く豪族たちの本拠地

巻向周辺を本拠地とする天皇家を取り巻くように、物部《もののべ》氏や春日氏、大伴《おおとも》氏、平《へ》群《ぐり》氏、巨《こ》勢《せ》氏ら数多くの豪族たちが、拠点を設けて勢力を張っていた。

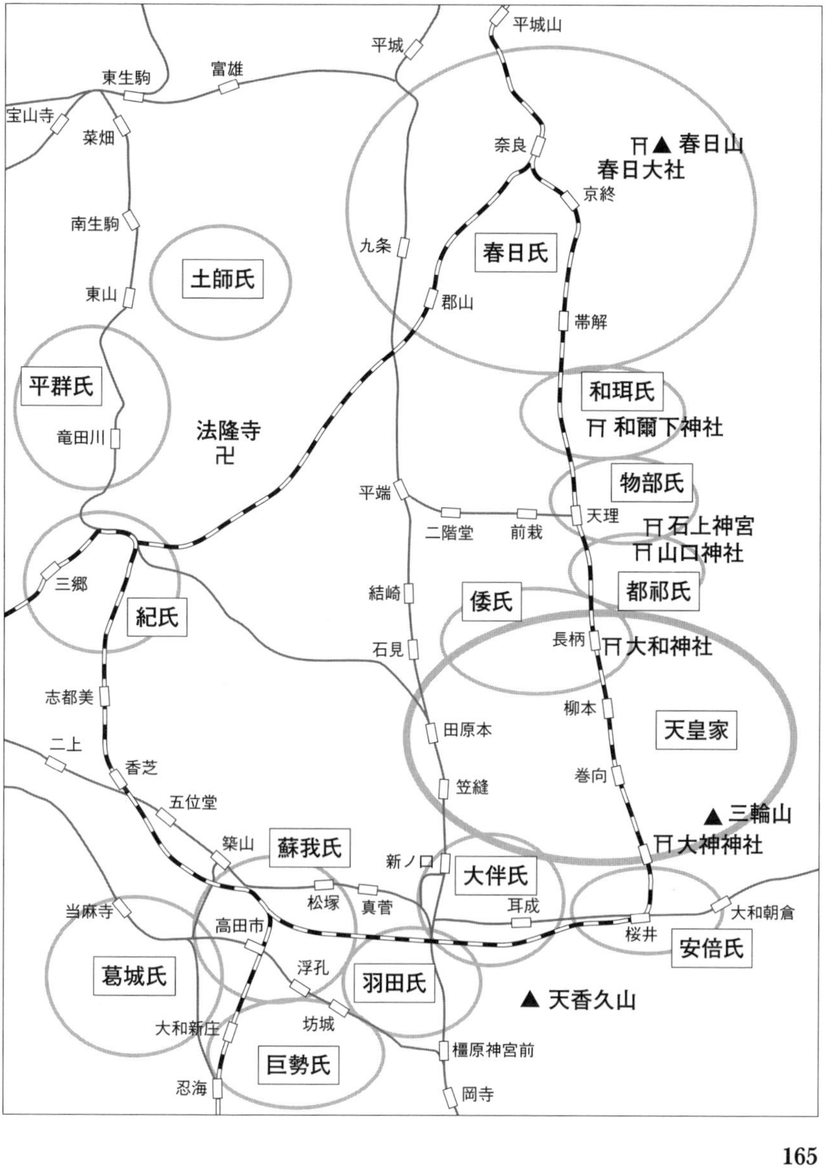

出雲に一大勢力のあった証し

建速須佐之男命の出雲国創建と大国主神の国譲り

伊邪那岐神の子・建速須佐之男命は、その荒々しい性格が災いして、高天原を追放され、出雲へと降り立っていく。そこで妻を得て幸せに暮らし、ついには国を築いて大いなる繁栄をもたらすのである。

男神からも子が生まれる不思議

『古事記』の神代の物語は、天地《あめつち》が分かれて神代七代《かみよななよ》の神が誕生したところから始まる。そのなかの伊邪那岐神《いざなぎのかみ》と伊邪《いざ》那美神《なみのかみ》が天の沼矛《ぬまほこ》をかき混ぜて、その滴る潮で島を作り上げた話は、まさに男女の交わりそのものを表している。子孫繁栄の源ともいえる生殖行為を、神聖なものととらえていたその証しであろう。ただ、初めて生まれてきた子が水蛭子《ひるこ》という健全な子でなかったことを、女性が優位に事を進めていたことに起因するととらえたことは、夫唱婦随《ふしょうふずい》の儒教思想が反映したものと見られる。

伊邪那岐神と伊邪那美神が14の島々を生んだあと、次々と神々をも生んでいく。女神である伊邪那美神だけでなく、男神・伊邪那岐神の涙からも神が生まれるというこの奇怪さをどう見ればいいのか、いまだ謎のままである。

出雲に降り立った建速須佐之男命

伊邪那美神は、そのあと火の神・火之《ひの》迦具土神《かぐつちのかみ》の誕生によって焼き殺されてしまう。これを愛しんだ伊邪那岐神は、妻・伊邪那美神を追って黄泉《よみ》の国へとたどり着いたものの、逆に伊邪那美神に恨まれて逃げ惑うという、なんともコケティッシュなストーリーへと進展していく。やっとの思いで逃げ延びた伊邪那岐神は、穢《けが》れを祓《はら》おうと禊《みそぎ》の儀式を行ったときに、左目から生まれたのが天照大御《あまてらすおおみ》神《かみ》である。右目からは月読命《つくよみのみこと》が、鼻からは建速須佐之男命《たけはやすさのおのみこと》が、このときに生まれている。

しかし、建速須佐之男命の性格は荒々しく残忍で、乱行が絶えなかったため、堪えかねた姉・天照大御神は岩屋に身を隠したため、世界中が暗闇に覆われてしまう。困り果てた高天原《たかまのはら》の八百万神《やおよろずのかみ》たちは一計を案じて、天受売命《あめのうずめのみこと》に肌も露《あらわ》に踊らせるという、天岩屋の物語へと進展していくのである。事件の発端となった建

速須佐之男命は、高天原を追放されて地上に降り立っていくが、その降臨の地として選んだのが、出雲《いずも》なのである。『日本書紀』では安芸《あき》の江の川のほとりに降り立ったという説や、最初に新羅《しらぎ》に降り立ったものの気に入らず、土で作った舟に乗り、東へと進んで出雲の鳥上の山にたどり着いたという説をも、一書によるとして紹介している。

　そこで八俣大蛇《やまたのおろち》に怯える親子と出会った建速須佐之男命は、怪物を退治するとともに、その娘・櫛名田比売《くしなだひめ》と結ばれて八島士奴美神《やしまじぬみのかみ》を生む。その5代目の孫が大国主神《おおくにぬしのかみ》である。『日本書紀』では素戔《すさの》鳴尊《おのみこと》(『古事記』では建速須佐之男命)の子のまたの名を大己貴命《おおあなむちのみこと》と記すが、奇妙なことに、大己貴命の子孫であるはずの大国主神のまたの名も大己貴命である。ここでもまた次元を超えて同一名が登場するのである。

　その後、大国主神は八十神《やそがみ》を征して出雲を平定し、少名毘古那《すくなびこな》の力を得て国造りを進めて葦原中国《あしはらのなかつくに》の主として君臨し、大いなる繁栄を謳歌するのである。

　この葦原中国の繁栄を高天原から恨めしく見下ろしていたのが、天照大御神である。天照大御神は我が子孫にその国を支配させようと次々に使者を派遣した末、ついに大国主神らを降参させ、天孫降臨へと実を結ぶのである。しかし不思議なことに、降臨の地に選ばれたのは、出雲とは遠く離れた筑紫《つくし》の日向《ひむか》の高千穂《たかちほ》の峰であった。なぜ出雲に降臨しなかったのかもまた、今もって謎のままである。

370年ごろに大和が出雲を征圧

　ところで、建速須佐之男命の生涯に関して、『日本建国の三大祖神』の著者・

大野七三《おおのしちぞう》氏が興味深い説を述べている。建速須佐之男命が天照大御神の弟で、高天原で乱暴を働いたため出雲に追放されたという記紀神話を、編纂者たちの作為としたうえで、建速須佐之男命が125年ごろに出雲に誕生したと見て、その生涯を同書に書き記している。それによると、「一五五年頃奥出雲の産鉄族たちから強引に結婚を迫られていた櫛稲田姫を助けて、それらの産鉄族を滅ぼし、稲田姫と結婚された」という。その後、「出雲全域を統一して出雲国(原始的な共同体)を創建され、さらに一七五年頃から御子大歳尊《おおとしのみこと》・五十《いそ》猛命《たけるのみこと》・猿田彦命と出雲の軍団を率いて九州に遠征、全九州を平定して「ヤマトノ国」(全九州)の基礎を築いた」というのである。その後、北九州は御子・大歳尊(のちの饒速日尊《にぎはやひのみこと》)に任せ、自らは南九州を統治し、大日霊女貴《おおひみこむちの》尊《みこと》こと天照大御神を九州での妃としたという。その天照大御神こそ邪馬台国《やまたいこく》の女王・卑弥呼《ひみこ》であるという興味深い説を述べている。

建速須佐之男命が「ヤマトノ国」の基礎を築いたという根拠は、建速須佐之男命の御魂鎮のために創建された須佐神社と、稲田姫《いなだひめ》と結婚して宮殿としたところに建てられた須賀神社が「九州各地に勧請した神社が多い」からだという。「古代神社の創建は、その地の支配者(首長)により創建されるものであり、奉斎される祭神は支配者の祖神あるいは関係ある神がほとんどである」という点を、この説の根拠にしているのである。

建速須佐之男命による出雲創建が史実かどうかは別として、4世紀初頭の日本列島を見渡すと、そこには畿内大和と北九州に加えて、出雲にも確固とした文化圏があったことは間違いない。日本海沿岸には、天然の良港ともいわれる潟湖が多く、朝鮮半島および北九州とを結ぶ船上交通の発達したところでもあり、各地との交易も盛んだった。昭和58年(1983)に島根県斐川町の荒神谷《こうじんだに》遺跡で発見された358本にも及ぶ銅剣の出土は、出雲集団が銅剣祭祀の主催者として絶大な力を誇っていたことを物語るものである。それまで日本全国で発掘された銅剣総数が300本程度に過ぎなかったことを鑑みれば、その存在の大きさがうかがい知れる。

『「古代日本」誕生の謎』の著者・武光《たけみつ》誠《まこと》氏によると、荒神谷遺跡の年代は、卑弥呼の時代の20～30年前にあたるとし、古代都市「大和」の形成は荒神谷遺跡の70年ほどあとであるという。このことから、北九州の先進文化は、まず日本海沿岸を通して出雲に伝わったのち、大和へと伝播していったのだという。そして大和王権による出雲征圧は、ズバリ370年ごろだと断言するのである。先に見られるような、大国主神が天照大御神の子孫に地上の支配権を譲る国譲り神話は、4世紀ごろに起きた史実としての出雲征服の事跡を、神話のかたちに繁栄させたものだともいうのである。

銅鐸文化圏と銅剣・銅矛・銅戈文化圏

日本で発掘された青銅器の分布図を見てみると、北九州から四国・中国地方西部には銅剣、銅矛《どうほこ》、銅戈《どうほこ》の出土が目立つことがわかる。反対に、四国・中国地方東部と近畿地方には銅剣、銅矛、銅戈はあまり見られず、銅鐸《どうたく》が圧倒的に多く出土している。銅鐸文化圏と銅剣・銅矛・銅戈文化圏のふたつの文化圏があったことの証しである。

この青銅器の分布を見て不思議に思うのは、『記紀』を記した畿内大和王朝の勢力圏内には、銅鐸の出土数が多いにもかかわらず、その正史である『日本書紀』に、銅鐸に関する記載が一切見られないことである。そこに記されるのは、天の沼《ぬま》矛《ほこ》や草薙《くさなぎ》の剣などばかりであるというところから、『記紀』に記された神話は、畿内大和王朝が記したものではなく、北九州にあった王朝に伝わる神話であったと見ることができるのである。畿内大和には当初、銅剣、銅矛、銅戈があったが、のちに祭器としての銅鐸の需要が高まったため、300年ごろには必要とされなくなり、それまであった銅剣、銅矛、銅戈などを鋳造し直して銅鐸に作り変えたため、このエリアでは銅剣、銅矛、銅戈などが出土しないのだという説もあるが、それでも、『記紀』のなかに銅鐸に関する記載がないことに対する疑惑は消えないのである。

◉おもな青銅器の分布地

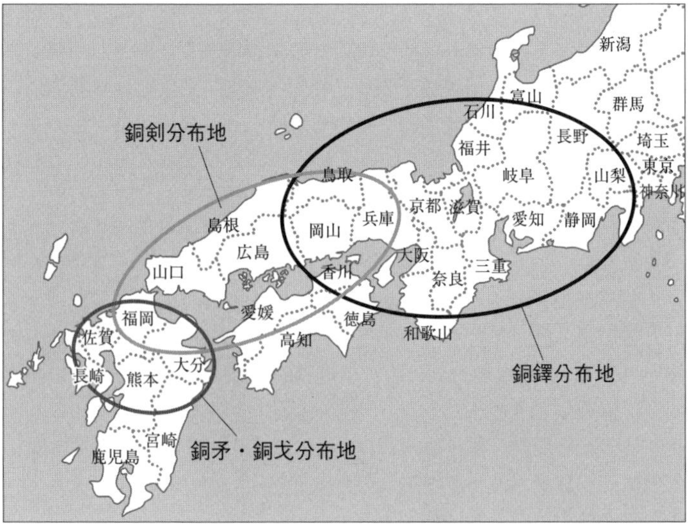

『日本書紀』の紀年問題

『日本書紀』の記載事項の信憑性について疑いの眼差しを向けられる要因のひとつに、絶対年数が記されていないことがあげられる。そこには、歴代天皇の即位の年を元年として、2年、3年と表示されるが、代が替わるたびにまた元年から数え直されるため、単に元年といっても、どの天皇の元年なのかがわかりづらい。そのため便宜上、神武《じんむ》天皇の元年は神武元年、綏靖《すいぜい》天皇の元年は綏靖元年と記して区別する方法が取られている。

それでも、各天皇の在位年数が正確に記されていれば、各事績の絶対年数も容易に割り出すことができるわけだが、この在位年数が意図的に改ざんされているため、正確に絶対年数を割り出すことができないのが実情である。

『日本書紀』の編纂者が、なぜ正史としてはあるまじきこのような改ざんを行ったのか？　それは、初代天皇とされる神武天皇の橿原《かしはら》における即位の年代を、紀元前660年の辛酉《かのととり》の年に無理矢理設定したことに端を発している。辛酉とは、中国の漢《かん》代に流布した『緯書』に記された観念で、60年に1度巡ってくるこの年に、天命が改まると見られていた。そして、この辛酉の年が21回繰り返された年、つまり1260年目には大革命が起きると信じられていたため、この年を初代・神武天皇即位の年にしようと目論んだことに端を発している。『記紀』の編纂を命じた天武《てんむ》天皇の6代前の推古《すいこ》天皇9年の年(601)がちょうどその年にあたっていたことから、そこから1260年前の紀元前660年を、初代天皇即位の年にしてしまったのである。

大和王朝では、この年を皮切りとして歴代天皇の即位の年を紀年とし、代が替わるたびに年数を数え直すという紀年法を取り入れているが、史実とは無関係にこの年を紀元としたため、事実をそのまま記したのでは当然、数値の辻褄が合わなくなってしまう。そこで、うまく帳尻を合わせるための細工が必要となってくるわけである。その方法として取り入れられたのが、各天皇の在位年数を伸ばしたり、架空の人物を挿入したりする方法であった。こうして随所に改ざんを加えられてできあがったのが『日本書紀』なのである。

問題は、どの部分が改ざんされたものなのかが非常にわかりにくく、結果としてそこに記された各事績の絶対年数を求めることが難しいという点である。この数値が正確に求められれば、『日本書紀』の研究は飛躍的に進み、邪馬台国《やまたいこく》との関連性も明らかになってくるはずである。しかし、そんな期待にもかかわらず、これまで多くの研究者がこの紀年問題に取り組み続けてきたものの、いまだ解明できないままである。その数値には諸説あって確定したものではないが、ここでは便宜上、那《な》珂通世《かみちよ》氏および倉西裕子《くらにしゆうこ》氏の説を記載しておく。

代	天皇	『日本書紀』にもとづく在位期間	紀年数	那珂通世氏説	倉西裕子氏説
1	神武天皇	紀元前660～紀元前585	76年		
2	綏靖天皇	紀元前581～紀元前549	33年		
3	安寧天皇	紀元前548～紀元前511	38年		
4	懿徳天皇	紀元前510～紀元前477	34年		
5	孝昭天皇	紀元前475～紀元前393	83年		
6	孝安天皇	紀元前392～紀元前291	102年		
7	孝霊天皇	紀元前290～紀元前215	76年		
8	孝元天皇	紀元前214～紀元前158	57年		
9	開化天皇	紀元前157～紀元前98	60年		
10	崇神天皇	紀元前97～紀元前30	68年	～258	
11	垂仁天皇	紀元前29～70	99年		
12	景行天皇	71～130	60年		
13	成務天皇	131～190	60年	～355	
14	仲哀天皇	192～200	9年	～362	
ー	神功皇后	201～269	69年		
15	応神天皇	270～310	41年	～394	390～396
16	仁徳天皇	313～399	87年	～427	397～427
17	履中天皇	400～405	6年	～432	421～426
18	反正天皇	406～410	5年	～437	427～431
19	允恭天皇	412～453	42年	～454	433～454
20	安康天皇	454～456	3年		454～456
21	雄略天皇	457～479	23年	～489	457～479
22	清寧天皇	480～484	5年		480～484
23	顕宗天皇	485～487	3年		485～487
24	仁賢天皇	488～498	11年		488～498
25	武烈天皇	499～506	8年		499～
26	継体天皇	507～531	25年	～527	
27	安閑天皇	534～535	2年	～535	
28	宣化天皇	536～539	4年		
29	欽明天皇	540～571	32年		
30	敏達天皇	572～585	14年	～584	
31	用明天皇	586～587	2年	～587	
32	崇峻天皇	588～592	5年	～592	
33	推古天皇	593～628	36年	～628	
34	舒明天皇	629～641	13年		
35	皇極天皇	642～644	3年		
36	孝徳天皇	645～649（大化）	5年		
		650～654（白雉）	5年		
37	斉明天皇	655～661	7年		
38	天智天皇	662～671	10年		
39	天武天皇	672～685	14年		
		686（朱鳥）	1年		
40	持統天皇	687～697	11年		

※数値は倉西裕子著『日本書紀の真実　紀年論を解く』から抜粋。

高千穂の峯に降り立った理由は？

天孫降臨の謎

皇祖の高皇産霊尊は、地上世界である葦原中国を平らげようと、孫・天津彦彦火瓊瓊杵尊を送り込んでくる。その降臨の地に選ばれたのは、九州の日向の高千穂の峯であった。なぜ畿内大和から遠く離れた地に降臨したのか？　日向でなければならなかった理由があるはずである。

夜具に包まれて地上世界へ

『日本書紀』によると、神代の時代に高皇産霊尊《たかみむすひのみこと》の命によって(『古事記』では天照大御神《あまてらすおおみかみ》が命じたことにしている)、その孫・天津彦彦火瓊瓊杵尊《あまつひこひこほのににぎのみこと》が地上世界である葦原中国《あしはらのなかつくに》へと降り立ったという。このとき高皇産霊尊は、天津彦彦火瓊瓊杵尊を真床追衾《まとこおうふすま》という夜具に包んで降り立たせたというところから、今でも天皇の即位儀礼の式典の際に、天皇を夜具に包むという儀式が執り行われている。

天孫降臨の地は筑紫の日向

天津彦彦火瓊瓊杵尊が降り立ったところは、『日本書紀』によると、日向《ひむか》の襲《そ》の高千穂《たかちほ》峯であったという。一般的には宮崎県高千穂、あるいは鹿児島県霧島山の高千穂峰のいずれかであると見られることが多い。前者の高千穂には、天孫が降臨したあと八百万神《やおよろずのかみ》が集まって高天原《たかまのはら》を拝んだという高天原遙拝所《ようはいじょ》や、天津彦彦火瓊瓊杵尊を祀るくしふる神社のほか、天照大神《あまてらすおおみかみ》が隠れたという天岩戸を御神体として祀る天岩戸《あまのいわと》神社まである。また、後者の高千穂峰には、山頂に伊奘諾《いざなぎの》尊《みこと》と伊奘冉尊《いざなみのみこと》が国生みのときに使った天《あまの》瓊矛《ぬぼこ》(天津彦彦火瓊瓊杵尊が降臨地を探すために使われたとの説もある)が天に向かって突き立てられた天逆鉾《あめのさかほこ》などがあり、両者とも我が地こそが天孫降臨の地であるといって憚《はばか》らない。

しかしこれは、『日本書紀』の本文だけを取り上げて比定したもので、一書によるとして取り上げられたほかの記述からすると、おかしな話である。それには、筑紫《つくし》の日向の高千穂の槵触峯《くしふるたけ》とも記されているからである。筑紫という限り、それは北九州博多湾を中心とするエリア一帯であって、南九州に位置する日向国ではあり得ない(古田武彦《ふるたたけひこ》氏説)。しかも『古事記』に記された「此の地は韓国に向かい」と記された文面とも、整合性を見出せないのである。

この、従来から定説と思われ続けてきた天孫降臨日向国説を覆したのは古田武彦氏であるが、同氏は自著『盗まれた神話』のなかで、これまでの通説が誤りであった(筑紫を九州と見る説も否定して

いる）と断言している。そして、福岡市にある日向峠と、その近郊の山・日向山およびくしふる山の名を見出したところから、それらを含む連山・高祖山《たかすやま》こそが天孫降臨の地であるという。

また、天照大御神生誕の地とされる「筑紫の日向の小戸《おど》の橘《たちばな》の檍原《あわぎがはら》」も、姪《めい》の浜《はま》海岸にある小戸神社であるというのである。

九州に降臨したそのわけは？

それにしても、畿内大和において、のちに確固たる勢力を誇った大和王朝の祖神とされてきた天照大神および高皇産霊尊の孫・天津彦彦火瓊瓊杵尊の降臨の地を、なぜ畿内大和から遠く離れた九州の地に求めたのかは大きな疑問である。これまで通説とされてきた南九州日向国は、畿内大和王朝が忌み嫌っていた熊襲《くまそ》の支配地域でもある。一説には、熊襲を懐柔するために出身地を等しくしたのだともいわれるが、すんなりと納得できるような説明にはなっていない。また、日向は日に向かうという意を表し、高千穂は高い峰を意味する普通名詞で、特定の地を表すものではなく、大和王朝は初めから畿内大和に存在したのだという津田《つだ》左右吉《そうきち》氏の説もあるが、それも納得しがたい。そこには、『記紀』を記した大和王朝にとって、天孫降臨の地をどうしても九州にしなければならなかった必然の理があったはずである。この命題は邪馬《やま》台国《たいこく》の比定にも大きくかかわってくる重大な問題ではあるが、その真相はのちに記す。この章を読み進めていくなかで、随時明らかにしていきたい。

畿内大和は物部氏の土地

神武東征物語が記す畿内大和の始まり

神日本磐余彦尊(のちの神武天皇)が東征の軍を興すも、そこは天神の御子で物部氏の祖といわれる櫛玉饒速日命とその臣下・長髄彦が勢を張っていたところであった。つまり、大和王朝が誕生する前の畿内大和は、物部氏が勢力を張っていた地だったのである。

義母、叔母を妻とした神武天皇の父

『日本書紀』によると、日向《ひむか》に降り立った天津彦彦火瓊瓊杵尊《あまつひこひこほのににぎのみこと》は、そこに宮殿を建てて笠沙《かささ》の岬で出会った美女・木花《このはな》開耶姫《さくやひめ》と契り、火闌降命《ほのすそりのみこと》(海幸彦)と彦火《ひこほ》火出見尊《ほでみのみこと》(山幸彦)を生む。兄の火闌降命は、弟の彦火火出見尊との戦いに敗れて九州南部の地に赴き、隼人《はやと》の祖になったという。

勝利を得た彦火火出見尊は、海神《わたつみ》の娘・豊玉姫《とよたまひめ》を娶って彦波瀲武鸕鷀草葺不《ひこなぎさたけうがやふきあえ》合尊《ずのみこと》を生み、彦波瀲武鸕鷀草葺不合尊は豊玉姫の妹、つまり自らにとっては姨《おば》にあたる玉依姫《たまよりひめ》と結ばれて彦五瀬命《ひこいつせのみこと》、稲飯《いなひの》命《みこと》、三毛入野命《みけいりのみこと》、神日本磐余彦尊《かむやまといわれびこのみこと》を生む。その4人の男神のうち、最後に生まれた神日本磐余彦尊が初代天皇とされる神武《じんむ》天皇なのである。つまり、神武天皇の父・彦波瀲武鸕鷀草葺不合尊は母の妹を妻としたわけで、古田武彦《ふるたたけひこ》氏のいうように「義母、叔母を妻としてかえりみない」というこの独特の習俗は、大和王朝とは異質のものと考えることもできる。

神武天皇と祖父・山幸彦は同一人物

さて、神代の時代はここで幕を閉じて、いよいよ人の時代へと分け入っていく。天孫降臨から179万2470余年もの時が流れたというのだから、なんとも悠久の世界をたどってきたものである。のちに初代天皇となる神日本磐余彦尊の紀伝の始まりである。諱《ただのみな》を彦火火出見というと記している。不思議なことに、前述の山幸彦と同名である。神武天皇にとって祖父にあたる人物と同名というのは、奇妙というよりなにやら作為的でもある。そのためふたりの彦火火出見を同一人物と見て、神武天皇を架空の存在とする論者(津田左右吉《つだそうきち》氏、井上光貞《いのうえみつさだ》氏ほか)も多い。

ともあれ、『日本書紀』に記された神武天皇の事績について見ていきたい。特

●神武東征ルート（『日本書紀』による）

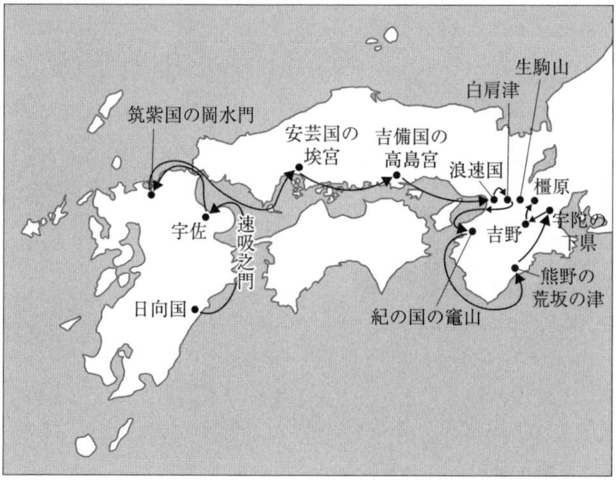

日向国を出た神武天皇は、宇佐、筑紫国、安芸国、吉備国、浪速国、紀の国を経て、熊野の荒坂の津に上陸したのち、長髄彦を討ち取っていく。

筆すべきは、なんといっても神武東征と呼ばれる大和征服物語である。

大和は物部氏が支配していた国

「東方にいい土地がある」という塩土《しおつつ》の翁《おじ》の導きによって、神日本磐余彦尊は、諸皇子とともに大和の地へと東征に向かう。途中、筑紫国《つくしのくに》の宇佐《うさ》や岡水門《おかのみなと》、安芸国《あきのくに》の埃宮《えのみや》を経て吉備国《きびのくに》にたどり着くと、ここで船団を結成して兵器や糧食を整え、難波碕《なにはのみさき》へと進軍していくのである。河内国《かわちのくに》草香村の白肩津《しらかたのつ》に上陸し、生《い》駒山《こまやま》を越えて内《うち》つ国《くに》に入ろうとしたところで、豪族・長髄彦《ながすねひこ》に阻まれて激しい戦闘が繰り広げられる。ここで兄・彦五瀬命が矢傷を負って戦死するという不幸にも見舞われている。日神《ひのかみ》の子孫であるのに日に向かって進軍するのはよくないとして、いったん草香村まで後退し、紀の国の熊野へと回り込んで、吉野、宇佗、忍坂《おさか》など各地の豪族を打ち破り、ついに長髄彦をも討ち取って、畝傍山《うねびやま》南東の橿《かし》原《はら》の地に宮殿を建てて都とし、初代天皇として即位するのである。初めて天下を治められた天皇との意を込めて、始馭天下天皇《はつくにしらすすめらみこと》とも呼ばれたという。

ここに記された記事をよく見ると、大和には大和王朝がこの地を支配する以前に、豪族・長髄彦が勢力を張っていたようである。天皇が大和を降そうとするその直前、長髄彦が天皇に対して申し開きをする場面があるが、このとき長髄彦は自らを、この地に天降った天神の御子・櫛玉饒速日命《くしたまにぎはやひのみこと》の臣下であると告白し、この地に攻め込んできた天皇と名乗る人物こそ偽物であると考えていた点は興味深い。結局、櫛玉饒速日命が、帰順の意志を示そうとしない自らの臣下・長髄彦を殺して、天皇に大和を譲るのである。その櫛玉饒速日命が物部《もののべ》氏の先祖であるというところからすれば、大和はもともと物部氏が支配していたところと考えてもよさそうである。

ふたりのハツクニシラススメラミコト

神武天皇と崇神天皇同一説

各地に四道将軍を遣わして全国統一の足がかりとして国勢を高めた10代・崇神天皇の諱は、初代・神武天皇のハツクニシラススメラミコトと同名であった。このことから、ふたりの同一人物説が疑われるのである。

侮れない物部氏の勢力

『日本書紀』は、初代・神武《じんむ》天皇に続いて、その第3子とされる綏靖《すいぜい》天皇の治績へと移っていく。しかし、9代・開化《かいか》天皇に至るまでの記載内容は、系譜を簡潔に記すばかりで、事績に関してはほとんど記載されていないところから、一般には欠史《けっし》八代と呼ばれて、その存在が疑問視されている。その最後の開化天皇の第2子として生まれたのが、御間城入彦《みまきいりびこ》五十瓊殖天皇《いにえのすめらみこと》、のちの崇神《すじん》天皇である。母は伊香色謎命《いかがしこめのみこと》という女性で、物部《もののべ》氏の先祖・大綜麻杵《おおへそき》の女《むすめ》である。天皇家の血統に物部氏の血が混じっているということは、天皇家よりも先に大和に君臨していた物部氏の勢力が、天皇家の支配後も依然として、侮れないものであったことを物語っている。

崇神天皇の事跡は大和以外の王朝の事跡

崇神天皇は、即位して3年目に磯城《しき》に都を移し、瑞籬宮《みずかきのみや》を築いたという。その後、国内に疫病がはやったことが記されているが、それが天照大神《あまてらすおおみかみ》(『古事記』では天照大御神《あまてらすおおみかみ》)と倭大国魂《やまとのおおくにたま》の2神を御殿内に合祀《ごうし》したことに起因すると見て、2神を豊鍬入姫命《とよすきいりびめのみこと》と渟名城入姫命《ぬなきいりびめのみこと》に託し、ふた手に分けて祀り直そうとしたものの、渟名城入姫命は髪が抜け、痩せ衰えて祀ることもできなかったという。これを案じた天皇は、八十神《やそがみ》を招いて占いに頼ったという。そのとき神明が宿って神託を下したのが、天皇の姑《おば》にあたる倭迹迹日《やまとととび》百襲姫命《ももそひめのみこと》であった。このとき彼女に乗り移ったのは大物主神《おおものぬしのかみ》で、のちに天皇の夢枕にも現れて「吾を祀れば平らぐであろう」と告げたという。

こうして、この神託に従って祀り事を執り行うと、無事疫病も治まり、五穀もよく実ったといわれる。国内が鎮まったところで、崇神天皇は四道将軍を各地に遣わして、全国統一への足がかりとするのである。大彦命《おおびこのみこと》を北陸に、武渟川別《たけぬなかわわけ》を東海に、吉備津彦《きびつひこ》を西海に、丹波道主命《たにわのみちぬしのみこと》

●神武天皇～崇神天皇の系図

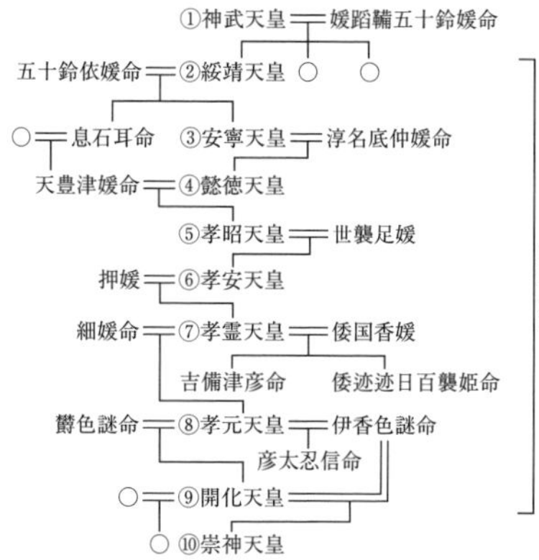

を丹波に遣わし、各地への侵略が開始される。この4人のなかの大彦命と武渟川別は、東国に勢力を張っていた豪族・阿倍氏の祖である。本来なら天皇家を支えてきた物部氏や大伴《おおとも》氏の名があってもよさそうなものだが、その名が見あたらないことは注目に値する。一説によれば、7世紀の斉明《さいめい》天皇の時代に阿倍比羅夫《あべのひらふ》が行った陸奥《むつ》の蝦夷《えぞ》征伐の事績を、崇神天皇の事績に挿入したともいわれている。さらに踏み込んで推測すれば、物部氏や大伴氏ら大和王朝ゆかりの豪族の名が見えないことから、これは大和王朝の事績ではなく、ほかの王朝の事績であったと考えることもできるのである。

このあと、崇神天皇が吉備津彦と武渟川別を遣わして出雲《いずも》を下したこと、さらには筑紫《つくし》を去ること2000余里という海の彼方の任那国《みまなこく》が朝貢してきたこと、崇神天皇が120歳(2倍年歴のため、実際には60歳)で崩御したことを記して幕を閉じるのである。

ところで、崇神天皇の諱《ただのみな》が御肇国天皇《はつくにしらすすめらみこと》で、神武天皇につけられた諱も同じ読みの始馭天下天皇《はつくにしらすすめらみこと》である。初代天皇と10代天皇の諱が同じというのは、なにかを暗示しているようで興味深い。ふたりが同一人物であると見られる大きな要因のひとつである。しかし、古田武彦《ふるたたけひこ》氏はこれに反論し、ふたりの諱の読みは同じでも、意味が違うのだという。神武天皇につけられた始馭天下天皇は、「初めて国を治めた天皇」の意であるが、崇神天皇につけられた御肇国天皇は、「肇国《ちょうこく》に御する天皇」の意で、肇国が示すのは崇神が新たに征服した東方十二道の地であり、そこを初めて統治した天皇ととらえるべきという。よって、ふたりの同一人物説は成り立たないと見ている。

箸墓は卑弥呼の墓

また、神懸《かみが》かりして崇神天皇に神の意向を知らしめた倭迹迹日百襲姫命は、孝《こう》霊《れい》天皇の娘(孝元《こうげん》天皇の娘との説もある)で、崇神天皇の大叔母(あるいは叔母)にあたる女性である。『日本書紀』によると、彼女はのちに大物主神の妻となったものの、闇に包まれた夜だけやってくる夫に対して、朝までとどまってその姿を見せてほしいとせがむ。夫はそれに同意してその姿を現すが、なんとそれは櫛箱のなかに入った小蛇《こむじな》であった。驚いた彼女は、慌てて尻餅をついたはずみで、陰部を箸で突いてしまう。どういう状況で箸が陰部に突き刺さるのか、あまりにも滑稽じみて想像のしようもないが、ともあれ、彼女はそのときの傷がもとで死んでしまう。彼女が葬られたのが、纏向《まきむく》遺跡内にある箸墓《はしはか》古墳である。その築造が3世紀後半であり、全長278mという規模から見ても、倭国《わこく》の女王・卑弥呼《ひみこ》の墓である可能性が高いという論者(笠井新也《かさいしんや》氏ほか)も多い。

大和朝廷の騎馬民族説

◉崇神天皇は弁辰の支配者・辰王の末裔

戦後間もない昭和23年(1948)、日本民族＝文化の源流に関するシンポジウムの壇上において、衝撃的な研究論文が発表された。考古学者の江上波夫《えがみなみお》氏が、大和王朝を北方騎馬民族の来襲によって成立したものであるとの説を発表したからである。ツングース系の北方騎馬民族が、4世紀末から5世紀初頭に朝鮮半島から南下し、畿内大和に侵入して、天皇を中心とする強大な王朝を築いたというのである。多数の騎馬民族が流入したというだけでなく、崇神《すじん》天皇自身がツングース系北方騎馬民族であった弁辰《べんしん》の支配者・辰王の末裔であったというから、会場にいた多くの学者たちは度肝を抜かれたに違いない。江上氏は開化《かいか》天皇を含めてそれ以前の天皇を架空の存在とし、大和王朝そのものが初めから北方騎馬民族による征服王朝だったというのである。

朝鮮半島南端にあった狗邪《くや》を征服した御間城入彦五十瓊殖天皇《みまきいりびこいにえのすめらみこと》(崇神天皇)は、当時強大な勢力を誇っていた出雲《いずも》への上陸を避けて、豊後水道を伝って日向《ひむか》に上陸し、瀬戸内海を伝って大和を征服したのち、日本全土へと領土を広げ、強大な大和王朝を築き上げたという。

しかし、258年あるいは318年に崩御したと思われる崇神天皇の時代に、日本において騎馬の習俗があったという証拠が見受けられず、さらに北方騎馬民族の大和征服の一環として起きたはずの高句麗《こうくり》による楽浪郡《らくろうぐん》占領が312年で、百済《くだら》の建国が346年、新羅《しらぎ》の建国が356年であり、崇神天皇崩御の年(『日本書紀』の編年では紀元前30年、那珂通世《なかみちよ》氏説では258年)との整合性が見つけられないところから、今ではこの説に同調する識者は少ない。

倭迹迹日百襲姫命と倭迹迹姫命

◉崇神天皇の大叔母か叔母か？

『日本書紀』「孝霊紀《こうれいき》」に、孝霊天皇と倭国香媛《やまとのくにかひめ》とのあいだに、倭迹迹日百襲姫《やまとととびももそひめの》命《みこと》が生まれたことを記している。しかし、その後の「孝元紀《こうげんき》」に、孝元天皇と鬱色《うつしこ》謎命《めのみこと》とのあいだに開化《かいか》天皇の妹として倭迹迹姫命《やまとととひめのみこと》が生まれたことも記している。この倭迹迹姫命が倭迹迹日百襲姫命のことを指すのかどうかは不明であるが、まるで同一人物とも思えるような名前で、同一視されることも多い。

このため倭迹迹日百襲姫命は、崇神《すじん》天皇から見れば大叔母にあたるとも、叔母にあたるとも見ることができるのである。ちなみに、孝霊天皇の娘の倭迹迹日百襲姫命の弟は彦五十狭芹彦命《ひこいさせりひこのみこと》(吉備津彦命《きびつひこのみこと》ともいう。吉備をはじめとする山陽道の平定に活躍した)であるが、孝元天皇の娘の倭迹迹姫命には実弟はおらず、開化天皇と大彦命《おおびこのみこと》(阿倍臣《あべのおみ》ら七族の先祖といわれる)というふたりの兄がいるだけである。

『古事記』に記されなかった本当の理由とは？

景行天皇の九州遠征にまつわる疑惑

『日本書紀』に詳細に記された景行天皇による九州遠征の事跡は、なぜか『古事記』には記されていない。しかも天孫降臨の地であるはずの日向に上陸したとき、皇孫としての賞賛の言葉がなかったのはなぜか？　そこには意外な事実が隠されていた。

随所に記された天皇家の醜聞

崇神《すじん》天皇の跡を継いだ垂仁《すいにん》天皇は、それまで行われていた殉死の風習を禁止し、埴輪を作ってそれに代えたことでも知られるが、その第3子として生まれたのが大足彦忍代別天皇《おおたらしひこおしろわけのすめらみこと》、のちの景行《けいこう》天皇である。即位して2年目に播磨稲日大郎《はりまのいなびのおおいらつ》姫《め》とのあいだに生まれたのが、日本古代史最大の英雄とも称えられてきた日本武《やまとたけるの》尊《みこと》である。大碓皇子《おおうすのみこと》と小碓尊《おうすのみこと》の双生児として生まれたうちの小碓尊が日本武尊で、身の丈1丈、力は鼎《かなえ》を持ち上げるほどのたくましさであったという。しかし兄のほうは、その素行に少々問題があったようである。あるとき天皇が美濃国《みののくに》に美人がいると聞いて、日本武尊の兄・大碓皇子を遣わしてその容姿を確かめさせたことがあった。このとき大碓皇子は、こっそりとその女と通じてしまい、天皇に大いに恨まれたということが『日本書紀』にしっかりと記録されている。『日本書紀』は随所にこういった天皇家の醜聞をも包み隠さず記録しているところを見ると、必ずしも天皇家の権威を高めることを主目的として編纂されたものではないようである。

邪馬台国と大和王朝の意外な関係

さて、景行天皇の事績として注目すべきは、なんといっても九州全域で繰り広げられた熊襲《くまそ》征伐の物語であろう。熊襲が背いて貢物を贈ってこなかったことに端を発して、景行天皇はついに遠征軍を送り込んで、これを征伐するのである。景行12年8月15日に筑紫《つくし》に向かい、9月5日には周芳《すわのくに》の娑麼(山口県佐波)に着いたという。その地の女首長・神夏磯媛《かむなつそひめ》を降参させたのち、宇佐の川上にいる鼻垂《はなたり》と耳垂《みみたり》を捕らえて殺し、豊前国《ぶぜんのくに》の長峡県《ながおのあがた》(福岡県長尾)を経て碩田国《おおきたのくに》(大分県)へと入り、皇命に従わない土豪・土蜘蛛《つちぐも》一族らを殺害、さらに日向国《ひむかのくに》に高島宮を築い

●景行天皇の九州遠征ルート

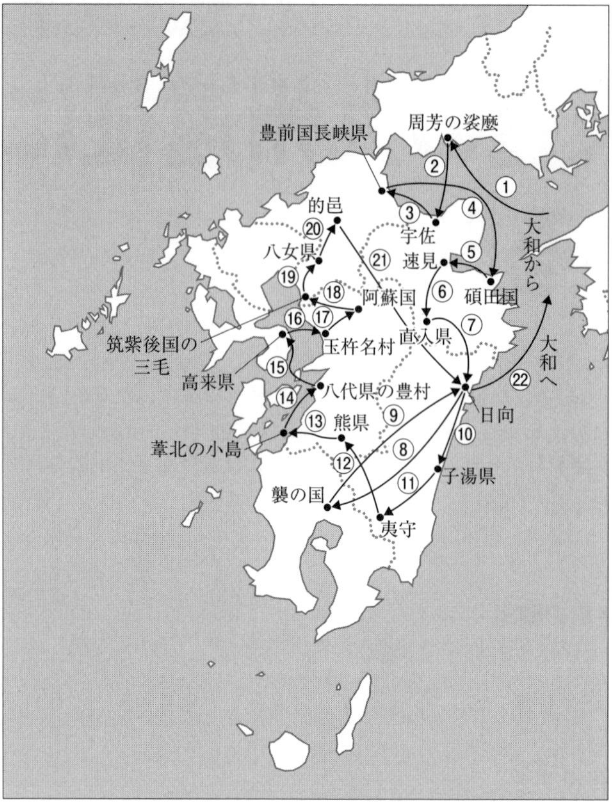

熊襲が背いたため、景行天皇が自ら兵を率いて九州へと趣き、周芳から宇佐、碩田国、日向国を経て襲の国を平らげている。

たのち、熊襲の八十梟師《やそたける》を殺害して襲《そ》の国を平定している。その後、熊県(熊本県球磨郡)、筑紫後国の三毛《みけ》(福岡県三池)、八女《やめ》県(福岡県八女郡)などを経て日向から大和へ帰還したというのが、『日本書紀』に記された景行天皇の九州遠征の説話である。

ところが不思議なことに、この一連の事績は、『古事記』には記されていない。しかも『日本書紀』に記されたほかの遠征時の説話とは打って変わって、ここだけ侵攻経路の地名が詳細に記されているというのも不思議である。

これらの疑惑に目を向けたのは古田武《ふるたたけ》彦《ひこ》氏であるが、同氏はさらに、遠征軍が九州全域をくまなく巡っているにもかかわらず、筑紫の中心部には立ち寄っていないこと、天孫降臨の地にたどり着いたにもかかわらず、聖地としての賞賛の声をあげていない点にも触れて、この説話にそれまで語られることのなかった、邪《や》馬台国《またいこく》と大和王朝とのあいだに隠され続けてきた大きな接点があったことを見抜くのである。その真相は、この章の最後(P.200)にほかの疑問点も含めて解き明かすことにしたい。

疑惑に満ちた三韓征伐物語

神功皇后の新羅遠征

神からの啓示を受けた神功皇后は、自ら兵を率いて新羅遠征へと軍を進める。神懸かりとも思える快進撃の末、新羅を破るや、百済、高麗までもが降ってくる。しかし、好太王碑(広開土王碑)に記された内容は、これとは全く異なるものであった。

謀反を繰り返す熊襲討伐へ

『日本書紀』によると、景行《けいこう》天皇の九州遠征によって、いったんは討伐されたかに見えた熊襲《くまそ》が再び背いたため、日本《やまと》武尊《たけるのみこと》が父・景行天皇に命じられて、熊襲討伐に向かったという。このとき、日本武尊は童女に変装して、敵陣の宴席に潜り込み、衣のなかに隠し持っていた剣を取り出して、土豪の頭・川上梟師《かわかみのたける》を刺し殺している。日本武尊の名は、このとき川上梟師によって名づけられたという。

こうして九州を征圧した日本武尊は、その余勢を駆って西へ東へと遠征を続け、伊勢国の能褒野《のぼの》(鈴鹿郡)において病没したことを記して、この長大な遠征物語を閉じるのである。そして時代は成務《せいむ》天皇を経て、日本武尊の子・足仲彦天《たらしなかつひこのすめら》皇《みこと》、のちの仲哀《ちゅうあい》天皇の時代へと移っていく。この仲哀天皇の代にも熊襲が再び背いたため、熊襲討伐の軍を発している。その戦いに参加したのが、仲哀天皇の皇后・気長足姫尊《おきながたらしひめのみこと》(神功《じんぐう》皇后)である。

神功皇后による卑弥呼殺害説

熊襲征伐に自ら軍を率いて船で穴門《あなと》(山口県)へとたどり着いた仲哀天皇は、敦賀《つるが》にいた皇后にあてて、すぐに穴門にくるよう勅《みことのり》を発している。ここで合流して、ともに熊襲を討とうというのだ。

ところが、あるとき神が神功皇后に神託を垂れて、「荒れて痩せた熊襲の地を討つより、金銀彩色など宝の山ともいうべき新羅《しらぎ》こそ先に討つべき」という。天皇はこの神託を信じず、熊襲討伐に向かったものの、討伐するどころかかえって病を得、ついには帰らぬ人となってしまうのである(戦死したという説もある)。あとに残された皇后は神託を信じ、これに従って新羅討伐へと進軍していく。

『日本書紀』は、「仲哀天皇紀」に続いて「神功皇后紀」を設けて、皇后による新羅遠征の事績を華々しく語り継いでいる。

驚くべきことに、自ら遠征軍を率いて新羅へと向かった神功皇后は、このときすでに臨月を迎えていたという。そこで皇后は、石を腰に挟んで出産を遅らせたとも。実際にそのような処置で本当に出産時期を遅らせることが可能なのかどうかは、大いに疑わしいものがあるが、ともあれ三韓征伐を終えたあとの12月14日、筑紫《つくし》の蚊田《かだ》（あるいは宇瀰《うみ》）において、のちの応神《おうじん》天皇を生んでいる。

ところでこの新羅征伐には、その前哨戦として、神功皇后が熊襲を討伐した話も盛り込まれている。神託では先に新羅を討つべしとあったにもかかわらず、先に熊襲討伐物語が登場するのはなんとも不思議である。『日本書紀』は往々にして、このような辻褄の合わない説話を点在させて、読む者を混乱させる。意地悪く見れば、それもなんらかの作為の現れかと勘ぐってしまうのである。

この神功皇后による熊襲討伐物語には、神功皇后が山門県《やまとのあがた》にいって土豪・土《つち》蜘蛛《ぐも》の田油津媛《たぶらつひめ》を殺害したことが記されている。『天孫降臨の謎』の著者・関裕《せきゆう》二《じ》氏によると、これは纒向《まきむく》を中心とする畿内大和勢力の神功皇后が、山門県を中心とした倭国《わこく》連合である邪馬台国《やまたいこく》の卑弥《ひみ》呼《こ》を殺害したことを意味するものではないかという、大胆な仮説を打ち立てている。さらに、神功皇后を卑弥呼の宗女・台代《とよ》（与）と見て、これを倭国内の内紛だろうと推測するのである。

『日本書紀』のなかに記された「魏志倭人伝」の記述

さて、皇后の船団が鰐浦《わにうら》から出発して新羅へと向かったとき、風の神が風を起こし、波の神が波をあげ、海中の大魚が浮かんで船の進行を助けたという。そのため、舵や楫《かい》を使わずとも船は悠々と新羅の地へとたどり着くことができたとも。神功皇后の事績には、このような荒唐無稽な記述が目立つこともあって、神功皇后架空説が飛び交うようになるのである。

ともあれ、この神秘的な行軍を目の当たりにした新羅の王は、とてもかなうまいとして、すぐさま白旗を上げて降伏してしまった。そして、「今後は末永く服従して、馬飼としてお仕えしましょう」といわしめるのである。さらに、新羅が日本に降ったことを聞いた高麗《こうらい》、百済《くだら》の王までもが、その勢力を恐れて降参し、永く朝貢することを誓ったとまで記す。

●神功皇后の新羅遠征ルート（『日本書紀』による）

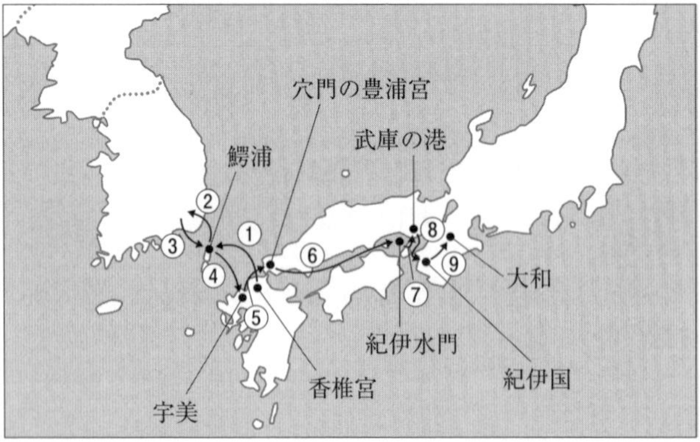

香椎宮を出た皇后は、鰐浦から船団を新羅へと向かわせた。三韓を征伐したのち、穴門の豊浦宮を経て大和へと帰還した。

これがいわゆる神功皇后による三韓征伐の大筋である。そして、この遠征物語に続いて「神功皇后紀」39年の条に、「魏《ぎ》志倭人伝《しわじんでん》」の景初2年の条に記された「景初二年六月に、倭の女王が大夫・難《な》斗米《そめ》らを遣わした」との記事を転記(ただし「景初二年」を「明帝《めいてい》景初三年」と誤記している)して、暗に卑弥呼が神功皇后であるかのような思わせぶりな記載を行うのである。

この神功皇后による三韓征伐、あるいは神功皇后の存在そのものが、古くから疑いの眼差しで見られていたことはいうまでもない。特に朝鮮半島側から見れば、近世ばかりでなく古《いにしえ》においてまで、日本に占領されていたということを認めるわけにはいかないという事情もあった。戦前には、この神功皇后の三韓征伐の事績を朝鮮半島占領の正当化に利用されてきたという歴史的背景もあって、敗戦後は戦前とは逆に、この事跡に疑いの目が向けられたという経緯がある。

百済と新羅を臣民にしたのは高句麗

『日本書紀』には、百済の正史である『百済記』に記された事跡をもとに記された部分も含まれているが、それには382年に新羅が日本に朝貢しなかった(つまり反抗した)ことを受けて、沙至比跪《さちひこ》を遣わしてこれを討たせたことが記されている。しかし沙至比跪は新羅に寝返って、日本の領土であった加羅国《からこく》を攻撃したという。この経緯を知った天皇は大いに怒って、木羅斤資《もくらこんし》を送り込んで加羅国の危機を救ったとも記す。

この当時の日本と朝鮮半島との情勢を知る手がかりとして重要な資料とされるのが、中国吉林《きつりん》省集安にある広開土王《こうかいどおう》(好太王《こうたいおう》ともいう)の碑文である。そこには、391年の事績として、日本が百済と新羅を破って臣民としたと思われる一文が記されている。しかし400年の条では、日本が百済とともに新羅に侵入したとき、高句麗《こうくり》は新羅の援軍要請を受けて、新羅の領土に入って日本軍を追い出したと記されているのである。この碑文から読み取れるのは、日本は高句麗を占領したのではなく、反対に戦いに敗れて追い出されたという事跡である。さらに古田《ふるた》武彦《たけひこ》氏によれば、日本が百済と新羅を破って臣民にしたという事績に関しても、これまでの読み方が間違いであったことを指摘している。古田氏は、「倭以辛卯年来渡海、破百残□□□羅以為臣民」のなかの「以為臣民」に注目し、これをこの主語が倭ではなく高句麗王・好太王であると断言する。つまり、日本が百済と新羅両国を臣民にしたのではなく、高句麗が両国を臣民にしたのだといい、これまでの定説を大きく覆す説を唱えるのである。

朝鮮半島の歴史

◉高句麗《こうくり》(紀元前37～668年)

別名、高麗《こうらい》ともいう。紀元前37年に遼寧《りょうねい》省と吉林《きつりん》省との省境近くの卒本を拠点とした国で、卵生伝説を持つ朱蒙《しゅもう》が建国したと伝えられている。最盛期には、中国東北部の大半から朝鮮半島の北半分にわたる広大な地域を領有していたこともある。3年に2代目・瑠璃明王《るりめいおう》が集安に都を移し、山城である丸都山《がんとさん》城を建てている。のちに平地に移って国内《こくない》城を構え、山城との組み合わせで防衛態勢を固めると同時に、支配地域を拡大していく。219年、遼東《りょうとう》太守・公孫康《こうそんこう》が進攻してきて、これを打ち破ったものの、246年には魏《ぎ》の毌丘倹《かんきゅうけん》が再び進攻してきて敗れ、魏に服属させられている。391年に19代・好太王《こうたいおう》(広開土王《こうかいどおう》)が即位。同年に倭《わ》が百済《くだら》と新羅《しらぎ》を降すが、399年に新羅が救援を要請してきたため、新羅に援軍を派遣し、倭軍を撤退させている。475年、百済に進攻してその領土を奪う。5世紀末には、百済と新羅の連合軍によって領土の多くを失ってしまう。その後、唐《とう》が進攻を繰り返してくるが、これをすべて撃破している。しかし668年、唐と新羅の連合軍に平壌を陥落されて、ついに滅亡してしまう。

◉百済《くだら》(346～660年)

「魏志倭人伝《ぎしわじんでん》」に見える馬韓《ばかん》諸国の伯済国《はくさいこく》がその前身ともいわれる。紀元前18年、高句麗の始祖・朱蒙の第3子・温祚《おんそ》によって建国されたという説もある。高句麗の2代・瑠璃明王が皇太子となったため、温祚は兄・沸流《ふつりゅう》とともに南方へ移って、ふたつの国を興したというものである。兄は、自らの国(弥雛忽《みすこつ》)が弟の国(十済)の繁栄ぶりにかなわぬことを恥じて、自決したとも伝えられている。実りの少ない弥雛忽の人々が皆十済へと移り住んで住民が増え、大いに繁栄したところから、百済に名を変えたというのである。史実として確認できるのは、346年に近肖古王《きんしょうこおう》(照古王ともいう)が即位した事績で、これを百済建国の年としている。371年に近肖古王が高句麗に侵攻して打ち破ったものの、高句麗の好太王や長寿王《ちょうじゅおう》の活躍で、逆に次第に圧迫され始めたため、倭国《わこく》との結びつきを強めていく。475年、高句麗に攻められて首都・韓城(ソウル)が陥落。文周王《ぶんしゅうおう》が都を熊津《ゆうしん》(公州市)に移す。538年、聖王が泗沘《しび》(扶余《ふよ》郡)に遷都し、高句麗、新羅と対立したため、倭との同盟関係を強めるとともに、高句麗にも接近し始めている。これに対して、新羅は唐《とう》に援軍を要請。唐はこれを受けて、660年に蘇定方《そていほう》将軍を派遣し、百済を攻め滅ぼしている。

百済の遺臣たちによる復興運動に同調し、663年に倭国が人質として倭に滞在させていた百済王子・豊璋《ほうしょう》を伴って白村江《はくすきのえ》に出兵するも、唐の水軍に敗れて敗走させられている。

◉新羅《しらぎ》(356～935年)

「魏志倭人伝」に記された弁韓辰韓《べんかんしんかん》24か国のなかの斯盧国《しろこく》が、その前身といわれる。秦《しん》の亡命者が築いたとの説もあるが、真偽のほどは不明である。356年に奈勿《なこす》尼師今《にしきん》が即位したときを、建国の年としている。当初は朝鮮半島南東部の小国で、北の大国・高句麗に従属しながらも、次第に周辺国を併呑して大国への道を歩んでいる。勢力が拡大するにつれて、高句麗とも対立するようになった。また、隣国の百済《くだら》とも、朝鮮半島南端に位置する伽邪国《かやこく》の領有を巡って対立するようになる。侵略を受けた百済は、倭に援軍を求めるとともに、新羅に対抗しようとするが、新羅はこれを撃破して伽邪国を吸収している。

唐《とう》が建国されると、高句麗と百済が同盟を組んで新羅と対立。新羅は唐と組んで、これに対抗しようとしている。

660年に百済が滅亡、663年には白村江において倭の水軍を敗走させ、668年には高句麗をも滅亡させている。676年に朝鮮半島から唐軍を追い出して、朝鮮半島の統一を完成させるのである。

しかし、892年に甄萱《けんけん》が後百済を、901年に弓裔《きゅうえい》が後高句麗を建国すると、再び三国鼎立《ていりつ》の時代となる(後三国時代)。918年、後高句麗の王建《おうけん》が弓裔を追放して高麗を建て、勢力を拡大。後百済の甄萱が景哀王《けいあいおう》を殺害して敬順王《けいじゅんおう》が高麗へと連れ去られたのち、935年に高麗に帰順したことで、新羅は滅亡してしまうのである。

●4世紀後半〜6世紀前半の朝鮮半島

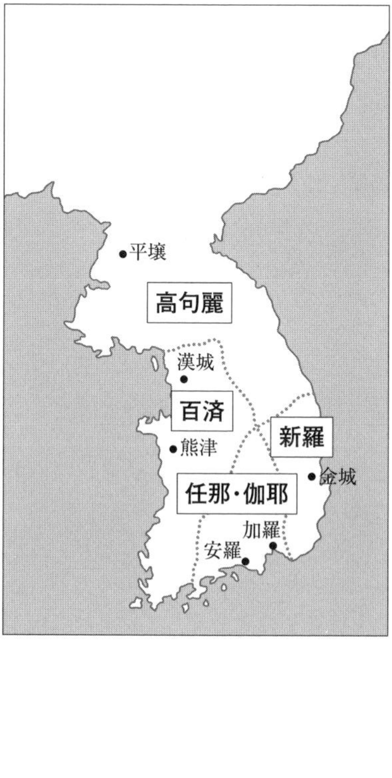

●6世紀後半〜7世紀前半の朝鮮半島

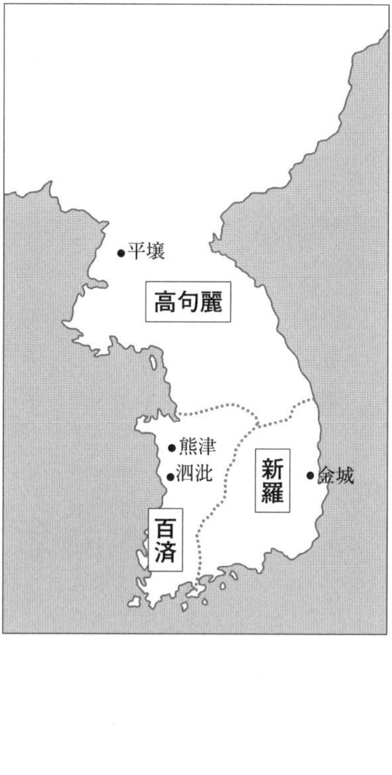

好太王碑文の改ざん疑惑

北朝鮮との国境にも近い中国吉林《きつりん》省集安市郊外に、世界遺産にも登録された古代高句麗《こうくり》王国の王都・国内《こくない》城がある。すぐ近くには山城である丸都山《がんとさん》城も築かれて、背後からの攻撃にも耐えうる守りに徹した王都であった。

その北東3kmほどの小高い丘に築かれたのが、高句麗19代・好太王《こうたいおう》(374～412)の陵墓・将軍塚で、その脇に建てられたのが、好太王の業績を記した巨大な石碑なのである。父・壌王《じょうおう》の死後、18歳で王位を継いだ好太王は、鮮卑族の襲来などによって衰微していた高句麗を立て直し、領土の拡大に功績をあげた偉大な王であった。彼は412年に死去して集安の街を見下ろすこの高台に葬られ、その2年後に巨大な石碑が建てられた。高さ6.34m、幅1.5mの角柱状のモニュメントで、四面には1802もの漢文字がびっしりと刻まれたものであった。

そこには、まず高句麗を創建した朱蒙《しゅもう》の業績を記したのち、この石碑が建てられた由来を記し、好太王の輝かしい業績をびっしりと刻んだのである。高句麗のみにとどまらず、当時の東アジア諸国の情勢を知ることのできる第1級の金石文として、1880年に発見されて以来、その解読に大きな期待が寄せられたものであった。

その石碑に刻まれた文面には、当時の日本と朝鮮半島の国々との関係も克明に記されているのであるが、その解釈にあたって、日韓のあいだに見解の相違が見られるのである。日本ではこれを「新羅《しらぎ》と百済《くだら》は高句麗の属国であったが、倭《わ》が391年に海を渡って両国を破って臣国とした」と解釈していたが、韓国の学者たちは「新羅と百済は高句麗の属国であったが、倭が391年に攻めてきたので、高句麗が海を渡って、倭と結託した百済を破り、新羅をも救って両国を臣国とした」と解釈して、日本による統治説を否定したのである。

いずれにしても、倭が百済に兵を送り込んで高句麗の南下を阻止しようとしたことは事実である。朝鮮半島に現存する最古の歴史書『三国史記』の「新羅紀」に、402年に新羅が、皇子・未斯欣《みしきん》を人質として倭に送ったことが記されているところから、当時の倭は新羅に対して国際関係上優位な立場にあったことは間違いない。

しかし、日韓関係はその後、単に碑文の解釈の相違という問題にとどまらず、思いもかけない大きな問題へと発展していく。

それは、1972年に歴史研究者の李進熙《りじんひ》氏が『広開土王陵碑の研究』内において、日本陸軍参謀本部の密偵が、碑文を一部改ざんしたと記したからである。「陸軍歩兵少尉の酒匂景信《さこうかげのぶ》が1883年に、碑文の一部を削り取って石灰を塗り、自己に都合のいいような文字を刻んで、拓本を取って持ち帰った」というのである。さらに、この改ざんを隠蔽するために、再度石灰を塗布したとも記している。この李氏の研究論文は日韓ともに大きな波紋を呼び、日韓関係にも大きな亀裂を生むことになった。しかし、その後1881年に作成されたと思われる拓本や墨本が発見され、酒匂氏が持ち帰った拓本と完全に一致していたことから、この捏造説が間違っていることが判明したのである。

飛び交う朝鮮系の征服王朝による征服説

応神天皇の新王朝創建説

「応神天皇紀」22年の条に、大和から難波へと都を移したと思われる記述が登場する。あまりにもさりげなく記されただけに、かえって疑念が抱かれ、その行間にはなにやら秘められた歴史的事実が隠れていると邪推してしまうのである。

難波遷都が意味することとは？

神功皇后《じんぐうこうごう》が新羅《しらぎ》遠征の折に身ごもっていたことは前項において記した。石を抱いて出産を遅らせたという話が真実かどうかはともかく、この遠征の帰還途中に立ち寄った筑紫《つくし》の蚊田《かだ》で出産したことになっている。その子の名は、誉田天皇《ほむたのすめらみこと》、のちの応神《おうじん》天皇である。その治世22年の春3月5日の条に、天皇が難波の大隅宮にいたことをさらりと記す。前後の文面から、それまで都としていた大和を捨て、生駒山《いこまやま》の西に位置する難波へと都を移したことが、うかがい知れるのである。

それにしても、なぜ遷都という重大な事績を、さりげなく記したのだろうか？

なにやら秘密めいたものを感じてしまうのは筆者だけではあるまい。『狗奴国考』を記した水野祐《みずのゆう》氏もそのひとりである。同氏によると、崇神《すじん》天皇に始まる王朝と、応神天皇に始まる王朝とは別で、前者は後者によって滅ぼされたという。神功皇后の新羅遠征は架空の物語で、仲哀《ちゅうあい》天皇ともどもその実在性を疑っているが、そのうえで北九州で生まれた応神天皇が大和を征服して、新王朝を打ち立てたという。さらに、熊襲《くまそ》を邪馬台国《やまたいこく》の敵対国であった狗奴国《くぬこく》であるとし、この狗奴国が東征して、応神天皇が打ち立てた新王朝の源となったのではないかと。

この仮説は、一見大胆とも思えるが、決して荒唐無稽な説ではない。大和王朝と九州王朝が同じ時期に勢力を競い合っていたとすれば、十分考えられることなのである。水野氏は、さらに一歩踏み込んだ衝撃的な見解をも述べている。仁徳《にんとく》天皇から武烈《ぶれつ》天皇に至るまでの天皇名に、朝鮮の王号と関連する名が含まれていることに注目し、この王朝が朝鮮系の征服王朝であったという可能性にも言及している。この外来王朝は、九州の倭《わ》を征服して狗奴国を創建し、数世紀ののち、大和へと侵攻していったというのである。当時の日本が朝鮮半島と良くも悪くも密接な関係にあったことを鑑みれば、その可能性も大いにありそうである。

大和王朝の天皇説は本当か？

倭の五王

台与の朝貢以降記されることのなかった日本の歴史も、100数十年の時を経て、久しぶりに中国の歴史書に登場する。讃、珍、済、興、武の倭の五王が宋へ朝貢したというのである。

100数十年ぶりに中国の史書に登場した日本の歴史

『日本書紀』は応神《おうじん》天皇とその子・仁《にん》徳《とく》天皇の事績を記したあと、履中《りちゅう》天皇の治世へと移っていく。弟・住吉仲皇子《すみのえのなかつみこ》に婚約者・黒媛《くろひめ》を犯されたという醜聞を記したのち、兄弟が殺し合いを演じたことまで詳細に記している。編者が天皇家の権威を高めることを目的として編纂されたとはとても思えない、衝撃的な事件の数々である。

その後、反正《はんぜい》天皇から允恭《いんぎょう》、安康《あんこう》、雄《ゆう》略《りゃく》、清寧《せいねい》、顕宗《けんぞう》、仁賢《にんけん》、武烈《ぶれつ》と続いたところで王統が途絶えたため、遠く離れた三国の地にいた、応神天皇の5世の孫といわれる男大迹王《おおどのおう》に皇位を継がせたと記している。このなかの応神天皇以降、雄略天皇に至るまでの7人の天皇のうちの5人が、5世紀にまとめられた中国の正史『宋書』に登場する「倭の五王」であると見られている。「魏志倭人伝《ぎしわじんでん》」において倭国《わこく》の動向が記されて以来、100数十年の空白期間を経て、久々に中国の正史に登場した倭の記録である。ただし、ここでは和名ではなく、讃《さん》、珍《ちん》、済《せい》、興《こう》、武《ぶ》という中国風の一字名で登場する。そのため、この五王がどの天皇に比定されるのかが、古くからの論争の的となっていたのである。

中国に朝貢した倭の五王

讃を履中天皇と見るのは松下見林《まつしたけんりん》や新《あら》井《い》白石《はくせき》らで、仁徳天皇と見るのは久米邦《くめくに》武《たけ》氏、那珂通世《なかみちよ》氏、水野祐《みずのゆう》氏ら、応神天皇と見るのは前田直典《まえだなおのり》氏らである。また、珍は反正天皇と見る識者が多いが、前田氏はこれを仁徳天皇と見ている。済が允恭天皇であるというのは多くの識者が賛同するところで、興は水野氏が木梨《きなしの》軽皇子《かるのみこ》と見るほかは、ほぼ安康天皇のことだろうと見ている。

ともあれ、倭の五王はいずれも中国王朝(当時は南朝の宋《そう》〈420～479年〉であった)に、倭王としての地位を認めてもらうよう働きかけているのである。

それにしても不思議なのは、大和王朝が宋へ朝貢していたという点である。天皇家を神の子孫と見る皇国史観からいえば、これはとうていありうべからざる行為である。とすれば、なぜ歴代天皇のなかに、倭の五王の当事者を無理矢理求め

●「倭の五王」の比定人物リスト

	比定人物	支持者
讃	応神天皇	前田直典
	仁徳天皇	星野恒、吉田東伍、那珂通世
	履中天皇	松下見林、新井白石、藤間生大
	熊襲の首長	鶴峯戊申
	九州の王・倭讃	古田武彦
珍	反正天皇	支持者多数
	仁徳天皇	前田直典
	履中天皇	竹田昌暉
	熊襲の首長	鶴峯戊申
	九州の王・倭珍	古田武彦
済	允恭天皇	支持者多数
	熊襲の首長	鶴峯戊申
	九州の王・倭済	古田武彦
興	安康天皇	支持者多数
	木梨軽皇子	水野祐
	熊襲の首長	鶴峯戊申
	九州の王・倭興	古田武彦
武	雄略天皇	支持者多数
	熊襲の首長	鶴峯戊申
	九州の王・倭武	古田武彦

ようとするのか？　天皇家が単にその事跡を隠そうとしただけと考えているのであろうか？　そこにはなにやら、大きな秘密が隠れ潜んでいると思えてならないのである。

倭の五王は大和王朝の王ではない

ところで、この人物比定に際して重要な証拠として取り上げられるのが、各天皇の諱《いみな》のなかによく似た読みがある、あるいは字が似ているといった点である。たとえば讃の場合、履中天皇の諱である去来穂別《いさほわけ》の第2音の「さ」が讃の音と似ているというだけでこれを讃に、雄略天皇の諱・大泊瀬幼武《おおはつせのわかたけ》に「武」の字があるのでこれを武に比定したというのだから、なんとも安直である。

古田武彦《ふるたたけひこ》氏も、この和名のなかの1字を取ったという説を否定する。これまでは、中国側が和名の長い漢字を人名にふさわしくないとして、そのなかの1字を切り取って中国風の一字名に書き直したとされてきたが、陳寿《ちんじゅ》が記した正史『三国志』を見渡したところ、ほかにそのような書き替えをした例はなく、3～7字の長い名でも現音のまま表音表記されていることを突き止めて、この説を否定するのである。そして、これらの王の姓は倭で、名は讃、珍、済、興、武といった一字名をもともと名乗っていたのだと見ている。「姓1字、名1字」を普段から名乗っていた国の王であるとすれば、それは畿内大和にあった天皇群の一員ではなく、別の王朝に属していた人物であると見る。そしてその別の王朝とは、福岡市周辺にあった邪馬台国《やまたいこく》の後身国であるという、興味深い説を述べているのである。

天皇家の汚点を記したその意図は？

武烈天皇の暴虐

妊婦の腹を割いて胎児を見たり、生爪を剥いで山芋を掘らせたり、女の陰部を調べて潤っている者を殺したりと、サディスティックな行為に明け暮れていた武烈天皇の事績は、目を覆うばかりの惨状であった。その残忍さは、なぜか正史であるはずの『日本書紀』に包み隠さず記されている。そこにはなにやら秘められた意図がありそうである。

妊婦の腹を割く

25代・武烈《ぶれつ》天皇が暴虐の限りを尽くした悪名高い人物であったことは、『日本書紀』にも記されている。誇り高き天皇家の事績を取りまとめたはずの大和王朝の正史には、不釣り合いとも思える傍若無人ぶりが包み隠さず記されている。

父・仁賢《にんけん》天皇の死去に伴い、若くして即位した武烈天皇は、法令にも詳しく、日の暮れるまで政務に励み、訴えを処断する能力に長けていたという、有能な人物であったという。その反面、たびたび罪なき人々を残忍な手口で死に追いやったことが、詳細に綴られている。

武烈2年の条には、まず妊婦の腹を割いてその胎児を見たという、おぞましい光景が記される。3年の条には、人の生爪を剥いで山芋を掘らせたというから、相当なサディストである。その後、人の髪の毛を抜いて樹に登らせたところで、樹を切り倒して登った者を落として殺したり、人を堤に入らせて流れゆくところを3つ刃の矛で刺し殺したりと、さまざまな方法での殺害を楽しんでいる。女を裸にして馬と交尾させたり、女の陰部を調べて、潤っている者は殺し、潤っていない者は宮婢として召し上げげたり、池を掘って鳥や獣を満たし、後宮の女たちと酒色に溺れたという。まさに殷《いん》の紂王《ちゅうおう》の酒池肉林さながらの光景である。

武烈天皇架空説

しかし、この武烈天皇の悪行の数々は『古事記』には記載されていないため、後世になんらかの必要性が生じたため、書き加えられたものと見る識者も多い。

『日本書紀』には、後継者がいない武烈天皇の死によって皇統が途絶えたため、越前から男大迹王《おおどのおう》を迎えて継体《けいたい》天皇として即位させたとするものの、その実体は他王朝による簒奪の可能性も十分ありえるのである。継体天皇の即位の正当性をより鮮明にするために、あえてその前任者である武烈天皇を残忍卑劣な人物に陥れたか、武烈天皇そのものが架空の人物であったとも考えられている。

20年ぶりの大和遷都

継体天皇の大和入り

後継者に恵まれなかった武烈天皇の跡を継いだのは、越前三国の男大迹天皇であった。しかし、河内国で即位したものの、天皇家の本拠地・大和へ入ったのはそれから20年後であった。一説によると、朝廷を牛耳る大伴氏に反発する豪族の存在を恐れたからだともいわれる。

遠く越前から迎えた後継者

暴虐の限りを尽くした武烈《ぶれつ》天皇も、在位8年でこの世を去ってしまう。その間、後宮の女たちと日夜酒色に溺れていたにもかかわらず跡継ぎがひとりもいないというのは、なんとも不思議としかいいようがない。武烈天皇自体が、もともと実在しなかったという説が生まれるのも、なるほどと思えるのである。

ところで、武烈天皇がまだ皇太子であったころ、物部麁鹿火大連《もののべのあらかいのおおむらじ》の女《むすめ》・影媛《かげひめ》を娶ろうとしたことがあった。当時、国政をほしいままにしていた大臣の平群真鳥《へぐりのまとりの》臣《おみ》の子・鮪《しび》がこれを犯したため、鮪の一族はことごとく大伴金村大連《おおとものかなむらのおおむらじ》によって滅ぼされてしまう。平群氏親子を追い落として行政のトップに躍り出た大伴金村大連らは、後継者選定に奔走することになる。最初に白羽の矢が立ったのは、仲哀《ちゅうあい》天皇の5世の孫の倭彦王《やまとひこのおおきみ》である。しかし、倭彦王は迎えにきた兵士を見て驚き、山中に遁走して行方不明になってしまう。再度位を継ぐにふさわしい人物を探し出したところ、応神《おうじん》天皇の5代後の男大迹《おおどの》天皇《すめらみこと》が選ばれることになった。大連らが越前国坂井の三国に迎えにいったところ、男大迹天皇は泰然と構え、すでに天子の風格が備わっていたという。

即位後20年でようやく大和入り

男大迹天皇は、河内国交野郡葛葉《かたのごおりくずは》(葛葉宮、大阪府枚方市樟葉)で継体《けいたい》天皇として即位式を終え、大伴金村大連の進言によって、仁賢《にんけん》天皇の血を引く手白香皇《たしらかのひめ》女《みこ》を皇后に迎えたほか、8人の妃を召し入れて後継者作りに励み、系統が途絶えぬよう盤石の態勢を整えるのである。

しかし継体天皇は、天皇即位後もしばらく河内国にとどまったまま、なかなか天皇家の本拠地である大和に入ろうとはしなかった。継体5年になってようやく河内国を離れたものの、河内国とは目と

●継体天皇の大和入りまでのルート

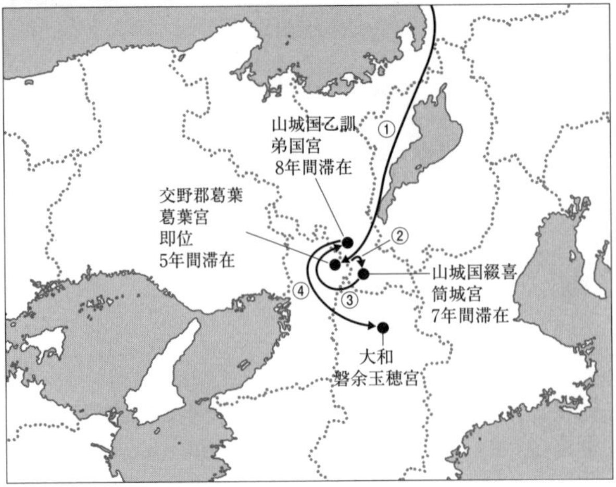

男大迹天皇は、越前国坂井の三国を出て河内国で継体天皇として即位したものの、各地を転々として、なかなか大和入りしようとしなかった。

鼻の先にある山城国綴喜《やましろのくにつづき》(筒城宮)へと都を移しただけであった。その間、朝鮮半島の百済《くだら》に使者を送ったり、任那《みまな》の日本府に百済の人民が逃亡してきたりなどの事績が、『日本書紀』「継体紀」に記されている。綴喜に7年間とどまって政治を執ったのち、継体12年に山城国乙訓《おとくに》(弟国宮)に遷都して8年間滞在したあと、継体20年になってようやく大和入りして磐余の玉穂へと都を移している。越前三国を出て河内で即位してから、すでに20年の歳月を経ての大和入りである。招いたはずの大伴金村大連らにしてみれば、自らの拠点に天皇を長年にわたって迎え入れられなかったことは、痛恨の極みであったに違いない。一説によれば、大伴氏と敵対する豪族の力を恐れて大和入りができなかったともいわれる。天皇霊が住むと言い伝えられる三輪山を中心とする天皇家の領地と、それを取り囲むかのように位置する大伴氏や物部氏の領地は安全地帯とはいえ、その周囲には大伴氏が打撃を与えた平群氏や、物部氏と敵対する蘇我《そが》氏のほか、葛城氏や和珥《わに》氏らも幅を利かせている。権力が拮抗する豪族たちに取り囲まれるよりは、新天地において自らの権力基盤を固めるほうが得策と考えていたのかもしれない。

磐井の乱勃発

しかし、20年もの年月を経て、頃合いよしと大和へと都を移したものの、いきなり緊迫する朝鮮半島問題に翻弄されることになる。同盟国の百済が高句麗《こうくり》に領地を奪われたため、任那の一部を割譲せざるをえなくなるのである。高句麗と連合を組む新羅《しらぎ》が任那を占領するに及んで、ついには新羅への出兵も余儀なくされる。その虚を衝くかのように、遥か西の筑紫国《つくしのくに》から反撃の狼煙《のろし》が上がってしまう。世にいう磐井《いわい》の乱(527年)の勃発である。

大和王朝が社稷を賭けた戦い

磐井の乱

朝鮮半島最南端にあった連合国家・任那は、大和王朝と距離を置き、新羅へと接近する動きを見せ始めた。これを牽制するため、継体天皇は新羅への出兵を決意し、兵6万を繰り出す。しかし、筑紫国造の磐井が反旗を翻して、この出陣を阻止しようとするのである。

新羅への出兵

朝鮮半島南端に位置する任那《みまな》は一種の連合国家で、百済《くだら》と手を組むだけでなく、大和王朝にも貢物を贈る間柄であった。しかし、任那の一部を勝手に百済へと割譲したため、大和王朝に対して不満を抱き、離反して新羅《しらぎ》へ近づこうという動きを見せるようになる。継体《けいたい》天皇はこれを牽制しようと、新羅への出兵を決意するのである。

中国地方は大和王朝の領域外

継体21年(527)夏、継体天皇は、近江《おうみの》毛野臣《けなのおみ》に兵6万を率いさせて、朝鮮半島南端に位置する任那へ向かわせ、新羅の侵攻によって失われた南加羅《ありひしのから》・喙己呑《とくことん》を奪回させようとしている。しかし、新羅から賄賂を受け取って敵陣へと寝返った筑紫国造《つくしのくにのみやつこ》の磐井《いわい》が、肥前、肥後、豊前《ぶぜん》、豊後《ぶんご》を押さえ、海路をも遮断して毛野臣の進攻を遮ったため、この計画は失敗に終わる。さらに高麗《こうらい》、百済、新羅からの貢物をも奪い取り、西国を我がもののように振る舞っていた。

これに対して継体天皇は、自ら鉞《まさかり》を取って物部大連麁鹿火《もののべのおおむらじあらかい》に授け、その討伐を命じ、社稷《しゃしょく》を賭けて戦うという強い決意を表明するのである。そして勝利の暁には、「長門より東は朕《ちん》が制《と》らむ。筑紫より西は汝が制れ」といい置いている。この、天皇の戦後処理に関する一文に見られる「長門より東」という一節は、注意を要する。長門といえば、山口県の日本海に面した街である。つまり長門を含めそこから東の地域一帯が、当時の大和王朝の領域でなかったことを示しているからである。

528年に反乱を征圧

ともあれ、翌継体22年(528)冬、大将軍・物部麁鹿火は、筑紫の三井郡で磐井と交戦、両軍入り乱れての激しい攻防の末、首領・磐井は物部麁鹿火によって斬られ、反乱は完全に鎮圧されるのである。

磐井の子・筑紫君葛子《つくしのきみくずこ》は連座して誅せられることを恐れて、糟屋《かすや》にあった屯倉《みやけ》(王朝の直轄地)を献上して死罪を逃れようとしたと記されている。

●「磐井の乱」の経緯

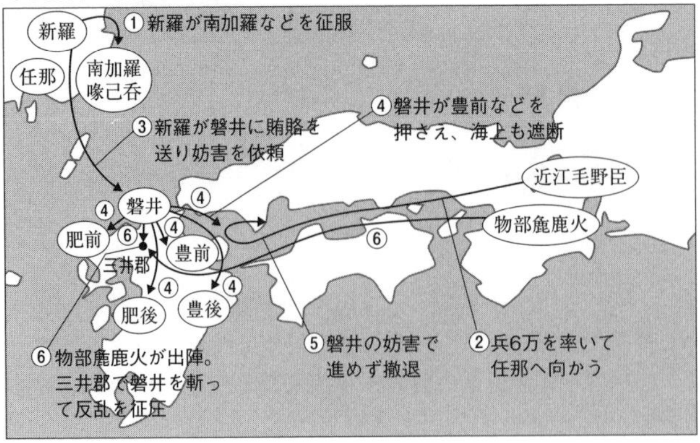

新羅
①新羅が南加羅などを征服
任那
南加羅
喙己呑
③新羅が磐井に賄賂を送り妨害を依頼
④磐井が豊前などを押さえ、海上も遮断
近江毛野臣
磐井
物部麁鹿火
肥前
豊前
三井郡
肥後
豊後
⑥物部麁鹿火が出陣。三井郡で磐井を斬って反乱を征圧
⑤磐井の妨害で進めず撤退
②兵6万を率いて任那へ向かう

こうして、磐井の乱を抑えた継体天皇は、その3年後の継体25年(531)に磐余の玉穂宮で崩御するのである。時に82歳であったという。『古事記』では43歳となっているところからすると、まだ2倍年暦が採用されているようで、82歳の半分、つまり41歳か42歳前後であったと思われる。

任那

◉朝鮮半島と倭国との関係

「魏志倭人伝《ぎしわじんでん》」の帯方郡《たいほうぐん》からの行程記事のなかに、狗邪韓国《くやかんこく》という国名が登場する。ここでは「倭の北の対岸である狗邪韓国」という、なんとも奇妙な表記がされているため、これを倭国の一部と見るのか、倭国以外の国と見るのか意見の割れるところであった。一般的には、これ以降の倭の国々の国情は詳しく記されているにもかかわらず、狗邪韓国に関してはなんら解説を加えていないところから、倭国以外の国と見る識者が多い。

しかし、これを倭国の一部と見る論者のなかには、この狗邪韓国を倭国の軍事的な影響力が及んでいた任那《みまな》の一部であると見る向きもある。その主張の根拠となったのが、倭国特有の墳墓形式である前方後円墳や日本産のヒスイの勾玉《まがたま》が、この地域で数多く発見されたことにもよる。全羅北道《ぜんらほくどう》および全羅南道《なんどう》に、5〜6世紀に造られたと思われる13基もの前方後円墳が点在、さらに日本の糸魚川周辺で採れたヒスイの勾玉(朝鮮半島にはヒスイの原産地はないといわれる)が多数出土しているため、倭国となんらかの繋がりがあったことが推測されるのである。

また一方では、任那という名は特定の国を指すものではなく、新羅《しらぎ》や百済《くだら》などの大国に属さなかった小国の総称であるとの意見もある。

蘇我氏と物部氏の対立

継体《けいたい》天皇没後、その跡を継いだのは安閑《あんかん》天皇、宣化《せんか》天皇、欽明《きんめい》天皇の3人の子である。安閑天皇は、継体天皇在任中に活躍した大伴金村《おおとものかねむら》と物部麁鹿火《もののべのあらかい》をそのまま重用し、宣化天皇はこれに加えて、蘇我稲目宿禰《そがのいなめのすくね》を大臣として用いている。

このふたりの天皇在任中は、全国各地で屯倉《みやけ》と呼ばれる宮廷直轄領が急増しているところから、国内情勢は比較的安定していたと見られている。しかし、ふたりともその在任期間は短く、ほんの数年のあいだに天国排開広庭天皇《あめのくにおしはらきひろにわのすめらみこと》が跡を継ぎ、欽明天皇として即位している。この欽明天皇の御代には、対外政策の中心となる朝鮮半島情勢が決して順調とはいえず、新羅《しらぎ》に奪われた任那《みまな》の復興を願いつつ出兵を繰り返すものの、その願いがかなうことはなかった。百済《くだら》の援軍要請を受けて出兵したものの、欽明23年(562)、ついに任那は滅亡してしまう。その後も任那奪回を目指して出兵するものの、大敗を喫してしまうのである。

任那経営失敗の責任を取って、大伴金村は引退を余儀なくされる一方で、後身の蘇我氏の勢力が次第に拡大していく。

欽明天皇の跡を継いだ敏達《びたつ》天皇の御代には、蘇我馬子《そがのうまこ》と物部守屋《もののべのもりや》が仏法擁護を巡って対立。崇仏派(蘇我氏)と排仏派(物部氏)に分かれて、激しいつば競り合いを演じている。

用明《ようめい》天皇のあとの崇峻《すしゅん》天皇の御代になると、ふたりの対立は決定的となり、ともに軍勢を率いて戦っている。このとき、蘇我氏の崇仏派についた厩《うまや》戸皇子《どのおうじ》(のちの聖徳太子《しょうとくたいし》)は、四天王の像を作って戦勝の誓いを立てたことが「崇峻紀」に記されている。

こうして物部氏は蘇我氏によって滅ぼされ、蘇我氏一族が実権を握るようになり、ついには崇峻天皇までも弑《しい》するなど、その専横ぶりは目を覆うばかりのものであった。

●蘇我氏の系図

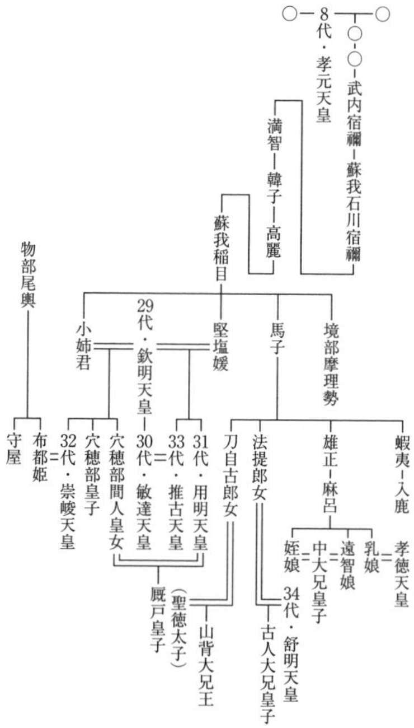

架空説も飛び交う華麗なる皇子

聖徳太子の治世

推古天皇と大臣・蘇我馬子とともに、三頭体制で政局にあたったといわれる聖徳太子の事績は、遣隋使派遣、冠位十二階の制定、十七条憲法の制定など華々しいものであった。しかし、太子の存在そのものが架空であると見る識者が多いのも事実である。

第1回遣隋使派遣の失敗

崇峻《すしゅん》天皇が蘇我《そが》氏によって殺害されると、その先代にあたる31代・用明《ようめい》天皇の同母妹で、30代・敏達《びたつ》天皇の皇后であった豊御食炊屋姫天皇《とよみけかしきやひめのすめらみこと》が皇位を継ぐ。初の女帝・推古《すいこ》天皇の誕生である。

しかし、国政は用明天皇と穴穂部間人《あなほべのはしひとの》皇女《ひめみこ》(欽明《きんめい》天皇の皇女)とのあいだに生まれた厩戸皇子《うまやどのおうじ》に任せて政策の立案にあたらせ、大臣の蘇我馬子《そがのうまこ》とともに三頭体制で政局を乗り切ろうとするのである。

排仏派であった物部《もののべ》氏や守屋《もりや》氏が衰退したため、仏教が興隆し、各地で寺院が盛んに建立されるようになる。外交面では、新羅《しらぎ》への進攻を繰り返すものの、思うような成果が得られなかった。

推古8年(600)に第1回遣隋使《けんずいし》が派遣されるが、このときは隋に蛮夷《ばんい》と見なされて受け入れられなかった。

この屈辱をバネに国政の充実を図ろうと、さまざまな政策が推し進められている。そのひとつが、徳仁礼信義智にそれぞれ大小を設けた冠位十二階の官位制で、身分秩序を確立して政治体制の強化に乗り出していくのである。

604年には憲法十七条を制定。いずれも、精神的なよりどころとなっているのが仏教と儒教で、儒教の徳治政治を目指すとともに、仏教を尊ぶことの重要性も説いている。

こうして、国内の整備を終えた聖徳太《しょうとくたい》子《し》は、推古15年(607)に再び遣隋使を派遣している。小野妹子《おののいもこ》に持たせた「日出ずる処の天子、日没する処の天子に書を致す」の書き出しで始まる国書を見た皇帝・煬帝《ようだい》は激怒したとも伝えられるが、高句麗《こうくり》との戦いを前にしては、倭《わ》を敵に回すわけにもいかず、これを渋々受け取らざるをえなかったようである。太子の活躍により、国勢は充実したものの、推古29年(621、推古30年説もある)に皇太子の身分のまま息を引き取るのである。

ただし、煬帝に送った国書も聖徳太子が記したものでなく、北九州にあった邪《や》馬台国《またいこく》の後身王朝によるものとする古田《ふるた》武彦《たけひこ》氏や、憲法十七条を制定したのも聖徳太子ではないとする津田左右吉《つだそうきち》氏など、聖徳太子の事績を否定する識者も多い。

中臣氏と蘇我氏の攻防

乙巳《いっし》の変《へん》

対抗勢力であった境部氏をも蹴落として権力の中枢に躍り出た蘇我蝦夷とその子・入鹿は、山背大兄王が皇位を継承することを恐れて、これを殺害するなど、その傍若無人のほどは目にあまるものがあった。舒明13年、ついに蘇我氏最後のときがやってくる。

蝦夷と摩理勢の対立

聖徳太子《しょうとくたいし》が薨去した数年後の推古《すいこ》34年(626)には蘇我馬子《そがのうまこ》も死去し、さらにその2年後の推古36年(628)には推古天皇までもが病のため亡くなっている。75歳であったという。

天皇は病床において田村皇子《たむらのみこ》を召して、天子の位を嗣《つ》ぎ政務を統《す》べて人民を養うことを命じるとともに、聖徳太子の子・山背大兄王《やましろのおおえのおう》に対しては、群臣の言葉に従うよう諭している。

しかし、正式にその詔が発せられる前に推古天皇が崩御してしまったので、皇位継承を巡って宮廷内は不穏な空気に包まれる。田村皇子を推す蘇我蝦夷《そがのえみし》派と、山背大兄王を推す境部摩理勢《さかいべのまりせ》派が対立していたが、実権を握っていた蘇我蝦夷が摩理勢を殺害して対抗勢力の力を削いだこともあって、田村皇子の天皇即位が決定的となる。

こうして田村皇子が舒明《じょめい》天皇として即位し、蘇我氏の威勢はますます高まるばかりであった。

中大兄皇子が入鹿を殺害

舒明天皇が在位13年で亡くなると、皇后が皇位に就いて皇極《こうぎょく》天皇として即位。そのときも蘇我蝦夷は大臣として仕え、その子・入鹿《いるか》が国政を執り仕切るようになる。入鹿は山背大兄王が皇位を継承することを恐れて、これを殺害するなど、その独裁は目にあまるものであった。この勢威を一気に削ぐのに大きな役割を果たしたのが、中臣鎌足《なかとみのかまたり》である。

かつて物部《もののべ》氏に加担したために没落の憂き目に遭っていた中臣氏にとって、蘇我氏は仇ともいえる存在である。蹴鞠《けまり》の会で出会った中大兄皇子《なかのおおえのおうじ》とともに反蘇我氏一派を形成して、クーデターの密謀を巡らしていくのである。

クーデターは、三韓《みつのからひと》の調べを貢《たてまつ》る日に決行された。太極殿において蘇我倉山田《そがのくらのやまだ》麻呂《まろ》が上表文を読み終わろうとしたその刹那、中大兄皇子が躍り出て入鹿を殺害、蝦夷も屋敷に火を放って自害している。蘇我氏の専横もここにおいて終焉を迎え、代わって中臣氏が台頭していくのである。

皇位継承を巡る骨肉の争い

壬申《じんしん》の乱《らん》

天智天皇とその弟・大海人皇子は、女流歌人の額田王を巡って三角関係に陥っていた。皇位継承問題もあって次第に対立を深め、大海人皇子と天智天皇の子・大友皇子が兵を繰り出して戦い始めるのである。

吹き荒れる粛正の嵐

皇極《こうぎょく》天皇が同母弟である天万豊日天皇《あめよろずとよひのすめらみこと》に皇位を譲り、孝徳《こうとく》天皇が即位する。孝徳天皇は乙巳《いっし》の変の功労者である中大兄《なかのおおえの》皇子《おうじ》を皇太子としたものの、実権は皇太子と陰の実力者・中臣鎌足《なかとみのかまたり》のふたりが握ったままであった。

ふたりは難波への遷都を強行し、すべての私有地を廃止して国家の所有とする公地公民制などを柱とする改新の詔を発するなど、次々と新たな政策を実行していく。同時に、反対勢力を次々に追い落とすなど、宮廷内は粛正の嵐が吹き荒れる。

まず、中大兄皇子の兄・古人大兄皇子《ふるひとのおおえのみこ》を謀反の疑いありとして討ったのを手始めに、右大臣の蘇我倉山田麻呂《そがのくらのやまだまろ》を死に追いやり、最大勢力の力を削いでいる。

しかし、白雉《はくち》4年(653)に飛鳥に遷都しようとしたことに孝徳天皇が反発するや、天皇を難波に残したまま、飛鳥河辺《あすかのかわらの》行宮《かりのみや》へ強行に都を移している。同年に孝徳天皇が崩御すると、前天皇の皇極天皇が再び斉明《さいめい》天皇として即位している(重《ちょう》祚《そ》)。

斉明6年(660)には、唐《とう》と新羅《しらぎ》の連合軍が百済《くだら》を滅ぼしていたが、その遺臣・鬼《き》室福信《しつふくしん》からの援軍要請を受けて、斉明天皇自ら西征に向かったものの、途上の朝《あさ》倉宮《くらのみや》において逝去してしまう。跡を継いだ中大兄皇子は白村江《はくすきのえ》へ兵を繰り出したものの、唐新羅連合軍に撃破され、朝鮮半島進出の野望は挫かれてしまうのである。

白村江での敗戦後の天智《てんち》6年(667)、中大兄皇子は近江の大津へ遷都した翌年になって、ようやく天智天皇として即位するのである。

大海人皇子の出家

ところで、天智天皇には、大海人皇子《おおあまのおうじ》という弟がいたが、ふたりは万葉歌人としても知られる額田王《ぬかたのおおきみ》を挟んで三角関係に陥っていたといわれる。大海人皇子の初恋の人であった額田王を兄の天智天皇が奪い取ってしまったというのである。この事件を期にふたりの関係は悪化し、やがて皇位継承を巡る対立・壬申《じんしん》の乱へと発展していくのである。

天智10年(671)、天智天皇は自らの子・

大友皇子《おおとものおうじ》に皇位を継がせることを念頭に、太政大臣に任命して政治の実権を握らせている。

こうして政治体制を整えた末、死の床に就いた天智天皇は、弟・大海人皇子を枕元に呼んで跡を継がせたいと告げる。その申し出をすんなり受け入れれば、皇位簒奪の意志ありとして、これを追い落とす口実にしようとの魂胆である。しかし、これを謀《はかりごと》であることを見抜いた大海人皇子は、天皇になる意志のないことを告げ、即座に髪を剃って吉野の山寺に籠もるのである。

瀬田川での激戦

こうして天智天皇の願い通り、大友皇子が跡を継ぐかに見えたが、事態は急展開を見せることになる。672年、大友皇子が吉野に兵を繰り出してきたとの情報を得た大海人皇子が、挙兵を決意。自らの領土であった美濃《みの》へと走り、兵を募って大友皇子軍と対決していったからである。

各地で激戦を繰り広げたのち、大津宮にもほど近い瀬田川において、大海人皇子側が勝利をものにしている。大友皇子は西へと敗走したものの、山崎の地において自ら命を絶ったことにより、壬申の乱は終結するのである。こうして、皇位継承の対抗馬であった大友皇子を追い落とした大海人皇子は、飛鳥浄御原宮《あすかきよみはらのみや》に都を移したのち、天武《てんむ》天皇として即位するのである。

壬申の乱によって、大友皇子側についていた多くの豪族を滅ぼしたこともあって、天皇の権力は飛躍的に向上し、中央集権国家としての体制が整っていく。天皇がほかの豪族とは一線を画す特別な家系であることを知らしめるためにも、神代からの歴史を改めて取りまとめる『古事記』と『日本書紀』の編纂を命じたのである。

ようやくすべての疑問が氷解する

九州王朝と大和王朝 ふたつの王朝が同時にあった

なぜ畿内大和の王朝は、天孫降臨の地を九州に求めたのか？　なぜ倭の五王の名が一字名なのか？　これらの疑問は、ある仮説を立てることによって一気に氷解するのである。

古田武彦氏の「ふたつの王朝説」

これまで述べてきた各項目のなかで、いくつか疑問を投げかけたまま、その解説を先延ばしにしてきたところがある。ここでようやくその疑問に答えることにしたい。

その疑問というのは、なぜ祭祀としての銅鐸《どうたく》が数多く出土するのに、『記紀』にそれに関する記載が見られないのか？(P.169)、なぜ大和王朝は天孫降臨の地を日向《ひむか》に求めようとしたのか？(P.173)、なぜ景行《けいこう》天皇にとって聖地であるはずの日向にたどり着いたにもかかわらず、聖地としての賞賛の声をあげなかったのか？(P.180)、なぜ倭《わ》の五王の名が一字名なのか？(P.188)などである。これら一連の疑問に対して、各項において解説を加えていかなかったのは、いずれもその答えがひとつの仮説にもとづくものだったからである。その仮説とは、「7世紀初頭まで、九州と畿内大和に同時期にふたつの王朝が存在していた」というものである。この説を唱えたのは古田武彦《ふるたたけひこ》氏であるが、同氏によるこの「ふたつの王朝説」を取り入れると、それまで解明できなかった謎がスルリと解けていくのである。九州王朝とは邪馬台国《やまたいこく》であり、畿内大和の王朝とはいうまでもなく大和王朝である。このふたつの王朝が7世紀初頭まで同時に存在していたというのだから、これまで通説とされてきた日本の歴史を信じる者にとっては、まさに衝撃的といえるものなのである。

そして、九州王朝の歴史の一部が、畿内大和王朝の歴史に密かに潜り込まされて編纂され直したのが『日本書紀』だったともいうのである。

倭の五王は邪馬台国の後継王朝の王

古田氏によれば、まず北九州福岡市を拠点として委奴国《いとこく》が存在していた。漢《かん》の光武帝《こうぶてい》が「漢委奴国王」の金印を授けたのはこの王朝である。その後身が3世紀の卑弥呼《ひみこ》の王朝、つまり古田氏のいう邪《や》

●九州王朝と大和王朝（古田武彦氏説をもとに構成）

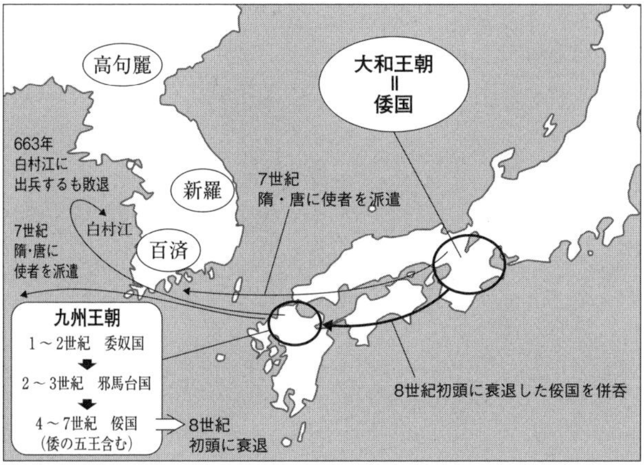

馬壹国《まいちこく》である。『後漢書』が記す帥升《すいしょう》も、卑弥呼の先代の王で、約40年前後にわたる倭国の乱を経て、連合国家による卑弥呼の共立へと歴史が移り変わる。「魏志《ぎし》倭人伝《わじんでん》」によると、卑弥呼は狗奴国《くぬこく》との戦いにおいて、病死とも戦死とも受け止められる謎の死を遂げているが、その後は男王を立てたものの国中が従わず、卑弥呼の宗女・壹与《いちよ》(台与《とよ》)を共立して女王としたという。これらの事跡を記したあと、邪馬台国に関する記事は中国の歴史書から姿を消す。次に登場するのは、『宋書』で倭の五王が朝貢してきたという413年ごろ以降の事跡である。その間100数十年間の日本にまつわる記事は、中国の史書には現れない。倭の五王の事績を大和王朝のものとするこれまでの常識から見れば、邪馬台国の動向は「魏志倭人伝」の記載をもって幕を閉じ、「空白の4世紀」を迎えることになるのである。

しかし古田氏によれば、倭の五王は大和に連綿と続く天皇家の人物ではなく、九州博多湾岸にあった邪馬壹国(邪馬台国)の後身たる王朝の支配者たちであった。414年に建てられた好太王《こうたいおう》碑に記された倭王とは、高句麗《こうくり》と激しく対立した倭の王であり、帥升から卑弥呼、壹与(台与)へと統を繋いできた九州王朝の後継王朝の王だったのである。

倭王武が宋の順帝《じゅんてい》にあてた上奏文に「東は毛人を征すること五十五国、西は衆夷を服すること六十六国、渡りて海北を平ぐること九十五国」と記されているが、そのなかの「毛人五十五国」は中国地方と四国のことであり、「衆夷六十六国」とは九州全土のことであるという。「海北」は朝鮮半島のことだと思われるが、これこそ神功《じんぐう》皇后の事績とした新羅《しらぎ》遠征の事跡を投影したものとも思える。

さらに、607年に隋《ずい》の煬帝《ようだい》にあてた「日出ずる処の天子、書を日没する処の天子に致す、恙《つつが》無きや」という有名な国書に関しても、これまでの通説を覆す説を掲げている。いうまでもなくこれは聖《しょう》徳太子《とくたいし》が記したものと誰もが信じてきた事績であるが、古田氏によればこれも偽説であるという。この事績を記した史書は『隋書』「俀国伝《たいこくでん》」であり、「俀王の姓は阿毎《あめ》、字は多利思北孤《たりしひこ》、阿輩雞弥《おおきみ》と号す」とある。『隋書』には「俀国伝」とは別に「倭国」の記事もあるところから、この書を記したのは倭国ではなく、俀国であったことを示している。つまりこの当時、俀国と倭国のふたつの王朝が存在していたことになる。そしてこのとき、俀国と倭国はともに隋に使者を派遣していたともいう。古田氏によれば、俀国とは北九州筑紫《つくし》を拠点とする王朝、倭国とは畿内大和王朝である。俀国の王は、自らの領域が九州にとどまっていたにもかかわらず、東に位置する天皇家の領域をも自らの領土と見なし、日本列島全土にまたがる天子を自称して隋の煬帝に国書を送ったというのである。このとき隋の煬帝は、その不遜な文面を見て激怒したともいわれるが、魏、晋《しん》、宋(南朝)と続く一連の中国王朝の臣としての立場を貫いてきた九州王朝にしてみれば、南朝を滅ぼした北朝の隋など、蛮夷《ばんい》同様の部類との認識があったのではないかと見て、このような尊大な国書になったというのである。日本という国号も、九州王朝が「日出づる～」と名乗ったことを契機として名づけられたもので、大和王朝が名づけたものではないと見ている。

8世紀初頭まで
九州王朝が存在した

しかし、当初は畿内大和王朝よりも権勢を誇っていた九州王朝も、最後には畿内大和王朝によって滅ぼされてしまったという。では、それはいったいいつごろのことなのであろうか？　古田氏の説を続けよう。その契機となるのは、継体《けいたい》21年(527)に起きた磐井《いわい》の乱である。『日本書紀』によると、筑紫を中心に肥前、肥後、豊前《ぶぜん》、豊後《ぶんご》にかけて勢威を振るっていた豪族・磐井を、継体天皇が社稷《しゃしょく》の存亡を賭けて征伐したとされる事件である。古田氏は『日本書紀』のいう、天皇が「国家の存亡」を賭けるほどの意気込みで戦いに臨んだことに注目し、これを単に一豪族を討伐するだけのものではなかったと見ている。そして、倭の五王の最後の倭王武が宋の順帝にあてた上表文に記した、九州一円にあたると思われる「衆夷を服すること六十六国」と、中国地方や四国西半分にあたると思われる「毛人を征すること五十五国」こそが、磐井が倭武王より受け継いだ領域であったというのである。これによって、この当時の磐井は畿内大和王朝と同等か、あるいはそれ以上の勢力を誇っていたことがわかる。ここでようやく、天皇が「国家の存亡」を賭けざるをえなかった状況が見えてくるのである。それでも、畿内の大和王朝にとって、「倭国を代表する王朝」と自称するだけでなく、中国側からもそう認められていた磐井王朝を容認するわけにはいかなかった。日本列島に君臨する唯一の王者を自認する大和王朝にしてみれば、社稷を賭けてでもこれを攻略し、王者の称号を取り戻さなければ気が収まらなかったのである。

しかし、大和王朝が磐井王朝を平定したあとも、この王朝の後継となる九州王朝が存続し続けることになる。その後も朝鮮半島に勢力を伸ばし、中国が隋、唐《とう》の時代になっても、相も変わらず日本列島の代表者を装って使者を派遣し続けたという。当然のことながら、同時期には大和王朝も隋や唐に使者を派遣している。双方とも、我こそが「日本列島の正統なる王者」だと主張してやまなかったことはいうまでもない。

そして、九州王朝にとっての同盟国であった百済が660年に滅亡したのち、その遺民とともに百済再興を目指して唐新羅連合軍と激突した（白村江《はくすきのえ》の戦い）ものの、痛い敗北を喫したことが、九州王朝の衰退を招いた。ここにおいてようやく、九州王朝は急速にその勢威を落としていくのである。

そして、701年の唐の則天武后《そくてんぶこう》による九州王朝否認と近畿天皇家の公認によって、ついに九州王朝の命運が尽き、近畿天皇家に併呑されてしまったというのである。この701年こそ「179年間連続してきた九州年号は終わり、近畿天皇が“永遠に連続すべき年号”の初めとして「大宝」の年号を公布した」年だという。その10余年後に、『古事記』『日本書紀』の編纂が始まり、九州王朝の痕跡が消された。それこそが、『古事記』序文に記された「天武天皇の「削偽定実」（偽りを削り、実を定める）の精神の現れ」であったと締めくくるのである。

すべての疑問が一気に氷解

これまで、『記紀』は連綿と大和王朝の動向のみを記すものと思われてきたが、その実、九州を中心に続いてきた邪馬台国およびその継承王朝の事績の一部を、自国の歴史として密かに潜り込ませることまでやってのけていたのである。

これら古田氏の説が正しいとすれば、冒頭にあげたさまざまな疑問に対する答えが導き出される。祭祀としての銅鐸が畿内大和を中心に数多く出土するにもかかわらず『記紀』に記載が見られないのは、『記紀』に記された神話が畿内大和のものではなかったからであり、また、天孫降臨の地がなぜ九州の日向なのか、景行天皇がなぜ随喜の声をあげなかったのかに対する答えは、天孫降臨の神話そのものが九州王朝のものだったからで、大和王朝の景行天皇にはかかわり合いがなかったからである。こうして古田氏の「ふたつの王朝説」を取り入れることによって、多くの疑問が一気に氷解していくのである。同氏の説は、すでに『失われた九州王朝』や『盗まれた神話 記・紀の秘密』などの著書において、すでに発表されたものであるが、いまだ全面的な承認は得られていない。今後の再検証によって、それが真実であると確認されることを望むばかりである。

則天武后《そくてんぶこう》

唐《とう》の高宗《こうそう》（649〜683年）の皇后で、中国史上最初で最後の女帝。もともとは太《たい》宗《そう》（626〜649年）の才人《さいじん》として寵愛を受けていたが、太宗が武后（623？〜705年）を唐王朝に禍をもたらす氏族であると信じたところから、次第にこれを避けるようになる。太宗の死後、武后はその子・高宗に近づき、その美貌をもってこれを籠絡し、ついには昭儀《しょうぎ》の座を射止めて再度の入宮を果たしている。以後、武后は権力欲を露《あらわ》にして王《おう》皇后（？〜655年）や蕭淑妃《しょうしゅくひ》（？〜655年）を廃后に追いやり、四肢を切断して酒壷に投げ入れて殺害するなどの暴挙を繰り返した。そのため、呂后《りょこう》（？〜紀元前180年）、西太后《せいたいごう》（1835〜1908年）とともに、中国3大悪女のひとりに数えられる。

皇后に昇格した武后は、高宗に代わって垂簾《すいれん》政治を行い、独裁者としての道を歩み始める。690年には自ら帝位に就き、国号を周《しゅう》に改めている。しかし、病を得て伏せがちになった705年、宰相の張柬之《ちょうかんし》（625〜706年）によって退任を迫られ、中宗《ちゅうそう》（656〜710年）が再び皇帝となると、間もなく病が高じて死去している。

『日本書紀』が記された本当の理由は？

『日本書紀』は、天武《てんむ》天皇の発案によって編纂が開始されたといわれる。682年に、天智《てんち》天皇の皇子・川島皇子《かわしまのみこ》や忍壁皇子《おさかべのみこ》、広瀬王《ひろせのおおきみ》ら12人の諸王および群臣を集めて「帝紀および上古の諸事を記し定め給ふ」と命じたという。つまり、皇室の系譜と古くからの伝説、伝承を取りまとめろというのである。『古事記』の編纂にあたっても、天武天皇が太安万侶《おおのやすまろ》に命じたことが、その序文に記されている。「諸家が伝え持ちたる帝紀本辞の偽りを改め、真実を言い伝えるため」というのが目的であったとも記している。

しかし、編纂を命じたその前の事績としての672年に、大海人皇子《おおあまのおうじ》が大友皇子《おおとものおうじ》を自殺に追い込んで権力を奪取するという事件があったことから、表向きは「真実を伝えるため」といいながらも、その実、壬申《じんしん》の乱における甥殺しの汚名を払拭し、自らの天皇としての正統性を主張し、さらには天皇家の権威を高めることを目的として編纂するよう命じるなど、天武天皇にとって都合のいいように書き記されていると見るのが一般的であった。

しかし、この通説に対して関裕二《せきゆうじ》氏は、『日本書紀』が天武天皇のために書かれたというのは見せかけで、実際は持統《じとう》天皇やその政権を支えた藤原不比等《ふじわらのふひと》にとって都合のいい文書だったのではないかとの、興味深い説を投げかけている。さらに、「持統天皇と藤原不比等は「天武王家」を乗っ取り、知らぬ間に「持統女帝」から始まる「新天智王家」を創り出していたのではないか」という説を掲げるのである。天智天皇と天武天皇は兄弟とはいえ、額田王《ぬかたのおおきみ》を巡って愛憎がもつれ、次第に対立を深めるなど遺恨を含んだ間柄である。しかも、自らの子を後継者にと願う天智天皇にとって、弟は邪魔な存在でしかなかった。両者の関係は最悪の状態だったのである。そして「天武天皇の血統は、第四十八代の称徳《しょうとく》天皇で途切れ、このあと、光仁《こうにん》天皇、桓武《かんむ》天皇という天智系の王家にとって代わられ、以後今日に至るまで、天武系の王は一度も立っていない」にもかかわらず、天武天皇のために書かれたという『日本書紀』が焼き捨てられることなく、今日まで残されているというのはおかしいというのである。

『日本書紀』には、天武天皇は天智天皇の弟であると記されているが、関裕二氏はこの関係にも疑問を抱いている。確かに、天智天皇が46歳で崩御したのが671年で、天武天皇が65歳で崩御したのが686年というところからすれば、天武天皇は天智天皇の4歳年上ということになり、弟ではありえないからである。関氏は、「乙巳《いっし》の変」(645年)において、蘇我入鹿《そがのいるか》が中大兄皇子《なかのおおえのおうじ》(天智天皇)によって暗殺されたとき、その弟(天武天皇)の姿が垣間見られないこと自体がそれを暗示しているという。天武天皇の崩御後、本来なら皇太子であった草壁皇子《くさかべのみこ》が即位すべきところを、なぜ天武天皇の妻である持統(天智天皇の次女でもあった)を天皇に即位させたのか？　その鍵を握るのが不比等だというのである。

さらに、中臣《なかとみの》(藤原《ふじわらの》)鎌足《かまたり》が日本人ではなく、当時日本に人質として送られてきた百済《くだら》の王子・豊璋《ほうしょう》だったのではないかと推測する。鎌足が主であった中大兄皇子の前から一度だけ姿を消したことがあったが、それはちょうど豊璋が百済に帰国していた時期と重なっているというのである。その後、「白村江《はくすきのえ》の戦い」(663年)において百済が滅亡したとき、豊璋は行方不明になっているが、実は豊璋は日本へ密かに戻り、再び中臣鎌足として姿を現したというのである。天武天皇の時代には新羅と友好関係を保っていたが、なぜ持統天皇とそれを支える不比等の時代になると一転して新羅を侮蔑し、百済との関係を強化していったのか？　不比等の父・鎌足が百済出身者だとすれば、その疑問は容易に氷解するというのである。「乙巳の変」によって実力者・蘇我氏の権勢を削ぐなど、数々の陰謀を繰り返して権力を握った鎌足と不比等にとって、その不正を暴かれることが最も恐ろしいことであった。そのため不比等らは、天武天皇の発案によって推し進められていた『日本書紀』の編纂に途中から与し、藤原氏にとって都合のいい、つまり藤原氏の不正が見破られないように、さまざまな改ざんを加えていったというのである。

白村江《はくすきのえ》の戦い

唐《とう》と新羅《しらぎ》の連合軍に攻撃されて消滅した百済《くだら》の遺臣からの救援要請に対して、斉《さい》明《めい》天皇は、自ら討伐軍を率いて西へと向かっている。しかし途上、病を得て崩御してしまう。その跡を継いだのが中大兄皇子《なかのおおえのおうじ》である。170艘もの船団を率いて、百済の王子・豊璋《ほうしょう》とともに百済へと向かった中大兄皇子は、朝鮮半島西岸部にある白村江へと向かい、唐と新羅の連合軍と対戦したものの、あっけなく敗れ去っている。朝鮮半島から帰還した中大兄皇子は、以後唐からの侵略に怯え、各地に防人《さきもり》を置いて防御に徹するのである。

『古事記』と『日本書紀』

『古事記』と『日本書紀』は、両書を合わせて『記紀』と称され、現存する最古の歴史書といわれる。ともに、天武《てんむ》天皇の命によって編纂が開始されたとされている。『古事記』は、稗田阿礼《ひえだのあれ》が皇室に伝わる系図などが記された『帝紀《ていき》』と皇室に伝わる伝承や歌物語などを記した『旧辞《きゅうじ》』を読み覚え、それを文官の太安万侶《おおのやすまろ》が記録したというもので、和銅《わどう》5年(712)に元明《げんめい》天皇に奉じたものである。一方、『日本書紀』は、天智《てんち》天皇の子・川島皇子《かわしまのみこ》のほか、中臣大嶋《なかとみのおおしま》ら12名が編纂を開始し、養老《ようろう》4年(720)に舎人《とねり》親王が元正《げんしょう》天皇に奉ったものである。

『古事記』が神代の時代を重点的に記しているのに対して、『日本書紀』は神代の項を設けているとはいえ、おもに歴代天皇の事績に関する記述に焦点があてられている。『古事記』が33代・推古《すいこ》天皇までの事績を記すのに対して、『日本書紀』は40代・持統《じとう》天皇の事績までを記すなどの違いもある。また、『古事記』が親しみやすい和文を用い、ひとつの物語として語られているのに対して、『日本書紀』のほうは漢文で記され、帝王の事績について記したことを示す「書」と、年代順に記したことを記す「紀」が書名に使用されているところからもわかるように、中国の正史の紀伝体、編年体の作りを意識して記されたものである。しかも、『史記』や『漢書』『後漢書』『三国志』などの漢籍や、『百済記《くだらき》』『百済新撰《しんせん》』『百済本紀《ほんき》』など朝鮮半島の歴史書などから引用した一文を随所に挿入し、諸説をそのまま綴ったところも『古事記』との大きな違いである。『古事記』は国内向け、『日本書紀』は対中国を意識して編纂されたものともいわれる。

それにしても、天武天皇が同時にふたつの歴史書を作らせたのか、疑問を感じるところである。関裕二《せきゆうじ》氏は、『日本書紀』を編纂したのは8世紀の朝廷であるが、『古事記』はそれとは相反する勢力が記したもので、朝廷が記したものではないと推測している。しかも、『日本書紀』の編纂の中心人物は中臣鎌足《なかとみのかまたり》とその子・藤原《ふじわらの》不比等《ふひと》で、中臣鎌足は日本に人質として来日していた百済の王子・豊璋《ほうしょう》だったのではないかともいう。この親子が、藤原氏が反藤原氏の巨頭・長屋王《ながやおう》を陰謀で殺害したことや、実力者・蘇我《そが》氏を排除しようと画策したことなどを抹消するために、記事に手を加えたものではないかというのである。一方の『古事記』は新羅《しらぎ》系の編纂者がまとめたため、新羅寄りの内容になっているのだという。

また、『日本書紀』における神代の項は、北九州にあった邪馬台国《やまたいこく》の建国物語を、大和王朝がそっくり自らの建国物語として挿入してしまったのだと見る向き(古田《ふるた》武彦《たけひこ》氏)もある。いずれにしても、『記紀』に記された事績の再検証は、邪馬台国論争に終止符を打つためにも必要なことである。「大国主神《おおくにぬしのかみ》の国譲りはなにを意味しているのか?」「天孫降臨の地がなぜ九州の地なのか?」「神武《じんむ》天皇がなぜ日向《ひむか》出身とされるのか?」「それが邪馬台国の東遷に繋がる話なのであるか?」「神功《じんぐう》皇后の朝鮮遠征は卑弥呼《ひみこ》と関連があるのか?」などなどの疑問が解消されれば、邪馬台国論争に決着がつくことは間違いない。今後の『記紀』の解明に期待したいものである。

第5章

邪馬台国論争の詳細

邪馬台国論争の詳細

「邪馬台国はどこか？」「卑弥呼は誰か？」「邪馬台国は大和王朝に滅ぼされたのか？」。日本史解明に立ちはだかるこれらの難題に、数多くの識者たちが挑み、論戦を繰り広げ続けてきたのである。

邪馬台国論争の詳細――プロローグ

「邪馬台国はどこにあったのか？」「卑弥呼は誰か？」「邪馬台国と大和王朝の関係は？」など、邪馬台国を巡る論争は、今に至るまで尽きることなく続いている。明治時代までの文献史学内だけの論争から、大正時代の考古学者の参入、皇国史観に押しきられた不遇の戦時下の時代、戦後のベストセラー作家や在野の研究者たちの論戦への参入による邪馬台国ブームなど、時代によって論争の様相も大きく異なっている。

疑問だらけの邪馬台国問題

前章までは、「魏志倭人伝《ぎしわじんでん》」や『古事記』『日本書紀』、好太王《こうたいおう》碑などの各文献や金石文などに記された情報をもとに、邪馬台国《やまたいこく》や卑弥呼《ひみこ》および大和王朝との関係について、その概要を記してきた。しかし、いずれの項目においても、定説といわれるものは実はほとんどなく、多くの論者が独自に導き出した仮説の山のなかから、適宜取捨選択したものを再構成したものである。そこには意見の食い違う、あるいは全く正反対の説も数多く点在している。そもそも、邪馬台国がどこにあったのかすら、いまだ決着を見ていない。卑弥呼が誰か、邪馬台国が大和王朝とどうかかわっているのかという点に関しても、ほとんどといっていいほどわからないままなのである。

この疑問だらけの邪馬台国問題の解明に向けて、当然のことながら、これまで多くの論者たちによって論戦が繰り広げられてきた。江戸時代中期の国学者・松下見林《まつしたけんりん》が『異称日本伝』を記して、後漢《ごかん》の光武帝《こうぶてい》から金印を授かった倭奴国《わのぬこく》が大和にあった邪《や》馬台《まと》の前身・大養徳国《やまとこく》であると、具体的な名を記して邪馬台国を大和に比定したのを皮切りに、新井白石《あらいはくせき》や本居宣長《もとおりのりなが》らが次々と論戦に臨んでいる。

そこで本章では、江戸時代以来今日に至るまで繰り広げられてきた邪馬台国論争の歴史を振り返り、その足跡を追っていく。

時代によって異なる論争の焦点

ちなみに、この章を取りまとめるにあたっては、三品彰英《みしなしょうえい》氏が著した『邪馬台国研究総覧』を参考資料として利用させてもらったことを、あらかじめ記しておきたい。同書には、「魏志倭人伝」の解説に加え、邪馬台国に関する研究論文が数多く寄せられているからである。『日本書紀』に記された「魏志倭人伝」の引用文を皮切りに、鎌倉時代の卜部兼方《うらべのかねかた》の『釋日本紀《しゃくにほんぎ》』や、室町時代の僧・瑞渓周鳳《ずいけいしゅうほう》の『善隣国宝記《ぜんりんこくほうき》』、中国明《みん》代の探検家・鄭舜功《ていしゅんこう》の『日本一鑑《にほんいっかん》』をはじめ、総数210もの論文の一部が転載されてあり、これらを読み下すことによって、邪馬台国を巡る論争の焦点が浮き彫りにされてくるのである。

ここに記された各論文は、ほぼ年代順に記されているが、時代ごとに論争の焦点が移り変わっていくことにも気づかされる。たとえば、江戸時代中ごろまでは『日本書紀』の記述を疑うことはできず、中国や朝鮮の文献に目を向けることもかなわなかったが、松下見林が初めて外国からの資料に考証を加えたことを知ることができる。晩年の新井白石が「魏志倭人伝」を高く評価して、初めて邪馬台国＝九州説を唱えた人物であったこと、明治になって、畿内大和説を唱える京都帝国大学(現・京都大学)の内藤《ないとう》湖南《こなん》氏と、九州説を唱える東京帝国大学(現・東京大学)の白鳥庫吉《しらとりくらきち》氏とのあいだで、激しい論戦が繰り広げられたことも垣間見ることができる。大正時代に入り、各地で発掘調査も進んで、考古学的な検証成果が邪馬台国論争に持ち込まれるようになると、文献史学者 VS 考古学者の論争が目立ち始める。昭和に入ると、皇国史観の高まりとともに、『記紀』の記述への批判は御法度となり、再び外国資料の検証がストップしてしまうのである。その束縛から解放された戦後は、マルクス主義史学や津田史学が復活し、江上波夫《えがみなみお》氏の「大和王朝騎馬民族説」が唱えられるなど、多彩かつ自由な論戦が繰り広げられることになる。

このころになると、もはや文献上からの新たな提案は見受けられず、論争の中心は各地の古墳などから発掘された三角縁神獣鏡《さんかくぶちしんじゅうきょう》などの、遺物を巡る論争が中心となってくるのである。

邪馬台国ブームの到来

昭和後期から平成にかけての論争の大きな特色がどのようなものであるのかについては、数多くの邪馬台国関連本が多数発行されているので、そこから垣間見ていきたい。高度成長期を迎えたころには、一般読者を対象とした歴史書が盛んに発行され、数々のベストセラーをも生んでいる。松本清張《まつもとせいちょう》氏や陳舜臣《ちんしゅんしん》氏ら人気作家や、宮崎康平《みやざきこうへい》氏や古田武彦《ふるたたけひこ》氏ら在野の研究者たちによる邪馬台国本が多数発行されて、人気を博していった。なかでも、宮崎康平氏の『まぼろしの邪馬台国』や古田武彦氏の『「邪馬台国」はなかった』の登場は衝撃的で、一種の邪馬台国ブームを巻き起こす原動力になったものである。

このように、時代の流れのなかで邪馬台国論争の流れを見つめ直していくと、その時代背景までもが浮き彫りにされるため、古代史だけでなく現代史までもが見えてくるのである。

このあとは上の流れに沿って、邪馬台国論争を改めて振り返ってみることにしたい。

邪馬台国＝畿内大和説からの脱却

松下見林 VS 新井白石、本居宣長

江戸時代の国学者・松下見林までの時代は、邪馬台国が畿内大和にあったことを疑う人物はいなかった。初めてそれに疑念を抱いたのが、新井白石や本居宣長であった。

中国の史書に目を向け始めた松下見林

日本古代史上最大の謎といわれる「邪《や》馬台国《またいこく》はどこにあるか？」が論争の的になり始めたのは、江戸時代の中ほどである。それは元禄《げんろく》元年(1688)に、儒医で国学者でもあった松下見林《まつしたけんりん》が『異称日本伝』を著したことに端を発する。それ以前にも、鎌倉時代の卜部兼方《うらべのかねかた》の『釋日本紀《しゃくにほんぎ》』や、北畠親房《きたばたけちかふさ》の『神皇正統記』、室町時代の僧・瑞渓周鳳《ずいけいしゅうほう》が記した『善隣国宝《ぜんりんこくほう》記《き》』に邪馬台国に関する記載があるものの、いずれも『日本書紀』に記載された事績を鵜呑みにし、疑問を抱くこともなかったため、中国の歴史書に記された日本に関する記事に、さしたる関心を寄せることはなかった。見林が初めて、中国の歴史書に記された日本の記事への検証を試みた人物といってもいい。

その結果、後漢《ごかん》の光武帝《こうぶてい》に貢物を奉じて金印を賜った倭奴国《わのぬこく》は、大和にあった邪馬台《やまと》の前身・大養徳国《やまとこく》であると、具体的な名を記して世に知らしめたのである。見林は、卑弥呼《ひみこ》を神功《じんぐう》皇后としながらも、卑弥呼と敵対していた狗奴国《くぬこく》の男王・卑弥弓呼《ひみここ》を、神功皇后の夫・仲哀《ちゅうあい》天皇と大中津媛《おおなかつひめ》のあいだにできた子・忍熊《おしくま》王《おう》に比定するなど、これまでに見られなかった新たな視点で日本の歴史を振り返っている。しかし、「魏志倭人伝《ぎしわじんでん》」に記された台与《とよ》の名が『日本書紀』に見あたらないことを「魏志倭人伝」側の不備とするなど、相変わらず『日本書紀』を無批判に信奉する姿勢には変わりはなかった。

『日本書紀』を初めて批判した新井白石

見林に遅れること20数年の享保《きょうほう》元年(1716)に、朱子学の権威・新井白石《あらいはくせき》が『古史通或問《こしつうわくもん》』を記して、「魏志倭人伝」への検証を詳細に推し進めたことで、初めて中国の資料に対して本格的な検証が加えられたと見てもいい。

白石は、そこに記された各地名の比定地を割り出し、一支《いき》(大《だい》)国《こく》は壱岐国《いきこく》、末《まつ》盧国《ろこく》は肥前松浦《まつうら》郡、伊都国《いとこく》は筑前国怡都《いと》国《こく》、奴国《ぬこく》は筑前那珂《なか》郡、不弥国《ふみこく》は筑前国宇美《うみ》とし、投馬国《とうまこく》は不明としながらも、その後の邪馬台国は大和国であると断言している。さらに、『日本書紀』に記された仲哀天皇～神功皇后、応神《おうじん》天皇～仁《にん》徳《とく》天皇、天智《てんち》天皇～天武《てんむ》天皇間における事績に対して、具体的な内容は記さないまでも、疑問ありとの苦言を呈した点は注目に値する。

また、「魏志倭人伝」には、景初《けいしょ》2年6月に倭の女王が大夫・難升米《なそめ》を遣わしたとあるが、公孫淵《こうそんえん》が滅んだのは景初2年8月だから、戦いの最中に使者が帯方郡《たいほうぐん》にいけるわけがないとして、これを誤りとするなど、当時としてはかなり突っ込んだ指摘を加えている(ただし、白石は晩年、邪馬台国畿内大和説を改め、九州説に転向したことを認めている。邪馬台国を筑後国山門《ちくごのくにやまと》郡に、投馬国を肥後国玉名《たまな》郡あるいは託麻《たくま》郡に比定している)。

再び「魏志倭人伝」を批判した本居宣長

この松下見林と新井白石の邪馬台国大和説に異を唱えたのが、白石の死の5年後に生まれた国学者・本居宣長《もとおりのりなが》である。宣長は、日本の皇室が他国に朝貢するわけがないとの信念から、「魏志倭人伝」に記された倭国の使者を「皇朝《すめらみかど》の御使にはあらじ」と、安永《あんえい》6年(1777)に著した『馭戎概言《ぎょじゅうがいげん》』のなかに記して、「魏志倭人伝」の記述を頭から否定してしまうのである。そして邪馬台国を、筑紫《つくし》の南に勢力を張る熊襲《くまそ》などの類いであると侮蔑する。さらには、不弥国から女王の都への方角を南から東にしただけでなく、投馬国から女王の都までの「水行十日。陸行一月」を「水行十日。陸行一日」に変えるなど、自説の都合に合わせて読み替えを行ってしまうのである。

邪馬台国＝熊襲説の台頭

皇国史観にもとづく熊襲による偽僭説の台頭

天皇支配社会を推し進めようとする国学者らの台頭によって、『記紀』無批判の姿勢は変わることがなかった。明治に入っても、しばらくは中国の史書に目を向ける者はいなかった。

宣長の熊襲説追認

江戸時代も中期以降になると、先の本《もと》居宣長《おりのりなが》をはじめ、賀茂真淵《かものまぶち》や平田篤胤《ひらたあつたね》らを中心とする国学が盛んになってくる。これまでの忠義、忠孝一本やりだった朱子学の道徳観を否定して、日本古来の文化思想を古典から学び直そうという学問である。『古事記』や『日本書紀』などが再び重要視され、天皇支配社会の再建を目指す尊王論が顔をのぞかせ始める。

宣長に続いて、その門人・伴信友《ばんのぶとも》や、豊後国《ぶんごのくに》八坂神社の神主の子として生まれた鶴峯戊申《つるみねしげのぶ》なども、邪馬台国《やまたいこく》に関する持論を述べ、大筋においては宣長の唱える邪馬台国＝熊襲《くまそ》説を追認しながらも、それぞれ独自の説を展開している。伴は文《ぶん》化《か》3年（1806）に『中外経緯伝草稿』なる論文を発表しているが、本来、女王国とは神功《じんぐう》皇后の大和朝廷のことであるにもかかわらず、筑前の怡土《いと》の県主・田道間《たじま》守《もり》が自ら怡土国の王だと欺いて漢《かん》に貢を贈ったため、「漢委奴国王」の印綬を与えられたものであると記す。

文政《ぶんせい》3年（1820）に『やまと叢誌』に『襲国偽僭考』を掲載した鶴峯は、琉球人が薩摩を指してやまとという点に注目し、倭人を熊襲のことと見て、邪馬台国を大隅、薩摩あたりにあった襲《そ》の国であるとし、卑弥呼《ひみこ》が神功皇后の摂政の初めごろに、密かに皇后を擬して、畏くも姫尊などと偽称したと非難するのである。

「噫」はヲヲではなくオ

明治に入っても、皇国史観にもとづく『記紀』に対する無批判の姿勢は変わらず、「魏志倭人伝《ぎしわじんでん》」などの中国の史書を否定する姿勢を崩そうとはしなかった。水戸藩士の菅政友《かんまさとも》が明治25年（1892）に『史学会雑誌』に『漢籍倭人考』を掲載して、邪馬台国を大隅、薩摩に、投馬国《とうまこく》を日向《ひむか》あたりに比定し、「陸行一月」を「陸行一日」の誤りと記して宣長の熊襲説を大筋で認めるなど、邪馬台国論争に新たな争点を加えることはなかった。

また、菅は狗奴国《くぬこく》が女王国の領域の南にあるのは東の誤りで、倭の女王が難升《なそ》米《め》らを帯方郡《たいほうぐん》に遣わしたとする「景初《けいしょ》二年」は「景初三年」の誤記、卑弥呼と敵対していた「卑弥弓呼《ひみここ》」は「卑弥弥呼」の誤伝とするなどの読み替えを頻繁に行っている。ただし、下戸《げこ》が大人《たいじん》の呼びかけに答えるときにいう「噫」は、これまで伝えられてきたような「ヲヲ」ではなく「オ」と訓《よ》むべきであるとするなど、言語学の観点からの新たな視点を加えたことは評価するべきであろう。

卑弥呼が女王国を僭称

菅に次いで、『大日本地名辞書』の編纂者としても知られる歴史地理学者の吉《よし》田東伍《だとうご》も、明治26年(1893)に『日韓古史断』を著しているが、ここでも「魏志倭人伝」が記す倭国は熊襲のことで、卑弥呼が真王大倭王と偽って女王国を僭称したことを断罪している。「一月」は「一日」の誤りで、「邪馬台国と偽れる都邑」は、もとは高千穂《たかちほ》の南西麓にあった皇孫・彦火火出見《ひこほほでみ》の旧都・高千穂宮で、神《じん》武《む》東遷のあとに隼人《はやと》が集落を構えたところであるという。

一方、漢学者の星野恒《ほしのひさし》は、吉田が『日韓古史断』を発表した前年、『史学会雑誌』に『日本国号考』を発表し、それまで邪馬台国を熊襲の地としてきた論客たちとは違い、同じ九州論者でありながらも、それを「神功紀」の土蜘蛛《つちぐも》・田油津《たぶらつ》媛《ひめ》の先代に比定し、卑弥呼の跡を継いだ台与《とよ》が田油津媛であると記して、邪馬台国を筑後国山門《ちくごのくにやまと》県(福岡県山門郡)の地であると断言するのである。

国学《こくがく》

江戸時代中期までは、儒教や仏教を中心とする学問が主流だった。これに対し、日本独自の文化、思想を日本の古典を通じて学び直そうとするのが、国学の基本姿勢である。そのため、『記紀』の研究に力を注ぐことになる。

国学を大成させたのは、伏見稲荷《ふしみいなり》の神官・荷田春満《かだのあずままろ》で、神道を通して日本の姿を見つめ直そうという「古道論」を展開。その意志を継いだのが賀茂真《かものま》淵《ぶち》で、彼はさらにその思想を体系化するとともに、儒教の教えを批判し、日本人の原点に戻るべきとの持論を広めた。その門人のひとりが本居宣長《もとおりのりなが》である。宣長は、『古事記』のなかに記された日本人と神との繋がりを重視した視点から『古事記伝』を著した。さらに、その門人の平田篤胤《ひらたあつたね》は神道復興に尽力し、のちの尊王攘夷思想に大きな影響を与えている。国学は別名、和学、皇学、古学とも呼ばれる。

朱子学《しゅしがく》

朱子学とは、南宋《なんそう》時代の思想家・朱熹《しゅき》(1130〜1200年)が唱えた儒教の一派で、自己と社会は理という普遍的原理を通して結ばれているとする学問である。自己修養によって理の観念を学び取ることによって、社会秩序が保たれるという。元《げん》代以降に国学となり、科挙《かきょ》の最重要課題として熱心に学ばれるようになる。

日本へは正治《しょうじ》元年(1199)に伝来したとされるが、当初は学僧が教養のひとつとして学んでいたという。林羅山《はやしらざん》(1583〜1657年)の活躍によって、朱子学は江戸幕府の正学となっている。のちに尊王論を生み出す原動力ともなり、江戸幕府崩壊へと繋がっていく。

畿内大和説VS九州説の本格論戦の始まり

内藤湖南氏(京大)VS 白鳥庫吉氏(東大)の東西対決

ドイツ流実証主義史学が取り入れられてからは、『記紀』無批判の姿勢も改められ、「魏志倭人伝」の検証が開始される。そのうえで、内藤・大和説 VS 白鳥・九州説の対決が始まるのである。

実証主義史学による考察

明治も中ごろを過ぎると、それまでの皇国史観にもとづいた史書無批判の姿勢は次第に影を潜め、ドイツ流の実証主義史学による新たな考察が行われるようになる。古文書などの文献を詳細に検討し、不確実な情報を排除していこうという、合理的な考え方にもとづく学問である。

その牽引役となったのが、漢学者の星《ほし》野恒《のひさし》や、歴史学者の久米邦武《くめくにたけ》、重野安繹《しげのやすつぐ》らであった。のちに3人はともに文科大学(現・東京大学)で教鞭をふるうようになる。久米は明治23年(1890)の『史学会雑誌』に、女王・卑弥呼《ひみこ》の国が筑紫国造《つくしのくにのみやつこ》であると発表していたが、明治40年(1907)に『日本古代史』を著して、さらなる検証を加えている。明治25年(1892)に星野が発表した女王国＝筑後国山門《ちくごのくにやまと》説を追認し、卑弥呼は姫子《ひめご》で名前ではないとしながらも、「景行紀《けいこうき》」に記された八《や》女《め》国の八女津媛《やめつひめ》に比定。さらに邪馬台国《やまたいこく》を八女国に比定し、女王国と敵対する狗《く》奴国《ぬこく》を熊襲《くまそ》と見て、それまで提唱してきた邪馬台国＝熊襲説を否定するのである。

内藤湖南氏の邪馬台国＝大和説

さて、これまでの邪馬台国論争の経緯を見てもおわかりのように、本居宣長《もとおりのりなが》以降は、おもに邪馬台国＝九州説を唱える論者が主流をなしている。卑弥呼が女王を僭称《せんしょう》していたかどうかの真偽はともかく、多くの識者がその比定地を襲《そ》の国あるいは筑後国山門、八女国など、いずれも九州内に求めていたことがわかる。しかし、明治43年(1910)5月に東洋史学者の内藤湖南《ないとうこなん》こと虎次郎《とらじろう》氏が、京都帝国大学内の雑誌『藝文』において『卑弥呼考』と題する論文を発表して、邪馬台国＝大和説を打ち出したことが大きな波紋を呼び、本格的な邪馬台国論争が開始されるのである。注目すべきは、内藤氏が『卑弥呼考』を記すにあたって、「魏志倭《ぎしわ》人伝《じんでん》」の各板本、修本、監本などの諸本のほか、『北史』『通典』『太平御覧《たいへいぎょらん》』『冊《さっ》

●北九州説 VS 畿内大和説の対立

畿内大和説（現・京都大学派）

	邪馬台国	卑弥呼
内藤湖南（京都帝国大学教授）	畿内大和	倭姫命

北九州説（現・東京大学派）

	邪馬台国	卑弥呼
白鳥庫吉（東京帝国大学教授）	北九州	——
星野恒（文科大学教授）	筑後山門	田油津媛の先代
久米邦武（文科大学教授）	筑後山門	八女津媛

府元亀《ぶげんき》』など、さまざまな古文書を参考にして校正している点で、それらを詳細に比較検討しているところに特色がある。この豊富な資料をもとに、「魏志倭人伝」に記されたすべての国に比定地を求めている点も注目に値する。対海国《たいかいこく》から奴国《ぬこく》まではこれまでの通説とほぼ変わりないが、そのあとに続く不弥国《ふみこく》を宇瀰《うみ》(福岡県宇美《うみ》町)に比定して、邪馬台国を大和国へと導いている。

さらに、斯馬国《しまこく》は志摩国(三重県志摩市ほか)、已百支国《いほきこく》は伊勢国石城(三重県)、彌奴国《みぬこく》は美濃国《みののくに》(岐阜県南部)、支《し》惟国《いこく》は吉備国《きびのくに》(岡山県と広島県東部他)、狗奴国は肥後国菊池郡城野郷《きのごう》(熊本県菊《きく》鹿《か》町)とするなど、「魏志倭人伝」に記されたすべての国の比定地を割り出している。また、卑弥呼を11代・垂仁《すいにん》天皇の皇女である倭姫命《やまとひめのみこと》に、「有男弟佐治国」と記されたその男弟を景行《けいこう》天皇に、さらには「魏志倭人伝」に記された卑弥呼の宗女・壱与《いよ》を 台与《とよ》の誤りとしたうえで、これを崇神《すじん》天皇の皇女・豊鍬入姫命《とよすきいりびめのみこと》に比定するなど、これまで誰も記さなかった説を展開して周囲を驚かせたのである。

白鳥庫吉氏の邪馬台国＝九州説

この内藤氏の「邪馬台国＝大和説」が発表されたその翌月、東京帝国大学教授の白鳥庫吉《しらとりくらきち》氏が雑誌『東亜之光』に『倭女王卑弥呼考』を掲載して、内藤とは全く説を異にする「邪馬台国＝九州説」を唱い上げて真っ向から大和説を否定する。白鳥氏は「魏志倭人伝」に記された邪馬台国が、北九州にあった不弥国から1300里しか離れていないとすれば、それは九州のなかにあったとしか考えられないとの観点から、「邪馬台国は九州にあり」と断じる。卑弥呼は女王の尊称で実名ではないとしながらも、その領地を豊前《ぶぜん》、豊後《ぶんご》、肥前、肥後、筑前、筑後6国にまで広がっていたとし、当時の皇朝の威力はまだ九州に及んでいなかったと記すのである。そして、卑弥呼と狗奴国の男王との争いが、天照大御神《あまてらすおおみかみ》と建速須佐之男《たけはやすさのおの》命《みこと》とが争う神話に類似しているとも書き記している。こうして内藤氏が提唱した大和説を否定するとともに、これまでの九州論者がかたくなに唱え続けてきた「卑弥呼＝熊襲説」からの脱却を試みる。

この白鳥氏が発表した『倭女王卑弥呼考』に対して、内藤氏は、白鳥氏が帯方《たいほう》郡《ぐん》から女王国に至るまでの各里数をもとに邪馬台国の比定地を求めているが、その基準となる数値が正確なものとはいいがたいとするなど、白鳥氏の説に対して槌時《つちじ》、反論を繰り返していくのである。この内藤氏 VS 白鳥氏の対決の構造は、そのまま両者が教鞭を執ってきた京都帝国大学(現・京都大学)と東京帝国大学(現・東京大学)の子弟へと受け継がれ、ついには学閥闘争の様相まで見せ始める。

考古学が後押しする畿内大和説の台頭

文献史学 VS
考古学の新たな展開

大正時代に入ると、各地で弥生時代の遺跡が発掘され、邪馬台国論争に考古学者が参戦。彼らが後押しした畿内大和説が、幅を利かせてくるのである。

内藤氏 VS 白鳥氏、橋本氏の対立

前項に記した白鳥庫吉《しらとりくらきち》氏と内藤湖南《ないとうこなん》氏の対立は、のちに東洋史学者の橋本増吉《はしもとますきち》氏が加わって、三つ巴の対立の様相を見せ始めるようになる。橋本氏は、東洋歴史学の両巨頭が卑弥呼《ひみこ》論を相次いで発表し始めたその3か月後の明治43年(1910)10月に、『邪馬台国及び卑弥呼に就て』と題した論文を発表して、両氏が記した論文への検証を行っている。その結果、白鳥氏の説には大筋で同調したものの、内藤氏が卑弥呼を倭姫命《やまとひめのみこと》に、その男弟を景行《けいこう》天皇に比定したことは間違いであるとしている。実際には景行天皇が倭姫命の兄にあたることから、倭姫命が卑弥呼ではありえないと批判するのである。これに対して内藤氏は静観の構えを見せたものの、内心忸怩《じくじ》たるものがあったことは想像にかたくない。こうして、白鳥氏VS 内藤氏に橋本氏が加わって、大和説VS 九州説の対立が続くのである。

考古学者の参戦

元号が改まって大正時代に入ると、邪《や》馬台国《またいこく》論争に新たな要素が加わってくる。それまでは古文書などの文献だけを頼りに論戦を繰り広げてきたのであるが、このころになると考古学の発掘調査も進み、その調査報告が雲霞のごとく発表され始めたからである。

大正11～12年(1922～1923)の『考古学雑誌』の誌面には、邪馬台国に関する論文が数多く寄せられている。このとき同誌に掲載されたのは、考古学者・高橋健《たかはしけん》自《じ》氏の『考古学から見たる邪馬台国』、民俗学者・中山太郎《なかやまたろう》氏の『魏志倭人伝の土俗学的考察』、考古学者・笠井新也《かさいしんや》氏の『邪馬台国はヤマトである』、国語学者・山田孝雄《やまだよしお》氏の『狗奴国考　古代東国文化の中心』、考古学者・梅原末治《うめはらすえじ》氏の『考古学上より観たる上代の畿内』などであるが、その多くが邪馬台国＝畿内大和説を唱えている点は注目に値する。のちに、文献史学では九州有利、考古学では畿内大和有利といわれる所以である。

考古学の見地から畿内大和説を最初に打ち立てたのは、ここに登場する梅原氏の師にあたる富岡謙蔵《とみおかけんぞう》氏であるといわれる。富岡氏は生前、河内国茶臼山《ちゃうすやま》(大阪府柏原《かしわら》市茶臼山古墳)から出土した神獣《しんじゅう》鏡《きょう》の研究に取り組んでいたが、そこに記された「銅出徐州、師出洛陽」(銅は徐州より出で、師は洛陽から出づ)と記されたところから、この鏡が徐州《じょしゅう》で出土した銅で作られたもので、鋳造された年代が魏《ぎ》の時代であることを突き止めている。そして、その神獣鏡が、「魏志倭人伝《ぎしわじんでん》」に記された、卑弥呼が魏の皇帝から下賜された「銅鏡百枚」に比定しうるものであることを示し、「邪馬台国＝大和説」が正しいことを証明して見せたのである。富岡は46歳の若さで早世するが、その遺志を継いだ梅原氏が、生前の遺著としての『古鏡の研究』を著して、その経緯を記すのである。梅原氏はこのあとも、古鏡の研究を進めて独自の邪馬台国論を展開し、前記の論文へと実を結んでいく。

また、笠井氏は、『邪馬台国はヤマトである』に続いて、大正13年(1924)に発表した『卑弥呼即ち倭迹迹日百襲姫《やまとととびももそひめ》』の続編、『卑弥呼の冢墓と箸墓』(昭和17年〈1942〉)も、当時話題を呼んだ一編である。箸墓《はしはか》の円丘部の直径150mは魏の104歩であり、「魏志倭人伝」に記された「径百余歩」と近似するところから、「箸墓は卑弥呼の墓」との説を導き出している。これは同氏の「卑弥呼＝倭迹迹日百襲姫説」とともに、大和説論者から大きな支持を得たものである。

文献史学界からの警鐘

考古学者らの台頭に対して、文献史学からの反論を試みたのが、東洋史学者の橋本増吉氏である。同氏は大正12年(1923)5月発行の『史学』に『邪馬台国の位置に就いて』を掲載して、前述の高橋氏をはじめ、それまでの考古学者の論考に対して激しく反論を試みている。高橋氏が述べた前漢《ぜんかん》時代の鏡鑑《きょうかん》が九州のみで発掘されたという説に対して、それが製作された年代推定はいまだ確定したものではないとして、梅原氏の説を退けるとともに、「全然記録を無視して、考古学の成果からばかり論ぜんとする態度は正当ではない」とまで記して、梅原氏をはじめとする考古学者たちに警告を発するのである。文献史学界の重鎮・白鳥庫吉氏も考古学的成果の後押しを得た畿内大和説台頭に危惧を抱いたのか、病床にありながらもこの論戦に加わっている。鏡鑑は移動することもありうるものだから、その分布状況から当時の文化の中心が畿内大和にあったと決めつけるわけにはいかないというのである。さらに、考古学は「特定の年代に政治的勢力を得た地点を明白ならしめる程緻密な学問ではない」とまでいい切り、考古学者たちの眉をひそめさせてしまうのである。

戦前の不運と戦後の開花

津田史学とマルクス主義史学の悲運

『記紀』に対して痛烈な批判を繰り返した津田左右吉氏は、発禁処分を受けたり有罪判決が下されたりするなど、数々の悲運に襲われる。しかし、戦後は打って変わって目覚ましい活躍ぶりを見せるのである。

津田左右吉氏の『記紀』批判

大正時代の邪馬台国《やまたいこく》論争史における象徴的な出来事といえば、歴史学者の津田《つだ》左右吉《そうきち》氏が『古事記及び日本書紀の新研究』を著して、『古事記』と『日本書紀』に対して痛烈な批判を繰り返したことであった。特に、神武《じんむ》天皇以前の神話部分は潤色が著しいとの文献批判を行っている。現代から見れば至極当然というべき姿勢であったが、次第に右傾化して皇国史観が再び頭をもたげ始めた当時としては、それは許されるものではなかった。太平洋戦争(1941〜1945年)直前の昭和15年(1940)、津田氏の著書は皇室の尊厳を傷つけるものとして発禁処分を受け、本人も禁錮3か月、執行猶予2年の有罪判決まで受けることになる。

またこれと前後して、マルクス主義古代史学の指導者ともいわれる渡部義通《わたなべよしみち》氏の著書『日本原始社会史』をはじめ、マルクス史学書に対する検閲も強化されるに至って、国外の史書に対する検証も一時ストップ。これらを自由に論じることができるようになるには、太平洋戦争の終結を待たなければならなかった。

戦後の津田史学の目覚ましい発展ぶり

終戦後は、一時衰微していた津田史学やマルクス主義古代史学が再び息を吹き返し、史料を自由に批判する気運が高まった。津田氏は邪馬台国に関する論文を次々に発表して、皇国史観にもとづく神話を否定する津田史観を広めていく。

また、井上清《いのうえきよし》氏や石母田正《いしもだただし》氏らとともにマルクス史学を継承してきた藤間生大《とうませいた》氏は、『埋もれた金印』を著して邪馬台国を専制君主制の1段階前のものと位置づけたり、実証主義史学の中心人物ともいわれた井上光貞《いのうえみつさだ》氏が『部民史論《べみんしろん》』を著して、律令国家の成り立ちを5世紀の貢《こう》納型品部《のうがたしなべ》と6〜7世紀の番上型品部《ばんしょうがたしなべ》を経て8世紀の律令官制に移行していったと記すなど、それぞれの史観にもとづいたさまざまな書が発行されている。

卑弥呼の鏡「銅鏡百枚」のゆくえ

三角縁神獣鏡を巡る論争

椿井大塚山において32面もの三角縁神獣鏡が出土したとき、これこそ「卑弥呼の鏡」と騒がれたものである。しかし、文献史学界からは一斉に声が上がり、大きく反発されることになる。

三角縁神獣鏡は卑弥呼の鏡か

大正時代から昭和初期にかけての兆候として、考古学者など文献史学者以外の研究者が邪馬台国《やまたいこく》論争に加わって、邪馬台国の比定地解明に大きな力を発揮し始めたことは前々項にも記した。その傾向は、戦後もさらなる考古学的な発見が相次いだため、変わることはなかった。

特に、昭和28年(1953)に京都府木津川市椿井大塚山《つばいおおつかやま》古墳において、32面もの三《さん》角縁神獣鏡《かくぶちしんじゅうきょう》が出土したことは、考古学界のみならず文献史学界においても、衝撃的ともいえる出来事であった。三角縁神獣鏡とは、縁の断面が三角形で、神仙霊獣および銘文が刻まれた鏡のことであるが、これを魏《ぎ》から卑弥呼《ひみこ》に下賜された「銅鏡百枚」の一部と見た考古学者・小《こ》林行雄《ばやしゆきお》氏は、『邪馬台国の所在論について』に続いて『古墳の発生の歴史的意義』『古鏡《こきょう》』などを次々と発表して、邪馬台国を大和に比定し、ここから地方の豪族たちにこの三角縁神獣鏡を分け与えたに違いないとの説を打ち出して、大きな波紋を呼ぶのである。その分配を命じられた椿井の首長は、これを各地に分配し終えた4世紀半ば以後、国産の傍製《ぼうせい》鏡を作って再び分配し続けたというのである。この小林氏の活躍は、邪馬台国研究に考古学からの観点の必要性を強烈に印象づけたものであった。

文献史学界からの反撃

しかし、それはまた文献史学界からの大きな反発を招くものでもあった。古代史家の横田健一《よこたけんいち》氏が、文献上における「大和朝廷から地方豪族に鏡を分与した記事がほとんどない」ところから小林氏の分配説を批判したほか、古田武彦《ふるたたけひこ》氏や奥野正男《おくのまさお》氏も、三角縁神獣鏡は呉《ご》の工人が日本に渡って鋳造した国産品で、「卑弥呼の鏡」ではありえないとして小林氏を批判するのである。

短里か長里か？　順次式か放射式か？

行程記事解読における対立の構造

邪馬台国論争最大の争点は、なんといっても行程記事の読解法であるといっても過言ではない。短里か長里か？　順次式か放射式か？　飽くなき論争が今も続く。

邪馬台国までの行程記事をどう読むかが問題

邪馬台国《やまたいこく》論争における最重要課題は、なんといっても「邪馬台国はどこにあったのか？」のひと言に尽きる。邪馬台国論争とは、その比定地を巡る論争であるともいえるのである。

これまで本書においてその名を記してきた多くの論者たちも、個々独自の視点でその比定地を求める作業を繰り返してきた。それにもかかわらず、いまだにその地が確定されず、博多湾沿岸説、筑後《ちくご》山門《やまと》説、宇佐《うさ》説、奈良盆地説、出雲《いずも》説、吉備《きび》説、沖縄説に、果てはジャワ・スマトラ説やエジプト説まで飛び出す始末である。それにしても、なぜこれほどまでにその候補地が点在してしまうのか？　それはいうまでもなく、その存在と位置を記す唯一の記録である「魏志倭人伝《ぎしわじんでん》」に記載された行程記事に曖昧な表現が多く、読む人によってさまざまな読み方ができてしまうからである。それゆえ、邪馬台国論争の論点は、この行程記事をどう解釈するかという解読方法にあり、その方法論の違いによる対立が繰り返されてきたのである。その論点は、大きく分けて①1里を何里と見るか？　②道筋を順次式に読むか、放射式に読むか？　③不弥国《ふみこく》から、あるいは投馬国《とうまこく》からの方位を、南と見るか東と読み替えるか？　④水行10日、陸行1月をどう見るか？　の4つに要約されるだろう。ここでは、この4つの論点に的を絞って、論戦を張ってきた識者たちの対立の構造について明らかにしていきたい。

短里か長里か？

まず、①の「1里を何里と見るか？」から見ていこう。「魏志倭人伝」には、帯方郡《たいほうぐん》から女王国まで1万2000余里とある。これを三国時代や西晋《せいしん》時代の度制にもとづく1里＝435.6mで計算すると5227.2kmとなり、日本列島を遥かに越えて赤道直下の海中に沈んでしまうことになる。これはどう考えても現実的ではない。そこで提唱されたのが短里説である。「魏志倭人伝」に記された行程記事のなかで、比定地が確定している地点間の距離を、そこに記された里数で割ることによって割り出された数値である。たとえば、帯方郡(ソウル周辺と予測される)から狗邪韓国《くやかんこく》(釜山周辺と予測される)までの距離は、海岸沿いにたどったとするとおよそ800kmになるから、これを「魏志倭人伝」に記された7000里で割ると、1里≒114mという数値が割り出されるのである。

この短里説を最初に提唱したのは白鳥《しらとり》庫吉《くらきち》氏であるが、これに同調する論者は実に多い。ただし、それぞれ独自の計算方法で1里の数値を割り出しているため、その数値は皆異なる。奥野正男《おくのまさお》氏は60m、藤田元春《ふじたもとはる》氏は100m、安本美典《やすもとびてん》氏は52～165m、加治木義博《かじきよしひろ》氏は55m、古《ふる》田武彦《たたけひこ》氏は70m、鷲崎弘朋《わしざきひろとも》氏は90～100mなどかなりばらつきはあるものの、435.6mの長里にくらべると、いずれもかなり短く近い数字になっているのがわかる。

このうち、古田氏を除いたほかの論者は、この数値を「魏志倭人伝」内に記された里数のみに適応できるものとしているが、古田氏は魏志全体がこの短里を採用していると見ている。

次に②の「道筋を順次式に読むか、放射式に読むか？」の論争について考えてみたい。順次とは、文字通り記述に沿って順次読み進めていく方法で、狗邪韓国から対海国《たいかいこく》へ、対海国から一大国《いちだいこく》へ、一大国から末盧国《まつろこく》へと一直線に進んでいく。戦前までは誰もが、なんの疑いも抱かずにこの方法で行程記事を読み進めてきたのであるが、それに異議を唱えたのが榎一雄《えのきかずお》氏である。昭和23年(1948)、同氏は『魏志倭人伝の里程記事について』を著して、これまでの順次式とは異なる放射式解読法を提唱して、大きな話題を呼ぶのである。

順次式か、放射式か？

この解読法によると、帯方郡から伊都《いと》国《こく》まではこれまで通り順次式に読み進めていくが、伊都国から先の国々へは、すべて伊都国を拠点としてたどっていくというものである。順次式では、伊都国から奴国《ぬこく》へ、奴国から不弥国へとたどっていったのが、放射式では、伊都国から奴国へ、伊都国から不弥国へ、伊都国から邪馬台国へと、常に出発点を伊都国とするところが、順次式との大きな違いである。それは、魏の使者が、駐在所のある伊都国まではきたものの、それより先にはいっていないからだという。加えて「水行十日。陸行一月」も、これまでのように「水行10日 and 陸行1月」ではなく、「水行10日 or 陸行1月」と見たこともあって、俄然、伊都国から邪馬台国までの距離が短くなったのである。この解読方法が正しければ、邪馬台国は九州内に収まることになる。榎氏はこの説を取り入れて、邪馬台国を筑後国山門《ちくごのくにやまと》郡に比定している。のちに高橋善太郎《たかはしぜんたろう》氏がこの放射式解読法を追認したものの、国名の前にある「又」の字の有無に着目して、その起点とするところは伊都国ではなく、末盧国を起点にするべきと提案している。

この榎氏が提唱した放射式解読法に対して、三品彰英《みしなしょうえい》氏は同年『学芸』に『邪馬台の位置－その研究史的考察－』を発表して、榎氏の解読方法を斬新としながらも、「文章は作文者の考えたとおりに読むべきである」として、その特異な読み方を非難している。

南と見るか、東と見るか？

③の「不弥国から、あるいは投馬国からの方位を、南と見るか東と読み替えるか？」の問題に移ろう。「魏志倭人伝」にある「不弥国から南へいくと投馬国、さらに南にいくと邪馬台国」という行程記事をそのままたどっていくと、短里説を取ったとしても、九州最南端あるいはさらにその先の海中へいってしまうことになる。これも現実的ではないため、ここに記された方位の「南」のいずれか、あるいは両方を「東」に読み替えようとするものである。その理由として、陳寿《ちんじゅ》が書き間違ったか、あるいは転写する際に書き間違ったと見るのである。このいずれかを東と読み替えない限り、邪馬台国＝畿内大和説は消滅せざるをえないため、おもに畿内大和説の論者に賛同する人が多い。その代表ともいえるのが内藤《ないとう》湖南《こなん》氏で、中国では古来より「東と南と相兼ね、西と北と相兼ぬる」、つまり東は南を兼ねることが多いので、南というのを東と読み替えてもいいのだというのである。この湖南氏の「東と南」「西と北」を「相兼ねる」という説を、橋本増《はしもとます》吉《きち》氏は「奇妙な論理」とこき下ろして、これを真っ向から否定している。

陸行1月は1日の誤り

さて、最後に記した④の「水行10日、陸行１月をどう見るか？」の問題に入ろう。これは陳寿が「魏志倭人伝」に記した行程記事内における最大の謎ともいえる一文で、九州説論者と畿内大和説論者のあいだで、この読み方を巡って侃々《かんかん》諤々《がくがく》の議論が繰り返されてきたものである。陳寿は、帯方郡から不弥国までは、方向に加えて里数をきちんと記しているにもかかわらず、不弥国から投馬国まで「水行二十日」、邪馬台国まで「水行十日。陸行一月」と、里数ではなく日数での表示に、なんの説明もなく突如切り替えてしまうのである。この「水行二十日」「水行十日。陸行一月」をどう読むのかが、邪馬台国論争の最も大きな問題なのである。

魏使が帯方郡からやってくる場合、瀬戸内海をたどって難波周辺に上陸するのが一般的なコースと考える畿内大和説論者にとって、陸路1月はなんとも説明のしようがない。1か月も歩いたら、難波からなら大和など遥かに通り過ぎてしまうことは、誰が見ても明らかだからだ。苦慮の末、この「一月」を「一日」の間違いであると強引に読み替えてしまった。難波からなら奈良盆地まで徒歩でも1日あればたどり着くことができるからだ。この案を最初に提唱したのは本居宣長《もとおりのりなが》で、のちに三宅米吉《みやけよねきち》氏や肥後和男《ひごかずお》氏などが同調している。

また、九州説論者にとっても、船で1か月も航行すれば、九州を飛び出してしまいかねないため、これを「一日」と読み替えた論者も多い。筑後川沿いに上陸したとする富来隆《とみくたかし》氏や植村清二《うえむらせいじ》氏らがそうである。

以上、①～④までの4つの項目に絞ってその論争の経緯を記してきたが、そのほかにも水行陸行の距離にまつわる論争をはじめ、里数および日数が実数なのか虚数なのか、魏使は本当に邪馬台国にいったのか、などについても論争が繰り返されてきたこともつけ加えておきたい。

一般読者も古代史に関心を寄せ始める

ベストセラー作家と在野研究者の論戦参入

高度成長期に入ると出版業も盛んになり、一般読者の歴史書に対する購読意欲も盛り上がってくる。作家や在野研究者の著書も数多く出版されるようになる。

歴史書がベストセラーに

終戦を期に、それまで抑圧されてきた津田史学が、皇国史観の呪縛から解き放たれて一気に開花し、多くの学識者を生んだことは大きな成果であった。実証主義史学の雄・藤間生大《とうませいた》氏をはじめ、井上《いのうえ》光貞《みつさだ》氏、上田正照《うえだまさてる》氏、直木孝次郎《なおきこうじろう》氏などが、独自の立場から綿密な検証を加えていった。しかし、いずれも「魏志倭人《ぎしわじん》伝《でん》」の解読において、画期的といえるほどの新鮮な話題を提供するものではなかった。自由に検証できるようになったとはいえ、得るものは少なく、もはや文献考察から新たな発見を期待することは望むべくもないとの落胆の声までもが、聞こえ始めたころであった。

昭和40年代といえば、高度成長に伴って社会の購買意欲が高まってきた時代である。出版業も盛んになり、歴史書の販売数も大幅に伸び始める。この状況が、邪馬台国《やまたいこく》論争史に新たな項目を加えることになる。これまで史学雑誌や考古学雑誌などの専門誌にしか記載されてこなかった歴史学者や考古学者の論文が、一般読者を対象として次々と出版され始めたからである。それによって、論争の概要は研究者間だけでなく、広く一般にも知れ渡るようになるのである。一般読者の古代史に関する興味が増大、次々とベストセラーが生み出されていく。

著名な作家たちも参入

この社会のニーズに合わせて、著名な作家たちも次々と古代史をテーマにした書を著すようになる。昭和41年(1966)に『中央公論』において松本清張《まつもとせいちょう》氏が『古代史疑』の連載を開始したのをはじめ、陳舜臣《ちんしゅんしん》氏が昭和62年(1987)に『日鋳《にっちゅう》の鏡』を、黒岩重吾《くろいわじゅうご》氏が平成4年(1992)に『卑弥呼と邪馬台国』を著し、いずれも大きな反響を呼んでいる。松本氏は「魏志倭人伝」に記された数字の多くが、中国の陰陽五行説にもとづく虚妄の数字であると記したり、卑弥呼《ひみこ》の宮殿の「宮室、楼観《ろうかん》、城柵、厳かに設け～」といった文面も陳寿《ちんじゅ》の創作であるとしたり、卑《ひ》弥弓呼《みここ》の名を「卑弥呼の名を真ん中から割って、男の首長の闘争性を表す「弓」の字を挿入して、ごまかしたものであろう」と見たり、卑弥呼は殺害されたとするなど、かなり奇抜な説を繰り広げて読者の度肝を抜くのである。

陳氏が著した『日鋳の鏡』は、卑弥呼の鏡をテーマにした短編小説であるが、230年に呉《ご》の孫権《そんけん》が倭国《わこく》へ水軍を派遣したとの異説を盛り込んで、読者の興味を引きつける。また、黒岩氏は邪馬台国が東遷して大和王権を打ち立てたあと、その祖ともいうべき卑弥呼を顕彰するために鏡を作らせたという、邪馬台国東遷説を唱い上げて人気を博すのである。

いずれにしても、読者の気を引きやすい仮説にもとづいて構成された面も多いだけに全面的に信を置くわけにはいかないが、専門家には思い至らない斬新な発想と示唆は注視する必要がありそうだ。

『まぼろしの邪馬台国』

また、在野の研究者からも注目すべき論説が数多く見られるようになってきた。昭和42年(1967)に発行された宮崎康《みやざきこう》平《へい》氏の『まぼろしの邪馬台国』が、なんといっても特筆すべき存在であろう。元島原鉄道の経営陣で、眼底網膜炎をわずらって失明。これを期に「魏志倭人伝」に記された国々を和子《かずこ》夫人に支えられながらくまなく歩くとともに、『記紀』や「魏志倭人伝」などを精査するなど、25年もの辛苦の末に著されたのがこの書である。同氏は邪馬台国を、郷里・島原市を含む肥前国高来郡《たかくのこほり》に比定している。その境遇と和子夫人の献身的な支えも読者の共感を呼んだこともあって、大ベストセラーとなった(平成20年〈2008〉には竹中直人、吉永小百合主演で映画化されている)。

宮崎氏の論説の大きな特色は、博多湾から諫早《いさはや》湾までが水路で繋がっていたという点にもある。これをもとに邪馬台国の比定地を島原市周辺としたが、それでは「水行十日。陸行一月」の説明がつかないと反論する向きもあった。これに対して同氏は、満潮と干潮の差が激しい諫早湾では、手漕ぎの舟で航海していた当時としては、満潮時か干潮時しか移動できなかったため待ち時間が多く、優に1か月もの日数を費やしたのだと説明する。

また、邪馬台国研究家として多くの著書を手がけてきた奥野正男《おくのまさお》氏が昭和56年(1981)に『邪馬台国はここだ　鉄と鏡と「倭人伝」からの検証』、昭和57年(1982)に『邪馬台国の鏡　三角縁神獣鏡の謎を解く』を著して、三角縁神獣鏡が呉《ご》の工人の手による国産鏡であったとの研究成果を示したことも注目に値する。

さらに平成に入ると、歴史研究家の鷲《わし》崎弘朋《ざきひろとも》氏が『邪馬台国の位置と日本国家の起源』を著して、里数の問題、「水行二十日」「水行十日。陸行一月」の解明、投馬国《とうまこく》や邪馬台国の比定、方向座標軸の修正などに、注目すべき視点をもって精査し直した点は興味深い。特に、「水行二十日」「水行十日。陸行一月」の解明において、玄界灘や関門海峡などの潮流のスピードを考慮に入れた検証は、これまで誰も試みなかったものだけに特筆すべきものである。同氏が邪馬台国に比定する豊前宇佐《ぶぜんうさ》説や、九州勢力による東征説は、今後の再検証を待たなければならないが、注視すべき説である。

「邪馬台国」は「邪馬壹国」

邪馬台国論争に新たな光明を見出した古田史学の登場

在野の研究者の活躍が目覚ましく光るなか、「魏志倭人伝」の解読法において画期的な成果を世に知らしめたのが古田武彦氏であった。

古田史学の登場

前項において、在野の研究者として宮《みや》崎《ざき》康平《こうへい》氏や鷲崎弘朋《わしざきひろとも》氏らの名をあげたが、実はもうひとり、停滞を続けていた「魏志倭人伝《ぎしわじんでん》」の解明において、画期的な解読法を試みた人物がいた。それが、昭和46年(1971)に『「邪馬台国」はなかった』を著して衝撃的なデビューを果たした古田武彦《ふるたたけひこ》氏である。元京都市立洛陽工業高校の教諭であったが、この書を契機として多数の著書を記し、のちに昭和薬科大学教授となっている。この書のなかで同氏は、邪馬台国《やまたいこく》の「台」の字は「壹」と記された原文通りに読むべきという「邪馬壹国《やまいちこく》」論を展開して話題を呼ぶことになる。それにとどまらず、これまでなんのためらいもなく読み替えられてきた「南」を「東」へ、「一月」を「一日」へ、「景初《けいしょ》二年」を「景初三年」へ、「一大国《いちだいこく》」を「一支国《いきこく》」へ、「対海《たいかい》国《こく》」を「対馬国《つしまこく》」への変更に対しても、身勝手な「各個改定」と断じ、「魏志倭人伝」に記された文面通りに読み進めていくことこそ重要というのである。

共感を得た古田史学

同氏のもうひとつの大きな特色は「魏志倭人伝」の行程記事の解読法で、「道行き」読法という独特の手法を取り入れている点にある。端的にいえば、「魏志倭人伝」に記された方位は、出発地点から目的地を見た方位ではなく、出発地点から最初に向かう方位を示しているというものである。その結果として導き出されたのが、邪馬台国＝福岡市周辺説である。同氏はその後、『失われた九州王朝』や『盗まれた神話 記・紀の秘密』など、邪馬壹(台)国と大和王朝との関わり合いを『記紀』に記された記述をもとに入念に検証を進めて、その関係を洗い出している。これまで、『記紀』に記された事績と邪馬台国との関連性に関しては、ほとんど解明されないままであったが、そこに一筋の光明を見出した功績は大きい。

誰も疑わなかった畿内大和説から九州説へ

邪馬台国の比定地を巡る論争

江戸時代の中ごろまでは、邪馬台国＝畿内大和説を疑う者はいなかった。九州説を唱えた本居宣長の熊襲説を皮切りに、東西論争の幕が開くのである。

邪馬台国＝大和説が定説

さて、いよいよ日本古代史上最大の謎とされてきた、邪馬台国《やまたいこく》の比定地を巡る論争について見ていくことにしよう。

邪馬台国の比定地を最初に示唆したのは、いうまでもなく720年に舎人《とねり》親王が上奏した『日本書紀』である。邪馬台国の名は伏せてはいるものの、「魏志倭人《ぎしわじん》伝《でん》」に記された卑弥呼《ひみこ》の事跡を「神功《じんぐう》皇后紀」に転記しているところから、卑弥呼を神功皇后に、邪馬台国を大和王朝に暗に比定していることは、多くの識者が認めるところである。

その注釈本を記した卜部兼方《うらべのかねかた》が、日本で最初に邪馬台国の比定地を具体的に記した人物といわれる。兼方は鎌倉時代の神道家であるが、『日本書紀』の注釈本『釋日本紀《しゃくにほんぎ》』(1274〜1301年ごろに成立)のなかに、「邪馬台は倭(やまと)の音をとってつけられた名」であると見て、邪馬台国を大和であると記している。

その後、南朝時代(1336〜1392年)の公卿・北畠親房《きたばたけちかふさ》が、『神皇正統記』に卑弥呼が神功皇后であると記し、室町時代の文正《ぶんしょう》元年(1466)に僧・瑞渓周鳳《ずいけいしゅうほう》によってまとめられた外交史『善隣国宝記《ぜんりんこくほうき》』にも、「倭人が百余国に分かれていた」という「魏志倭人伝」の記述の信憑性を疑うなど、ともに邪馬台国が大和であるというのが当然といった受け止め方であった。

さらに、明《みん》代(1368〜1644年)後期の探検家で外交使節団の一員でもあった鄭舜《ていしゅん》功《こう》も、日本に関する研究書『日本一鑑《にほんいっかん》』を著して邪馬台国を大和に比定。

江戸時代の元禄《げんろく》6年(1693)に『異称日本伝』を著した松下見林《まつしたけんりん》、享保《きょうほう》元年(1716)に『古史通或問《こしつうわくもん》』を記した新井白《あらいはく》石《せき》も大和説に同調している。つまり江戸時代中ごろまでは、邪馬台国が大和であったということを疑う論者は、誰もいなかったともいえるのである。

邪馬台国＝九州説の登場

これに対して、初めて大和以外の地を邪馬台国の比定地と言明したのが本居宣《もとおりのり》長《なが》である。儒教的な道徳観を否定し、日本固有の精神世界を求めようとする国学を大成させた宣長にとって、他国に朝貢したという邪馬台国の卑弥呼が、皇室に繋がる者とは考えたくなかったようである。そのため、これを畿内大和に比定することを拒み、邪馬台国を筑紫《つくし》(九州)あたりに勢力を張っていた熊襲《くまそ》あたりであろうというのである。卑弥呼はもちろん、その女酋長ということになる。

また、当初大和説を唱えていた新井白石も、晩年は九州へと比定地を変えている。享保《きょうほう》7年(1722)ごろに記された『外《とつ》国《くに》之《の》事調書《ことしらべがき》』には、邪馬台国は九州筑後《ちくごの》国山《くにやま》門《と》郡であると記している。しかし、『日本書紀』の記述に大きな疑いを持ち、「魏志倭人伝」の記述を重視して記されたこの書に対して、尊王論者から批判を受けることを恐れていたともいわれる。

考古学者らの参入

明治になると邪馬台国論争は、京都帝国大学の内藤《ないとう》湖《こ》南《なん》氏と、東京帝国大学の白鳥庫吉《しらとりくらきち》氏による東西対決へと様相を変えていく。邪馬台国の比定地は、内藤氏の畿内大和派と、白鳥氏の九州派とに真っ二つに分かれた論争が繰り広げられていくのである。

大和一辺倒だった江戸時代中期以前は、『日本書紀』に記された記述を鵜呑みにすることで比定地が大和に限定されていたのが、「魏志倭人伝」をはじめとする外国の史料を詳細に検証するようになって、九州を比定地とする論客が急増するのである。しかし、このころまでの邪馬台国の比定地は、まだ、畿内大和、筑後、筑後国山門、肥後国あたりに限定されていることを頭に入れておきたい。

大正時代以降は、全国各地で古墳や遺跡が発掘され、出土した遺物の研究が進むにつれて、次第に考古学者が邪馬台国論争に大きくかかわり始めてくる。当然、邪馬台国の比定地も、考古学的な見地から示されることとなる。これまで、畿内大和と九州に限定されていた邪馬台国の比定地が一気に拡大、P.30の一覧を見てもわかるように、全国各地に「我こそは！」と主張する候補地が増えてくるのである。

●邪馬台国比定地周辺の遺跡

遺跡	場所	年数
西都原古墳群	宮崎県	大正元年(1912)
造山古墳	岡山県 吉備	大正10年(1921)
吉野ヶ里遺跡	佐賀県 吉野ヶ里	昭和初期
唐古・鍵遺跡	奈良県 奈良盆地	昭和11年(1936)
纒向石塚古墳	奈良県 奈良盆地	昭和12年(1937)
纒向箸墓古墳	奈良県 奈良盆地	昭和12年(1937)
椿井大塚山古墳	京都府 京都山城	昭和28年(1953)
御所《ごしょ》ケ《が》谷《たに》神籠《こうご》石《いし》	福岡県 豊前京都郡	1960年代から発掘調査
黒塚古墳	奈良県 奈良盆地	昭和36年(1961)
須玖岡本遺跡	福岡県 博多湾沿岸	昭和54年(1979)
与那国島海底遺跡	沖縄県	昭和61年(1986)

※「年数」は、発見あるいは学術調査が開始された年を指す。

神功皇后説、倭姫命説、天照大御神説……

卑弥呼の比定を巡る論争

「卑弥呼は誰か？」。この難問に多くの論者たちが取り組み続けたものの、いまだ結論は得られていない。神功皇后や倭姫命、天照大御神の名をあげて繰り広げられる論争の数々を、垣間見ておきたい。

卑弥呼の比定に必要な条件とは？

「邪馬台国《やまたいこく》はどこか？」という問いかけに対して、今なお明確に答えられないのと同時に、「卑弥呼《ひみこ》は誰か？」という問いに対しても、はっきりとした答えはいまだ見出せていない。「魏志倭人伝《ぎしわじんでん》」には、「鬼道を事とし、能《よ》く衆を惑《まど》わす。年、已《すで》に長大なるも、夫婿《ふせい》無し。男弟有りて佐《たす》けて国を治む」とあるが、この一文から卑弥呼の比定に必要な条件を探ってみると、①巫女《みこ》的な役割を果たしていること　②夫がいないこと　③弟がいて政《まつりごと》に参画していること　④長寿であること、の4つの項目をあげることができる。これらの条件に見合う人物を、これまで多くの論者たちが『日本書紀』などに記された人物のなかから見出そうとしたのである。

卑弥呼＝神功皇后説

最初に卑弥呼の人物比定を行ったのは、『日本書紀』の編纂者であるといわれる。それは、「神功《じんぐう》皇后紀」39年の条に「明帝景初《めいていけいしょ》三年六月、倭女王、大夫難《な》斗米《そめ》らを遣わして帯方郡《たいほうぐん》に至り～」と、「魏志倭人伝」に記載されている卑弥呼に関する事跡を転記しているからである。その一文には卑弥呼の名は記されていないが、倭女王と書き記しているところからも、卑弥呼であることは間違いない。このことから、『日本書紀』の編纂者は、あえて卑弥呼であるともないともどちらでも受け取れるようにしたのではないか？　と推測する識者も多い。

この卑弥呼＝神功皇后説に同調するのは、松下見林《まつしたけんりん》、新井白石《あらいはくせき》(のちに山門《やまと》郡の首長に変更している)らで、このころまでは、邪馬台国＝畿内大和説同様、誰もそれに異論を挟む人物はいなかったようである。

しかし、神功皇后には夫・仲哀《ちゅうあい》天皇がいたし、卑弥呼の時代とは100年ものズレがあったにもかかわらずこの説に同調したのは、『日本書紀』を無批判に信じるべきという皇国史観に縛られていたからにほかならない。

倭姫命説と天照大御神説

この卑弥呼＝神功皇后説に初めて異論を唱えたのは本居宣長《もとおりのりなが》で、卑弥呼を姫児《ひめご》を示す普通名詞で名前ではないとしたうえで、卑弥呼を熊襲《くまそ》の類いと見下している。星野恒《ほしのひさし》氏も、卑弥呼を西国の一女酋長である土蜘蛛《つちぐも》の田油津媛《たぶらつひめ》の先代と見ているようである。

また、邪馬台国論争の火つけ役となった内藤湖南《ないとうこなん》氏と白鳥庫吉《しらとりくらきち》氏は、卑弥呼の比定に関しても対立している。内藤氏はこれを、日本武尊《やまとたけるのみこと》に霊力の宿った草薙《くさなぎ》の剣を与えて生還させた倭姫命《やまとひめのみこと》に、その男弟を景行《けいこう》天皇に、台与《とよ》を豊鍬入姫命《とよすきいりびめのみこと》に比定している。一方の白鳥氏は最初、卑弥呼を熊襲のひとりとしながらも、のちには熊襲説を否定して、これを天照大御神《あまてらすおおみかみ》に比定し直している。その決め手となったのは、卑弥呼の死の際に日食があったことと、天照大御神の岩戸伝説との相似点をあげている。ともあれ、両者の意見はここでもかみ合うことはなかった。

ちなみに橋本増吉《はしもとますきち》氏は、景行天皇が倭姫命の兄であるところから、内藤氏のいう倭姫命説を否定、小林行雄《こばやしゆきお》氏も、倭姫命は卑弥呼より時代が新しい人物で、伊勢神宮の祭祀者である倭姫命が倭女王と称して魏に使者を遣わすわけがないとして、橋本氏と同じくこの説を退けている。

卑弥呼＝天照大御神説には、安本美典《やすもとびてん》氏も同調している。同氏は推測統計学の理論を用いて、古代天皇の1代平均の在位年数が約10年との結論を導き出し、そこから換算すると、神功皇后や倭姫命のいずれもが卑弥呼が活躍した3世紀初頭との時代が重ならず、適合するのが天照大御神であるところから、これを卑弥呼と見ているのである。

また笠井新也《かさいしんや》氏は、7代・孝霊《こうれい》天皇の娘で、天皇の謀反を予告した倭迹迹日百《やまとととびもも》襲姫《そひめ》を卑弥呼に比定している。「魏志倭人伝」に記された卑弥呼と、『日本書紀』に記された倭迹迹日百襲姫の事績が似ているところを一因としたようである。しかし小林氏は、倭迹迹日百襲姫が大物主《おおものぬしの》神《かみ》の妻であった(卑弥呼は独身のはず)ことから、この説に疑問を抱いている。

最後に、松本清張《まつもとせいちょう》氏の説を紹介しておこう。同氏は、卑弥呼はヒムカと読むとしたうえで、「3世紀の人名に固有名詞があるとは思われず、その住んでいた土地の名で表していたのであろう」と、少々納得しがたい説を述べている。

史跡 伊勢神宮

三重県伊勢市にある神社で、正式名称は「神宮」で地名がつくことがない。全国の神社の本宗とされる。祀られているのは、天照大御神《あまてらすおおみかみ》と豊《とよ》受大御神《うけおおみかみ》で、皇大神宮《こうたいじんぐう》(内宮)と豊受《とようけ》大神宮《たいじんぐう》(外宮)のふたつの正宮によって成り立っている。参拝する場合は、まず外宮にお参りしてから内宮に参るのが正しい参拝方法といわれる。

江戸時代にはお蔭参りが流行し、親しみを込めてお伊勢さんとも呼ばれ、多くの参拝客を集めた。20年に1度、正殿を造替する式年遷宮《しきねんせんぐう》が行われるが、2013年がその年にあたっている。

築造年数にまつわる論戦が活発

「箸墓＝卑弥呼の墓説」を巡る論争

「これぞ卑弥呼の墓!!」として注目を集めた箸墓。その真偽は今なお不明としかいいようがない。「径百余歩」などわずかな情報を巡って、侃々諤々の論戦が繰り広げられていくのである。

卑弥呼の墓の比定条件は？

邪馬台国《やまたいこく》の比定地を巡る論議が堂々巡りを続けるばかりで、一向にその成果を見出せない昨今、大きな期待が寄せられているのが、卑弥呼《ひみこ》の墓のありかである。卑弥呼の墓のありかが確定すれば、当然のことながら、そこに邪馬台国があったことがほぼ確定するからである。邪馬台国論争の論戦の的も、最近では卑弥呼の墓にまつわるものが多い。

卑弥呼の墓の比定に関しては、唯一の文献史料である「魏志倭人伝《ぎしわじんでん》」に記されている「卑弥呼以て死す。大いに冢《つか》を作る。径は百余歩、殉葬する者、奴婢百余人なり」の記述が、重要な要素になることはいうまでもない。この文面に符合することが、まず求められるのである。

ここから得られる条件は、①大きな冢であること　②径(直径)は100余歩(1歩＝約1.45m)であること　③奴婢100名の殉葬者がいたという明かしがあること、の3つであろう。これに加えて、卑弥呼が死んだと思われる247～248年プラス、その築造年数を加えた数値に符合する墓であることが条件となる。この築造年数に関して、山成孝治氏は、墳丘の盛土量を約30万立方mと推測して、築造には少なくとも10年はかかったとして、248年ごろに死んだと思われる卑弥呼の死から10年以上あとの260年前後に築造されたと見ている。また、考古学者の丸山竜平《まるやまりゅうへい》氏は、280年代前後に後円部が完成し、その後280年代末に前方部分が仕上がったに違いないという。ふたりの検証結果から得られる築造年数は、260～280年ということになる。卑弥呼の墓を比定する場合、この年代に符合するかどうかも重要な決め手ともいえるのである。ただし大和岩雄《おおわいわお》氏のように、卑弥呼の墓の築造中に乱が起きていることから、10～30年もかかって作られるわけはないとして、このふたりの説を否定し、もっと短期間で作られたという説があることもつけ加えておきたい。

炭素14年代測定法にまつわる論戦

また、箸墓《はしはか》自体の築造年数に関しても、大きな論議が繰り広げられている。国立歴史民俗博物館の研究グループが、炭素14年代測定法にもとづいて測定した箸墓の築造年数を、240〜260年ごろと発表して話題になったことがある。一方、奈良県橿原考古学研究所が同じ炭素14年代測定法によって測定した結果は、4世紀中ごろであると大きく食い違っているのである。前者の測定値が正しければ、卑弥呼が死んだと思われる247〜248年とも符合するため、箸墓＝卑弥呼の墓説は肯定される条件のひとつを備えたことになるが、後者が正しければ卑弥呼の墓であることはありえなくなる。むしろ卑弥呼の後継者・台与《とよ》の墓である可能性が高くなってくるのである。安本美典《やすもとびてん》氏も、国立歴史民俗博物館の研究グループの研究データに対する不満を自著『「邪馬台国＝畿内説」「箸墓＝卑弥呼の墓説」の虚妄を衝く！』に記し、箸墓＝卑弥呼の墓説を否定している。

「径百余歩」が決め手

現在、日本全国には「我こそは卑弥呼の墓！」と公言して憚《はばか》らない候補地が数多く存在する。しかしその多くが、まだ築造年数も確定していないということもあって、今なお論争が絶えないというのが現実なのである。

なかでも最も激しい論戦が繰り広げられているのが、奈良県桜井市周辺にある箸墓古墳であろう。P.115でも記したように、箸墓のある纏向《まきむく》遺跡が「魏志倭人伝」に記された「径百余歩」などのさまざまな条件に符号するところから、卑弥呼の墓の最も有力な候補地と見られている。

これを卑弥呼の墓と見る論者は、笠井《かさい》新也《しんや》氏、白石太一郎《しらいしたいちろう》氏、春成秀爾《はるなりひでじ》氏などである。笠井氏は、昭和17年(1942)に『考古学雑誌』に掲載した『卑弥呼の冢墓と箸墓』のなかで、「魏の一歩は我が四尺七寸四分に当るから、箸墓古墳の円丘直径一五〇米は魏の百四歩半に当り、両者は全くよく一致する」として、箸墓を卑弥呼の墓と見ている。しかし、箸墓が卑弥呼の墓と断定されれば、邪馬台国＝畿内大和説は揺るぎないものになりかねないだけに、九州説論者にとっては脅威の的であった。当然のことながら、猛烈な反対意見が数多く噴出する。そのひとつが「径」の問題である。現在の箸墓は前方後円墳であるが、円墳部分が最初に作られたことから「径」つまり円墳であるとも見られる。これによって卑弥呼の墓の「径」の条件はクリアになるわけだが、箸墓の調査にあたった橋本輝彦《はしもとてるひこ》氏は、箸墓出土の土器が出土した地層の年代を比較した結果、箸墓は最初から前方後円墳として作られたものであるとして、円墳説を否定している。また、「百余歩」という数値に関しても、松本清張《まつもとせいちょう》氏は、これを実数ではなく単に大きいという意味を示したものに過ぎないと見るなど、「径百余歩」に関する論議は絶えないのである。

桜井市にある箸墓

邪馬台国のその後を追う

邪馬台国東遷説 VS 大和王朝西征説

大和王朝が西征して邪馬台国を滅ぼしたのか？　邪馬台国が東遷して畿内大和に都を築いたのか？　邪馬台国と大和王朝との関連性においても、論戦が繰り広げられ続けている。

「空白の4世紀」の解明

邪馬台国《やまたいこく》に関する情報は、「魏志倭人《ぎしわじん》伝《でん》」に記された台与《とよ》(と思われる)の中国への朝貢記事を最後に、ぷっつりと途絶えてしまう。その後中国の史書に倭の名で登場するのは、『宋書』に記された5世紀の事績と思われる倭の五王の記事である。その間の100数十年間の日本の情勢は中国の史書には記されず、「空白の4世紀」と呼ばれたものである。

一方、畿内大和を中心とする大和王朝の動向は、『日本書紀』や『古事記』によって太古の世界から逐次克明に記されたことになっているが、そのなかに邪馬台国や卑弥呼の名が記されることはなかった。

しかし、『日本書紀』の「神功《じんぐう》皇后紀」に「魏志倭人伝」の一節が挿入されているところから、『日本書紀』の編纂者が「魏志倭人伝」に記された邪馬台国や卑弥呼の存在を知っていたことは間違いない。それにもかかわらず、その名を記さずその動向をごくわずかしか『日本書紀』に記さなかったのは不思議ではあるが、ともあれ、そこからは邪馬台国のその後および大和王朝との関係が、なかなか見えてこないのである。

邪馬台国が九州にあったとした場合、次第に勢力を増して瀬戸内海諸国を従えながら、さらに東へ向かって大和地方を征し、そこを都としたという説(邪馬台国東遷説)と、畿内大和王朝が西征して九州王朝を滅ぼしたという説(大和王朝西征説)の、ふたつのケースが考えられる。また、邪馬台国が大和にあったとすれば、大和王朝そのものが邪馬台国であるか、その後身ということになる。その場合は、『記紀』の記述との整合性を見出す必要がある。

ともあれ、ここでは邪馬台国が九州にあったと仮定した場合の、邪馬台国東遷説と大和王朝西征説についての論戦に目を向けていきたい。

大和王朝西征説

この論戦の火つけ役となったのは、明治43年(1910)に『倭女王卑弥呼考』を著した白鳥庫吉《しらとりくらきち》氏である。白鳥氏は、九州において卑弥呼の女王国と狗奴国《くぬこく》が南北に分かれて勢力を張っていたころ、畿内大和にあった皇朝の威力は、まだ九州には及ばなかったとしながらも、『日本書紀』の記述にあるように、最終的には景《けい》行《こう》天皇と日本《やまと》武尊《たけるのみこと》がこれを征したと見ている。九州勢力が盛大だったにもかかわらず、皇朝によって滅ぼされたのは、女王国が狗奴国と戦って敗北し、さらに女王国が頼りとしていた楽浪郡《らくろうぐん》と帯方郡《たいほうぐん》の2郡が滅亡したことによって勢力が衰えたことが原因だと見て、大和王朝西征説を唱えるのである。

同じくこの大和王朝西征説を支持する論者には、古田武彦《ふるたたけひこ》氏や武光誠《たけみつまこと》氏らがいるが、その論旨は大きく異なる。たとえば、古田氏はP.202でも記したように、九州王朝は8世紀初頭まで存在していたとして、白鳥氏とはその滅亡時期が大きく異なっている。また、景行天皇によって征圧された「磐井《いわい》の乱」(527年)が大和王朝による九州王朝征圧の始まりとし、「白村江《はくすきのえ》の戦い」(663年)の敗戦で勢力が低下、唐《とう》の則天武后《そくてんぶこう》が701年に九州王朝に見切りをつけて近畿大和王朝を公認したことが、最後のだめ押しとなったと見ているのである。

また武光氏は、北九州に分布する古墳が大和よりも20〜30年遅れて出現することから、大和王朝西征説を主張しているが、西征の経緯に関しては、やはり前記の両氏とも意見を異にしている。同氏の著書『邪馬台国と大和朝廷』によると、200年代には大和、吉備《きび》、出雲《いずも》、北九州にそれぞれ独立した王朝があったが、その60〜70年後に大和朝廷の勢力が拡大し、他の王国がその配下になったという。興味深いのは、その過程において、邪馬台国は卑弥呼の時代には北九州の30の小国を支配していたものの、西晋が滅亡してその後ろ盾を失うと、小国の多く

●大和王朝西征説
(古田武彦氏説をもとに構成)

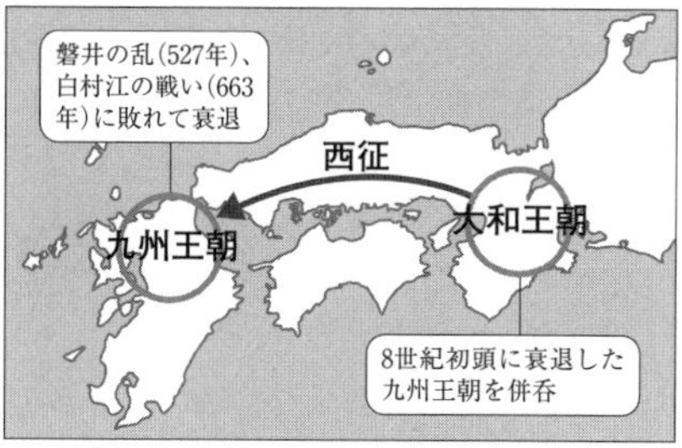
磐井の乱(527年)、白村江の戦い(663年)に敗れて衰退
西征
九州王朝
大和王朝
8世紀初頭に衰退した九州王朝を併呑

●大和王朝西征説
(白鳥庫吉氏説をもとに構成)

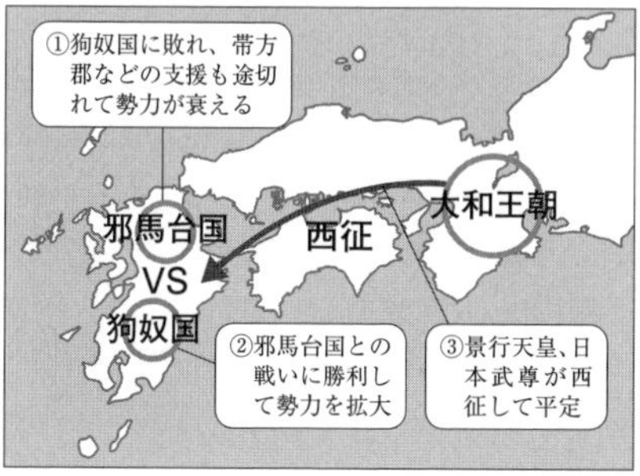
①狗奴国に敗れ、帯方郡などの支援も途切れて勢力が衰える
邪馬台国
VS
狗奴国
西征
大和王朝
②邪馬台国との戦いに勝利して勢力を拡大
③景行天皇、日本武尊が西征して平定

●大和王朝西征説
(武光誠氏説をもとに構成)

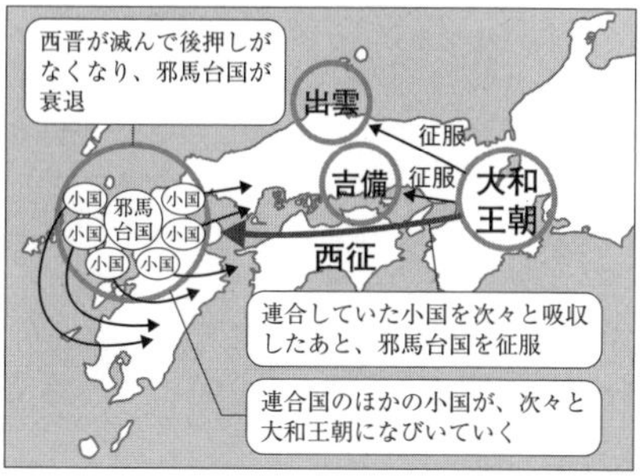
西晋が滅んで後押しがなくなり、邪馬台国が衰退
出雲
征服
吉備
征服
大和王朝
小国
邪馬台国
小国
小国
小国
小国
小国
西征
連合していた小国を次々と吸収したあと、邪馬台国を征服
連合国のほかの小国が、次々と大和王朝になびいていく

が独立して、大陸との交易路を切り開いてくれる新たな権力の出現を待ち望んでいたのだと見ている。そういった状況のなかで、大和朝廷の勢力が瀬戸内海を経て北九州へと及んだとき、それら小国が大和朝廷と結びついていったのだと。4世紀の初めごろの邪馬台国の勢力範囲は、筑紫《つくし》平野周辺に限られるようになったが、これはこの周辺の古墳の分布地図からも証明できるという。そして310年ごろには、邪馬台国はついに大和朝廷に併合されたと見るのである。

邪馬台国東遷説

一方、邪馬台国が東へ移り、畿内大和で新たに都を築いたとする邪馬台国東遷説を主張する論者は、一層多彩である。井上光貞《いのうえみつさだ》氏をはじめ、森浩一《もりこういち》氏、和田清《わだせい》氏、中山平次郎《なかやまへいじろう》氏、橋本増吉《はしもとますきち》氏、植村清《うえむらせい》二《じ》氏、牧健二《まきけんじ》氏、安本美典《やすもとびてん》氏など、そうそうたる顔ぶれである。

和田氏は大和という国名に触れ、「もし大和が畿内の大和に発生したとすれば、そのどこかに古地名が残っていてもよさそうなのに、そうじゃないのは、ヤマトの名がほかから移された証拠である」といい、「弥生後期に北九州の政治勢力が東に移動して畿内に勢力をかまえた」と推測する。そのほか、森氏や井上氏、中山氏は、銅鏡、銅剣、銅矛《どうほこ》、銅鐸《どうたく》などの出土状況から見て東遷説を支持している。

また、同じ九州勢力による東征とはいえ、これを邪馬台国ではなく投馬国《とうまこく》が東遷したのだと主張するのが牧氏である。同氏は、「魏志倭人伝」に記された卑弥呼の死後に立てた男王というのは投馬国から選ばれた王で、『記紀』に記された

●邪馬台国東遷説
（牧健二氏説をもとに構成）

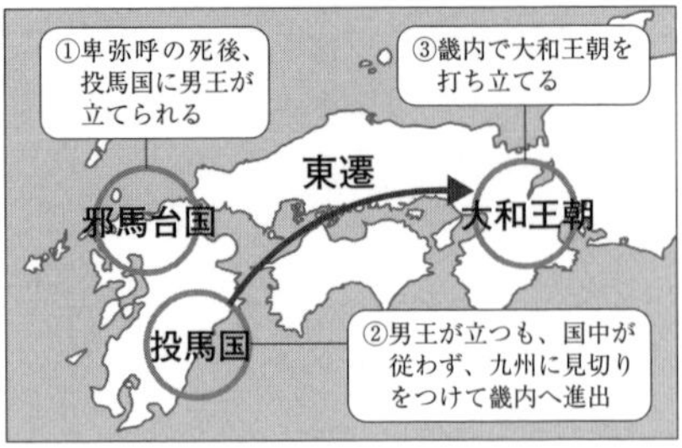

①卑弥呼の死後、投馬国に男王が立てられる
③畿内で大和王朝を打ち立てる
東遷
邪馬台国
大和王朝
投馬国
②男王が立つも、国中が従わず、九州に見切りをつけて畿内へ進出

素戔嗚尊《すさのおのみこと》のことではないかと推測している。この投馬国の男王が擁立されたとき、諸国は服従しなくなって再び女王を立てたとされるが、この男王が「九州に見切りをつけて東征を開始」し、大和王朝を築き上げたのだと見ている。

終章
邪馬台国ゆかりの人物

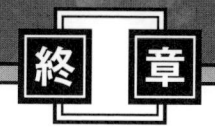

卑弥呼　ひみこ

生没年　生年不詳〜247年 or 248年ごろ

掲載書物　「魏志倭人伝」

◈邪馬台国を都とする倭の女王

一般的には日巫女や日御子を示す(ひみこ)と読まれることが多いが、姫子(ひめこ)、日女子(ひめこ)、日向(ひむか)、姫御子(ひめみこ)、日甕依姫(ひみかよりひめ)など諸説があって確定していない。また、卑弥呼は名前ではなく、役職名であると見る向きもある。

「魏志倭人伝《ぎしわじんでん》」において女王として初めて登場する倭国《わこく》の王で、それ以前に名が書物に記されているのは、永初《えいしょ》元年(107)に後漢《ごかん》の安帝《あんてい》に朝献した男王・帥升《すいしょう》だけである。その後も男王を立てて70〜80年過ぎたころに倭国の乱(146〜184年のあいだの何年か)が起こり、光和《こうわ》年間(178〜184年)に卑弥呼が共立されて女王となる。このとき卑弥呼は「年已長大」と形容されているが、これは年老いていたというのではなく、巫女《みこ》として、あるいは婚姻を結ぶ適齢期を過ぎていたと見るべきだろう。女王となったのは20代であったと考えられ、そこから逆算すると160年ごろに生まれたと見ることもできる。

卑弥呼には弟がいて、卑弥呼の政治を輔佐していたと記されている。聖権を掌握していた卑弥呼が巫女として神の啓示を受けて、俗権を行使する弟にその神託を伝えるという、聖俗の二頭体制を築いていたと思われる。

卑弥呼の宮殿には1000人もの奴婢が仕えていたが、その姿を見るものはなく、ただひとりの男子だけが給仕の世話をし、神託を伝え聞いていたという。この男子が誰かの記載はないが、これも卑弥呼の弟と見るのが自然である。

景初《けいしょ》2年(3年の誤りと見る説もある)6月に魏に使者・難升米《なそめ》を派遣。翌年、魏から詔書と印綬を授かる。10年後の正始《せいし》8年(247)に難升米に黄幢《こうどう》が与えられた直後か翌年ごろ(と思われる。250年ごろという説もある。いずれにしても、卑弥呼は80歳代半ば〜90歳前後まで生きたことになる)に卑弥呼が死去し、径100余歩(1歩＝1.45m)の冢《つか》が作られたという。卑弥呼の死に伴って、100人もが殉葬されたとも記されている。一説によると、卑弥呼は狗奴国《くぬこく》との戦いに敗れたその責務を負って、殺害されたともいわれる。難升米が魏に一連の事態を報告し、魏が卑弥呼に死を賜うと認められた檄《げき》を持って告論《こくゆ》(諭すこと)したため、卑弥呼は殺されたのだという。

また、卑弥呼が誰なのかについても、天照大御《あまてらすおおみ》神《かみ》や神功《じんぐう》皇后、熊襲《くまそ》の女酋長、甕依姫《みかよりひめ》、倭迹迹日《やまとととび》百襲姫命《ももそひめのみこと》などさまざまな説があるが、いまだに確定していない。

台与 とよ

生没年 235年ごろ～没年不詳

掲載書物 「魏志倭人伝」

◈13歳で女王となった卑弥呼の姪

卑弥呼《ひみこ》が247～248年ごろに死去したあと、男王が立てられたが国中が心服しなかったため、再び女王が立てられることになった。このとき選ばれたのが、卑弥呼の宗女（親族の女性）・台与である。卑弥呼には子供がいなかったため、台与は卑弥呼の姪であったと思われている。女王就任当時、台与は13歳であったと記されているので、その生誕年は234～235年ごろと推測される。

正始《せいし》8年（247）に魏《ぎ》に使者を派遣しているが、これは台与の王位継承と、狗奴国《くぬこく》との戦いの経過報告を兼ねていたものと思われる。これに対して、帯方郡《たいほうぐん》の塞曹掾史《さいそうえんし》・張《ちょう》政《せい》が檄《げき》を記して、政治に励むように教え諭したという。台与は張政の帰国に合わせて掖邪狗《ややこ》ら20人を同行させて魏に向かわせ、生口《せいこう》30人、白珠5000孔などを届けている。また、台与の名に関して、台の字は壹《いち》であると見る論者（古田武彦《ふるたたけひこ》氏ほか）もいる。

台与が誰かについては、その名前の類似性から、豊鍬入姫命《とよすきいりびめのみこと》や万幡豊秋津師比売《よろずはたとよあきつしひめ》、天豊姫命《あまとよひめのみこと》などとする論者もいる。また、倭迹迹日百襲姫命《やまとととびももそひめのみこと》に比定する論者は、この墓を奈良県桜井市にある箸墓《はしはか》としている。

難升米 なそめ

生没年 不詳

掲載書物 「魏志倭人伝」

◈戦火をくぐり抜けて朝貢した倭の正使

景初《けいしょ》2年（238）6月に、卑弥呼《ひみこ》が帯方郡《たいほうぐん》に派遣した使節の正使で、大夫と呼ばれる役職に就いていたことが記されている。景初2年6月といえば、魏《ぎ》の司馬懿《しばい》が公孫淵《こうそんえん》を討伐している真っ最中であったため、難升米らは生口《せいこう》10人と班布《はんぷ》2匹2丈などごくわずかな献上品を携えただけで、戦火をくぐり抜けながら魏の都へと向かったと思われる。これに対して魏の明帝《めいてい》は、卑弥呼に「親魏倭王」の金印紫《きんいんし》綬《じゅ》と詔書を授け、難升米には率善《そつぜん》中郎将に任じて豪華な下賜品を授けている。

卑弥弓呼 ひみここ

生没年 不詳

掲載書物 「魏志倭人伝」

◈卑弥呼と敵対する狗奴国の男王

邪馬台国《やまたいこく》と敵対関係にあったと見られる狗奴国《くぬこく》の男王。正始《せいし》8年（247）に卑弥呼《ひみこ》と戦ったと見られるが、どちらが勝利したのかは記されていない。しかし、そのあとに卑弥呼の死に関する記述があることから、卑弥呼はこの戦いの最中に敗死したか、敗戦の責務を負って殺害、あるいは自刎させられたかと見る向きも多い。なお内藤湖南《ないとうこなん》氏は、卑弥弓呼ではなく卑弥弓が名前で、呼が襲国《そこく》の酋長を表す言葉であると見ている。新井白石《あらいはくせき》なども、これを熊襲《くまそ》の首長の類いと見ている。

劉夏 りゅうか

生没年 不詳

掲載書物 「魏志倭人伝」

◈難升米を都に送った帯方郡太守

卑弥呼《ひみこ》が景初《けいしょ》2年(238)に、初めて帯方《たいほう》郡《ぐん》に献使を送ったときに太守だった人物。いまだ戦時下にあった遼東《りょうとう》半島を通過することを案じた劉夏は、倭《わ》の使者で大夫だった難升米《なそめ》らに護衛のための兵と案内役の役人をつけて、魏の都に送り届けている。ちなみに、正始《せいし》4年(243)に倭国に使者を派遣したときの太守は弓遵《きゅうじゅん》であったが、弓遵が戦死したため、その後任として王頎《おうき》が正始8年(247)に太守に任じられている。

弓遵 きゅうじゅん

生没年 生年不詳～245年

掲載書物 「魏志倭人伝」

◈明帝の下賜品を倭に与えた帯方郡太守

景初《けいしょ》2年(238)6月に卑弥呼《ひみこ》が魏《ぎ》へ朝献してきたことに対して、同年12月に明帝《めいてい》が破格とも思える莫大な下賜品を与えようとしていた。しかし、明帝が翌年の正月に崩御したため、これらの下賜品が実際に授けられたのは240年のことであった。当時、帯方郡《たいほうぐん》太守であった弓遵が建中校尉の梯儁《ていしゅん》を倭《わ》に派遣して、これらの下賜品を与えている。245年に韓族の臣智が反乱を起こし、その鎮圧にあたっていたときに戦死している。

張政 ちょうせい

生没年 不詳

掲載書物 「魏志倭人伝」

◈狗奴国との和解を諭した帯方郡の使者

景初《けいしょ》2年(238)に、卑弥呼《ひみこ》が使者として大夫・難升米《なそめ》と都市牛利《たしごり》を遣わして、帯《たい》方郡《ほうぐん》へと向かわせたときの武官(塞曹掾《さいそうえん》史《し》)。難升米が魏《ぎ》の明帝《めいてい》への拝謁を申し出ると、道案内役と護衛のために役人と兵をつけて、難升米らを魏の都へと送り届けている。正始《せいし》8年(247)には、当時戦火に見舞われていた邪馬台国《やまたいこく》と狗奴国《くぬこく》との仲介役として倭《わ》に派遣された。そのとき難升米に黄幢《こうどう》を渡すとともに、檄文《げきぶん》によって両国が和解するよう諭している。

帥升 すいしょう

生没年 不詳

掲載書物 『後漢書』

◈史書に登場する最初の王

史書に名が記された倭国《わこく》の最初の王。『後漢書』「孝安帝紀東夷伝」107年の条に、倭国王・帥升が、生口《せいこう》160人を献じて謁見を願ってきたという記述が記されている。倭委国が57年に朝貢して、光武《こうぶ》帝《てい》から「漢委奴国王」と記された金印を授かっているが、そのときの王の名は記されていない。このときの倭委国を受け継いだのが帥升だと見られている。国の所在地は北九州と見る研究者が多い。生口160人は、卑弥呼《ひみこ》が送った10人や台与《とよ》が送った30人よりか、かなり多い。

伊邪那岐神 いざなぎのかみ

生没年 —

掲載書物 『古事記』『日本書紀』

◈天照大御神の生みの親

『日本書紀』では伊奘諾尊《いざなぎのみこと》と表記される。男神で、伊邪那美神《いざなみのかみ》の夫であり兄でもある。神代七代《かみよななよ》の最後に伊邪那美神とともに生まれる。兄妹は夫婦となって、淡路之穂《あわじのほ》之狭別島《のさわけのしま》(淡路島)や筑紫島《つくしのしま》(九州)、大倭豊秋津島《おおやまとよあきづしま》(本州)、伊予之二名島《いよのふたなのしま》(四国)など大八州を生んだあと、大事忍男神《おおことおしおのかみ》や石土毘古神《いはつちびこのかみ》などの神々をも生んでいる。妻・伊邪那美神が火之迦具土神《ひのかぐつちのかみ》を生んだときに陰部を灼かれて死ぬと、怒った伊邪那岐神は火之迦具土神の首を斬り落とし、伊邪那美神に会いに黄泉《よみ》の国へいく。しかし、そこで見た伊邪那美神の姿はおぞましいものであった。驚いて逃げ惑う夫を、今度は妻が追いかけてくるというストーリーである。伊邪那岐神は、黄泉の国の穢《けが》れを祓《はら》おうと、日《ひ》向国《むかのくに》の阿波岐原《あわきがはら》(筑紫の日向の小戸《おど》の橘《たちばな》の檍原《あわぎがはら》との説もある)へ向かい、そこで左目を洗ったときに生まれたのが天照大御神《あまてらすおおみかみ》で、右目から月読命《つくよみのみこと》、鼻から建速須佐之男命《たけはやすさのおのみこと》が生まれている。天照大御神には高天原《たかまのはら》を、月読命には夜を、建速須佐之男命には海原を統治するよう命じている。なお、『古事記』『日本書紀』とも、その死に関する記載は見あたらない。

伊邪那美神 いざなみのかみ

生没年 —

掲載書物 『古事記』『日本書紀』

◈自らの子に灼き殺された女神

『日本書紀』では伊奘冉尊《いざなみのみこと》の名で登場する。『古事記』では、天照大御神《あまてらすおおみかみ》などは伊邪《いざ》那岐神《なぎのかみ》の禊《みそぎ》によって生まれているが、『日本書紀』ではすべての神を夫婦が力を合わせて生んだことになっている。『古事記』では、伊邪那美神は伊邪那岐神とともに生んだ大事忍男神《おおことおしおのかみ》などのほか、自らの嘔吐から金山毘古神《かなやまびこのかみ》を、糞から波迩夜須毘古神《はにやすびこのかみ》を、尿から弥都波能売神《やつはのめのかみ》をも生んでいる。

伊邪那岐神が黄泉《よみ》の国に伊邪那美神を捜しにきたとき、自らの哀れな姿を見られたくなかった伊邪那美神は、決して自分の姿を見るなといい含めている。しかし、伊邪那岐神がこの約束を破ったため、怒って追いかけたことになっている。ただし、『日本書紀』に黄泉の国は存在せず、代わりに根の国が登場。建速須佐之男命《たけはやすさのおのみこと》(素戔男尊《すさのおのみこと》)が伊邪那岐神(伊弉諾尊《いざなぎのみこと》)に命じられていったのは、海原ではなく根の国になっている。『古事記』に登場する伊邪那美神が火之迦具土神《ひのかぐつちのかみ》を生んだときに陰部を灼かれて死んだ話や、黄泉の国で伊邪那岐神が伊邪那美神に追いかけられる話などは、『日本書紀』には記載されていない。『古事記』では、伊邪那美神はのちに黄泉の国の主宰神となり、黄泉津大神《よもつおおかみ》と呼ばれた。

天照大御神 あまてらすおおみかみ

生没年 —

掲載書物 『古事記』『日本書紀』

◈大国主神に国譲りを強要した高天原の盟主

『日本書記』では天照大神《あまてらすおおみかみ》の名で登場する。『古事記』においては明確に女神とは記載されていないが、『日本書紀』で素戔鳴尊《すさのおのみこと》が姉と呼んでいるところから、女神であると考えられている。『古事記』では、伊邪那岐神《いざなぎのかみ》が黄泉《よみ》の国の穢《けが》れを祓《はら》うために洗った左目から生まれたとされる。このとき、右目から月読命《つくよみのみこと》が、鼻から建速須佐之男《たけはやすさのおの》命《みこと》が生まれている。しかし、弟の建速須佐之男命は、父・伊邪那岐神から海原を治めるよう命じられたにもかかわらず、ただ泣きわめくばかりであった。怒った伊邪那岐神は建速須佐之男命を勘当してしまう。建速須佐之男命は別れを告げに姉のもとに向かうが、嵐の神でもあるため、彼が歩くたびに大地が揺れ、皆を驚かせてしまう。天照大御神は、自分の国を奪いにきたのだと思い込んで弟に詰め寄ると、弟は身の潔白を証明しようと、互いに子を生むことを提案する。女神を生めば潔白が証明されるからというものであった。3柱の女神を生んだ建速須佐之男命は、勝ち誇ってますます荒れ狂うばかりであった。弟の乱行を僫んだ天照大御神が天岩屋に身を隠してしまうと、世界中が暗闇に包まれてしまう。困り果てた高天原《たかまのはら》の神々が岩屋の前で賑やかな宴を催し、天照大御神を誘い出す。こうして天照大御神が姿を現すと、高天原だけでなく葦原中国《あしはらのなかつくに》にも光が戻ってくるのである。

高天原を追い出された建速須佐之男命は出雲国《いずものくに》に降り立ち、櫛名田比売《くしなだひめ》を娶って子孫を繁栄させている。その6代目の孫が大国主神《おおくにぬしのかみ》である。建速須佐之男命に国造りを命じられた大国主神は須久那美《すくなび》迦微《こな》の力を得て、領土を拡大して大いなる繁栄をもたらしていく。これを高天原から見下ろしていた天照大御神は、我が子孫にこれを継がせたいと考え、次々と使者を送り込んで国譲りを強要する。大国主神の子・建御名方神《たけみなかたのかみ》を降伏させて、孫の天邇岐志国邇岐志天津日高日子番能《あめにぎしくににぎしあまつひこひこほの》邇邇芸命《ににぎのみこと》を降臨させるのである。

建速須佐之男命 たけはやすさのおのみこと

生没年 —

掲載書物 『古事記』『日本書紀』

◈出雲国繁栄の礎を築いた荒ぶる神

『日本書紀』では素戔男尊《すさのおのみこと》、素戔嗚尊《すさのおのみこと》の名で記される。『古事記』では、伊邪那岐神《いざなぎのかみ》が黄泉《よみ》の国の穢《けが》れを祓《はら》うために洗った鼻から生まれたことになっている。左目から生まれたのが天照大御神《あまてらすおおみかみ》である。父・伊邪那岐神から海原を治めるよう命じられるが、母に会いたいと根の堅州《かたす》の国にいくことを願い出ても認められず、勘当されてしまう。建速須佐之男命は姉・天照大御神のところに別れを告げにやってくるが、暴風雨の神でもあるため、歩くだけでも大地が揺れ、大きな地鳴りを響かせるのである。その様子に驚いた天照大御神は、自分の国を奪いにきたのだと勘違いして建速須佐之男命に詰め寄る。彼は身の潔白を証明するために、姉と神生みの競争をするのである。女神(十握剣《とつかのつるぎ》から生まれた多紀理毘売命《たきりびめのみこと》、市寸島比売命《いちきしまひめのみこと》、多岐都比売命《たきつひめのみこと》)を生んで身の証しを立てたにもかかわらず、結局高天原《たかまのはら》を追われて出雲《いずも》へと舞い降りることになる。『日本書紀』では、高天原を追われた素戔男尊が最初に降り立ったのは、出雲ではなく新羅《しらぎ》の曽𠩵茂梨《そしもり》であったが、その地が気に入らず、土船に乗って出雲国斐伊川上の鳥上の峰に向かったことになっている。『古事記』では、ここで少女・櫛名田比《くしなだひ》売《め》が八岐大蛇《やまたのおろち》に生け贄にされそうになっていたことを知り、天叢雲剣《あめのむらくものつるぎ》(『日本書紀』では草薙《くさなぎ》の剣。天照大御神を経て邇邇芸命《ににぎのみこと》に伝わっている。三種の神器のひとつ)を使ってこれを退治する。その後、櫛名田比売を娶って子孫を増やしていくが、その6代後に生まれたのが大国主神《おおくにぬしのかみ》で、建速須佐之男命はこれに出雲の国造りを命じるのである。なお、建速須佐之男命が八岐大蛇を退治する話は、この地に勢力を張っていた産鉄族を征服した事績を投影したものと見る向きもある。また、建速須佐之男命を新羅出身と見る研究者もいる。

天手力男神 あめのたぢから おのかみ

生没年 —

掲載書物 『古事記』『日本書紀』

◈天岩屋戸をこじ開けた怪力の持ち主

『日本書紀』では天手力雄神《あめのたぢからおのかみ》の名で登場する。天照大神《あまてらすおおみかみ》が天岩屋に閉じこもったとき、岩屋の戸をこじ開けたという力自慢の神。このとき放り投げた岩屋の戸が落ちたのが、信濃国の戸隠《とがくし》であったという伝説があるところから、長野県戸隠神社には天手力雄神が祀られている。『古事記』では、天照大御神《あまてらすおおみかみ》が外の様子が気になって岩戸を少し開けて顔をのぞかせたときに、天照大御神の手をつかんで引きずり出したことになっている。山岳信仰の神として祀られることもある。

須久那美迦微 すくな びこな

生没年 —

掲載書物 『古事記』『日本書紀』

◈大国主神とともに国造りに励んだ神

『古事記』では神皇産霊神《かみむすびのかみ》の子で、大《おお》国主神《くにぬしのかみ》の国造りに貢献したといわれる小さな神。蛾《が》の皮の服を着ていたともいわれる。海の彼方から天乃羅摩船《あめのかがみのふね》に乗ってやってきたとされ、出雲《いずも》の美保の岬で出会って、ともに国造りを推し進めていったとされる。しかし国造りの半ばで、須久那美迦微は海の遥か彼方の常世国《とこよのくに》へと旅立ってしまう。『日本書紀』では高皇《たかみむ》産霊神《すひのかみ》の子として登場する。酒造りの神でもある。

大国主神 おおくにぬし のかみ

生没年 —

掲載書物 『古事記』『日本書紀』

◈出雲国造り伝説の神

『古事記』では建速須佐之男命《たけはやすさのおのみこと》の6世後の孫、『日本書紀』では素戔男尊《すさのおのみこと》の子として登場する。建速須佐之男命から国造りを命じられると、大国主神はガガイモでできた舟に乗ってやってきた須久那美迦微《すくなびこな》の協力を得て、出雲《いずも》の国造りを進める。須久那美迦微が国造り半ばで常世国《とこよのくに》へと旅立ったあとも、神々の支援を受けてついに国造りを完成させる。しかし、この国の繁栄ぶりを妬んだ天照大御神《あまてらすおおみかみ》が、続々と使者を送り込んで国譲りを迫ってくる。しかし、大国主神がそれに従わないと見ると、天照大御神は武力に秀でた建御雷之男神《たけみかづちのおのかみ》を送り込んで、力づくで征圧しようとする。これに対して、大国主神の子・建御名方神《たけみなかたのかみ》が果敢に討ち向かっていくも、手首を握り潰されて逃亡してしまう。そして信濃の諏訪湖まで逃げたところでついに降参してしまうのである。建御名方神は信濃の地から一歩も出ないという条件のもと、許されてそこに長く住むのである。力自慢の息子まで敗走させられてしまうと、大国主神は出雲に巨大な神殿を築くことを条件に国譲りを受け入れ、杵築《きつき》の地に隠退するのである。大国主神は、多くの女神と交合して180柱《はしら》(『日本書紀』では181柱)もの神を生んだといわれる。因幡《いなば》の白兎《しろうさぎ》の伝説にも登場する大己貴命《おおあなむちのみこと》は、大国主神の別名である。

建御雷之男神《たけみかづちのおのかみ》

生没年 ―

掲載書物 『古事記』『日本書紀』

◈葦原中国を平らげた武神

『日本書紀』では武甕槌《たけみかづち》、武甕雷男神《たけみかづちのおのかみ》の名で登場する。伊邪那岐神《いざなぎのかみ》が、伊邪那《いざな》美神《みのかみ》を灼き殺してしまった火之迦具土神《ひのかぐつちのかみ》の首を斬り落としたときに、飛び散った血から生まれた子で、葦原中国《あしはらのなかつくに》の荒らぶる神々を鎮めて、建御名方神《たけみなかたのかみ》との戦いに勝利して葦原中国を征圧している。建御名方神は信濃の諏訪湖まで逃げたものの、そこで降参している。この戦いが相撲の起源とされている。もともとは鹿島の土着神で、中臣《なかとみ》氏がその祭祀であったともいわれる。

天邇岐志国邇岐志天津日高日子番能邇邇芸命《あめにぎしくににぎしあまつひこひこほのににぎのみこと》

生没年 ―

掲載書物 『古事記』『日本書紀』

◈日向に降臨した天皇家の祖

『日本書紀』では、天饒石国饒石天津《あめにぎしくににぎしあまつ》彦彦火瓊瓊杵尊《ひこひこほのににぎのみこと》の名で登場する。天照大《あまてらすおお》神《みかみ》の子・天忍穂耳命《あめのおしほみみのみこと》と、高皇産霊尊《たかみむすひのみこと》の娘・栲幡千千姫《たくはたちぢひめ》のあいだにできた子で、皇祖神の高皇産霊尊が葦原中国《あしはらのなかつくに》を統治するために送り込んでいる。『古事記』では天《あま》照大御神《てらすおおみかみ》が送り込んだことになっている。邇邇芸命はここで木花之佐久夜毘売《このはなのさくやびめ》と結ばれて、火照命《ほでりのみこと》(海幸彦)や火闌降《ほのすそりの》命《みこと》、火遠理命《ほおりのみこと》(山幸彦)などの子を授かる。火遠理命の孫が初代・神武《じんむ》天皇である。

火遠理命《ほおりのみこと》

生没年 ―

掲載書物 『古事記』『日本書紀』

◈神の審判後に生まれた邇邇芸命の三男

『日本書紀』では、彦火火出見尊《ひこほほでみのみこと》の名で登場する。『古事記』では、邇邇芸命《ににぎのみこと》が木花之佐久夜毘売《このはなのさくやびめ》と結ばれて生まれた第3子であるとする。一夜で孕《はら》んだことを不審に思った邇邇芸命に対し、疑いを晴らすために産屋に火を放って神の審判によって身の証しを立て、無事に出産するのである。長男は炎がまだ盛んであったときに生まれたため火照命《ほでりのみこと》(海幸彦)と、三男は炎が消えかかったときに生まれたため火遠理命(山幸彦)と名づけられたといわれる。のちに兄は弟に屈服する。

火照命《ほでりのみこと》

生没年 ―

掲載書物 『古事記』『日本書紀』

◈弟に服従させられた猟師

邇邇芸命《ににぎのみこと》と木花之佐久夜毘売《このはなのさくやびめ》のあいだにできた子。火遠理命《ほおりのみこと》の兄。海幸彦、海佐知毘子ともいう。弟は弓を手にする猟師、兄は釣り針を道具とする漁師である。兄の火照命が、自分の釣り針を弟になくされて腹を立て、これを許さなかったことから兄弟の仲が悪くなる。火遠理命は豊玉毘売命《とよたまひめのみこと》の父・海神の手助けを得て、兄・火照命を服従させている。妻の豊玉毘売命は、子を産むときに蛇の姿であったとも記されている。隼人《はやと》の祖ともいわれる。

崇神天皇 すじんてんのう

生没年 紀元前148年〜紀元前29年、実年は不詳

掲載書物 『古事記』『日本書紀』

◈四道将軍を遣わして全国を平定

第10代天皇。もとの名を御間城入彦五《みまきいりびこい》十瓊殖天皇《にえのすめらみこと》という。母は伊香色謎命《いかがしこめのみこと》で、物部《もののべ》氏の先祖・大綜麻杵《おおへそき》の女《むすめ》である。大和の地に広まった疫病などを、大物主大《おおものぬしのおお》神《かみ》や倭の大国魂神《おおくにたまのかみ》などを祀ることで収めた崇神天皇は、各地に四道将軍を遣わして全国平定事業に乗り出している。大彦《おおびこの》命《みこと》を北陸に、武渟川別《たけぬなかわわけ》を東海に、吉備津《きびつ》彦《ひこ》を西海に、丹波道主命《たにわのみちぬしのみこと》を丹波に送り込んで各地の平定を終えている。7世紀末に繰り広げられた阿倍比羅夫《あべのひらふ》による東北遠征物語を投影したものともいわれる。

景行天皇 けいこうてんのう

生没年 紀元前13年〜130年、実年は不詳

掲載書物 『古事記』『日本書紀』

◈倭建命を遣わして熊襲を平定

第12代天皇。もとの名を大足彦忍代別《おおたらしひこおしろわけの》天皇《すめらみこと》という。垂仁《すいにん》天皇の第3子で、倭建《やまとたけるの》命《みこと》(日本武尊《やまとたけるのみこと》)の父でもある。景行4年、纏向《まきむく》に遷都。景行12年に熊襲《くまそ》が背いたため、天皇自ら筑紫《つくし》に向かって鼻垂《はなたり》、耳垂《みみたり》を降し、碩田国《おおきたのくに》に着いて土蜘蛛《つちぐも》を討ち、謀《はかりごと》をもって熊襲梟師《たける》を殺害して襲《そ》の国を平らげた。しかし、再び熊襲が背いたので、倭建命を熊襲征伐に向かわせ、これを討伐している。その後、東国の蝦夷《えみし》が背いたので再び倭建命を向かわせたが、帰還する前に病没してしまう。

倭建命 やまとたけるのみこと

生没年 72年〜113年、実年は不詳

掲載書物 『古事記』『日本書紀』

◈東西に遠征を繰り返したのち、鈴鹿で病没

『日本書紀』では日本武尊《やまとたけるのみこと》と記される。12代・景行《けいこう》天皇の80人ともいわれる子のなかのひとり(『古事記』では第3皇子、『日本書紀』では第2皇子と記されている)で、14代・仲哀《ちゅうあい》天皇の父でもある。諱は小碓尊命《おうすのみこと》。日本童男《やまとおぐな》、倭男具那命《やまとおぐなのみこと》ともいう。景行天皇に命じられて熊襲《くまそ》征伐に向かった日本武尊は、熊襲の地に到着するや、童女のように髪を垂らして川上梟師《かわかみのたける》が主催する宴席に潜り込んでいる。梟師はその容姿が気に入って、手を取ってそばに侍らせて酒を飲ませて弄んだといわれる。日本武尊は、夜が更けて人がまばらになったころを見計らって剣を取り出し、これを刺し殺している。こうして熊襲の征伐が終わると、今度は東国の平定を命じられる。各地で戦果をあげたものの、相模国焼津では苦戦を強いられている。野原に追い込まれたところで火を放たれたため、危うく焼き殺されそうになるが、手にした草薙《くさなぎ》の剣で草を薙ぎ払うと、火は瞬く間に反対側へ方向を変えたため、無事脱出することに成功するのである。しかし、近江の伊吹山の神の征伐に向かったとき、神秘の力を宿す草薙の剣を持っていかなかったため、その加護を得られず、鈴鹿山脈付近で病没してしまうのである。

神武天皇 じんむてんのう

生没年 紀元前771年～紀元前585年、実年は不詳

掲載書物 『古事記』『日本書紀』

◈紀元前660年に即位したことにされた初代天皇

初代天皇。もとの名は神日本磐余彦天皇《かむやまといわれびこのすめらみこと》で、初めて天下を治められた天皇の意を込めて始馭天下天皇《はつくにしらすすめらみこと》とも呼ばれた。諱《いみな》は彦火火出見《ひこほほでみ》という。『古事記』では神倭伊波礼《かむやまといわれ》毘古命《びこのみこと》の名で登場する。また、若御毛沼命《わかみけぬのみこと》や狭野尊《さののみこと》の名もある。神武の名は奈良時代につけられた漢風諡号《かんぷうしごう》である。45歳のときに、塩土《しおつつ》の翁《おじ》の勧めによって日向《ひむか》を出て東征に向かう。宇佐《うさ》、筑紫《つくし》、安芸《あき》、吉備、浪速を経て生駒山《いこまやま》を越えようとしたところで、地元の豪族・長髄彦《ながすねひこ》に阻まれて進めず、熊野、吉野へと回って大和を目指し、ついに長髄彦を討ち取って、その君である饒速日《にぎはやひ》を帰順させている。橿原宮《かしはらのみや》で即位。この年を神武天皇元年とする。1260年に1度大革命が起きるという辛酉《しんゆう》革命の観念にもとづいて、紀元前660年を神武元年に設定したという経緯がある。神武76年に崩御。このとき127歳であったと記しているが、春秋2倍年歴をもとに換算し直すと、63～64歳となる。なお、神武天皇を架空の存在とする説や、10代・崇神《すじん》天皇と同一人物であるとする説などもある。

倭迹迹日百襲姫命 やまとととびももそひめのみこと

生没年 不詳

掲載書物 『古事記』『日本書紀』

◈卑弥呼あるいは台与とも見られる予言者

『日本書紀』には、7代・孝霊《こうれい》天皇の皇女で孝元《こうげん》天皇の異母兄妹と記されているが、同時にまた10代・崇神《すじん》天皇の姑《おば》とも記されており、辻褄が合わない記載が見受けられる。予知能力に優れ、不吉な前兆を感じる巫女《みこ》的な能力の持ち主であったことが「崇神紀」に記されている。孝元天皇の皇子・武埴安彦《たけはにやすひこ》が謀反を企て、妻・吾田媛《あたひめ》とふた手に分かれて攻めてくることを予知して、これを打ち破るのに貢献したとされている。卑弥呼《ひみこ》あるいは台与《とよ》に比定する識者も多い。

仲哀天皇 ちゅうあいてんのう

生没年 生年不詳～200年、実年は不詳

掲載書物 『古事記』『日本書紀』

◈神託を信じず、目的を果たさずに病没

第14代天皇。もとの名は足仲彦天皇《たらしなかつひこのすめらみこと》で、日本武尊《やまとたけるのみこと》の第2子である。仲哀2年に気長足姫尊《おきながたらしひめのみこと》(神功《じんぐう》皇后)を皇后とする。同年、熊襲《くまそ》が背いたのでこれを討つために穴門《あなと》に向かい、ここで皇后と落ち合う手はずを整えている。皇后を伴って熊襲討伐に向かったものの、皇后が神から受けた神託を信じなかったことから、熊襲討伐を前にして、病を得て崩御したことになっている。その神託とは、熊襲討伐よりも金銀彩色などがたくさんある新羅《しらぎ》を討つべきであるというものであった。

神功皇后《じんぐうこうごう》

生没年 170年～269年、実年は不詳
掲載書物 『古事記』『日本書紀』

◈自ら新羅遠征に向かった男勝りな皇后

もとの名は気長足姫尊《おきながたらしひめのみこと》という。開化《かいか》天皇の曽孫・気長宿禰王《おきながのすくねのおおきみ》の娘で、仲哀《ちゅうあい》2年に仲哀天皇の皇后となる。容貌は、父もいぶかしがるほど美しかったという。仲哀天皇に同行して熊襲《くまそ》討伐に向かったが、その最中に天皇が病没してしまう。神功皇后は、その遺志を継いで熊襲を討伐し、さらに神から征伐するよう啓示を受けていた新羅《しらぎ》への遠征にも、自ら男装して兵を率いている。『日本書紀』では、このとき神が風を起こして船を進め、大魚が浮かんで船の進行を助けたなど、神懸《かみが》かり的な記述が目立つため、神功皇后の新羅遠征を『日本書紀』の編者による偽作と見る向きも多い。『日本書紀』の記述によると、その後、新羅はもとより百済《くだら》と高麗《こうらい》の王までもが降伏したことになっているが、これは史実とはいいがたい。高句麗《こうくり》の好太王《こうたいおう》碑によると、倭《わ》は新羅と百済に進攻してこれを占拠したものの、好太王自身が自ら兵を率いて、百済および新羅を討ち、両国を臣民にしたことが記されている。なお、神功39年の条に倭の女王が魏《ぎ》の明帝《めいてい》に朝貢した(『日本書紀』では景初《けいしょ》3年と記されているが、これは2年の誤りと思われる)ことを記していることから、卑弥呼《ひみこ》＝神功皇后説が生まれた。また、神功66年の条に、この年が晋《しん》の武帝《ぶてい》の秦初《しんしょ》2年(266)であるとも記している。

応神天皇《おうじんてんのう》

生没年 201年～310年、実年は不詳
掲載書物 『古事記』『日本書紀』

◈新羅遠征時に生まれた神功皇后の子

第15代天皇。もとの名を誉田天皇《ほむたのすめらみこと》という。『日本書紀』によると、母・神功皇后《じんぐう》が新羅《しらぎ》遠征の折の仲哀《ちゅうあい》9年に筑紫《つくし》の蚊田《かだ》で生まれたことになっている。「応神紀」においては、『百済記』からの引用記事が目立つ。応神8年の条には阿花王《あくえおう》が日本に無礼を働いたこと、応神25年の条には木満致《もくまんち》が百済《くだら》の国政を司っていたが、その行動によからぬことがあったため天皇に呼ばれたことなどが記されている。また「応神紀」は、武内宿禰《たけのうちのすくね》とその弟・甘美《うまし》内宿禰《うちのすくね》との確執についても記している。

仁徳天皇《にんとくてんのう》

生没年 257年～399年、実年は不詳
掲載書物 『古事記』『日本書紀』

◈善政を行うが皇后との不仲説も

第16代天皇。もとの名を大鷦鷯天皇《おおさざきのすめらみこと》という。応神《おうじん》天皇の第4子で、弟の菟道稚《うじのわき》郎子《いらつこ》と皇位を譲り合ったといわれる。仁徳4年、高殿に登って連なる人家を見下ろして、炊煙がまばらで農民が窮乏していることを知り、3年間の課税を取りやめたことが「仁徳紀」に記されている。また、八田皇女《やたのひめみこ》を召し入れたことで、嫉妬深い皇后(磐之媛命《いわのひめのみこと》)と不仲になったことも記している。皇后が亡くなると、八田皇女を立てて皇后としている。

雄略天皇　ゆうりゃくてんのう

生没年 418年～479年、実年は不詳

掲載書物 『古事記』『日本書紀』

◈皇位継承で血の抗争を繰り返した天皇

第21代天皇。もとの名を大泊瀬幼武天《おおはつせのわかたけのすめら》皇《みこと》という。允恭《いんぎょう》天皇の第5子である。兄の安康《あんこう》天皇が子・眉輪王《まよわのおおきみ》によって殺されたとき、允恭天皇は眉輪王だけでなく、ほかの兄の八釣白彦皇子《やつりしろひこのみこ》と坂合黒彦皇子《さかあいのくろひこのみこ》をも殺害している。また、安康天皇のいとこ・市辺押磐皇子《いちのべのおしわのみこ》も皇位を継承する恐れがあるとして、これも謀《はかりごと》をもって殺害している。雄略20年の条に、高麗《こうらい》が百済《くだら》を攻め滅ぼしたが、翌年久麻那利《こむなり》を送って百済を再興したことが記されている。

武烈天皇　ぶれつてんのう

生没年 489年～507年、実年は不詳

掲載書物 『古事記』『日本書紀』

◈「倭の五王」武に比定される人物

第25代天皇。もとの名を小泊瀬稚鷦鷯《おはつせのわかさざきの》天皇《すめらみこと》という。『宋書』に記された「倭の五王」の武《ぶ》に比定されることが多い。法令に詳しく、日の暮れるまで政務に励み、冤罪も見抜いて、訴えを正しく処断することでも知られた人物であった。しかし、妊婦の腹を割いて胎児を見たり、人を樹に登らせて切り倒したり弓で射たりして、人が死ぬのを見ることを喜ぶという性癖があった。女を裸にして馬と交尾させたり、女の陰部を調べて潤っている者を殺したりすることもあったという。

継体天皇　けいたいてんのう

生没年 450年？～531年、実年は不詳

掲載書物 『古事記』『日本書紀』

◈皇位継承の20年後にようやく大和入り

第26代天皇。もとの名を男大迹天皇《おおどのすめらみこと》という。武烈《ぶれつ》天皇に世継ぎがいなかったため、応神《おうじん》天皇の5世の孫といわれる越前三国の男大迹王が担がれて、皇位を継承している。河内国で即位したものの、山背《やましろ》の筒城《つつき》や山城国乙訓《やましろのくにおとくに》などを経て、20年後の継体20年になってようやく大和へと入り、磐余《いわれ》の玉穂を都としている。しかし、翌年、近江毛野《おうみのけなの》臣《おみ》に兵6万を率いさせて、新羅《しらぎ》に破られて失っていた南伽羅《ありひしのから》・喙己呑《とくことん》を奪い返そうとしたが、筑紫《つくし》の豪族・磐井《いわい》が新羅に寝返ってその進攻を阻止しようとしたため、物部《もののべの》大連麁鹿火《おおむらじあらかい》・許勢大臣男人《こせのおおおみおひと》らに磐井の討伐を命じている。継体22年に筑紫で交戦し、磐井が斬られて反乱は鎮圧された。

継体23年には、朝鮮半島南部にあった加羅の国の多沙津《たさのつ》を百済王《くだらおう》に賜ったことが記されている。これに対して、加羅の王が勅使にその境界侵犯を訴えたため、それが実現することはなかった。しかし、この行為によって日本は、加羅からも新羅からも恨まれることになった。『百済本記』によると、継体25年に日本の天皇および皇太子・皇子が皆死んでしまったという重大な意味合いを暗に示した記述があるが、「継体紀」には天皇が病のために崩御したとしか記されていない。

推古天皇　すいこてんのう

生没年　554年～628年

掲載書物　『古事記』『日本書紀』

◈国政を聖徳太子に委任

第33代天皇。もとの名を豊御食炊屋姫《とよみけかしきやひめの》天皇《すめらみこと》という。欽明《きんめい》天皇の第2女で、幼少のころは額田部皇女《ぬかたべのひめ》と呼ばれていた。用《よう》明《めい》天皇の同母妹でもある。敏達《びたつ》天皇の皇后となったが、天皇の崩御後に皇位を継いだ崇峻《すしゅん》天皇が大臣馬子宿禰《おおおみうまこのすくね》に弑《しい》されたため、天皇として担がれた。用明天皇の第2子の厩戸豊聡耳皇子《うまやどのとよとみみのみこ》(聖徳太子《しょうとくたいし》)を皇太子とし、国政を任せている。推古天皇の御代に、冠位十二階と憲法十七条を制定。遣隋使《けんずいし》の派遣などの事績を残している。

舒明天皇　じょめいてんのう

生没年　593年～641年

掲載書物　『日本書紀』

◈蘇我蝦夷に推されて天皇に即位

第34代天皇。もとの名を息長足日広額《おきながたらしひひろぬかの》天皇《すめらみこと》という。敏達《びたつ》天皇の孫で、彦人大兄《ひこひとのおおえの》皇子《みこ》の子である。推古《すいこ》天皇が崩御したとき、皇太子を立てていなかったため、群臣たちの意見が分かれて容易に決めかねていた。田村皇子《たむらのみこ》を推す蘇我蝦夷《そがのえみし》は、山《やま》背大兄王《しろのおおえのおう》を推す境部摩理勢《さかいべのまりせ》を自害に追い込んで反対勢力を抑え、田村皇子を舒明天皇として即位させることに成功する。遣唐使《けんとうし》を派遣し、百済《くだら》の王子・豊璋《ほうしょう》を人質として迎え入れるなどの事績が記されている。

聖徳太子　しょうとくたいし

生没年　574年～622年

掲載書物　『古事記』『日本書紀』

◈蘇我氏の後押しを得て国政を司る

用明《ようめい》天皇の第2子で、もとの名を厩戸《うまやど》という。母は欽明《きんめい》天皇の皇女・穴穂部間人皇《あなほべのはしひとのひめ》女《みこ》で、用明天皇とは異母兄妹であった。叔父・蘇我馬子《そがのうまこ》の屋敷で生まれたところから転じて、こう呼ばれるようになった。またの名を豊聡耳《とよとみみ》や上宮王《かみつみやおう》ともいう。皇位継承を巡って、蘇我馬子が物部守屋《もののべのもりや》と戦ったとき、厩戸皇子は四天王に戦勝を祈願している。馬子はこの戦いに勝利し、物部氏は没落していく。崇峻《すしゅん》天皇が馬子と対立し始めると、馬子はこれを殺害し、敏達《びたつ》天皇の皇后・豊御食炊屋姫天皇《とよみけかしきやひめのすめらみこと》を推古《すいこ》天皇として即位させ、厩戸皇子が摂政として国政を担うことになる。最初に行ったのは四天王寺の建立であり、翌年には仏教興隆の詔を発布している。推古11年(603)、冠位十二階を制定し、才能次第での登用を進めて氏姓制度を崩壊させ、中央集権化を推し進めた。翌推古12年(604)には憲法十七条を制定し、仏法を敬うよう規定している。推古15年(607)には小野妹子《おののいもこ》を隋《ずい》に派遣し、「日出ずる処の天子、日没する処の天子に書を致す」で始まる国書を隋に送って、煬帝《ようだい》を激怒させたといわれている。推古29年(621、『古事記』では推古30年になっている)に斑鳩宮《いかるがのみや》で薨去している。

皇極天皇 こうぎょくてんのう

生没年 594年～661年

掲載書物 『日本書紀』

◈豪族に操られる傀儡の存在

第35代天皇。もとの名を天豊財重日足姫天皇《あめとよたからいかしひたらしひめのすめらみこと》という。舒明《じょめい》天皇の皇后であったが、天皇が崩御したため跡を継ぐことになる。本来なら、皇太子であった開別皇子《ひらかすわけのみこ》が即位するのが筋であるが、権力を握っていた蘇我蝦夷《そがのえみし》の意向によって、皇后が皇子から位を譲られたことになっている。皇極天皇は、蘇我氏の傀儡であったともいわれる。蘇我蝦夷はこれ以降、自らの子・入鹿《いるか》に国政を取り仕切らせている。しかし、蝦夷以上に入鹿の専横は際立っていた。反対勢力の山背大兄王《やましろのおおえのおう》を襲って斑鳩《いかるが》寺で自決に追い込むのである。蘇我氏の独裁に怒った中大兄皇子《なかのおおえのおうじ》は、計略をもって入鹿を自らの手で斬り殺している(乙巳《いっし》の変)。入鹿が殺されたことを知った父・蝦夷も、屋敷に火を放って自害。こうして、栄華を極めた蘇我氏一族は、ついに衰退していくのである。これに代わって勢力を拡大し始めたのが、乙巳の変の真の首謀者であった中臣鎌足《なかとみのかまたり》である。

蘇我氏本家が滅びると、皇極天皇は位を弟の天万豊日天皇《あめよろずとよひのすめらみこと》(孝徳《こうとく》天皇)に譲り、中大兄皇子を皇太子に立てている。孝徳10年(654)に孝徳天皇が病のため崩御すると、再び皇極天皇が斉明《さいめい》天皇として即位している(重祚《ちょうそ》)。

天智天皇 てんちてんのう

生没年 626年～672年

掲載書物 『日本書紀』

◈入鹿を殺害して政権を奪取

第38代天皇。もとの名を天命開別天皇《あめみことひらかすわけのすめらみこと》という。父は舒明《じょめい》天皇、母は皇極《こうぎょく》天皇(斉明《さいめい》天皇)で、その第2子として生まれている。一般的には中大兄皇子《なかのおおえのおうじ》の名で知られている。中臣鎌足《なかとみのかまたり》と謀って蘇我入鹿《そがのいるか》を殺害し(乙巳《いっし》の変)、皇極天皇の同母弟を孝徳《こうとく》天皇として即位させ、自らが皇太子となって政権を実質的に運営、さまざまな改革を推し進めている(大化の改新)。すべての私有地を廃止して国家の所有にするという公地公民制や、班田収授法の実施などを柱とする改新の詔も、天智天皇の事績として知られている。

しかし、斉明天皇の治世のころから続いていた朝鮮半島への遠征がいよいよ本格化し、天智2年(663)には阿倍引田臣比羅夫《あべのひけたのおみひらふ》らに2万7000人を率いて新羅《しらぎ》討伐に向かわせたが、白村江《はくすきのえ》において唐《とう》の水軍と戦ったものの、敗北して逃げ帰っている。帰還にあたって、百済《くだら》からの亡命者も多数引き連れてきたといわれる。百済王・豊璋《ほうしょう》は高麗《こうらい》へと落ち延びたといわれる。こうして敗戦の憂き目を見た天智天皇は、以後、対馬《つしま》や壱《い》岐《き》、筑紫国《つくしのくに》などに狼煙台《のろしだい》を築いて防人《さきもり》を置くなど、防衛態勢を固めることになる。子・大友皇子《おおとものおうじ》を太政大臣に任じたあと、近江宮において崩御している。

天武天皇 てんむてんのう

生没年 631年？〜686年

掲載書物 『日本書紀』

◈有力豪族を排除して天皇家の勢力を強める

第39代天皇。もとの名を天渟中原瀛真人天皇《あまのぬなはらおきのまひとのすめらみこと》という。幼時には大海人皇子《おおあまのみこ》と呼ばれていた。天智《てんち》天皇は同母兄である。天智天皇の元年に皇太子となっている。しかし、天智天皇が大海人皇子を皇太子としたのは形式上のことだけで、天智天皇は自らの子・大友皇子《おおとものみこ》に位を譲るつもりであった。病床において弟に跡を継がせたいと告げたのも、弟に皇位簒奪の疑いがあるとして、これを葬る算段があったからであるともいわれる。大海人皇子は兄の謀《はかりごと》を見抜いて、即座に辞退し、出家して吉野の山へ籠もる。その後天智天皇が崩御すると、大友皇子が出兵の準備を整えているとの情報が吉野に伝えられる。大海人皇子はついに挙兵を決意し、美濃で兵を募って瀬田川のほとりで会戦し、大海人皇子軍が勝利を収めるのである。大友皇子は敗走するも、もはやこれまでと山前《やまさき》において首をくくって死んでいる。大和に帰還した翌年、天武天皇はようやく飛鳥浄御原宮《あすかきよみはらのみや》において即位式を執り行うのである。壬申《じんしん》の乱において大友皇子側についた多くの豪族を排除して、強大な権力を手中にした天武天皇は、天皇家と他の豪族との関係に一線を画し、天皇家こそが神代から続く特別な存在であることを示すために、『古事記』や『日本書紀』の編纂を命じた。

陳寿 ちんじゅ

生没年 233年〜297年

著　書 「魏志倭人伝」

◈「魏志倭人伝」の著者

三国時代の蜀《しょく》およびその後に三国を統一した晋《しん》に仕えた官僚。蜀の官僚時代に、父の喪中に薬を服用したことを咎められて糾弾され、復職できなかったことが非難されて罷免されたこともある。晋の皇帝・司馬炎《しばえん》に認められて『諸葛亮《しょかつりょう》集《しゅう》』などの編纂にあたり、これが評価されて『三国志』の編纂を始めることになる。蜀時代に、陳寿の父がかつて諸葛亮に処刑された馬謖《ばしょく》に仕えていたこともあって、諸葛亮への評価をあえて下げて記したと非難されることもあった。

舎人親王 とねりしんのう

生没年 676年〜735年

掲載書物 『日本書紀』

◈自ら編纂した『日本書紀』を奏上

天武《てんむ》天皇の子で、舎人皇子《とねりのみこ》とも呼ばれる。47代・淳仁《じゅんにん》天皇の父でもある。養老《ようろう》2年(718)に、異母弟の新田部《にいたべ》親王とともに首皇子《おびとのみこ》(聖武《しょうむ》天皇)の補佐役を命じられている。養老4年(720)に、自らが編纂に携わった『日本書紀』を43代・元正《げんしょう》天皇に奏上。兄で天武天皇の第3子の大津皇《おおつのみ》子《こ》が謀反の罪で死罪となり、妃の山辺皇《やまのべのひめ》女《みこ》が殉死してしまう。また、天平《てんぴょう》元年(729)には、ともに政権を担ってきた甥の長屋王《ながやおう》が政変を企んでいると糾弾して、自害に追いやっている(長屋王の変)。

稗田阿礼　ひえだのあれ

生没年 不詳

掲載書物 『古事記』

◈天才的な記憶力の持ち主

天武《てんむ》天皇から『古事記』を編纂するにあたって、『帝皇日継《ていおうのひつぎ》』（『帝紀《ていき》』）と『先代《せんだいの》旧辞《くじ》』（『旧辞《きゅうじ》』）を誦習するよう命じられている。一度耳にしたことは決して忘れなかったという記憶力の高さを買われて、舎人《とねり》（皇族などに仕える警備や雑用などにあたる役職）として仕えていたといわれる。このとき28歳だったともいわれている。稗田阿礼が誦したものを太安《おおのやす》万侶《まろ》が筆録して『古事記』が完成した。なお、舎人は通常は男性であるが、稗田阿礼は女性であったという説もある。

中臣鎌足　なかとみのかまたり

生没年 614年～669年

掲載書物 『日本書紀』

◈蘇我氏を陥れて藤原氏躍進の礎を築く

生前は中臣鎌子《なかとみのかまこ》から中臣鎌足を名乗っていたが、死の直前に天智《てんち》天皇から藤原《ふじわら》姓を授けられたため、藤原氏の祖といわれる。渡来人の僧・南淵請安《みなみぶちのしょうあん》の塾に通って儒学を学ぶ。密かに蘇我《そが》氏全盛の政局に異を唱えて、中大兄皇子《なかのおおえのおうじ》とともに蘇我氏打倒の計画を練る。飛鳥板蓋宮《あすかいたぶきのみや》において蘇我入鹿《そがのいるか》暗殺を成功させている。このとき、入鹿の父・蝦夷《えみし》も自害に追いやっている（乙巳《いっし》の変）。以後、中大兄皇子の側近として、大化の改新などの改革を進めていく。

藤原不比等　ふじわらのふひと

生没年 659年～720年

掲載書物 『日本書紀』

◈子と孫の後押しを得て躍進

通説では中臣《なかとみの》（藤原《ふじわらの》）鎌足《かまたり》の次男ということになっているが、実は天智《てんち》天皇の子であったとする説も根強く残っている。歴史物語『大鏡《おおかがみ》』や朝廷の職員録『公卿補任《くぎょうぶにん》』にも天智天皇の御落胤《ごらくいん》（認知されない私生児）と記されているところからも、かなり信憑性は高い。天武《てんむ》元年（672）に起きた壬申《じんしん》の乱のときはまだ13歳とあって、不比等に罪が及ぶことはなかった。それでも、しばらくのあいだは、田辺史大隅《たなべのふひとおおすみ》に匿われていたこともある。成人してからは、下級官吏として仕えざるをえないなどの辛苦も嘗めたが、夫人の賀茂比売《かもひめ》とのあいだにできた子・藤原宮子《ふじわらのみやこ》が文武《もんむ》天皇（683～707年）の夫人となり、このふたりのあいだにできた首皇子《おびとのみこ》がのちに聖武《しょうむ》天皇（701～756年）となり、さらに県犬養三千代《あがたのいぬがいのみちよ》（最初は美努王《みぬおう》に嫁いでいたが離別している）とのあいだにできた娘・藤原光明子《ふじわらのこうみょうし》が聖武天皇に嫁いで皇后になるなどしたため、以後、藤原氏一族が朝廷内に絶大な影響力を持つようになるのである。それはのちに9人の公卿のうち4人までをも不比等の息子・藤原四兄弟が占めた、藤原氏の全盛期へと繋がる。

蘇我馬子 そがのうまこ

生没年 551年？～626年

掲載書物 『古事記』『日本書紀』

◈物部氏を打ち破って実権を掌握

父は蘇我稲目《そがのいなめ》、姉は欽明《きんめい》天皇の妃となった蘇我堅塩媛《そがのきたしひめ》、妹は欽明天皇の妃となった蘇我小姉君《そがのおあねのきみ》である。『日本書紀』では、物部守屋《もののべのもりや》の妹を娶ったことになっている。蘇我蝦夷《そがのえみし》は息子で、蘇我入鹿《そがのいるか》は孫にあたる。また、娘の河上娘《かわかみのいらつめ》を崇峻《すしゅん》天皇に、法提郎女《ほてのいらつめ》を田村皇子《たむらのみこ》に、刀自古郎女《とじこのいらつめ》を聖徳太子《しょうとくたいし》に嫁がせ、外戚として絶大な勢力を誇ることになる。排仏派の物部守屋と対立。守屋が推す穴穂部皇子《あなほべのみこ》を殺害して挙兵。厩戸皇子《うまやどのおうじ》とともに守屋と戦ってこれを滅ぼし、蘇我氏全盛時代を築く。

蘇我蝦夷 そがのえみし

生没年 586年？～645年

掲載書物 『古事記』『日本書紀』

◈権勢を誇るも、最後は自害

豊浦大臣《とようらのおおおみ》とも呼ばれる。父は蘇我馬子《そがのうまこ》で、子に蘇我入鹿《そがのいるか》がいる。馬子が物部《もののべ》氏を後退させて権勢を誇ったそのあとを受けて、蘇我氏全盛の時代を謳歌。推古《すいこ》天皇の崩御後、山背大兄王《やましろのおおえのおう》を推す境部摩理勢《さかいべのまりせ》を殺害して、その対抗馬であった田村皇子《たむらのみこ》を舒明《じょめい》天皇として即位させ、傀儡としている。有力豪族であった境部氏を追いやったことで、蘇我氏の権勢はますます盛んに。しかし、入鹿が645年に皇極《こうぎょく》天皇の御前において殺害されると、自ら邸宅に火を放って自害している。

蘇我入鹿 そがのいるか

生没年 610年？～645年

掲載書物 『古事記』『日本書紀』

◈蘇我氏全盛の時代に幕

父は蘇我蝦夷《そがのえみし》、祖父は蘇我馬子《そがのうまこ》である。皇極《こうぎょく》天皇が即位した翌年、父・蝦夷が自ら大臣を退いて、子・入鹿に独断で大臣の位を譲っている。蘇我氏全盛の時代とはいえ、天皇家をもしのぐ勢力を誇示したため、次第に反対勢力が芽生え始める。645年に、中大兄皇子《なかのおおえのおうじ》(のちの天智《てんち》天皇)が中臣鎌足《なかとみのかまたり》とともにクーデターを起こし、飛鳥板蓋宮《あすかいたぶきのみや》の大極殿において殺してしまう。父・蝦夷も、自宅に火を放って自害。こうして蘇我氏全盛の時代は、あっけなく幕を降ろすのである。

太安万侶 おおのやすまろ

生没年 生年不詳～723年

掲載書物 『古事記』

◈稗田阿礼と共同で『古事記』を完成

元明《げんめい》天皇(661～721年)から和銅《わどう》4年(711)に、稗田阿礼《ひえだのあれ》が誦習した『帝紀《ていき》』や『旧辞《きゅうじ》』を筆記するよう命じられ、翌和銅5年(712)に『古事記』を完成させた。奈良市此瀬町《このせちょう》に墓がある。墓碑には、姓《かばね》は朝臣《あそん》で、従四位下勲五等だったことが記されている。ちなみに、朝臣は皇室以外の臣下に送られる姓としては、一番位が高いとされる。父は、壬申《じんしん》の乱で大海人皇子《おおあまのみこ》側について戦った湯沐令《よのうながし》(皇族の領土を管理する役)の多品治《おおのほんじ》であったともいわれる。

孔子 こうし

生没年 紀元前551年～紀元前479年

著 書 『春秋』

◈日本は東の海の彼方の理想の国

氏名は孔、諱《いみな》は丘、字《あざな》は仲尼《ちゅうじ》。子は尊称を示す言葉。周《しゅう》末の魯《ろ》の国に生まれた思想家で、魯の建国者である周公旦《しゅうこうたん》を理想の政治家としている。周公旦は『周礼』や『儀礼』を著すなど、礼学の基礎を築いた人物とも見られている。20代のころに魯に仕官するも、昭公《しょうこう》のクーデターに同調したとして、斉《せい》の国への亡命を余儀なくされる。その後、弟子とともに諸国巡業の旅に出て、69歳のときに魯に戻り、弟子の育成に力を注いでいる。仁と礼にもとづく社会を理想とする。

光武帝 こうぶてい

生没年 紀元前6年～57年

掲載書物 『後漢書』

◈委奴国の王に金印を授与

姓は劉、諱《いみな》は秀、字《あざな》は文淑である。王《おう》莽《もう》によって簒奪されていた漢《かん》王朝を再興した後漢王朝の初代皇帝。23年、洛陽《らくよう》から100万と号する大軍を率いる王莽に対して、わずか3000の兵で立ち向かって勝利している(昆陽の戦い)。その勢いを駆って、洛陽、長安に進軍して、これを陥落。各地を平定したあと、25年に皇帝に即位。儒教を振興し、洛陽に太学を設ける。57年に朝貢してきた委奴国の王(名前は記されていない)に「漢委奴国王」の金印を授けている。

煬帝 ようだい

生没年 589年～618年

掲載書物 『隋書』

◈「日出づる～」の国書に激怒

隋《ずい》の第2代皇帝。姓は煬、諱《いみな》は広、謚号は明皇帝または、煬皇帝、廟号は世祖という。父は文帝・煬堅《ようけん》で、その次子として誕生。華美に耽る兄の煬勇《ようゆう》を追い落として皇帝の座を射止めている。廃嫡しようとしていた父・文帝を殺害したともいわれる。即位後は、皇太子時代とは打って変わって奢侈を好んだという。100万人を動員して大運河を建設。3度にわたる高句麗《こうくり》遠征などを通じて国庫を空にしたため、民衆の反感を買っている。618年に近衛兵によって殺害される。

明帝 めいてい

生没年 204年？～239年

掲載書物 『三国志』

◈卑弥呼の朝貢の翌年に崩御

魏《ぎ》の第2代皇帝。初代文帝《ぶんてい》・曹丕《そうひ》の長男で曹叡《そうえい》という。母は曹操《そうそう》が滅ぼした袁《えん》紹《しょう》の次男・袁熙《えんき》の元妻である甄氏《しんし》で、曹丕が冀州《よくしゅう》を攻め落としたときに、戦場において見初めて妻にしたという経緯がある。甄氏はのちに曹丕によって殺される。238年、公孫淵《こうそんえん》が燕王《えんおう》を自称したため、司馬懿《しばい》を派遣してこれを征伐している。景初《けいしょ》2年(238)6月に卑弥呼《ひみこ》が難升米《なそめ》を魏に遣わせたが、翌年1月に崩御したため、下賜品の仮授は持ち越されることになった。

司馬懿 しばい

生没年 179年〜251年

掲載書物『三国志』

◈思惑通り1年で公孫淵を討伐

姓は司馬、諱《いみな》は懿、字《あざな》は仲達《ちゅうたつ》、諡号は宣帝、廟号は高祖である。三国時代の魏《ぎ》の大将軍として、蜀《しょく》の丞相・諸葛亮《しょかつりょう》と激闘を繰り返した。孫の司馬炎《しばえん》が魏から禅譲されて晋《しん》の皇帝になると、高祖宣帝を追号されている。景初《けいしょ》2年（238）に遼東《りょうとう》の公孫淵《こうそんえん》が反乱を起こすが、明帝《めいてい》からその討伐にどのくらい日数がかかるか聞かれたとき、行きに100日、帰りに100日、攻撃に100日、60日の休養を含めて、ちょうど1年あれば十分と答え、実際その通りの日数で遠征を終えている。

公孫淵 こうそんえん

生没年 生年不詳〜238年

掲載書物『三国志』

◈魏の司馬懿に攻められて滅亡

姓は公孫、諱《いみな》は淵、字《あざな》は文懿という。父は遼東《りょうとう》郡太守・公孫康《こうそんこう》で、公孫瓚《こうそんさん》はその祖父にあたる。瓚の時代から遼東太守を歴任してきた名家であったが、淵の時代になってから、魏《ぎ》の傘下に収まったままであることを不服とし、燕王《えんおう》を自称して魏と敵対するようになる。一時、呉《ご》の孫権《そんけん》に使いを送ってその藩国になることを申し出るが、途中で思い直して呉の使者の首を斬って魏に送ったものの、魏側も警戒して結果的にこれを受け入れることはなかった。司馬懿《しばい》に攻められて滅亡。

好太王 こうたいおう

生没年 374年〜412年

掲載書物『三国史記』

◈倭の侵攻を撃退

姓は高、諱《いみな》は美徳で、広開土王《こうかいどおう》とも呼ばれている。18代・故国壌王《ここくじょうおう》の息子で、391年に高句麗《こうくり》の王として即位している。一時衰退していた高句麗を立て直し、領土を飛躍的に拡大させたことでも知られている。400年には、倭《わ》から攻められていた新羅《しらぎ》に5万の兵を送って、これを退散させている。404年にも倭が攻めてくるが、これも撃退する。412年に39歳の若さで死去したのち、414年に息子の長寿王《ちょうじゅおう》が好太王碑を建てて、その業績を称えた。

朱蒙 しゅもう

生没年 紀元前58年〜紀元前19年

掲載書物『三国史記』

◈卵生伝説を持つ高句麗の建国者

高句麗《こうくり》の初代国王で、夫余《ふよ》を建国した東明聖王《とうめいせいおう》と同一視されることもある。姓は高、諱《いみな》は朱蒙。水神の娘・柳花《りゅうか》と天帝の子・解慕漱《かいぼそう》のあいだにできた子という伝説が残されている。このとき、卵から生まれたとされている。紀元前37年に高句麗を建国。中国東北部の狩猟民族の靺《まつ》鞨《かつ》族を討伐し、沸流国《ふるこく》の王・松譲《やんそん》を降して国土を広めた。のちに伝説的な要素の高い古朝鮮初代王とされる檀君《だんくん》の子であるとまでいわれたことがあるなど、数々の伝説に包まれた人物である。

卜部兼方　うらべのかねかた

生没年 不詳

著　書 『釋日本紀』

◈『日本書紀』の注釈本の作者

鎌倉時代の神道家。名を懐賢《かねかた》ともいう。卜部氏は古くから祭祀を司る氏族で、兼方の父は神祇権大副で、自身も同職に就き、平野神社の社務も務めていた。官位は正四位下。文永《ぶんえい》11年（1274）から正安《しょうあん》3年（1301）ごろに、『日本書紀』の注釈本として『釋《しゃく》日《に》本《ほん》紀《ぎ》』を著している。『先代旧事本紀』や『風土記』『古語拾遺』『日本紀私記』などを参考にしながら、『日本書紀』の原文を改めて解釈し直すとともに、詳細な注釈を加えている。全28巻。

瑞溪周鳳　ずいけいしゅうほう

生没年 1392年～1473年

著　書 『善隣国宝記』

◈中国、朝鮮との外交文書を公開

室町時代の僧で、宗派は臨済宗夢窓派に属す。応永の乱（1399年）の折に父を亡くしたため、京都相国寺で出家している。6代将軍・足利義教《あしかがよしのり》に認められて景徳寺や等持寺、相国寺の住持を歴任している。文正《ぶんしょう》元年（1466）から書き記された『善隣国宝記《ぜんりんこくほうき》』は、それまでの日本と中国や朝鮮半島とのあいだで交わされた、外交文書や外交史に関する事績などを詳しく記したものである。上・中・下の3巻で構成されている。

鄭舜功　ていしゅんこう

生没年 不詳

著　書 『日本一鑑』

◈日本の国情調査にあたった明の探検家

中国明《みん》代の探検家。頻繁に襲撃を繰り返す倭寇《わこう》の存在に困り果てた明王朝が、日本への取締要請と日本の実情を調査するために派遣してきたのが、鄭舜功である。鄭は弘治《こうじ》2年（1556）、琉球を経由して豊後国《ぶんごのくに》へとたどり着いたものの、捕らえられて臼杵において軟禁状態に置かれてしまう。しかしその間に、日本の国情調査を行うことができたため、帰国後その体験をもとに『日本一鑑《にほんいっかん》』を書き記した（帰国後も捕らえられて、7年間投獄されていたともいわれる）。

松下見林　まつしたけんりん

生没年 1637年～1703年

著　書 『異称日本伝』

◈邪馬台国＝大和説を主張

名は慶、号は西峯山人という。江戸時代中期の儒医で、国学者でもある。医業のかたわら、平安時代の歴史書『三代実録』などを校訂している。元禄《げんろく》6年（1693）に刊行した史書『異称日本伝』は、30年もの年月をかけて集約したもので、126種（中国の書が111種、朝鮮の書が15種）もの中国と朝鮮の書物に記された日本の記事を抜粋し、解説を加えている。倭奴国がいにしえの大養徳国《やまとこく》で、邪馬台国《やまとこく》＝大和の国説を唱えている。

新井白石　あらいはくせき

生没年 1657年～1725年

著　書 『古史通或問』

◈大和説を唱えるも、晩年は九州説に変更

江戸中期の儒学者で、歴史学者、地理学者でもあった。また旗本でもあり、加賀藩、甲府藩に仕えたのち、6代将軍・徳川家宣《とくがわいえのぶ》に仕えて実力を発揮した。8代将軍・徳川吉宗《とくがわよしむね》の代に失脚して、著作活動に打ち込む。『古史通』『西洋紀聞』『南島志』『折たく柴の記』など多数の著書を残している。なかでも、邪馬台国《やまたいこく》に関する記事を載せた『古史通或問《こしつうわくもん》』においては畿内大和説を展開。以後の邪馬台国研究に大きな成果をもたらした。晩年は九州説に変更している。69歳で死去。

本居宣長　もとおりのりなが

生没年 1730年～1801年

著　書 『馭戎慨言』

◈荻生徂徠、賀茂真淵の流れを汲む国学者

江戸時代の儒医で国学者でもあった。新井白石《あらいはくせき》の死の5年後、伊勢国松坂の商人の子として生まれている。京都に出て医学と儒学を学ぶものの、次第に荻生徂《おぎゅうそ》徠《らい》に傾倒して国学を志すようになる。松坂に戻ってからは開業医を営みながら、『日本書紀』の研究に勤しむ。このころ、賀茂真淵《かものまぶち》に師事するとともに、『古事記』の研究にも励んでいる。著書に『古事記伝』『源氏物語年紀考』『玉くしげ』『玉《たま》勝間《がつま》』『馭戎慨言《ぎょじゅうがいげん》』『うひ山ぶみ』などがある。

上田秋成　うえだあきなり

生没年 1734年～1809年

著　書 『漢委奴国王金印考』

◈本居宣長との論争でも知られる国学者

江戸時代後期の歌人、俳人で国学者でもあった。大阪曾根崎の生まれで、紙油商人の上田茂助の養子となり、上田姓を名乗り始める。当初は俳諧に親しんでいたが、紙油商を継いだころから賀茂真淵《かものまぶち》一門であった加藤宇万伎《かとううまき》に師事して、国学を学ぶ。怪異小説『雨月物語』を上梓するなど、商売の合間に著作活動を行っている。自宅が火災で紙油商は破産。医学を学んで開業医を営んでいる。51歳のときに著した『漢委奴国王金印考』などを通じて本居宣長と論争している。

伴信友　ばんのぶとも

生没年 1773年～1846年

著　書 『中外経緯伝草稿』

◈本居宣長の流れを汲む国学の大家

若狭藩小浜藩士の子として生まれるが、伴信当の養子として育てられる。本《もと》居宣長《おりのりなが》の養子・本居太平《もとおりおおひら》の弟子となって国学を学び始めて開花。平田篤胤《ひらたあつたね》、橘守《たちばなもり》部《べ》、小山田与清《おやまだともきよ》らとともに天保の国学四大人のひとりに数えられる。延喜式《えんぎしき》神名帳についての考証を記した『神名帳考証』を皮切りに、賀茂神社や稲荷神社について考証した『瀬見小河《せみのおがわ》』や『験《しるし》の杉』のほか、かなの起源について記した『仮名の本末』『中外経緯伝草稿』『日本書紀考』などを著している。

鶴峯戊申 つるみねしげのぶ

生没年 1788年～1859年

著書 『襲国偽僭考』

◈卑弥呼は襲の女酋の類い

江戸時代後期の国学者。海西鶴峯戊申《かいせいつるみねしげのぶ》季尼《きじ》と記されることもある。海西は号、季尼は字《あざな》である。豊後国《ぶんごのくに》八坂神社の神主の子として生まれる。『襲国偽僭考《そのくにぎせんこう》』を著して、邪馬台国《やまたいこく》を『記紀』に記された熊の国で、卑弥呼《ひみこ》をその国の女酋の類いであると断じている。襲国は姫姓であるため姫氏国ともいい、倭《わ》という名も襲人が建てた国号であることも記している。卑弥呼が畏くも姫尊と称したことを非難している。ほかに、『金契木文字考』『本教異聞』などの著書がある。

那珂通世 なかみちよ

生没年 1851年～1908年

著書 『支那通史』

◈明治時代を代表する東洋史学の先駆者

福沢諭吉《ふくざわゆきち》の書生となったあと、慶応義塾別科に入学。在学中に『日本古代文学考』を著す。卒業後、中学校教師や東京女子師範学校校長などを経て、東京高等師範学校の教授および東京帝国大学の講師となる。明治時代を代表する歴史学者で、東洋史学の先駆者としても知られる。中国史『支那通史』のほか、日本の紀年問題を検証した『日本上古年代考』『上世年紀考』などを著している。那珂通世氏の研究は、のちに内藤湖南《ないとうこなん》氏にも大きな影響を与えた。

白鳥庫吉 しらとりくらきち

生没年 1865年～1942年

著書 『倭女王卑弥呼考』

◈内藤湖南氏と対立した東京帝大教授

東京帝国大学(現・東京大学)文学部教授。東洋史学者。東洋史学の大家・那珂《なか》通世《みちよ》氏に師事している。明治43年(1910)に『東亜之光』に『倭女王卑弥呼考《ひみここう》』を著し、邪馬台国《やまたいこく》=北九州説を展開して話題となる。同年に発表された京都帝国大学(現・京都大学)教授・内藤湖南《ないとうこなん》氏が著した『卑弥呼考』の畿内大和説と真っ向から対立したことはよく知られるところである。実証学派の内藤湖南氏に対して、文献史派ともいわれる。

内藤湖南 ないとうこなん

生没年 1866年～1934年

著書 『卑弥呼考』

◈邪馬台国＝畿内大和説を展開

本名は虎次郎《とらじろう》。湖南は号。秋田師範学校を卒業したのち、小学校の教員となったあと上京して、雑誌記者や新聞編集者となる。のちに京都帝国大学(現・京都大学)文化大学史学科の教授となる。東洋学者。明治43年(1910)に『卑弥呼考《ひみここう》』を著して白鳥庫吉《しらとりくらきち》氏と邪馬台国《やまたいこく》論争を繰り広げた。邪馬台国を畿内大和に比定するとともに、卑弥呼を倭姫命《やまとひめのみこと》に、その男弟を景行《けいこう》天皇に、難升米《なそめ》を新羅《しらぎ》の王子といわれる田道間守《たじまもり》に比定している。

橋本増吉　はしもとますきち

生没年 1880年～1956年

著　書『邪馬台国及び卑弥呼に就て』

◈白鳥 VS 内藤の東西対決に参戦

東洋史学者。慶応義塾大学教授から東洋大学教授を経て、東洋大学の学長に就任している。白鳥庫吉《しらとりくらきち》氏と内藤湖南《ないとうこなん》氏の邪馬台国《やまたいこく》論争において、白鳥氏の論説におおむね同調したのに対して、内藤氏の畿内大和説に真っ向から反対の立場を表明している。橋本氏は、卑弥呼《ひみこ》の死を247年、崇神《すじん》天皇の崩御年を258年としている。崇神天皇の前に死んだ卑弥呼が崇神天皇の孫にあたる倭姫命《やまとひめのみこと》と同一人物ではありえないことからも、倭媛命＝卑弥呼説を主張する内藤氏を批判する。

笠井新也　かさいしんや

生没年 1884年～1955年

著　書『邪馬台国はヤマトである』

◈箸墓を卑弥呼の墓に比定して話題に

考古学者。徳島の中学校教師から徳島大学の教授に転身している。大正11～13年(1922～1924)の『考古学雑誌』に、『邪馬台国はヤマトである』『卑弥呼《ひみこ》時代における畿内と九州における文化的並に政治的関係』『卑弥呼即ち倭迹迹日百襲姫命』を発表。箸墓《はしはか》を卑弥呼の墓に比定して話題を呼んだ。卑弥呼が没したのを248年とし、崇神《すじん》天皇の没したのが258年であるというところから、卑弥呼と倭《やまと》迹《と》迹《と》日《び》百襲《ももそ》姫命《ひめのみこと》が同世代の人物で、ふたりが同一人物であると発表している。

梅原末治　うめはらすえじ

生没年 1893年～1983年

著　書『本邦古代の状態に対する考古学的研究に就いて』

◈末永氏との確執もあった考古学の重鎮

京都帝国大学で考古学教室を開いた濱《はま》田《だ》耕作《こうさく》氏に師事。文化大学陳列館助手として活動。その後、中国や朝鮮に渡って考古学の研究に励んだ。のちに京都大学名誉教授となっている。日本考古学の基礎を築いたとして知られる考古学者。橿原考古学研究所の初代所長で、のちに関西大学名誉教授となった末永雅雄《すえながまさお》氏との確執もよく知られている。著書、論説に『日本考古学論攷』『日本古玉器雑攷』『本邦古代の状態に対する考古学的研究に就いて』などがある。

肥後和男　ひごかずお

生没年 1899年～1981年

著　書『倭姫命考』

◈卑弥呼を倭迹迹日百襲姫命に比定

歴史学者。京都帝国大学在学中、濱田《はまだ》耕作《こうさく》氏に考古学を学んでいる。宮座《みやざ》(鎮守や氏神の祭祀に携わる組織)の研究でも知られる、日本古代史の重鎮。『古代伝承研究』『宮座の研究』『天皇制の成立』『日本における原始信仰の研究』『日本神話の歴史的形成』などの著書がある。昭和13年(1938)に発表した『倭姫命考』では、卑弥呼《ひみこ》を倭迹迹日百襲姫命《やまとととびももそひめのみこと》に比定している。東京教育大学名誉教授、大正大学教授などを歴任している。

榎一雄　えのきかずお

生没年 1913年～1989年

著　書『邪馬台国』

◈放射式解読法の考案者

東洋史学者。東京帝国大学在学中、白《しら》鳥庫吉《とりくらきち》氏に学ぶ。邪馬台国《やまたいこく》論争の柱ともいわれる「魏志倭人伝《ぎしわじんでん》」の行程記事の解読において、伊都国《いとこく》を起点とする放射式解読方法を発表して、邪馬台国を筑後山《ちくごやま》門《と》に比定している。また、「水行十日。陸行一月」を「水行十日」あるいは「陸行一月」と解釈している。それまでの順次式解読方法では邪馬台国を九州以外に比定せざるをえなかったが、榎氏の放射式解読法の導入によって九州説が蘇ることになった。東京大学名誉教授。

星野恒　ほしのひさし

生没年 1839年～1917年

著　書『国史纂要』

◈日朝同国論で話題を呼ぶ

『海防論』を著した江戸時代の儒学者・塩谷宕陰《しおのやとういん》に漢学を学ぶ。明治政府による正史の編纂を行う修史事業に参画した折に、川田剛《かわだたけし》氏や依田学海《よだがっかい》氏らと編集方針を巡って対立したことも知られている。須佐之男命《すさのおのみこと》が新羅《しらぎ》出身者であるところから、日本と朝鮮がもともと一つの国であったとの説を展開して、注目を集めた。著書に『国史纂要』『史学叢説』などがある。漢学者。帝国大学文化大学(現・東京大学)教授。

三品彰英　みしなしょうえい

生没年 1902年～1971年

著　書『邪馬台国研究総覧』

◈名著『邪馬台国研究総覧』の著者

歴史学者。海軍教授、エール大学客員教授などを経て、大谷大学教授、同志社大学教授、大阪市立博物館館長、佛教大学教授などを歴任。著書に『日本書紀研究』『日本神話論』『神話と文化史』『新羅花郎の研究』『邪馬台国《やまたいこく》研究総覧』『蓮如上人伝序説』『要解日本歴史辞典』などがある。特に邪馬台国研究者の論説を集大成した『邪馬台国研究総覧』は、邪馬台国研究者の必読の書としても知られている。

津田左右吉　つだそうきち

生没年 1873年～1961年

著　書『邪馬台国の位置について』

◈不運な時代を生き抜いた反骨の歴史家

歴史学者。早稲田大学教授。『古事記及び日本書紀の新研究』(1919年)、『神代史の研究』(1924年)、『日本上代史研究』(1930年)を著して、『古事記』や『日本書紀』などに記された日本の古代史を、近代実証主義的な視点から検証して批判した。軍政下にあった当時としては受け入れられるものではなく、皇室を批判したとして発禁処分に科せられ、禁錮3か月、執行猶予2年の有罪判決を受けている。戦後はその反動もあって、津田史学として熱狂的に受け入れられている。

和辻哲郎 わつじてつろう

生没年 1889年～1960年

著　書 『魏志倭人伝』

◈日本文化論を記す倫理学の大家

哲学者。倫理学者。東京帝国大学在学中に、谷崎潤一郎《たにざきじゅんいちろう》や芦田均《あしだひとし》らとともに第2次『新思潮』を創刊している。小山内《おさない》薫《かおる》氏らとともに、リアリズムを追求する新劇運動に参加したこともある。東洋大学教授、法政大学教授、京都帝国大学教授、大谷大学教授、東京帝国大学教授などを歴任。倫理学会を創設して初代会長を務める。『ニイチェ研究』『倫理学』『古寺巡礼』『風土』『日本古代文化』『原始仏教の実践哲学』などの著書がある。雑誌『世界』の創刊にもかかわる。

宮崎康平 みやざきこうへい

生没年 1917年～1980年

著　書 『まぼろしの邪馬台国』

◈盲目の邪馬台国研究家

本名は懋《つとむ》。のちに一彰と改名。早稲田大学を卒業後、東宝に入社して脚本家となる。兄の死去により帰郷して家業の土建業を継ぐが、経営が思わしくなく倒産。島原鉄道の常務にも去就していたが、過労のため失明し職を辞して古代史研究に打ち込み始める。昭和42年(1967)に『まぼろしの邪馬台国《やまたいこく》』(邪馬台国を島原周辺に比定)を出版してベストセラーになり、吉川英治文化賞を受賞。平成20年(2008)には吉永小百合、竹中直人主演の映画『まぼろしの邪馬台国』も公開。

古田武彦 ふるたたけひこ

生没年 1926年～

著　書 『「邪馬台国」はなかった』

◈次々と通説を覆す異色の大家

長野、兵庫、京都の各高校で教師を務めたあと、古代史研究に専念する。昭和46年(1971)に『「邪馬台国《やまたいこく》」はなかった』を出版。邪馬台国は邪馬壹国《やまいちこく》の誤りとする説を展開して話題を呼ぶ。『失われた九州王朝』や『盗まれた神話—記・紀の秘密』では、九州王朝と大和王朝の関係にも新説を展開している。邪馬台国＝博多湾沿岸説を主張。神武《じんむ》天皇実在説を唱える。昭和薬科大学教授。『東日流《つがる》外三《そとさん》郡誌《ぐんし》』の寛政《かんせい》原本の真贋を巡って安本美《やすもとび》典《てん》氏と論戦を繰り広げた。

大和岩雄 おおわいわお

生没年 1928年～

著　書 『新邪馬台国論』

◈古代史研究に情熱を燃やす出版人

大和書房および青春出版社の創業者で、古代史研究家としても知られる。長野師範学校(現・信州大学)卒業後、中学校の教員となったあと、人生誌『葦』の編集に携わったのちに上京して『人生手帖』の編集に携わる。のちに出版社を自ら経営するとともに、古代史の研究に熱中する。著書に『天武天皇出生の謎』『人麻呂の実像』『信濃古代史考』『遊女と天皇』『魔女はなぜ空を飛ぶか』『新邪馬台国論』『箸墓は卑弥呼の墓か』などがある。

安本美典 やすもとびてん

生没年 1934年〜

著書 『「邪馬台国＝畿内説」「箸墓＝卑弥呼の墓説」の虚妄を衝く！』

◈邪馬台国＝甘木・朝倉説を展開

古代史研究家で心理学者でもある。産能大学教授。『季刊邪馬台国《やまたいこく》』を創刊。『新邪馬台国への道』『卑弥呼の謎』『邪馬一国はなかった』『日本語の誕生』『吉野ヶ里の証言』『奴国の滅亡』などの著書がある。邪馬台国＝高天原《たかまのはら》＝甘木・朝倉、卑弥呼《ひみこ》＝天照大御神《あまてらすおおみかみ》、天岩屋戸の伝承は卑弥呼の死を暗示したもの、1〜4世紀の天皇在位年数の平均が約10年にあたる、邪馬台国東遷説などを唱えている。

付録

「魏志倭人伝」全文

読み下し

倭人《わじん》は帯方《たいほう》の東南の大海のなかにある。山島に依りて国邑《こくゆう》を為す。もとは百余国で、漢《かん》の時代に朝見する者があったが、今は使者が通ってくるところは三十か国である。郡より倭に至る。海岸に沿って水行し、韓国内を南へ東へと蛇行を繰り返しながら、その北岸にある狗邪韓国《くやかんこく》へと到る。その間の距離は七千余里である。

始めてひとつの海を渡り、千余里いくと対海国《たいかいこく》に至る。その国の大官は卑狗《ひく》といい、副官を卑奴母離《ひぬもり》という。そこは孤島で、四百余里四方の広さである。土地柄は山が険しく、森林が多く、道は禽獣や鹿が行き交うような獣道のようである。人家は千余戸で、良田はなく、人々は海産物を獲って暮らしている。船で南北の国々と行き来して穀物を買い入れている。また、海を渡ること千余里。名を瀚海《かんかい》という。一大国《いちだいこく》に至る。官は亦卑狗《ひく》といい、副は卑奴母離《ひぬもり》という。三百里四方の広さである。竹木叢林《そうりん》が多く、三千ばかりの家があり、田地も多少ある。しかし田を耕すも猶食うには足らず。亦南北に行き来して穀物を買い入れている。また、海を渡ること千余里で末盧国《まつろこく》に至る。四千余戸あり。山海に沿って住む。草木が生い茂り、行く手に人の姿を見ることがない。魚鰒《ぎょふく》を捕らえることを好む。水深が深くても浅くても、皆潜ってこれを獲る。東南に陸行すること五百里で伊都国《いとこく》に到る。長官は爾支《じき》といい、副官は泄謨《えいも》觚《こ》、柄渠觚《へいきょこ》という。千余戸あり。代々王あり。皆、女王国に属す。郡使の往来、常に駐《とどま》るところである。東南に向かうこと百里で奴国《ぬこく》に至る。長官を兕馬觚《じまこ》といい、副官を卑奴母離《ひぬもり》という。人家は二万余戸ある。東百里で不弥国に至る。長官は多模《たも》、副官は卑奴母離《ひぬもり》である。人家は千余家である。南へ水行二十日で投馬国へ至る。長官は彌《み》彌《み》、副官は彌彌那利《みみなり》である。人家は五万余戸である。南へ向かうと邪馬台《やまたい》(壹《いち》)国《こく》に至る。女王の都とするところである。そこに至るまで、水行十日、陸行一月である。長官は伊支馬《いしま》、次が彌馬升《みましょう》、次が彌馬獲支《みまかくき》、次が奴佳鞮《ぬかてい》という。人家は七万余戸ばかりである。

女王国自《よ》り以北は、戸数道理は略《ほぼ》載せることができるが、其の余《ほか》の旁国《ぼうこく》は遠く絶《へだ》たっているので、詳《つまびら》かにすることができない。次に斯馬国《しまこく》があり、次に已百支国《いほきこく》があり、次に伊邪国《いやこく》があり、次に都支国《ときこく》があり、次に彌奴国《みぬこく》があり、次に好古都国《ここところ》があり、次に不呼国《ふここく》があり、次に姐奴国《しゃぬこく》があり、次に対蘇国《たいそこく》があり、次に蘇奴国《そぬこく》があり、次に呼邑国《こゆうこく》があり、次に華奴蘇奴国《かぬそぬこく》があり、次に鬼国《きこく》があり、次に為吾国《いごこく》があり、次に鬼奴国《きぬこく》があり、次に邪馬国《やまこく》があり、次に躬臣国《きゅうしんこく》があり、次に巴利国《はりこく》があり、次に支《し》惟国《いこく》があり、次に烏奴国《おぬこく》があり、次に奴国《ぬこく》がある。此れ女王の境界の尽きるところである。その南に狗奴国《くぬこく》がある。男子を王と為す。長官は狗古智卑狗《くこちひく》である。女王に属せず。郡自《よ》り女王国に至るまで一万二千余里である。

男子は皆、大小の身分の差に関係なく入れ墨をしている。古くから倭の使者が中国にくると、皆大夫《たいふ》と称している。夏《か》の皇帝・少康《しょうこう》の子が会稽《かいけい》に封じられたとき、断髪して入れ墨をして蛟龍《こうりゅう》の害を避けた。今、倭の水人が水に潜って魚や蛤を獲るのに入れ墨をするのは、大魚や水禽《すいきん》から身を守るためである。しかし、後にはこれは飾りにもなっている。諸国によって入れ墨の仕方が異なっている。或いは左に、また或いは右に、或いは大きくし或いは小さくし、また尊卑によっても差があった。帯方郡からの道里を計算してみると、倭は会稽東治《とうち》(冶《や》)の東に位置している。倭人の風俗はきちんとしている。男子は皆髪を結い、木綿で頭を巻いている。衣服は横幅の広い布で結び束ねているだけで、ほとんど縫うこともない。婦人はお下げ髪にしたり束ねたりしている。衣服は単衣のように作り、中央に穿《あな》を開けて頭からかぶるようにして着用している。

その地では禾稲《かとう》と紵麻《ちょま》を植え、蚕を飼って糸を紡ぎ、目の細かい麻布や縑緜《けんめん》を作り出す。そこには牛馬虎豹羊鵲《かささぎ》はいない。兵は矛、楯、木弓を用いる。木弓は下を短く、上を長くし、竹矢に鉄か骨の鏃《やじり》をつける。その有様は儋耳《たんじ》、朱崖《しゅがい》と同じである。倭の土地は温暖で、冬夏にかかわらず生野菜を食べ、誰もが裸足である。家屋はあるが、父母兄弟はそれぞれ寝所を別にしている。朱や丹を身体に塗るが、それは中国で白粉を塗るのと同じである。食事のときは、たかつきを用い、手づかみで食べる。人が死ぬと、十日ほどもがりをし、その間は肉を食べず、喪主は哭泣し、他の者は歌舞飲酒する。埋葬が終わると、家中の者が水中に入って身体を清める。その様子は中国の練沐と似ている。倭の者が海を渡って中国に往来するときは、いつもひとりの者を選んで、髪も梳《と》かさず、しらみも取らず、衣服は汚れたままで、肉も食べず、婦人も近づけず、喪中の人のようにさせる。それを持衰《じさい》という。もしその旅が無事であれば、皆でその者に家畜や財物を与えるが、病人が出たり、思いがけない禍があった場合には、その者を殺そうとする。その者の慎み方が足りなかったからである。

その地では、真珠、青玉《せいぎょく》を産出する。山には丹《たん》が有り、木には柟《くす》、杼《とち》、豫樟《よしょう》、楺《じゅう》、櫪《れき》、投《とう》、橿《きょう》、烏号《うごう》、楓香《ふうこう》が有る。竹には篠《しょう》、簳《かん》、桃支《とうし》が有り、薑《きょう》、橘《きつ》、椒《しょう》、蘘荷《じょうか》も有るが滋味を知らず食べることがない。獼猴《びこう》、黒雉《こくち》も有る。なにか事を起こそうというときや旅に出るときは、骨を灼《や》いて卜《うらな》い、吉凶を占《み》る。まず卜う内容を告げるが、その言葉は、中国の令亀《れいき》の法と同じで、灼いてできたヒビを視てその兆しを占って判断する。会合においての立ち居振る舞いには、父子、男女の区別はない。大人《たいじん》(有力者)が敬われる様子は、ひざまずいて拝む代わりに手を打つだけである。人々は長生きで、百歳、或は八、九十歳の人もいる。大人は皆四〜五人の妻を持ち、下戸《げこ》(一般の住民)でも或る者は二〜三人の妻がいる。婦人たちは身持ちがしっかりとしていて、嫉妬することもない。盗みをすることもせず、訴訟沙汰も少ない。法を犯した者がいると、軽い者は、その妻子を没収し、重い者は、その一門全体を根絶やしにする。宗族間の関係や尊卑については序列があって、上の者の言いつけはよく守られる。租税や賦役の徴収が行われ、租税を収める倉庫が置かれている。国々で市が開かれ、各地方の物産の交易が行われて、大倭が命じられてその監督にあたっている。女王国より北の地域には、特別に一大率の官が置かれて、国々を監視し、国々はそれを恐れている。一大率はいつも伊都国に役所が設けられ、国々の間では、中国の刺史のような権威を持っている。倭王が京都や帯方郡や韓の国々に使いを送る場合、あるいは帯方郡からの使者が倭に遣わされる時には、いつも港で荷物を広げて数目を調べ、送られてくる文書や下賜品が女王のもとに届いたとき、間違いがないか確認する。身分の低い者が有力者と道端で出会ったときは、逡巡《しゅんじゅん》して草のなかに入り、言葉を伝えたり説明したりするときにはうずくまったり、ひざまずいたりし、両手を地につけて恭純の意を示す。答えるときには「噫《おお》」という。承知しましたというのと同じである。

その国では、もともと、男子が王位に就いていたが、七〜八十年続いたのち、倭の国々が戦乱に見舞われて、互いに攻撃し合うような状態が続いた。そこで、各国が共立して、ひとりの女子を王に立てた。その者の名を卑弥呼《ひみこ》と曰《い》う。鬼道の祭祀者で、人々に崇められていた。年は已《すで》にかなりな年齢に達していたが、夫はなく、弟が輔佐して国を統治していた。王位に就いて以来、彼女の姿を見る者はほとんどいない。侍女が千人も侍らせているが、男子がひとりだけいて、彼女の飲食の世話をし、その言葉を伝えるために出入している。

起居する宮室や楼観《ろうかん》には城柵が厳しく設けられ、常に見張りの兵が常に警護していた。

女王国の東、海を渡ること千余里いくと、また国がある。皆倭と同じ人種の人々の国である。その南に侏儒国《しゅじゅこく》がある。人々の身長は三〜四尺である。その国は女王(国)から四千余里離れている。その東南に船で一年かかるところに裸国《らこく》、黒歯国《こくしこく》がある。倭国はあれこれ鑑みるに遠く離れた海のなかの島々にあって、海で隔てられたり隣り合ったりしている。その国々を巡ると、五千里余りになる。

景初《けいしょ》二年六月、倭の女王は大夫・難升米《なそめ》等を郡に遣わして、天子に朝見して献上物を授けたいと願い出てきた。太守・劉夏《りゅうか》は、道案内の官吏と護衛の兵をつけて、これを都へ向かわせた。その年の十二月、卑弥呼を親魏倭王とする詔書が下された。「帯方郡の太守・劉夏が倭の遣使を護衛して、汝の大夫・難升米、次使都市牛利《たしごり》を都に送り、汝の献ずる男生口《せいこう》四人、女生口六人、班布《はんぷ》二匹二丈を奉ってやってきた。汝のいる所は遥かに遠いにもかかわらず、使いを遣わして貢献してきた。これこそ汝の忠孝の表れである。我、甚《はなは》だ汝の忠愛に心を動かされた。今、汝を親魏倭王に任じ、金印《きんいん》紫綬《しじゅ》を授け、装封して帯方の太守に託し授ける。汝は、種族の者を綏撫《すいぶ》して、孝順に務めよ。汝の使者・難升米と牛利は遠く旅して苦労を重ねた。よって今、難升米を中郎将とし、牛利を率善校尉とし、ともに銀印青綬《ぎんいんせいじゅ》を与えて、引見してねぎらいの言葉をかけて下賜品を与えたのち、帰国させる。今、絳地交龍錦《こうちこうりゅうきん》五匹、絳地縐粟罽《こうちすうしょくけい》十張、蒨絳《せんこう》五十匹、紺青《こんじょう》五十匹を以て、汝が献じてきた貢物への代償とする。又、特に汝には、紺地句文錦《こんちくもんきん》三匹、細班華罽《さいはんかけい》五張、白絹五十匹、金八両、五尺の刀二口、銅鏡百枚、真珠、鉛丹各々五十斤を賜い、皆、装封して難升米、牛利に託す。帰り着いたら目録と違いがないか確認したあと、これらすべてをの汝の国のものたちに示して、我が朝廷が汝らを哀《いつく》しんでいることを知らしめるように。それ故に、汝に好《よ》き物を下賜するのである」

正始元年、太守・弓遵《きゅうじゅん》は、建中校尉・梯儁《ていしゅん》等に詔書、印綬を持たせて倭国に遣わし、倭王に詔を伝え、金、帛《はく》、錦、罽《けい》、刀、鏡、采物《さいぶつ》を下賜した。倭王はその使者を通じて上表し、恩詔に対して感謝の気持ちを表した。同四年、倭王はまた使者の大夫・伊《い》声耆《せいき》や掖邪狗《ややこ》等八人を遣わして、生口、倭錦、絳青縑《こうせいけん》、緜衣《めんい》、帛布《はくふ》、丹木猏短《たんぼくゆづか》弓、矢を献上した。掖邪狗らは皆、率善中郎将の印綬を賜った。同六年、詔があって、倭の難升米に黄幢《こうどう》が下賜され、帯方郡を通じて仮授された。同八年、太守・王頎《おうき》が赴任した。倭の女王・卑弥呼は、狗奴国《くぬこく》の男王・卑弥弓呼《ひみここ》ともともと不和であった。倭の載《さい》斯《し》、烏越《うえつ》等を帯方郡に遣わして、相攻撃する事態にあるを報告している。これに対して、帯方郡から塞曹掾史《さいそうえんし》の張政《ちょうせい》らが遣わされ、郡に保管されていた詔書、黄幢を難升米に仮授し、檄文《げきぶん》を認めて和解するよう諭すのである。

卑弥呼が死ぬと、大きな冢《つか》が作られた。直径は百余歩。奴隷百余人が殉葬された。続いて男王を立てたが国中が服さず、互いに殺し合うようになり、千余人もが殺されたという。そこで再び、卑弥呼の宗女であった台《と》(壹《いち》)与《よ》という十三歳の少女を立てて王としたところ、国中がやっと治まった。張政らは、書を以て台与を励ますと、台与は倭の大夫で率善《そつぜん》中郎将・掖邪狗ら二十人を、張政らの帰国に伴って帯方郡に派遣している。掖邪狗らは洛陽にいき、男女の生口三十人を献上し、白珠《はくしゅ》を五千孔、青い大句珠を二枚、異文《いもん》の雑錦《ざっきん》二十匹を献貢した。

「魏志倭人伝」全文

原文

倭人在帯方東南大海之中。依山島為国邑。旧百余国。漢時有朝見者。今使訳所通三十国。従郡至倭。循海岸水行。歴韓国。乍南乍東。到其北岸狗邪韓国。七千余里。

始度一海千余里。至対海国。其大官曰卑狗。副曰卑奴母離。所居絶島。方可四百余里。土地山険。多森林。道路如禽鹿径。有千余戸。無良田。食海物自活。乗船南北市糴。又南渡一海千余里。名曰瀚海。至一大国。官亦曰卑狗。副曰卑奴母離。方可三百里。多竹木叢林。有三千許家。差有田地。耕田猶不足食。亦南北市糴。又渡一海千余里。至末盧国。有四千余戸。浜山海居。草木茂盛。行不見前人。好捕魚鰒。水無深浅。皆沈没取之。東南陸行五百里。到伊都国。官曰爾支。副曰泄謨觚。柄渠觚。有千余戸。世王有。皆統属女王国。郡使往来常所駐。東南至奴国百里。官曰兕馬觚。副曰卑奴母離。有二万余戸。東行至不弥国百里。官曰多模。副曰卑奴母離。有千余家。南至投馬国。水行二十日。官曰彌彌。副曰彌彌那利。可五万余戸。南至邪馬台(壹)国。女王之所都。水行十日。陸行一月。官有伊支馬。次曰彌馬升。次曰彌馬獲支。次曰奴佳鞮。可七万余戸。

自女王国以北。其戸数道理。可得略載。其余旁国遠絶。不可得詳。次有斯馬国。次已百支国。次有伊邪国。次有都支国。次有彌奴国。次有好古都国。次有不呼国。次有姐奴国。次有対蘇国。次有蘇奴国。次有呼邑国。次有華奴蘇奴国。次有鬼国。次有為吾国。次有鬼奴国。次有邪馬国。次有躬臣国。次有巴利国。次有支惟国。次有烏奴国。次有奴国。此女王境界尽。其南有狗奴国。男子為王。其官有狗古智卑狗。不属女王。自郡至女王国万二千余里。

男子無大小。皆黥面文身。自古以来。其使詣中国。皆自称大夫。夏后少康之子。封於会稽。断髪文身。以避貢蛟龍之害。今倭水人好沈没捕魚蛤。文身亦以厭大魚水禽。後稍以為飾。諸国文身各異。或左或右。或大或小。尊卑有差。計其道里。当在会稽東冶(治)之東。其風俗不淫。男子皆露紒。以木緜招頭。其衣横幅。但結束相連。略無縫。婦人被髪屈紒。作衣如単被。穿其中央。貫頭衣之。

種禾。稲。紵。麻。蚕桑緝績。出細紵。縑。緜。其地無牛。馬。虎。豹。羊。鵲。兵用矛。楯。木弓。木弓短下長上。竹箭或鉄鏃。或骨鏃。所有無与儋耳。朱崖同。倭地温暖。冬夏食生菜。皆徒跣。有屋室。父母兄弟臥息異処。以朱丹塗其身体。如中国用粉也。食飲用籩豆手食。其死有棺無槨。封土作冢。始死停喪十余日。当時不食肉。喪主哭泣。他人就歌舞飲酒。已葬挙家詣水中澡浴。以如練沐。其行来渡海詣中国。恒使一人。不梳頭。不去蟣蝨。衣服垢汚。不肉食。不近婦人。如喪人。名之為持衰。若行者吉善。共顧共生口。財物。若有室病遭暴害。便欲殺之。謂其持衰不謹。

出真珠。青玉。其山有丹。其木有枏。杼。豫樟。楺。櫪。投。橿。烏号。楓香。其竹篠。簳。桃支。有薑。橘。椒。蘘荷。不知以為滋味。有獮猴。黒雉。其俗挙事行来。

有所云為。輒灼骨而卜。以占吉凶。先告所卜。其辞如令亀法。視火坼占兆。其会同坐起。父子男女無別。人性嗜酒。見大人所敬。但搏手以当拝。其人寿考。或百年。或八九十年。其俗。国大人皆四五婦。下戸或二三婦。婦人不淫。不妒忌。不盗窃。少諍訟。其犯法。軽者没其妻子。重者没其門戸及宗族。尊卑各有差序。足相臣服。収租賦。有邸閣。国国有市。交易有無。使大倭監之。自女王国以北。特置一大率。検察諸国。畏憚之。常治伊都国。於国中有如刺史。王遣使詣京都。帯方郡。諸韓国。及郡使倭国。皆臨津捜露。伝送文書賜遺之物。詣女王。不得差錯。下戸大人相逢道路。逡巡入草。伝辞説事。或蹲或跪。両手拠地。為之恭敬。対応声曰噫。比如然諾。

其国本亦以男子為王。住七八十年。倭国乱。相攻伐歴年。乃共立一女子為王。名曰卑弥呼。事鬼道。能惑衆。年已長大。無夫婿。有男弟佐治国。自為王以来。少有見者。以婢千人自代侍。唯有男子一人給飲食。伝辞出入居処。宮室。楼観。城柵厳設。常有人持兵守衛。

女王国東渡海千余里。復有国。皆倭種。又有侏儒国。在其南。人長三四尺。去女王四千余里。又有裸国。黒歯国。復在其東南。船行一年可至。参問倭地。絶在海中洲島之上。或絶或連。周旋可五千余里。

景初二年六月。倭女王遣大夫難升米等詣郡。求詣天子朝献。太守劉夏遣使。将送詣京都。其年十二月。詔書報倭女王曰。制詔親魏倭王卑弥呼。帯方郡太守劉夏遣使。送汝大夫難升米。次使都市牛利。奉汝所献男生口四人。女生口六人。班布二匹二丈。以到。汝所在踰遠。乃遣使貢献。是汝之忠孝。我甚哀汝。今以汝為親魏倭王。仮金印紫綬。装封付帯方太守仮授。汝其綏撫種人。勉為孝順。汝来使難升米。牛利渉遠。道路勤労。今以難升米。為率善中郎将。牛利為率善校尉。仮銀印青綬。引見労賜遣還。今以絳地交龍錦五匹。絳地縐粟罽十張。蒨絳五十匹。紺青五十匹。答汝所献貢直。又特賜汝紺地句文錦三匹。細班華罽五張。白絹五十匹。金八両。五尺刀二口。銅鏡百枚。真珠。鉛丹各五十斤。皆装封付難升米。牛利。還到録受。悉可以示汝国中人。使知国家哀汝。故鄭重汝好物也。

正始元年。太守弓遵遣建中校尉梯儁等。奉詔書印綬。詣倭国。拝仮倭王。并齎詔。賜金。帛。錦罽。刀。鏡。采物。倭王因使上表。答謝恩詔。其四年。倭王復遣使大夫伊声耆掖邪狗等八人。上献生口。倭錦。絳青縑。緜衣。帛布。丹木𤝔短弓。矢。掖邪狗等。壹拝率善中郎将印綬。其六年。詔賜倭難升米黄幢。付郡仮授。其八年。太守王頎到官。倭女王卑弥呼与狗奴国男王卑弥弓呼素不和。遣倭載斯。烏越等詣郡。説相攻撃状。遣塞曹掾史張政等。因齎詔書。黄幢。拝仮難升米。為檄告喩之。

卑弥呼以死。大作冢。径百余歩。殉葬者奴卑百余人。更立男王。国中不服。更相誅殺。当時殺千余人。復立卑弥呼宗女台(壹)与年十三為王。国中遂定。政等以檄告喩台与。台与遣倭大夫率善中郎将掖邪狗等二十人。送政等還。因詣壹。献上男女生口三十人。貢白珠五千孔。青大句珠二枚。異文雑錦二十匹。

●神統譜

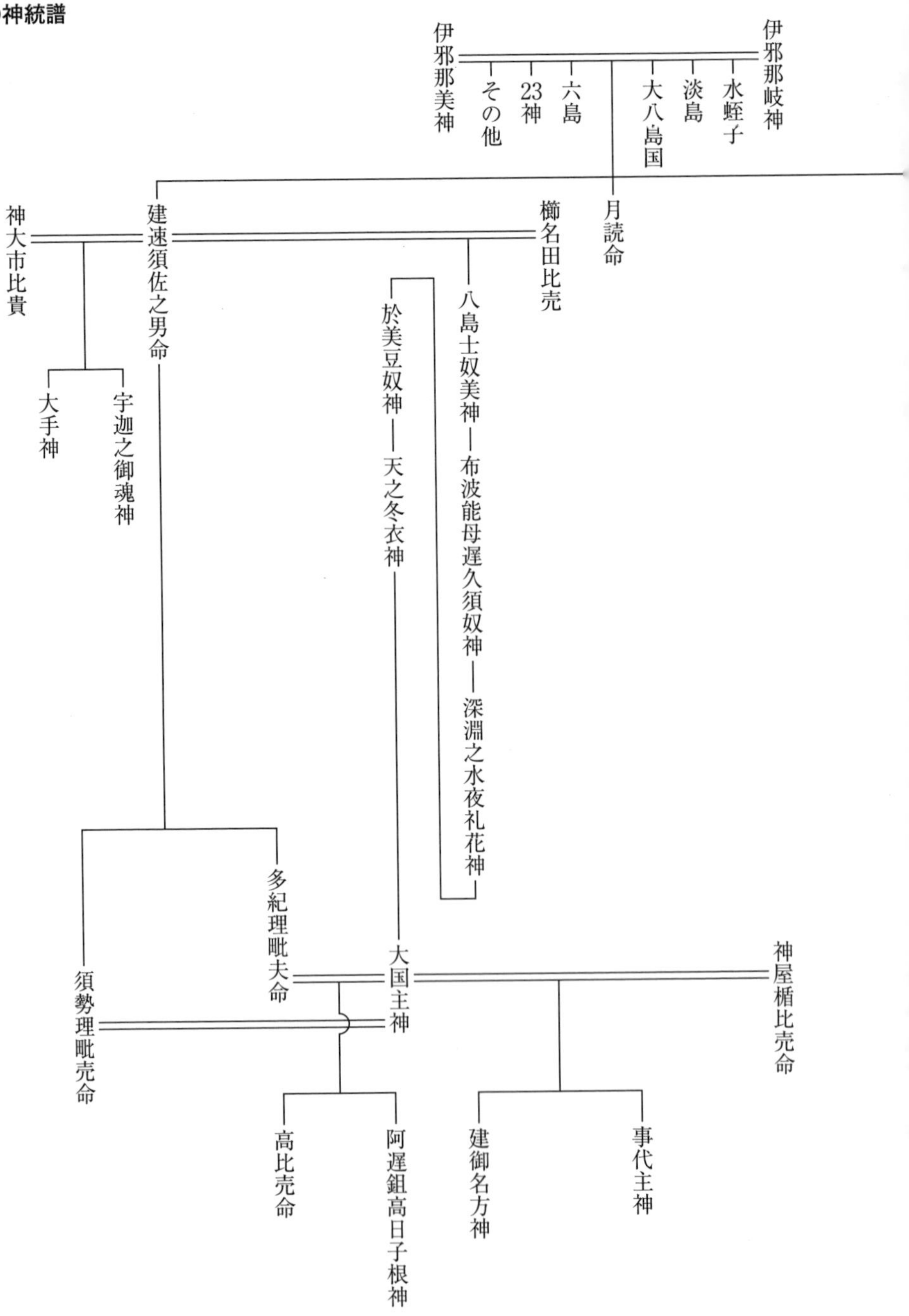
伊邪那岐神
伊邪那美神
水蛭子
淡島
大八島国
六島
23神
その他
月読命
櫛名田比売
建速須佐之男命
神大市比貴
八島士奴美神
布波能母遅久須奴神
深淵之水夜礼花神
於美豆奴神
天之冬衣神
宇迦之御魂神
大手神
多紀理毗夫命
須勢理毗売命
大国主神
神屋楯比売命
高比売命
阿遅鉏高日子根神
建御名方神
事代主神

大山津見神（山神）—神阿多津比売（木花之佐久夜毘売）

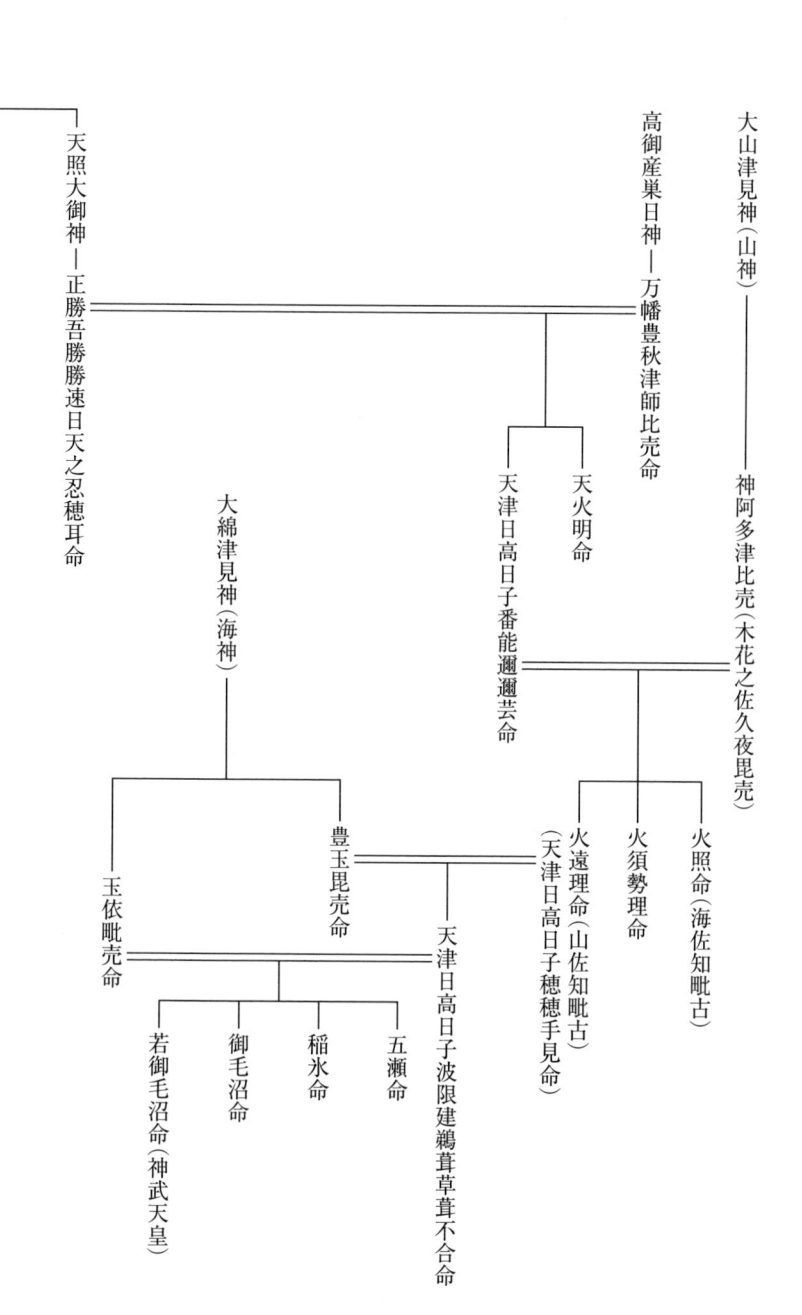

高御産巣日神—万幡豊秋津師比売命

天照大御神—正勝吾勝勝速日天之忍穂耳命

正勝吾勝勝速日天之忍穂耳命＝万幡豊秋津師比売命
- 天火明命
- 天津日高日子番能邇邇芸命

天津日高日子番能邇邇芸命＝神阿多津比売（木花之佐久夜毘売）
- 火照命（海佐知毘古）
- 火須勢理命
- 火遠理命（山佐知毘古）（天津日高日子穂穂手見命）

大綿津見神（海神）
- 豊玉毘売命
- 玉依毘売命

火遠理命＝豊玉毘売命
- 天津日高日子波限建鵜葺草葺不合命

天津日高日子波限建鵜葺草葺不合命＝玉依毘売命
- 五瀬命
- 稲氷命
- 御毛沼命
- 若御毛沼命（神武天皇）

●皇統譜(神武天皇〜聖武天皇)

＊弘文天皇を41代に入れる説もある。

茅渟王
㉞舒明天皇
㉟皇極天皇・㊲斉明天皇
㊱孝徳天皇
有間皇子
㊳天智天皇
㊴天武天皇
大田皇女
㊵持統天皇
大友皇子(弘文天皇)
㊷元明天皇
新田部皇女
施基親王
草壁皇子
㊶文武天皇
㊸元正天皇
㊹聖武天皇

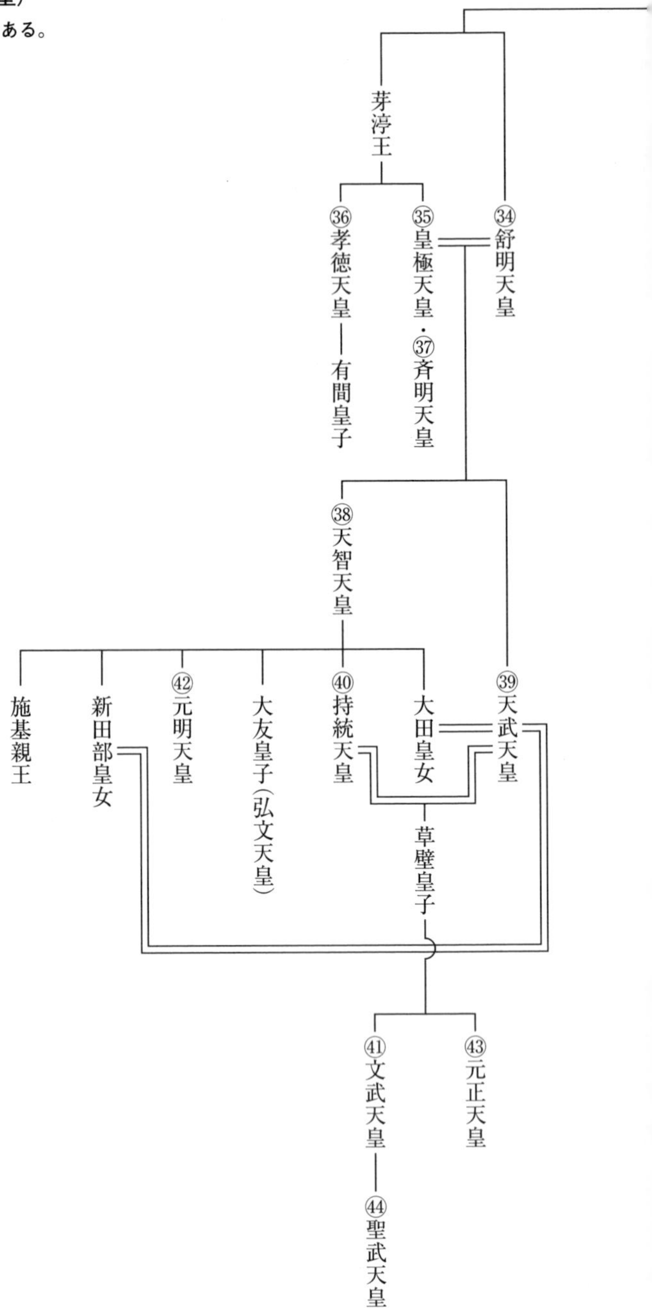

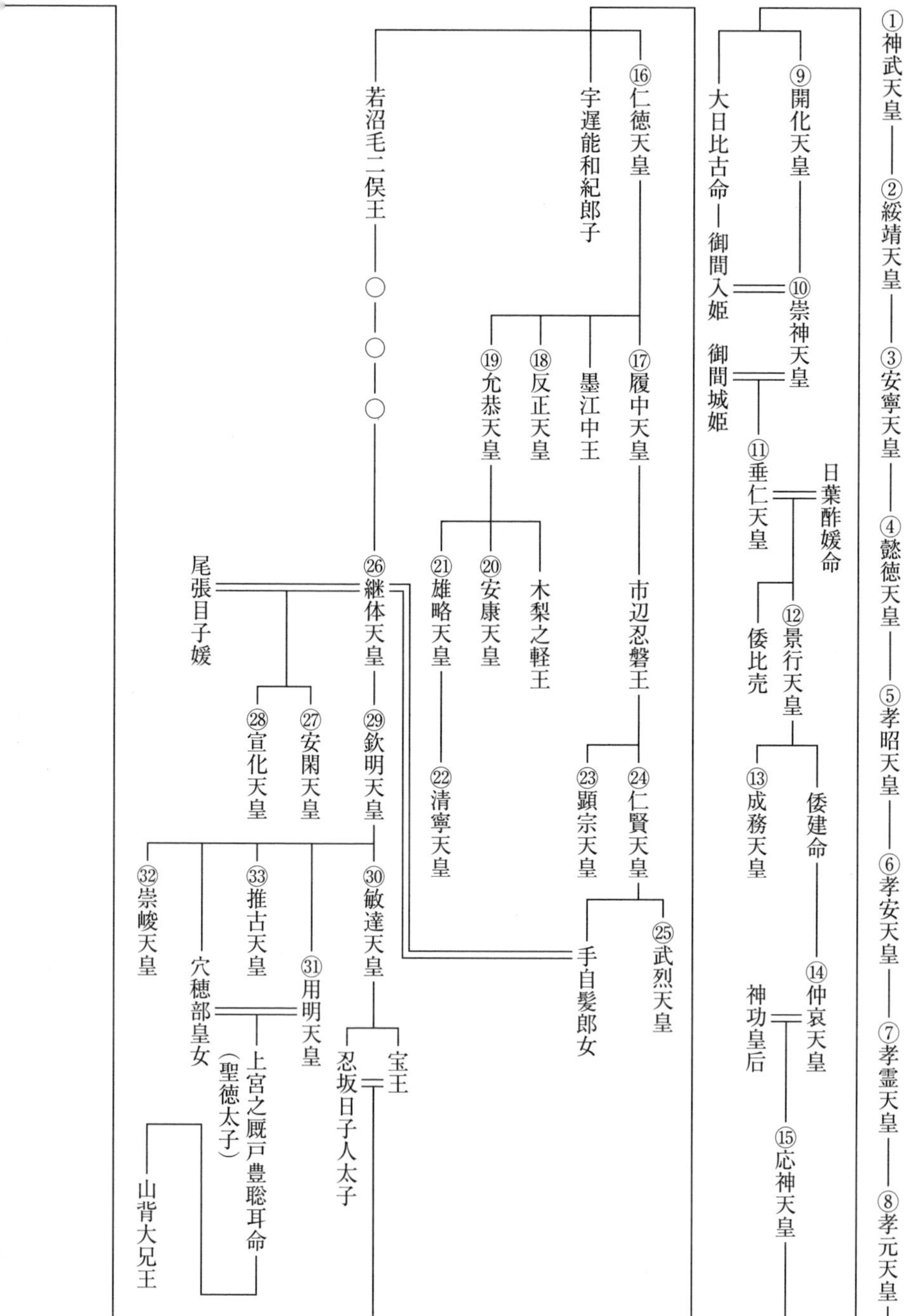
①神武天皇
②綏靖天皇
③安寧天皇
④懿徳天皇
⑤孝昭天皇
⑥孝安天皇
⑦孝霊天皇
⑧孝元天皇
⑨開化天皇
大日比古命
御間入姫
⑩崇神天皇
御間城姫
⑪垂仁天皇
日葉酢媛命
⑫景行天皇
倭比売
倭建命
⑬成務天皇
⑭仲哀天皇
神功皇后
⑮応神天皇
⑯仁徳天皇
宇遅能和紀郎子
⑰履中天皇
墨江中王
⑱反正天皇
⑲允恭天皇
市辺忍磐王
木梨之軽王
⑳安康天皇
㉑雄略天皇
㉒清寧天皇
㉓顕宗天皇
㉔仁賢天皇
㉕武烈天皇
手白髪郎女
若沼毛二俣王
○
○
○
㉖継体天皇
尾張目子媛
㉗安閑天皇
㉘宣化天皇
㉙欽明天皇
㉚敏達天皇
㉛用明天皇
㉝推古天皇
穴穂部皇女
㉜崇峻天皇
宝王
忍坂日子人太子
上宮之厩戸豊聡耳命
（聖徳太子）
山背大兄王

●藤原氏系図

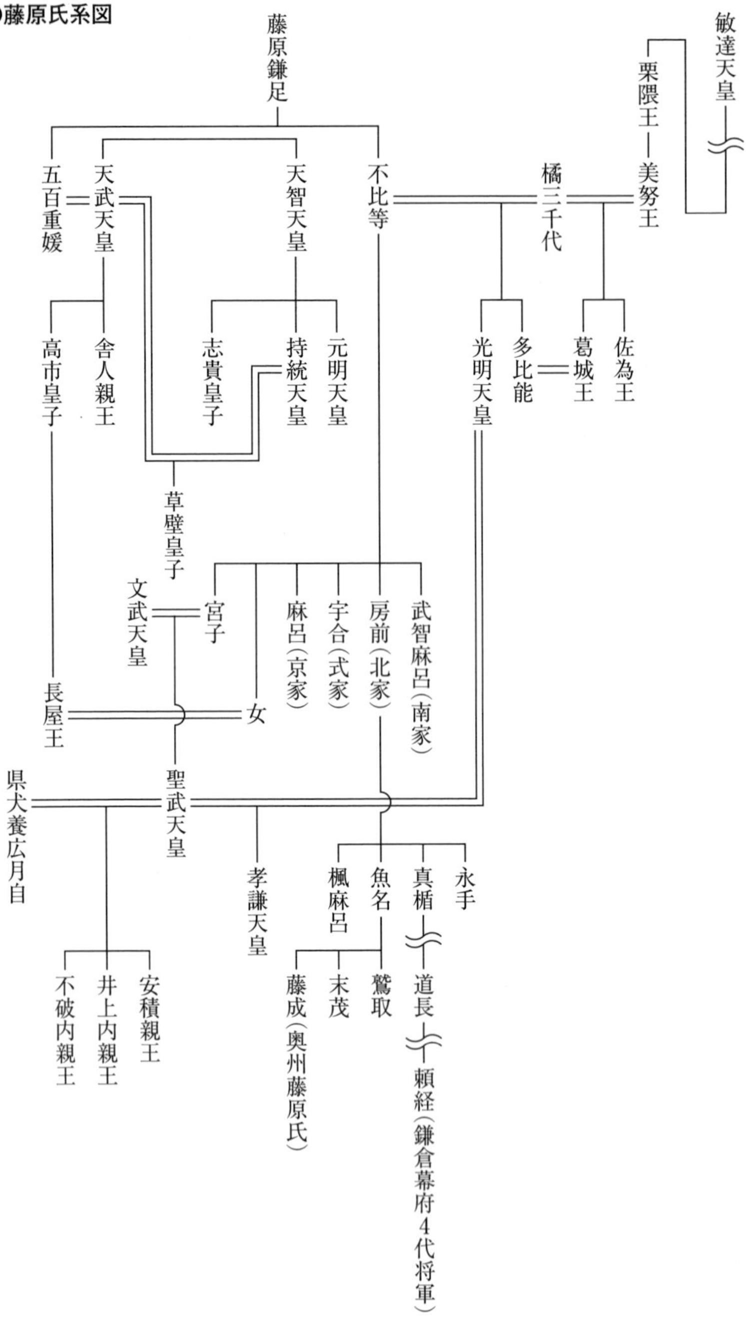
敏達天皇
栗隈王
美努王
藤原鎌足
橘三千代
不比等
天智天皇
天武天皇
五百重媛
佐為王
葛城王
多比能
光明天皇
元明天皇
持統天皇
志貴皇子
舎人親王
高市皇子
草壁皇子
武智麻呂（南家）
房前（北家）
宇合（式家）
麻呂（京家）
女
宮子
文武天皇
長屋王
聖武天皇
県犬養広月自
孝謙天皇
永手
真楯
魚名
楓麻呂
道長
鷲取
末茂
藤成（奥州藤原氏）
頼経（鎌倉幕府4代将軍）
安積親王
井上内親王
不破内親王

●司馬氏系図

- 司馬防（後漢の京兆尹）
  - 司馬朗（兗州刺史）
  - 司馬懿（宣帝）
    - 司馬師（景帝）
    - 司馬昭（文帝）
      - 司馬炎（①武帝）
        - 司馬衷（②恵帝）
        - 司馬熾（③懐帝）

●曹氏系図

- 曹節
  - 曹騰
    - 曹嵩
      - 曹操（太祖武帝）
        - 曹昂（豊愍王）
        - 曹丕（①文帝）
          - 曹霖（東海定王）
            - 曹髦（④廃帝・高貴郷公）
          - 曹叡（②明帝）
            - 曹芳（③廃帝・斉王）
        - 曹植（陳思王）
        - 曹宇（燕王）
          - 曹奐（⑤元帝）

●公孫氏系図

- 公孫延
  - 公孫度
    - 公孫恭
    - 公孫康
      - ○
      - 公孫淵
        - ○
        - ○
        - 公孫脩
      - 公孫晃

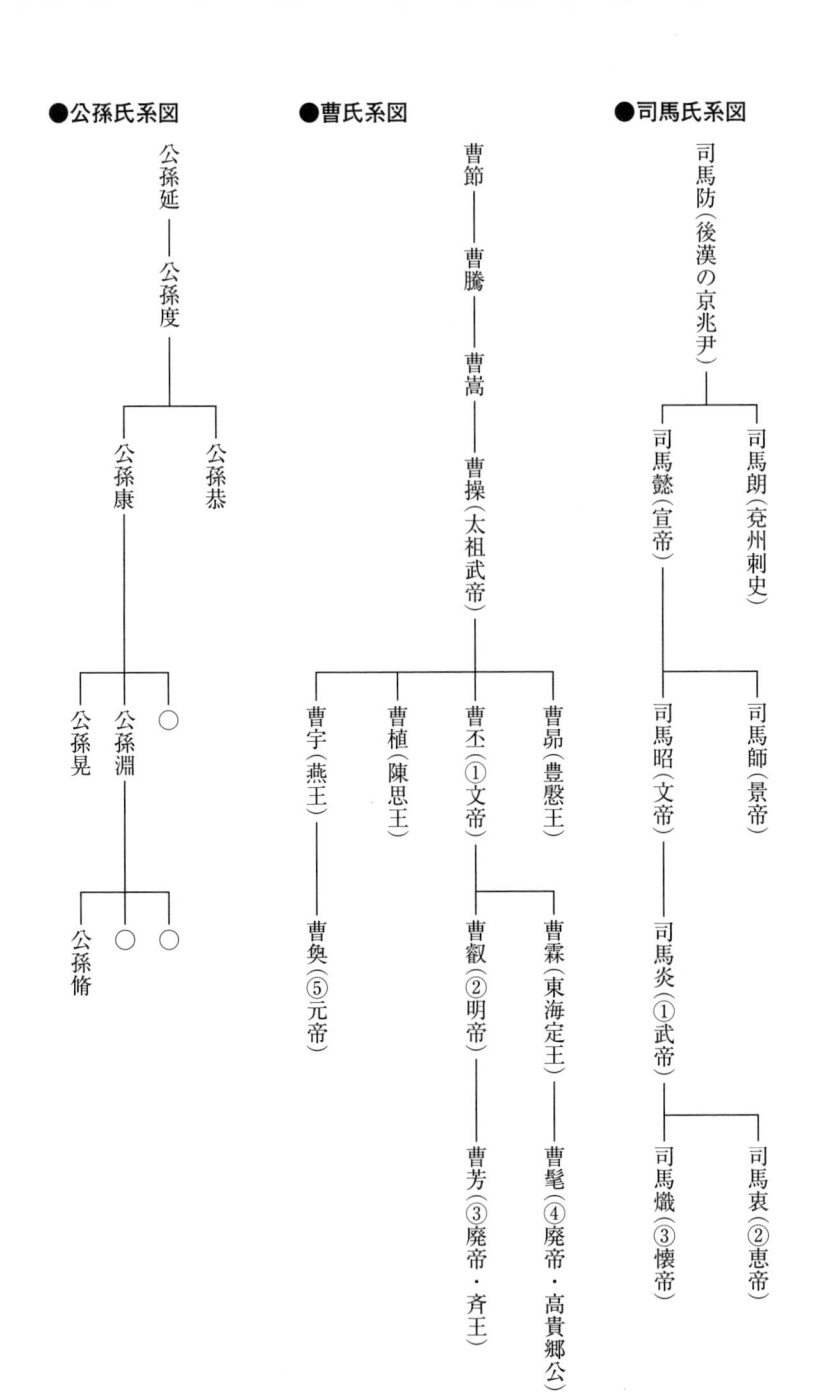

世紀	日本	豪族	中国	朝鮮半島	日本の出来事
前6世紀			春秋		
前5世紀			春秋 戦国	檀君朝鮮？ 箕氏朝鮮？	
前4世紀			戦国		
前3世紀			秦		
前2世紀	弥生時代		前漢	衛氏朝鮮 遼東郡	
前1世紀	弥生時代		前漢		倭、百余国に分かれる。楽浪郡に朝貢
1世紀	弥生時代		新 後漢		57　光武帝から金印を授かる
2世紀	弥生時代		後漢		107　帥升が後漢に朝貢 146～184ごろ　倭国大乱 178～184ごろ　卑弥呼が女王に共立される
3世紀	弥生時代 古墳時代	葛城 倭 物部 春日 阿倍 蘇我 羽田 巨勢	後漢 魏・呉・蜀の三国時代 西晋	高句麗 楽浪郡 馬韓 弁韓 辰韓	204　倭が帯方郡に属す 238　卑弥呼が魏に使者を派遣する 240　難升米帰国 243　卑弥呼が再度使者を派遣する 245　難升米が黄幢を賜う 247　卑弥呼が狗奴国王と戦う 247～248ごろ　卑弥呼死す 男王が立つも倭国乱れる 台与が女王に共立される 台与が魏に朝貢 266　倭が晋に朝貢
4世紀	古墳時代		西晋 東晋 十六国	高句麗 馬韓 百済 弁韓 伽耶・任那 辰韓 新羅	河内王朝成立？

主要天皇	中国の出来事	朝鮮半島の出来事	おもな遺跡
	前551　孔子生まれる		
	前479　孔子死す		
	前473　越王句践覇者となる		
	前403　戦国時代始まる		
			板付遺跡、菜畑遺跡（福岡）
	前221　秦の天下統一		吉野ヶ里遺跡（佐賀）
	前210　始皇帝死す		
	前206　秦帝国滅ぶ		
	前202　漢の天下統一		
	前140　張騫が西域に向けて出発	前195？　衛氏朝鮮建国	
	前123　霍去病の匈奴遠征		
	前108　朝鮮平定。楽浪四郡を置く	前108　衛氏朝鮮滅亡	
		前37　高句麗建国	御所ケ谷神籠石（豊前京都）
			岡本遺跡（福岡）
	8　前漢滅亡。新建国	3　丸都山城に遷都	登呂遺跡（静岡）
	25　光武帝の漢帝国復興		加茂岩倉、荒神谷遺跡（出雲）
	57　倭奴国王に金印を与える		四角突出型墳丘墓（出雲）
	94　班超が西域を平定する		
	167　第1次党錮事件		淡路島垣内遺跡（淡路島）
	169　第2次唐錮事件		原の辻遺跡（壱岐）
	184　黄巾の乱勃発		平塚川添遺跡（朝倉）
	200　官渡の戦い		大神神社（奈良）
	208　赤壁の戦い		女山神籠石（筑後山門）
	220　魏建国	219　公孫康に攻められる	平原遺跡（福岡）
	221　夷陵の戦い		紫雲出山遺跡（香川）
初代・神武天皇？	234　五丈原の戦い		山本ミサンザイ古墳（奈良）
	238　襄平の戦い。公孫淵死す		
	244　魏が高句麗に進攻	244　魏に攻められる	西谷墳墓群（出雲）
			大中遺跡（兵庫）
	246　魏が高句麗を鎮圧	246　魏に征圧される	唐古・鍵遺跡（奈良）
			箸墓古墳（奈良）
10代・崇神天皇			崇神天皇陵（奈良）
11代・垂仁天皇	263　蜀が降伏		菅原伏見東陵（奈良）
12代・景行天皇	265　魏滅亡。司馬炎が帝位に就く		景行天皇陵（奈良）
13代・成務天皇	280　呉が降伏。西晋の天下統一		佐紀石塚山古墳（奈良）
	陳寿が正史『三国志』を著す		
	304　前趙建国		
	316　西晋滅亡	313　楽浪郡廃止	
	317　東晋建国		
14代・仲哀天皇	319　後趙建国		仲哀天皇陵（大阪）
	337　燕建国	346　百済建国	
			椿井大塚山古墳（京都）
	351　秦建国	356　新羅建国	
		369　金官伽邪建国	

世紀	日本	豪族	中国	朝鮮半島	日本の出来事
4世紀			十六国 東晋		393　新羅に出兵 399　百済と通交
5世紀	古墳時代		宋 北魏 斉	伽耶・任那 新羅	405　百済の人質・腆支が帰国 421　讃が万里を修貢する 425　讃が宋に朝貢 438　珍が宋に将軍号を求める 443　済が倭国王に任じられる 451　宋が使節を派遣 460　宋に朝貢 462　興が倭国王に任じられる 477　宋に朝貢 478　武が宋に朝貢 479　武が南斉から鎮東大将軍に任じられる
6世紀		物部 大伴 蘇我	梁 陳 東魏　北斉 西魏　北周 隋	高句麗 百済	502　武が梁から征東大将軍に任じられる 大伴金村が継体天皇を擁立 527　磐井の乱 538　仏教伝来 百済、任那から渡来人が流入 587　蘇我氏が物部氏を討つ 593　聖徳太子の摂政
7世紀	飛鳥時代		唐		600　遣隋使派遣 603　冠位十二階制定 604　十七条憲法制定 645　乙巳の変 663　白村江の戦い 672　壬申の乱
8世紀	奈良時代 平安時代			新羅	701　大宝律令 710　平城京遷都 712　『古事記』 720　『日本書紀』 794　平安京遷都

主要天皇	中国の出来事	朝鮮半島の出来事	おもな遺跡
		371　百済が高句麗に侵攻	
15代・応神天皇	386　北魏建国	391　高句麗の好太王即位	誉田御廟山古墳（大阪）
		393　倭が新羅を包囲	
16代・仁徳天皇		399　百済が倭と通交	仁徳天皇陵（奈良）
17代・履中天皇			上石津ミサンザイ古墳（大阪）
		405　腆支が百済王に即位	
	420　宋建国		
		高句麗が金官伽耶を征圧	
18代・反正天皇			百舌鳥耳原北陵（大阪）
19代・允恭天皇			市ノ山古墳（大阪）
20代・安康天皇			長原遺跡（大阪）
			大室古墳（長野）
			菅原伏見西陵（奈良）
21代・雄略天皇		475　高句麗が百済に侵攻	雄略天皇陵（大阪）
	479　斉建国		
	502　梁建国		稲荷山古墳（埼玉）
22代・清寧天皇			西浦白髪山古墳（大阪）
23代・顕宗天皇			西都原古墳（宮崎）
24代・仁賢天皇			野中ボケ山古墳（大阪）
25代・武烈天皇			傍丘磐杯丘北陵（奈良）
26代・継体天皇			太田茶臼山古墳（大阪）
27代・安閑天皇		512　任那の4県を百済に譲渡	高山築山古墳（大阪）
28代・宣化天皇	534　北魏滅亡	532　金官伽耶滅亡	鳥屋ミサンザイ古墳（奈良）
29代・欽明天皇	557　陳建国	538　百済が泗沘に遷都	梅山古墳（奈良）
30代・敏達天皇		562　新羅が大伽耶を討伐	太子西山古墳（大阪）
31代・用明天皇	581　隋建国		春日向山古墳（大阪）
32代・崇峻天皇			倉梯岡陵（奈良）
33代・推古天皇			山田高塚古墳（大阪）
	618　唐建国		
34代・舒明天皇	626　玄武門の変		忍坂段ノ塚古墳（奈良）
35代・皇極天皇			
36代・孝徳天皇			山田上ノ山古墳（大阪）
37代・斉明天皇		660　唐と新羅が百済を討つ	車木ケンノウ古墳（奈良）
38代・天智天皇		663　白江口の戦い	山科御廟野古墳（京都）
（弘文天皇）		668　高句麗滅亡	園城寺亀丘古墳（滋賀）
39代・天武天皇		676　新羅が朝鮮半島を統一	野口王墓古墳（奈良）
40代・持統天皇			
41代・文武天皇			栗原塚穴古墳（奈良）
42代・元明天皇			奈保山東陵（奈良）
			平城京
43代・元正天皇			奈保山西陵（奈良）
44代・聖武天皇			佐保山南陵（奈良）
	756　安史の乱		
45代・孝謙天皇			佐紀高塚山古墳（奈良）
			平安京

用語解説

按司《あじ》

グスク(城)を拠点とする地方豪族で、諸侯と同等の意を表す称号。琉球各地に点在していた按司のうち、佐敷《さしき》按司・巴志《はし》(1372～1439年)が琉球各地を統合して、第一尚氏《だいいちしょうし》王統(1406～1469年)を築いた。

天神《あまつかみ》

高天原《たかまのはら》から降ってきた神々の総称で、皇室や豪族の祖先とされる。天津神《あまつかみ》とも記される。大和王朝によって平定された豪族が崇拝する神は、国津神《くにつかみ》と呼ばれて区別されている。須佐之男命《すさのおのみこと》や大国主神《おおくにぬしのかみ》も国津神とされる。

陰陽説《いんようせつ》

宇宙のあらゆる事物は、陰と陽の互いに対立する属性を持った気にもとづいているとする説。陽の気が上昇して天となり、陰の気が下降して地となったといわれる。このふたつの気の働きを理解することによって、将来を予測できるといわれる。

縁坐制度《えんざせいど》

罪を犯した本人だけでなく、家族など親族にまで類が及ぶ法制度。主従関係や他の集団内に及ぶ場合は連座制度と呼ばれる。養老律においては、謀反や大逆の場合に限って適応されている。

音韻法則《おんいんほうそく》

音声は、同じ条件のもとで一律に変化していくという規則性を示す言葉。日本語の母音は、上古にはアイウエオのほかに、イエオのみ甲類と乙類の2種類があったことが知られている。これが平安時代以降5つになったものと見られている。

仮授《かじゅ》

仮に授け渡すこと。ここでは、魏《ぎ》の皇帝から金印紫綬《きんいんしじゅ》などを直接手渡すのではなく、帯方郡《たいほうぐん》に仮に付託することを意味している。

甕棺墓《かめかんぼ》

甕や壷を棺として使用して埋葬した墓のこと。縄文時代は遺体を直接穴のなかに入れる土壙墓《どこうぼ》が中心であったが、弥生時代初期から中期までは、甕棺墓に変わっている。遺体は土器の甕や壷などに身を屈めて入れられていた。その後、木棺墓へと移り変わっていく。

漢風諡号《かんぷうしごう》

もともと歴代天皇は国風諡号で記されていたが、のちにそれを中国風に記し直している。神武《じんむ》、崇神《すじん》などはすべて漢風諡号である。弘文《こうぶん》天皇の曾孫・淡海三船《おうみのみふね》が、初代・神武天皇から44代・元正《げんしょう》天皇の諡号を作り直して、天平宝字《てんぴょうほうじ》6～8年(762～764)に奏上した。

草薙《くさなぎ》の剣《つるぎ》

須佐之男命《すさのおのみこと》が八岐大蛇《やまたのおろち》に酒を飲ませて十握剣《とつかのつるぎ》で斬りつけたとき、尾から出てきたのがこの剣。天照大御神《あまてらすおおみかみ》に渡されたのち、邇邇芸命《ににぎのみこと》、倭姫命《やまとひめのみこと》、倭建命《やまとたけるのみこと》へと受け継がれている。

檄《げき》

本来は人々を呼び集める旨を記した木札のことで、なんらかの意を通告するための文書を意味することもある。慣用句となった「檄を飛ばす」は、自らの考えを広く知らしめて同意を得たり、人々を呼び集めて積極的な行動に出るよう促すことを表している。

皇国史観《こうこくしかん》

万世一系《ばんせいいっけい》の天皇家が君臨することが正義で、天皇に忠義を尽くすことが義務であるとする考え方。江戸時代中期以降、国学を中心にこの思想が高まり、尊王攘夷運動を経て明治維新へと繋がっていく。大日本帝国憲法には、神聖不可侵の天皇が日本を統治することが明記されている。第2次世界大戦前後には、日本を神の国とする皇国史観の思想がさらに強要され、これを批判することは罪であるとされた。戦後は超国家主義(ファシズム)の思想と位置づけられ、批判されている。

考証学《こうしょうがく》

自身の見解を述べるのではなく、根拠を明示して論証していくことによって得られる学問。清《しん》代の乾隆帝《けんりゅうてい》の時代に盛んになったため、乾嘉《けんか》の学とも呼ばれる。

五行説《ごぎょうせつ》

あらゆるものが木火土金水の5つの元素で構成されていると見る思想。これら5つの元素が互いに影響し合って、万物が変化していくという。陰陽家・騶衍《すうえん》(紀元前305ごろ～紀元前240年ごろ)が提唱した思想で、のちに陰陽説と一体化して陰陽五行説に発展していく。

哭泣《こっきゅう》

大声を上げて泣くこと。葬式の際に声を上げて泣く儀礼を指す場合もある。

幘《さく》

頭にかぶる頭巾のこと。天皇が神事の際にかぶる冠は御幘《おんさく》と呼ばれる。

◎持衰《じさい》

重要な事柄を行う場合に、ある人物を立てて籠もらせ、事の成り行きをその人物に委ねる風習。うまく成就した場合には財物が与えられるものの、よからぬことが起きると殺害されることもあった。

◎シャーマン

呪術者、巫女《みこ》、祈祷師など、神をはじめとする超自然的存在と交信を行う者を指す。祈祷などを通して神託を得、それを実行することによって病を癒やしたり、政《まつりごと》を行ったりする。

◎順次式読法《じゅんじしきどくほう》

「魏志倭人伝《ぎしわじんでん》」に記された帯方郡《たいほうぐん》から邪馬台国《やまたいこく》までの行程記事を、記述の順序通りに順次たどっていく読み方。

◎殉葬《じゅんそう》

『日本書紀』「垂仁紀《すいにんき》」に、倭彦命《やまとひこのみこと》を葬ったとき、近習の者全員を生きたまま、陵の周りに埋めたことが記されている。垂仁天皇はこれを痛々しく思って、以後その風習を禁止している。卑弥呼《ひみこ》が死去した際、100余人もの奴婢が殉葬されたことが「魏志倭人伝《ぎしわじんでん》」に記されている。

◎神託《しんたく》

神の意向を示す言葉で、占い(卜占《ぼくせん》)によって得られるものと、巫女《みこ》やシャーマンなどに神が乗り移って(神懸《かみが》かり、憑依《ひょうい》)発せられるもの(託宣《たくせん》)とがある。

◎辛酉革命《しんゆうかくめい》

60年に1度巡ってくる辛酉の年は、天命が改まって政権が交替する可能性があるという、中国の讖緯《しんい》の思想をもととした考え方。さらに、この辛酉が21回巡ってくる年(60年×21回＝1260年)には、大革命が起きるとされている。そのため、『日本書紀』の編纂を命じた天武《てんむ》天皇の御代の直近にあたる辛酉の年・推《すい》古《こ》9年(601)から1260年遡った紀元前660年を、初代・神武《じんむ》天皇が即位した年としている。

◎推測統計学《すいそくとうけいがく》

推計統計学、推計学ともいう。無作為に抽出された標本から、抽出元の全体の特徴を推定する統計学のことをいう。

◎生口《せいこう》

一般的には奴隷と見られているが、特殊な技能を持った者、あるいは留学生という説もある。107年に帥《すい》升《しょう》が160人、239年に卑弥呼《ひみこ》が10人、248年に台与《とよ》が30人を魏《ぎ》あるいは晋《しん》に贈っている。

◎摂政《せっしょう》

君主が幼少あるいは病弱などで政務を執ることが困難と思われたときに、君主になり代わってこれを執行する役職をいう。推古《すいこ》天皇の代わりを務めた厩戸皇子《うまやどのおうじ》(聖徳太子《しょうとくたいし》)や、清和《せいわ》天皇の代わりを務めた藤原良房《ふじわらのよしふさ》が知られている。

◎素環頭大刀《そかんとうたち》

大刀の柄に環状の飾りをつけたもののうち、環状に彫り物などの装飾が施されていないものをいう。おもに福岡(16本)や長崎(1本)、佐賀(6本)など、九州各地から出土している。大阪からも出土しているが、わずかに1本だけである。

◎太守《たいしゅ》

中国においては、県の上に位置する郡の長官にあたる役職。郡の上に州がある。律令時代の日本では、地方の行政単位である国に中央から派遣された国司にあたる。

◎大夫《たいふ》

律令制においては5位にあたる爵位で、貴族のなかでは最下位の位を表している。しかし、卑弥呼《ひみこ》が魏《ぎ》に遣わした難升米《なそめ》が大夫であるといったのは、大臣あるいは側近としての意味であったと見られている。

◎炭素《たんそ》14年代測定法《ねんだいそくていほう》

通常、炭素は6個の陽子と6個の中性子の、合わせて12個で構成されている。しかし、まれに6個の陽子と8個の中性子の、合わせて14個で構成される異質の炭素が現れる。この炭素14は、時間が経つにしたがって崩壊していくという特性を持っている。約6000年で半減するという炭素14の特性を、年代測定に利用しようというもの。

◎断髪文身《だんぱつぶんしん》

断髪は髪が短いことで、文身とは入れ墨のこと。古代中国の呉越《ごえつ》の国の風習であったことが、『春秋左氏伝』に記されている。

◎短里《たんり》と長里《ちょうり》

「魏志倭人伝《ぎしわじんでん》」に記された里数を、魏晋《ぎしん》代の度制で使用されていた長里(1里＝435.6m)と見るか、実際の距離から換算し直された短里(1里＝52～165mと多説あり)と見るかで意見が分かれている。長里と見た場合は、九州説は成り立たない。

◎朝貢《ちょうこう》

王化思想を基調とする中国の貿易の形態を象徴する言葉で、盟主である中国の皇帝に対して周辺国家の君主が貢物を捧げ、これに対して皇帝が恩賜を与えるという形式を取るというもの。皇帝は自らの徳を示すためにも、贈られてきた貢物の数倍もの下賜品を授けるのが常であった。中国の臣下の意を含む冊封国《さくふうこく》は、原則として朝貢は義務とされているが、日本は遠国であることを理由にその義務は免除されていた。

◎重祚《ちょうそ》

一度退位した天皇が再び皇位に就くことをいう。35代・皇極《こうぎょく》天皇が37代・斉明《さいめい》天皇に、46代・孝謙《こうけん》天皇が48代・称徳《しょうとく》天皇に返り咲いている。

◎篆書《てんしょ》

中国の周《しゅう》代の金文を起源とする書体の一種で、秦《しん》代に公式書体として用いられた。水平垂直の線と交差部分の曲線に特色がある。しかし、字形が複雑で使用しづらいため、漢《かん》代に入ると簡素化された隷書《れいしょ》に取って代わられた。現在では印章などに用いられている。

◎ドイツ流実証主義史学《りゅうじっしょうしゅぎしがく》

実証主義とは、経験にもとづいて命題を検証していく姿勢を示したもので、19世紀のフランスの思想家であるオーギュスト・コントが最初に提唱している。歴史学の分野においては、同世紀にドイツの歴史家のランケが、厳密な資料批判によって客観的に事実認証を進めていこうとする立場を貫いたところから、こう呼ばれるようになった。

◎同范鏡《どうはんきょう》

同じ鋳型から鋳造された鏡のこと。同じ鋳型を使用するので、鋳造するに従って精度が落ちていく。よく似たものに同型鏡があるが、これは同じ鏡を使って何度も鋳型を取って鋳造したもので、精度は元鏡とほぼ変わらない。

◎2倍年歴《ばいねんれき》

『魏略』に「春耕、秋収を計りて年紀と為す」という記事がある。春から秋までを1年、秋から春までを1年と見る数え方。上古においては、日本でも適応されていたと見られる。初代・神武《じんむ》天皇から16代・仁《にん》徳《とく》天皇までの各天皇のなかには、168歳や153歳、143歳など、ありえない年齢が記載されているが、2倍年歴とすれば納得のいく数値となる。

◎ノロ

琉球の祖霊信仰を司る女司祭者のことで、神人《かみんちゅ》とも呼ばれる。原則として世襲制で、按司《あじ》と呼ばれる有力者の姉妹か妻が司ることが多い。ノロの頂点に立つ者が国王を守護すると見られている。

◎万世一系《ばんせいいっけい》

永遠にひとつの系統が続くこと。天照大御神《あまてらすおおみかみ》が孫・邇邇芸命《ににぎのみこと》に葦原中国《あしはらのなかつくに》を治めるために降臨させて以来、その子孫にあたる天皇家が代々この国を統治し続けてきたことに由来する言葉。

◎被髪《ひはつ》

髪を結ばないでお下げにしておくこと。ざんばら髪。

◎賦役《ふえき》

夫役ともいう。支配者が被支配者に課した労働課役のことで、律令制度のもとでは、防人《さきもり》などの兵役として課せられることもあった。

◎不老長生《ふろうちょうせい》

老いることなく長生きすること。その極端化したものが不老不死にあたる。秦《しん》の始皇帝《しこうてい》がこの妙薬を求めて、徐福《じょふく》に蓬莱《ほうらい》の国へいかせたことが『史記』に記されている。実際には徐福は出航せず、その妙薬は手に入れていない。代わりにさまざまな丸薬を作らせた（練丹術）といわれるが、水銀などが混ざっていたため、かえって死期を早めた。

◎崩御《ほうぎょ》

天皇や皇帝、国王、皇太后、皇后などの死去を表す言葉。皇太子や大臣の場合は薨御《こうぎょ》、諸侯は薨《こう》、大夫は卒《そつ》、士は不禄《ふろく》、庶人は死を使用する。

◎放射式読法《ほうしゃしきどくほう》

榎一雄《えのきかずお》氏が提唱した読法で、伊都国《いとこく》まではこれまで通り順次式に読み進め、伊都国から先の国々へは、常にここを拠点としてたどるというもの。

◎巫女《みこ》

神に仕える女性。祈祷を行って神の怒りを鎮めたり、占いや神懸《かみが》かりなどによって神託を得て指針とする。明治時代以降は、神職を輔佐する役割を担う女性のことをいうようになった。

◎詔《みことのり》と勅《ちょく》

天皇が一般に向けて発する言葉で、勅は特定の人物などに向かって発せられる言葉。律令制度のもとでは、重要事項の宣告に用いられる詔書は、公卿全員の署名など煩雑な手続きが必要であったが、通常の政策決定事項を記した勅書は手続きが簡単であったといわれる。

◎角髪《みずら》

髪を中央で分け、耳のあたりで結う髪型。弥生時代の古墳などから出土した埴輪に見られる髪型であるため、卑弥呼《ひみこ》の時代の男性の髪型も同様のものと思われている。しかし、「魏志倭人伝《ぎしわじんでん》」にはその記載がなく、ただ「冠をつけず、木綿で頭を縛って髷を作る」としか記されていない。

◎露紒《ろしょう》

耳を露《あらわ》にすること。転じて頭になにもかぶらないことを表す。

索　引

あ

県犬養三千代（あがたのいぬがいのみちよ）……253
阿花王（あくえおう）……248
足利義教（あしかがよしのり）……257
吾田媛（あたひめ）……247
穴穂部間人皇女（あなほべのはしひとのひめみこ）……195,196,250
穴穂部皇子（あなほべのみこ）……195,254
阿倍比羅夫（あべのひらふ）……177,246,251
天津日高日子波限建鵜葺草葺不合命（あまつひこひこなぎさたけうがやふきあえずのみこと）……97,160,174
天照大御神（あまてらすおおみかみ）……20,21,56,66,69,75,89,91～93,96,97,120,152,156～161,166～168,172,173,176,217,230,231,238,241～245,263
天照大神（あまてらすおおみかみ）→天照大御神
天豊姫命（あまとよひめのみこと）……239
天渟中原瀛真人天皇（あまのぬなはらおきのまひとのすめらみこと）→天武天皇
天豊財重日足姫天皇（あめとよたからいかしひたらしひめのすめらみこと）→皇極天皇
天邇岐志国邇岐志天津日高日子番能邇邇芸命（あめにぎしくににぎしあまつひこひこほのににぎのみこと）……56,69,97,160,172～174,242,243,245
天饒石国饒石天津彦彦火瓊瓊杵尊（あめにぎしくににぎしあまつひこひこほのににぎのみこと）→天邇岐志国邇岐志天津日高日子番能邇邇芸命
天宇受賣命（あめのうずめのみこと）……160,166
天受売命（あめのうずめのみこと）→天宇受賣命
天忍穂耳命（あめのおしほみみのみこと）→正勝吾勝勝速日天之忍穂耳命
天国排開広庭天皇（あめのくにおしはらきひろにわのすめらみこと）→欽明天皇
天児屋命（あめのこやねのみこと）……160
天手力男神（あめのたぢからおのかみ）……159,244
天手力雄神（あめのたぢからおのかみ）→天手力男神
天之御中主神（あめのみなかぬしのかみ）……158
天命開別天皇（あめみことひらかすわけのすめらみこと）→天智天皇
天万豊日天皇（あめよろずとよひのすめらみこと）→孝徳天皇
新井白石（あらいはくせき）……23,30,60,62,81,83,90,91,106,107,188,189,210～213,228～230,239,258
淡路之穂之狭別島（あわじのほのさわけのしま）……20,158,241
安閑天皇（あんかんてんのう）……164,171,195
安康天皇（あんこうてんのう）……164,171,188,189,249

い

伊香色謎命（いかがしこめのみこと）……176,177,246
一支国（いきこく）→一大国
伊伎島（いきのしま）……158
位宮（いきゅう）……111
活目入彦五十狭芋天皇（いくめいりびこいさちのすめらみこと）→垂仁天皇
為吾国（いごこく）……74,75
伊邪那岐神（いざなぎのかみ）……20,97,133,134,141,152,158,159,161,166,172,241～243,245
伊奘諾尊（いざなぎのみこと）→伊邪那岐神
伊邪那美神（いざなみのかみ）……20,97,133,134,152,158,161,166,172,241,245
伊奘冉尊（いざなみのみこと）→伊邪那美神
去来穂別天皇（いざほわけのすめらみこと）→履中天皇
伊斯許理度売命（いしこりどめのみこと）……160
伊支馬（いしま）……63,65,100,101
伊声耆（いせいき）……95,110,111
伊声者（いせき）……94,95,162
市寸島比売命（いちきしまひめのみこと）……243

一大国(いちだいこく)……37,49〜53,55,76,81,82,84,100,101,150,213,223,227
市辺押磐皇子(いちべのおしわのみこ)……249
壹与(いちよ)→台与
乙巳の変(いっしのへん)……197,198,204,205,251,253
五瀬命(いつせのみこと)……97,160,161,174,175
伊都国(いとこく)……23,25,53〜60,64〜66,74〜76,81,82,84,100,101,118,150,151,213,223,261
稲飯命(いなひのみこと)……174
石土毘古神(いはつちびこのかみ)……241
已百支国(いほきこく)……74,75,217
伊邪国(いやこく)……74,75
壱与(いよ)→台与
伊予之二名島(いよのふたなのしま)……158,241
磐井(いわい)……163,193,194,202,249
磐井の乱(いわいのらん)……77,161,163,192〜194,202,235
磐之媛命(いわのひめのみこと)……248
允恭天皇(いんぎょうてんのう)……116,164,171,188,189,249

う

上田秋成(うえだあきなり)……59,258
宇佐津彦(うさつひこ)……161
菟道稚郎子(うじのわきいらつこ)……248
鬱色謎命(うつしこめのみこと)……177,178
宇那比姫(うなびひめ)……92,93
甘美内宿禰(うましうちのすくね)……248
厩戸皇子(うまやどのおうじ)→聖徳太子
厩戸豊聡耳皇子(うまやどのとよとみみのみこ)→聖徳太子
海幸彦(うみさちひこ)→火照命
卜部兼方(うらべのかねかた)……30,210,212,228,257

え

泄謨觚(えいもこ)……54,55,100,101
袁煕(えんき)……255
袁紹(えんしょう)……151,255

お

王頎(おうき)……110,111,240
王建(おうけん)……185
王皇后(おうこうごう)……203
王充(おうじゅう)……23,31,38
応神天皇(おうじんてんのう)……60,94,95,116,156,162〜164,171,182,187〜189,191,213,248,249
小碓尊命(おうすのみこと)→倭建命
近江毛野臣(おうみのけなのおみ)……193,194,249
王莽(おうもう)……31,58,255
大海人皇子(おおあまのみこ)→天武天皇
大碓皇子(おおうすのみこと)……179
大国主神(おおくにぬしのかみ)……21,152,156,159,160,166〜168,206,242〜244
大事忍男神(おおことおしおのかみ)……158,241
大鷦鷯天皇(おおさざきのすめらみこと)→仁徳天皇
太田田根子命(おおたたねこのみこと)……162
大足彦忍代別天皇(おおたらしひこおしろわけのすめらみこと)→景行天皇
大津皇子(おおつのみこ)……252
男大迹天皇(おおどのすめらみこと)→継体天皇
大友皇子(おおとものおうじ)……163,198,199,204,251,252
大伴金村(おおとものかなむら)……191,192,195
大中津媛(おおなかつひめ)……212
太安万侶(おおのやすまろ)……20,38,204,206,253,254
大泊瀬幼武天皇(おおはつせのわかたけのすめらみこと)→雄略天皇
大彦命(おおびこのみこと)……162,176〜178,246
大綜麻杵(おおへそき)……162,176,246
大物主神(おおものぬしのかみ)……70,71,93,162,176,177,231,246
大倭豊秋津島(おおやまととよあきづしま)……158,241
大綿津見神(おおわたつみのかみ)……158
息長足日広額天皇(おきながたらしひひろぬかのすめらみこと)→舒明天皇
気長足姫尊(おきながたらしひめのみこと)→神功皇后
息長足姫命(おきながたらしひめのみこと)

→神功皇后
気長宿禰王(おきながのすくねのおおきみ)…… 248
隠伎之三子島(おきのみつごのしま)…… 158
荻生徂徠(おぎゅうそらい)…… 258
忍壁皇子(おさかべのみこ)…… 204
忍熊王(おしくまおう)…… 212
烏奴国(おぬこく)…… 74,75
淤能碁呂島(おのごろじま)…… 158
小野妹子(おののいもこ)…… 137,196,250
小泊瀬稚鷦鷯天皇(おはつせのわかさざきのすめらみこと)→武烈天皇
首皇子(おびとのみこ)→聖武天皇
思兼神(おもいかねのかみ)…… 120
温祚(おんそ)…… 184

か

開化天皇(かいかてんのう)…… 97,160,162,164,171,176～178,248
解慕漱(かいぼそう)…… 256
影媛(かげひめ)…… 191
風木津別之忍男神(かざもつわけのおしおのかみ)…… 158
荷田春満(かだのあずままろ)…… 215
金山毘古神(かなやまびこのかみ)…… 158,241
華奴蘇奴国(かぬそぬこく)…… 74,75
上宮王(かみつみやおう)→聖徳太子
神皇産霊神(かみむすびのかみ)…… 244
神夏磯媛(かむなつそひめ)…… 179
神沼河耳命(かむぬなかはみみのみこと)→綏靖天皇
神日本磐余彦天皇(かむやまといわれびこのすめらみこと)→神武天皇
神倭伊波礼毘古命(かむやまといわれびこのみこと)→神武天皇
亀井南冥(かめいなんめい)…… 59
賀茂真淵(かものまぶち)…… 214,215,258
賀茂比売(かもひめ)…… 253
河上娘(かわかみのいらつめ)…… 254
川上梟帥(かわかみのたける)…… 181,246
川島皇子(かわしまのみこ)…… 38,204,206
韓(かん)…… 37,39,41,42,45,46,111,124,128,130,132,135,240
毌丘倹(かんきゅうけん)…… 36,111,184
顔師古(がんこし)…… 32
漢書(かんじょ)…… 20,22,31,38,39,43,50,80,206
桓武天皇(かんむてんのう)…… 204

き

鬼国(きこく)…… 74,75
鬼室福信(きしつふくしん)…… 198
魏志倭人伝(ぎしわじんでん)…… 20～23,25,29,32,37,39,40,42,44,45,47,50,54～56,60,63,64,66,68,70,74,76,78～80,82,88,89,92～98,100～102,104,106,107,112～114,118～120,124～128,133,135～138,140,146,147,150,151,156,162,182～184,188,194,201,210～217,219,222～234,236,238～240,252,261
北畠親房(きたばたけちかふさ)…… 30,212,228
木梨軽皇子(きなしのかるのみこ)…… 188,189
鬼奴国(きぬこく)…… 74,75
吉備津彦命(きびつひこのみこと)…… 176～178,246
九夷(きゅうい)…… 22,43,44
弓裔(きゅうえい)…… 185
旧辞(きゅうじ)…… 38,39,206,253,254
弓遵(きゅうじゅん)…… 110,111,240
躬臣国(きゅうしんこく)…… 74,75
匈奴(きょうど)…… 41,50
魚豢(ぎょけん)…… 40,51
許慎(きょしん)…… 80
近肖古王(きんしょうこおう)…… 184
欽明天皇(きんめいてんのう)…… 164,171,195,196,250,254

く

孔穎達(くえいたつ)…… 32
狗古智卑狗(くこちひく)…… 76
草壁皇子(くさかべのみこ)…… 204
櫛玉饒速日命(くしたまにぎはやひのみこと)→饒速日命
櫛名田比売(くしなだひめ)…… 159,167,242,243
百済(くだら)…… 37,68,83,95,163,164,178,181～186,192～195,198,201,202,205,206,248～251
国狭槌尊(くにのさつちのみこと)…… 161
国常立尊(くにのとこたちのみこと)…… 161

狗奴国（くぬこく）……37,55,76,77,82,83,96,110〜112,133,148,187,201,212,215〜217,235,238〜240
熊襲の女酋長（くまそのおんなしゅうちょう）……24,92,93,229,238
熊襲の首長（くまそのしゅちょう）……189,239
狗邪韓国（くやかんこく）……45〜49,76,82,84,194,223
黒媛（くろひめ）……163,188

け

景哀王（けいあいおう）……185
景行天皇（けいこうてんのう）……70,71,75,93,96,117,120,162,164,171,179〜181,200,203,217,218,231,235,246,259
敬順王（けいじゅんおう）……185
継体天皇（けいたいてんのう）……116,163,164,171,188,190〜195,202,249
甄萱（けんけん）……185
元正天皇（げんしょうてんのう）……164,206,252
玄宗皇帝（げんそうこうてい）……77
顕宗天皇（けんぞうてんのう）……164,171,188
元明天皇（げんめいてんのう）……164,206,254

こ

広開土王（こうかいどおう）→好太王
皇極天皇（こうぎょくてんのう）……137,164,171,197,198,251,254
高句麗（こうくり）……36,37,41,42,111,124,128,130,139,145,147,156,178,183〜186,192,196,201,248,255,256
孝元天皇（こうげんてんのう）……96,97,164,171,177,178,195,247
孔子（こうし）……22,23,42〜44,124,145,255
孝昭天皇（こうしょうてんのう）……65,164,171,177
高宗（こうそう）……203
公孫淵（こうそんえん）……36,43,45,106,107,111,213,239,255,256
公孫康（こうそんこう）……43,184,256
公孫瓚（こうそんさん）……107,256
公孫度（こうそんど）……43
好太王（こうたいおう）……156,181,183,184,186,201,210,248,256
孝徳天皇（こうとくてんのう）……164,171,195,198,251
光仁天皇（こうにんてんのう）……204
光武帝（こうぶてい）……23,57,59,66,200,210,212,240,255
孝霊天皇（こうれいてんのう）……70,137,164,171,177,178,231,247
後漢書（ごかんじょ）……20,23,24,31,38,39,57,59,63,201,206,240,255
黒歯国（こくしこく）……78,79
好古都国（ここことこく）……74,75
古事記（こじき）……20〜22,25,38,39,52,54,69,92,96,128,132〜134,141,152,156,158,161,166,167,172,176,179,180,190,194,199,203,204,206,210,214,215,220,234,241〜250,252〜254,258,261
許勢大臣男人（こせのおおおみおひと）……249
木花開耶姫（このはなさくやひめ）
→木花之佐久夜毘売
木花之佐久夜毘売（このはなのさくやびめ）……56,69,160,174,245
久麻那利（こむなり）……249
呼邑国（こゆうこく）……74,75

さ

斉明天皇（さいめいてんのう）……164,171,177,198,205,251
坂合黒彦皇子（さかあいのくろひこのみこ）……249
境部摩理勢（さかいべのまりせ）……195,197,250,254
幸魂奇魂（さきみたまくしみたま）……159
沙至比跪（さちひこ）……183
佐渡島（さどのしま）……158
狭野尊（さののみこと）→神武天皇
三国志（さんごくし）……20,31,32,38,40,41,48,82,99,124,130,148,151,189,206,252,255,256

し

支惟国（しいこく）……74,75,217
椎根津彦（しいねつひこ）……161
爾支（じき）……54,55,100,101
始皇帝（しこうてい）……44

持統天皇(じとうてんのう)………… 70,161,163,164,171,204～206
志那都比古神(しなつひこのかみ)……………… 158
司馬懿(しばい)…………… 36,106,107,111,239,255,256
司馬炎(しばえん)………………………… 36,252,256
兕馬觚(じまこ)………………………… 57,100,101
斯馬国(しまこく)………………………… 74,75,217
姐奴国(しゃぬこく)…………………………… 74,75
周公旦(しゅうこうたん)……………………… 255
朱熹(しゅき)…………………………………… 215
侏儒国(しゅじゅこく)…………………… 78,79
朱蒙(しゅもう)…………………… 184,186,256
淳仁天皇(じゅんにんてんのう)……………… 252
蔣琬(しょうえん)……………………………… 111
照古王(しょうこおう)→近肖古王
蕭淑妃(しょうしゅくひ)…………………… 203
聖徳太子(しょうとくたいし)……… 32,137,163,195～197,201,250,254
称徳天皇(しょうとくてんのう)…………… 204
聖武天皇(しょうむてんのう)……… 164,252,253
女王国(じょおうこく)………… 23,25,54,55,63,74,76,78,79,96,101,112,151,214～217,222,235
諸葛亮(しょかつりょう)……………… 151,252,256
徐福(じょふく)……………………………… 44
舒明天皇(じょめいてんのう)…… 164,171,195,197,250,251,254
新羅(しらぎ)…… 37,55,94,95,156,160～163,167,178,181～187,192～196,198,201,203,205,206,243,247～249,251,256,259,261
神功皇后(じんぐうこうごう)………… 21,83,89,92～96,98,118,156,157,160～162,171,181～183,187,201,206,212～214,228,230,231,238,247,248
晋書(しんしょ)……………………… 20,32,38
壬申の乱(じんしんのらん)……… 161,163,198,199,204,252～254
神武天皇(じんむてんのう)……… 21,67,69,93,96,97,156,158,160～162,164,170,171,174～177,206,215,220,245,247,262

す

瑞溪周鳳(ずいけいしゅうほう)………… 30,210,212,228,257
推古天皇(すいこてんのう)……… 160,163,164,170,171,195～197,206,250,254
隋書(ずいしょ)………………………… 32,38,201,255
帥升(すいしょう)……… 23,31,39,44,201,238,240
綏靖天皇(すいぜいてんのう)…………… 160,164,170,171,176,177
垂仁天皇(すいにんてんのう)………… 59,65,93,115,117,120,162,164,171,179,217,246
住吉仲皇子(すえのえのなかつみこ)… 163,188
少名毘古那(すくなびこな)→須久那美迦微
須久那美迦微(すくなびこな)…… 159,167,242,244
素戔男尊(すさのおのみこと)→建速須佐之男命
素戔嗚尊(すさのおのみこと)→建速須佐之男命
崇峻天皇(すしゅんてんのう)…………… 164,171,195,196,250,254
崇神天皇(すじんてんのう)……… 65,70,71,97,117,120,160,162,164,171,176～179,187,217,246,247,260

せ

清寧天皇(せいねいてんのう)…… 164,171,188
成務天皇(せいむてんのう)‥ 117,164,171,181
宣化天皇(せんかてんのう)……… 164,171,195

そ

曹叡(そうえい)→明帝
宋書(そうじょ)………… 20,32,38,163,188,201,234,249
曹操(そうそう)……………………… 36,99,255
曹丕(そうひ)………………………………… 255
曹芳(そうほう)……………………………… 111
蘇我稲目宿禰(そがのいなめのすくね)…… 195,254
蘇我入鹿(そがのいるか)…………… 163,195,197,204,251,253,254
蘇我馬子(そがのうまこ)… 195～197,250,254
蘇我蝦夷(そがのえみし)…………… 195,197,250,251,253,254
蘇我小姉君(そがのおあねのきみ)…… 195,254
蘇我堅塩媛(そがのきたしひめ)……… 195,254
蘇我倉山田麻呂(そがのくらのやまだまろ)

……………………………………………… 197,198
則天武后(そくてんぶこう)………………… 203,235
蘇定方(そていほう)………………………………… 184
蘇那曷叱智(そなかしち)…………………………… 162
蘇奴国(そぬこく)……………………………………… 74,75
女山の女王(ぞやまのじょおう)…………………… 93
孫権(そんけん)……………………… 36,111,226,256

た

対海国(たいかいこく)……… 37,48～51,55,76,
82,84,100,101,150,217,223,227
大化の改新(たいかのかいしん)‥ 161,251,253
太宗(たいそう)……………………………………… 203
対蘇国(たいそこく)……………………………… 74,75
帯方郡(たいほうぐん)…… 22～25,41～43,45,
47,55,58,64,76,77,82,84,93～95,100,
106～109,111,113,119,120,124,126,150,
162,194,213,215,217,222～224,230,
235,239,240
高御産巣日神(たかみむすひのかみ)‥ 158,172,
173,245
高皇産霊尊(たかみむすひのみこと)
→高御産巣日神
多岐都比売命(たきつひめのみこと)………… 243
多紀理毘売命(たきりびめのみこと)………… 243
栲幡千千姫(たくはたちぢひめ)………………… 245
武渟川別命(たけぬなかわわけのみこと)
…………………………………… 162,176,177,246
武内宿禰(たけのうちのすくね)……… 195,248
武埴安彦(たけはにやすひこ)…………………… 247
建速須佐之男命(たけはやすさのおのみこと)
……………… 21,96,97,120,152,156,159,161,
166～168,217,236,241～244,261
武甕槌(たけみかづち)→建御雷之男神
建御雷之男神(たけみかづちのおのかみ)… 152,
156,160,244,245
武甕雷男神(たけみかづちのおのかみ)
→建御雷之男神
建御名方神(たけみなかたのかみ)…… 156,160,
242,244,245
都市牛利(たしごり)………………… 107～109,240
田道間守(たじまもり)…………………… 214,259
手白香皇女(たしらかのひめみこ)…………… 191
田辺史大隅(たなべのふひとおおすみ)……… 253
丹波道主命(たにわのみちぬしのみこと)… 176,
246
田油津媛(たぶらつひめ)………… 83,92,93,182,
215,217,231
玉祖命(たまのおやのみこと)……………………… 160
玉依毗売命(たまよりびめのみこと)…… 97,160,
174
田村皇子(たむらのみこ)→舒明天皇
多模(たも)……………………………………… 60,100,101
足仲彦天皇(たらしなかつひこのすめらみこと)
→仲哀天皇
段玉裁(だんぎょくさい)………………………………… 80
檀君(だんくん)……………………………………………… 256

ち

仲哀天皇(ちゅうあいてんのう)………… 94,116,
162,164,171,181,187,191,212,213,230,
246～248
長寿王(ちょうじゅおう)…………………… 184,256
張政(ちょうせい)…………… 110～113,119,120,
239,240
長孫無忌(ちょうそんむき)…………………………… 32
張陵(ちょうりょう)……………………………………… 99
張魯(ちょうろ)…………………………………………… 99
陳寿(ちんじゅ)……… 20,22,23,32,40～45,52,
60,61,65,74,78,80,82,94,99,102,124,125,
128,133,134,146,189,224,225,252

つ

筑紫君葛子(つくしのきみくずこ)…………… 193
筑紫島(つくしのしま)………………………… 158,241
月読命(つくよみのみこと)………… 97,159,166,
241,242
対馬国(つしまこく)→対海国
土蜘蛛(つちぐも)……… 83,162,179,182,215,
231,246
鶴峯戊申(つるみねしげのぶ)……… 93,189,214,
259

て

帝紀(ていき)………… 38,39,204,206,253,254
梯携(ていけい)……………………………… 94,95,162
梯儁(ていしゅん)…………… 94,95,110,111,240
鄭舜功(ていしゅんこう)……… 30,210,228,257

天智天皇(てんちてんのう)……… 163,171,195,197～199,204～206,213,251～254
天武天皇(てんむてんのう)…………… 20,39,163,164,170,171,198,199,203～206,213,252～254

と

東夷伝(とういでん)………………… 20,32,40～43,45～47,49,91,128,130,132,134,135,139,145,147
投馬国(とうまこく)………… 24,55,61,62,64,65,81,82,84,100,101,118,213,214,222,224,226,236
東明聖王(とうめいせいおう)…………………… 256
東沃沮(とうよくそ)………… 37,41,42,139,145
唐六典(とうりくてん)………………… 61,64,76,77
都支国(ときこく)……………………………… 74,75
刀自古郎女(とじこのいらつめ)………… 195,254
舎人親王(とねりしんのう)…………… 20,38,206,228,252
台代(とよ)→台与
台与(とよ)…… 20,21,25,31,36,37,40,41,119,120,142,157,182,188,201,212,215,217,231,233,234,239,240,247
豊浦大臣(とようらのおおおみ)→蘇我蝦夷
豊斟渟尊(とよくむぬのみこと)………………… 161
豊鍬入姫命(とよすきいりびめのみこと)… 120,176,217,231,239
豊玉毘売命(とよたまびめのみこと)…………… 97,160,174,245
豊御食炊屋姫天皇(とよみけかしきやひめのすめらみこと)→推古天皇

な

長髄彦(ながすねひこ)……… 160,161,174,175,247
中臣大嶋(なかとみのおおじま)…………… 38,206
中臣鎌足(なかとみのかまたり)……… 197,198,204～206,251,253,254
中大兄皇子(なかのおおえのおうじ)→天智天皇
長屋王(ながやおう)……………………… 206,252
泣沢女神(なきさはめのかみ)…………… 141,158
奈勿尼師今(なこすにしきん)…………………… 185
難升米(なそめ)……… 36,94,95,106～111,113,213,215,238～240,255,259
難斗米(なそめ)…………… 93～95,162,183,230

に

新田部親王(にいたべしんのう)………………… 252
饒速日命(にぎはやひのみこと)……… 162,174,175,247
日本書紀(にほんしょき)………… 20～22,25,38,39,52,54,60,62,66,75,92～97,106,115,120,128,132～134,156,160～162,167,169～172,174～183,188,190,192,199,200,202～206,210,212～214,220,228～231,234,235,241～254,257,258,261
仁賢天皇(にんけんてんのう)…………… 164,171,188,190,191
仁徳天皇(にんとくてんのう)…………………… 116,162～164,171,187～189,213,248

ぬ

額田王(ぬかたのおおきみ)………………… 198,204
額田部皇女(ぬかたべのひめ)→推古天皇
奴佳鞮(ぬかてい)…………………… 63,65,100,101
奴国(ぬこく)…… 23,39,55～60,65,66,74～76,81,82,84,100,101,118,213,217,223
渟名城入姫命(ぬなきいりびめのみこと)… 176

の

野見宿禰(のみのすくね)…………………………… 115

は

裴松之(はいしょうし)…………………… 32,41,146
白村江の戦い(はくすきのえのたたかい)… 161,163,203,205,235
御肇国天皇(はつくにしらすすめらみこと)→崇神天皇
始馭天下天皇(はつくにしらすすめらみこと)→神武天皇
鼻垂(はなたり)………………………… 162,179,246
波迩夜須毘古神(はにやすびこのかみ)…… 158,241
巴利国(はりこく)………………………………… 74,75
播磨稲日大郎姫(はりまのいなびのおおいらつめ)

……179
班固(はんこ)……31,39
班昭(はんしょう)……31
反正天皇(はんぜいてんのう)……164,171,188,189
伴信友(ばんのぶとも)……30,93,214,258
班彪(はんひょう)……31
范曄(はんよう)……23,31,39

ひ

稗田阿礼(ひえだのあれ)‥20,38,206,253,254
卑狗(ひく)……48～51,91,100,101
彦五十狭芹彦命(ひこいさせりひこのみこと)→吉備津彦命
彦五瀬命(ひこいつせのみこと)→五瀬命
彦波瀲武鸕鷀草葺不合尊(ひこなぎさたけうがやふきあえずのみこと)→天津日高日子波限建鵜葺草葺不合命
彦人大兄皇子(ひこひとのおおえのみこ)……250
彦火火出見(ひこほほでみ)→神武天皇
彦火火出見尊(ひこほほでみのみこと)→火遠理命
敏達天皇(びたつてんのう)……164,171,195,196,250
卑奴母離(ひぬもり)……48～51,57,60,91,100,101
火之迦具土神(ひのかぐつちのかみ)……158,166,241,245
卑弥呼(ひみこ)……20～25,31,32,36,37,40,41,53,59,66,68～70,75,76,78,83,88～106,108～115,118～120,131～134,136,142～144,150,151,157,168,177,181～183,200,201,206,210,212,214～219,221,225,226,228～236,238～240,247,248,255～260,263
卑弥弓呼(ひみここ)……76,110～112,133,212,215,226,239
平田篤胤(ひらたあつたね)……214,215,258
広瀬王(ひろせのおおきみ)……204

ふ

不呼国(ふここく)……74,75
藤原鎌足(ふじわらのかまたり)→中臣鎌足
藤原光明子(ふじわらのこうみょうし)……253
藤原不比等(ふじわらのふひと)……204～206,253
藤原宮子(ふじわらのみやこ)……253
沸流(ふつりゅう)……184
布刀玉命(ふとだまのみこと)……160
不弥国(ふみこく)……23,24,55,58,60～62,64～66,76,77,81,82,84,100,101,118,213,217,222～224
夫余(ふよ)……37,41,42,145,147,256
古人大兄皇子(ふるひとのおおえのみこ)…195,198
武烈天皇(ぶれつてんのう)……163,164,171,187,188,190,191,249
文周王(ぶんしゅうおう)……184

へ

柄渠觚(へいきょこ)……54,55,100,101
平群真鳥臣(へぐりのまとりのおみ)……191

ほ

房玄齢(ぼうげんれい)……32
豊璋(ほうしょう)……184,205,206,250,251
火遠理命(ほおりのみこと)……69,97,160,174,245
法提郎女(ほてのいらつめ)……195,254
火照命(ほでりのみこと)‥69,97,160,174,245
火闌降命(ほのすそりのみこと)→火照命
誉田天皇(ほむたのすめらみこと)→応神天皇
誉田別皇子(ほむたわけのみこと)→応神天皇

ま

正勝吾勝勝速日天之忍穂耳命(まさかつあかつかちはやひあまのおしほみみのみこと)……62,97,120,160,245
松下見林(まつしたけんりん)……24,30,90,93,106,188,189,210～213,228,230,257
末盧国(まつろこく)……37,49,52～55,68,76,81,82,84,213,223
眉輪王(まよわのおおきみ)……249

み

甕依姫(みかよりひめ)……91～93,238

三毛入野命(みけいりのみこと)……174
末斯欣(みしきん)……186
弥都波能売神(みつはのめのかみ)……158,241
南淵請安(みなみぶちのしょうあん)……253
美努王(みぬおう)……253
彌奴国(みぬこく)……74,75,217
水沼県主猿大海(みぬまのあがたぬしさるおおみ)……75
彌馬獲支(みまかくき)……63,65,100,101
御真木入日子印恵(みまきいりひこいにえ)→崇神天皇
御間城入彦五十瓊殖天皇(みまきいりびこいにえのすめらみこと)→崇神天皇
彌馬升(みましょう)……63,65,100,101
観松彦香殖稲天皇(みまつひこかえしねすめらみこと)→孝昭天皇
任那(みまな)……162,177,185,192～195
彌彌(みみ)……61,62,100,101
耳垂(みみたり)……162,179,246
彌彌那利(みみなり)……61,62,100,101

め

明帝(めいてい)……36,43,45,94,106～110,131,162,239,240,248,255,256

も

木満致(もくまんち)……248
木羅斤資(もくらこんし)……183
本居宣長(もとおりのりなが)……24,30,60～62,64,90,93,112,210,212～216,224,228,229,231,258
物部麁鹿火(もののべのあらかい)……191,193～195,249
物部守屋(もののべのもりや)……195,250,254

や

八島士奴美神(やしまじぬみのかみ)……167
八釣白彦皇子(やつりしろひこのみこ)……249
倭男具那命(やまとおぐなのみこと)→倭建命
邪馬国(やまこく)……74,75
山幸彦(やまさちひこ)→火遠理命
山背大兄王(やましろのおおえのおう)……195,197,250,251,254
日本童男(やまとおぐな)→倭建命
日本武尊(やまとたけるのみこと)→倭建命
倭建命(やまとたけるのみこと)……96,160,162,179,181,231,235,246,247
倭迹迹姫命(やまとととひめのみこと)……178
倭迹迹日百襲姫命(やまとととびももそひめのみこと)……70,89,90,92,93,96～98,137,162,176～178,219,231,238,239,247,260
倭大国魂(やまとのおおくにたま)……60,176
倭国香媛(やまとのくにかひめ)……177,178
倭彦王(やまとひこのおおきみ)……191
倭彦命(やまとひこのみこと)……93
倭姫命(やまとひめのみこと)……89,92,93,96,98,120,157,217,218,230,231,259,260
山辺皇女(やまのべのひめみこ)……252
八女津媛(やめつひめ)……75,92,93,216,217
掖耶(やや)……94,95,162
掖邪狗(ややこ)……94,95,110,111,119,120,142,239
八田皇女(やわたのひめみこ)……162,248
松譲(やんそん)……256

ゆ

雄略天皇(ゆうりゃくてんのう)……163,164,171,188,189,249
挹婁(ゆうろう)……37,41,42,128

よ

煬堅(ようけん)……255
煬帝(ようだい)……32,196,201,202,250,255
用明天皇(ようめいてんのう)……164,171,195,196,250
煬勇(ようゆう)……255
黄泉津大神(よもつおおかみ)→伊邪那美神
万幡豊秋津師比売命(よろずはたとよあきつしひめのみこと)……97,120,239

ら

裸国(らこく)……78,79

り

履中天皇(りちゅうてんのう)……116,163,

164,171,188,189
柳花(りゅうか)……256
劉夏(りゅうか)……95,106〜108,240
鄧夏(りゅうか)……93,95,162
劉備(りゅうび)……146,151
劉邦(りゅうほう)……31
李林甫(りりんぽ)……77

る

瑠璃明王(るりめいおう)……184

ろ

論衡(ろんこう)……23,31,38

わ

濊(わい)……37,39,41,42,111,147
若御毛沼命(わかみけぬのみこと)→神武天皇
若倭根子日子大毗々命(わかやまとねこひこおほびびのみこと)→開化天皇
海神(わたつみ)→綿津見神
綿津見神(わたつみのかみ)……160,174
倭の五王(わのごおう)……20,21,32,163,188,189,200〜202,234,249
倭奴国(わのぬこく)……23,24,39,44,59,210,212,257

参考文献一覧

●史書

『三国志 正史』 陳寿 著 今鷹真ほか 訳／筑摩書房
『世界古典文学全集 三国志Ⅰ～Ⅲ』 今鷹真・小南一郎・井波律子 訳／筑摩書房
『正史「三國志」完全版』 岩堀利樹 著／文芸社
『魏志倭人伝・後漢書倭伝・宋書倭国伝・隋書倭国伝』 石原道博 編訳／岩波書店
『史記』 司馬遷 著 市川宏ほか 訳／徳間書店
『中国古典文学大系14 資治通鑑選』／平凡社
『十八史略（3）梟雄の系譜』 曽先之 著 奥平卓・和田武司 訳 『中国の思想』刊行委員会 編訳／徳間書店
『三国史記』 金富軾 撰 井上秀雄 訳注／平凡社
『日本書紀 全現代語訳』 宇治谷孟 著／講談社
『古事記』 倉野憲司 校注／岩波書店
『日本古典文学大系 日本書紀』 坂本太郎ほか 校注／岩波書店

●関連書・日本

『「邪馬台国」はなかった』 古田武彦 著／角川書店
『盗まれた神話 記・紀の秘密』 古田武彦 著／朝日新聞社
『失われた九州王朝』 古田武彦 著／朝日新聞社
『邪馬台国研究総覧』 三品彰英 編著／創元社
『邪馬台国論争』 岡本健一 著／講談社
『新稿日本古代文化』 和辻哲郎 著／岩波書店
『新邪馬台国論 女王の都は二ヵ所あった』 大和岩雄 著／大和書房
『図説 地図とあらすじでわかる！ 邪馬台国』 千田稔 監修／青春出版社
『まぼろしの邪馬台国』 宮崎康平 著／講談社
『邪馬台国への旅 日本全国・比定地トラベルガイド50』 邪馬台国探検隊 編／東京書籍
『邪馬台国 入墨とポンチョと卑弥呼』 大林太良 著／中央公論社
『魏志倭人伝の解明 西尾幹二『国民の歴史』を批判する』 藤田友治 著／論創社
『邪馬台国と大和朝廷』 武光誠 著／平凡社
『日本国家の起源』 井上光貞 著／岩波書店
『「古代日本」誕生の謎 大和朝廷から統一国家へ』 武光誠 著／PHP研究所
『歴史から消された邪馬台国の謎』 豊田有恒著／青春出版社
『「邪馬台国＝畿内説」「箸墓＝卑弥呼の墓説」の虚妄を衝く！』 安本美典 著／宝島社
『卑弥呼の謎』 安本美典 著／講談社
『邪馬台国論争』 佐伯有清 著／岩波書店
『図説 地図とあらすじでわかる！ 古事記と日本書紀』 坂本勝 監修／青春出版社
『日本書紀の真実 紀年論を解く』 倉西裕子 著／講談社
『天孫降臨の謎 日本建国神話に隠された真実』 関裕二 著／PHP研究所
『虚妄の東北王朝 歴史を贋造する人たち』 安本美典 著／毎日新聞社
『邪馬台国は沖縄だった！ 卑弥呼と海底遺跡の謎を解く』 木村政昭 著／第三文明社
『研究史 邪馬台国』 佐伯有清 著／吉川弘文館

『邪馬台国の原像』 平野邦雄 著／学生社
『地名が証す投馬国、そして邪馬台国』 福田正三郎 著／東京図書出版会
『日本書紀と三国史記の系図解読レポート』 米田喜彦 著／新風舎
『偽書「東日流外三郡誌」事件』 斉藤光政 著／新人物往来社
『清張通史１ 邪馬台国』 松本清張 著／講談社
『逆説の日本史１ 古代黎明編』 井沢元彦 著／小学館
『邪馬台国の位置と日本国家の起源』 鷲崎弘朋 著／新人物往来社
『出雲の古代史』 門脇禎二 著／日本放送出版協会
『天皇家の“ふるさと”日向をゆく』 梅原猛 著／新潮社
『歴史群像シリーズ67 古事記 記紀神話と日本の黎明』 学習研究社
『考古学の基礎知識』 広瀬和雄 編著／角川学芸出版
『邪馬台国と卑弥呼の事典』 武光誠 著／東京堂出版
『歴史から消された邪馬台国の謎』 豊田有恒 著／青春出版社
『日本神話と古代国家』 直木孝次郎 著／講談社
『天皇はどこから来たか』 長部日出雄 著／新潮社
『卑弥呼と台与 倭国の女王たち』 仁藤敦史 著／山川出版社
『古代王権と女性たち』 横田健一 著／吉川弘文館
『紀年を解読する 古事記･日本書紀の真実』 高城修三 著／ミネルヴァ書房
『日本人の源流 幻のルーツをたどる』 小田静夫 監修／青春出版社
『卑弥呼の墓 神々のイデオロギーが古代史を解き明かす』 戸矢学 著／AA出版
『〈日本書紀〉はなにを隠してきたか？』 遠山美都男 著／洋泉社
『謎の古代女性たち』 黒岩重吾 著／中央公論社
『日本書紀 塗り替えられた古代史の謎』 関裕二 著／実業之日本社
『「出雲神話」の真実 封印された日本古代史を解く』 関裕二 著／PHP研究所
『古事記の秘密 太安萬侶の込めた謎を解く』 田島恒 著／文芸社
『一三〇〇年間解かれなかった日本書紀の謎』 竹田昌暉 著／徳間書店

●関連書・中国

『古代日本のルーツ 長江文明の謎』 安田喜憲 著／青春出版社
『孔子』 金谷治 著／講談社
『孔子』 井上靖 著／新潮社
『中国の歴史』 貝塚茂樹 著／岩波書店
『真実の中国4000年史 侵略と殺戮』 杉山徹宗 著／祥伝社
『三国志演義』 羅貫中 著　立間祥介 訳／徳間書店
『巨大古墳と古代国家』 丸山竜平 著／吉川弘文館

●関連書・朝鮮半島

『朝鮮史』 武田幸男 編／山川出版社
『古代朝鮮』 井上秀雄 著／講談社
『韓国社会の歴史』 韓永愚 著／吉田光男 訳／明石書店
『「概説」韓国の歴史 韓国放送通信大学校歴史教科書』 宋讃燮・洪淳権 著　藤井正昭 訳／明石書店

あとがき

筆者ははからずも、これまで邪馬台国に関する情報は日本にはなく、「魏志倭人伝」や、朝鮮半島の歴史を記した『三国史記』、新羅の好太王碑に記された碑文など、海外で記された史書や金石文だけが頼りであると思い込んでいました。『日本書紀』にも、「神功皇后紀」などに「魏志倭人伝」の一節を引用するなど、わずかにその足跡を記した部分はありましたが、それは、『日本書紀』の編者が、神功皇后の実在性を強調し、偽りの絶対年数を信じ込ませるためだけに記載されたものと見ていたのです。

それが、本書を記すにあたって『日本書紀』や『古事記』を再読するにつれて、次第にその考え方が間違いであったと気づかされ始めました。もしかしたら、『記紀』には邪馬台国の事績が詳しく記されているのではないか。今はそう考えるようになっています。

1～2世紀ごろ、すでに北九州エリアに朝鮮半島と交易する一大勢力があったことは間違いありません。畿内大和に天皇家が王朝を築く前から勢力を誇っていたという、葛城氏をはじめとする豪族たちが切磋琢磨し始めるのが2～3世紀ごろのことという説が正しければ、畿内よりも1世紀前後も早くから北九州勢力が勢威を誇っていたことになります。この北九州勢力の主宰者か、あるいはその対抗勢力が、北九州を出て新天地を求め畿内へと移動し、当時畿内各地で拮抗していた小豪族たちをひとつずつ取り込みながら、次第に確固たる王朝を形成していったもの、それが大和王朝だったのではないか？　と考えるようになったのです。とすれば、『記紀』に記された神代の物語が北九州王朝に伝わる神話であったという説が、自然に受け入れられるのです。

確かに、『記紀』は初代天皇の即位年を紀元前660年へと絶対年数を大きく繰り上げたため、辻褄を合わせるための大がかりな細工が随所に施されたことは間違いありません。神懸かり的な新羅遠征物語を記した「神功皇后紀」の記述を持ち出すまでもなく、いたるところに荒唐無稽な物語が盛り込まれていることで、読む者は常に混乱させられ続けています。

それでも、北九州王朝の建国物語を神話形式に組み立て直し、さも大和王朝の建国物語であるかのように見せたとしたら、随所に曖昧さを残し、荒唐無稽な話も随所に挟み込んで読者を煙に巻いたほうが、編者としては好都合だったのかもしれません。私たちは、『記紀』の編者のたなごころに乗せられたまま、ただ転がされているだけで、彼らが仕かけた巧妙なトリックをいまだ解明できないだけではないか？　との思いが、強く頭のなかをよぎっているのです。本書のテーマである邪馬台国問題も、『記紀』の仕組んだトリックを見破って初めて解明される‼　今はそう思えてならないのです。

2012年4月
藤井勝彦

■著者プロフィール

藤井勝彦

1955年大阪生まれ。東京写真大学(現・東京工芸大学)卒業。1979年の第1回ヨーロッパ～中近東取材以降、30年以上にわたって100か国もの世界を巡り歩き、世界各国の民族、宗教、歴史、文化、暮らしぶりなどにまつわるルポを、各種雑誌に紹介し続けて現在に至る。近年は中国での取材も多く、延べ2年半以上、100都市にも及ぶ地域での取材も敢行している。歴史に関する著述も多く、『三国志』『邪馬台国』『日本書紀』などへの興味は甚大。『三国志合戦事典』『図解三国志』『写真で見る三国志の世界・英雄たちの足跡』『中国の世界遺産』『まるごと香港』『農業を仕事にする』などの著書がある。10年前に八ヶ岳南麓に居を移してからは、週末の野菜作りにも精を出している。

Truth In History 26

邪馬台国 古代日本誕生の謎

2012年6月9日 初版発行

著　　　者　藤井勝彦（ふじい　かつひこ）

編　　　集　新紀元社編集部／堀良江

発　行　者　藤原健二

発　行　所　株式会社新紀元社
〒160-0022
東京都新宿区新宿1-9-2-3F
TEL：03-5312-4481　FAX：03-5312-4482
http://www.shinkigensha.co.jp/
郵便振替　00110-4-27618

カバーイラスト　諏訪原寛幸

本文イラスト　横井淳

デザイン・DTP　株式会社明昌堂

印刷・製本　株式会社リーブルテック

ISBN978-4-7753-1025-0
本書記事およびイラストの無断複写・転載を禁じます。
乱丁・落丁はお取り替えいたします。
定価はカバーに表示してあります。
Printed in Japan